Susan Bittkau-Schmidt

Wissen und Handeln in virtuellen sozialen Welten

Medienbildung und Gesellschaft
Band 10

Herausgegeben von

Winfried Marotzki
Norbert Meder
Dorothee M. Meister
Uwe Sander
Johannes Fromme

Susan Bittkau-Schmidt

# Wissen und Handeln in virtuellen sozialen Welten

Neue berufliche Handlungs-
und Gestaltungsspielräume
von PädagogInnen

**VS VERLAG** FÜR SOZIALWISSENSCHAFTEN

Bibliografische Information der Deutschen Nationalbibliothek
Die Deutsche Nationalbibliothek verzeichnet diese Publikation in der
Deutschen Nationalbibliografie; detaillierte bibliografische Daten sind im Internet über
<http://dnb.d-nb.de> abrufbar.

1. Auflage 2009

Alle Rechte vorbehalten
© VS Verlag für Sozialwissenschaften | GWV Fachverlage GmbH, Wiesbaden 2009

Lektorat: Monika Mülhausen

VS Verlag für Sozialwissenschaften ist Teil der Fachverlagsgruppe
Springer Science+Business Media.
www.vs-verlag.de

Umschlaggestaltung: KünkelLopka Medienentwicklung, Heidelberg
Druck und buchbinderische Verarbeitung: Krips b.v., Meppel
Gedruckt auf säurefreiem und chlorfrei gebleichtem Papier
Printed in the Netherlands

ISBN 978-3-531-16186-0

Meiner Familie

# Danksagung

Das vorliegende Buch – mein Buch – spiegelt nicht nur Denk- und Schreibprozesse der letzten fünf Jahre wider. Es ist auch das Resultat eines ganz persönlichen Entwickelns und Werdens. Dies tat ich nicht im stillen Kämmerlein, sondern mit der Hilfe und Unterstützung vieler verschiedener Menschen, die mich manchmal nur ein Stück, meistens aber über die gesamte Zeit der Promotion begleitet haben. Ihnen räume ich hier den Platz ein, der ihnen gebührt.

Als erstes möchte ich der Hans-Böckler-Stiftung und insbesondere Werner Fiedler danken. Die Stiftung finanzierte durch ein Stipendium mein Forschungsprojekt, was ja kein unwesentlicher Punkt ist. Darüber hinaus war ich Mitglied des Hans-Böckler-Promotionskollegs „Biographische Risiken und neue professionelle Herausforderungen". Die Diskussionen im Kolleg mit den KollegiatInnen und die Anregungen durch die betreuenden Professoren, wobei ich besonders Fritz Schütze für seine Interpretationsanregungen danken möchte, führten immer wieder zu neuen Perspektiven und Denkrichtungen.

Dass diese Arbeit überhaupt entstehen konnte, verdanke ich meinen InterviewpartnerInnen. Sie haben mir die Möglichkeit gegeben, Einblicke in ihr berufliches Handeln und in ihre persönliche und berufliche Biographie zu bekommen. Ihre Erzählungen sind die Basis meiner Dissertation.

Darüber hinaus möchte ich meinen Betreuern Winfried Marotzki und Johannes Fromme danken. Insbesondere die zahlreichen inhaltlichen Auseinandersetzungen mit Winfried Marotzki führten zu einem steten Wachsen und Gedeihen meiner Arbeit und meiner Person. Sein Forschungskolloquium bot mir eine Plattform, meine Interviews und theoretischen Ansätze zu präsentieren, zu diskutieren und immer wieder in Frage zu stellen. Mein Dank gilt hierbei Sandra Tiefel. Sie hat sich nicht nur im Forschungskolloquium mit meiner Arbeit auseinandergesetzt, sondern auch einen wesentlichen Anteil an dem Gelingen meiner Disputation beigetragen.

Mein ganz besonderer Dank gilt meiner Interpretationsgruppe um Anja Föllmer-Kassel, Martina Schuegraf und Katja Stoetzer. Eine qualitativ-empirische Arbeit lebt von und mit den Personen, die sich intensivst mit dem empirischen Datenmaterial und den theoretischen Verknüpfungen auseinandersetzen. Unsere Gruppe ist ein Beispiel dafür, dass zum einen gerade so verschiedene Persönlichkeiten wie wir gemeinsam den Weg bereiten für eine fundierte und inhaltlich anspruchsvolle wissenschaftliche Arbeit und zum anderen eine Freundschaft entstehen kann, die sich über diese Zeit hinaus nachhaltig in unser Leben eingefügt hat.

Zu diesem Leben zählen insbesondere Menschen, denen mein emotionalster und innigster Dank gilt, weil sie es waren, die nie an mir und meinem Weg gezweifelt haben. Jede Art von Unterstützung, sei es nun das Aushalten von tiefen Selbstzweifelkrisen oder auch „nur" das Bringen und Abholen von Veranstaltungen, kam mir zuteil. Diese Menschen sind: mein Mann Thomas Schmidt, meine Tochter Dana Schmidt, meine Eltern Ernst-Adolf und Christa Bittkau, meine Schwester Ina Haase, meine Schwiegereltern Wilhelm und Ursel Schmidt, meine Schwägerin Ute Lauwerth, meine besten Freunde Judith und Carsten Meier mit Tom. Ihnen allen widme ich mein Buch.

Kerpen im August 2008                                     Susan Bittkau-Schmidt

# Inhaltsverzeichnis

Anhang im Internet unter www.vs-verlag.de/pdf/978-3-531-16186-0_anhang.pdf

1    Transkriptionsregeln
2    Interviewtranskripte:        Carin, Andreas, Axel und Claudia;
                                      A.H., P.K., R.M. und S.W.

# Einführung

In den letzten fünf Jahren habe ich mich sehr intensiv mit den Begriffen „Wissen" und „Handeln" beschäftigt. Neben der wissenschaftlichen Auseinandersetzung, die in dem vorliegenden Buch direkt nachvollziehbar ist, sind mir, über disziplinspezifische Bezüge hinaus, Aussagen aufgefallen, die über ihre Beschäftigung mit „Wissen" und seinem Bedeutungshorizont auf mehreren Ebenen unvermittelte Beziehungen zu diesem Thema herstellen. Die Zitate kreisen um Fragen der Fassbarkeit von Wissen, dessen Handlungsbezüge und -relevanzen, aber auch um die Grenzen von Wissen, Verstehen und Praxistransfer. Im Laufe der theoretischen und empirischen Bearbeitung des Themas „Wissen und Handeln in virtuellen sozialen Welten" werden diese Beziehungen deutlich, woraufhin ich im Schlusskapitel auf die Aspekte der Zitate illustrierend zurückgreife.

„Zu wissen, was man weiß, und zu wissen, was man tut, das ist Wissen." (Konfuzius)

„Phantasie ist wichtiger als Wissen, denn Wissen begrenzt." (Albert Einstein)

„Es ist nicht genug, zu wissen, man muß auch anwenden; es ist nicht genug, zu wollen, man muß auch tun." (Johann Wolfgang von Goethe)

„Man muß viel gelernt haben, um über das, was man nicht weiß, fragen zu können." (Jean-Jacques Rousseau)

„Die Neugier steht immer an erster Stelle eines Problems, das gelöst werden will." (Galileo Galilei)

„Die Erfahrung ist wie eine Laterne im Rücken; sie beleuchtet stets nur das Stück Weg, das wir bereits hinter uns haben." (Konfuzius)

„Eine Idee muß Wirklichkeit werden können, oder sie ist nur eine eitle Seifenblase." (Berthold Auerbach)

„Wissend ist, wer weiß, wo er findet, was er noch nicht weiß." (Georg Simmel)

Diese einzelnen Zitate verdeutlichen, wie vielfältig der Begriff des Wissens, seiner Dimensionen und seiner Verankerung mit Handeln gedacht werden kann. Der Diskurs um Wissen und ein daraus resultierendes berufliches Handeln im Kontext der Wissensgesellschaft hat sich seit den 1990er Jahren explosionsartig entwickelt. Tagungen und wissenschaftliche Veröffentlichungen zu dieser Thematik spiegeln sich in den unterschiedlichsten Fachdisziplinen und thematischen Bezügen wider.

Innerhalb der Allgemeinen Erziehungswissenschaft wird in diesem Kontext die Frage gestellt, wie das Wissen näher bestimmt werden kann, welches zum Gegenstandsbereich der Allgemeinen Erziehungswissenschaft gezählt wird. Zu verzeichnen ist ein Strukturwandel im traditionellen Kernbereich der Pädagogik. Das Fach Erziehungswissenschaft hat eine Entwicklung in Richtung einer sozialwissenschaftlich orientierten und empirisch fundierten akademischen Disziplin vollzogen. Marotzki (2004) rechnet PädagogInnen einen Basisbestand an Wissen über soziale Zusammenhänge sowie einen Basisbestand an Methoden zu, um soziale Phänomene zu thematisieren und zu analysieren. Das vorliegende Buch beschäftigt sich mit der Frage, ob dieses Basiswissen PädagogInnen auch in nicht genuin-pädagogischen Berufsfeldern, wie beispielsweise virtuellen sozialen Welten, befähigt, beruflich handlungsfähig zu sein.

Im Kontext der Erziehungswissenschaft beziehen sich die Diskurse und die Erforschung von Wissen auf pädagogisches und professionelles Wissen. Wie Kraul/Marotzki/Schweppe (2002) einschätzen, sind dies mittlerweile Dauerthemen in der Entwicklung der Erziehungswissenschaft und Pädagogik, nicht zuletzt resultierend aus dem Entstehen neuer professioneller und professionalisierungsbedürftiger Felder. Drei theoretische Ansätze werden hierbei im Besonderen forciert: Ein systemtheoretischer, ein strukturtheoretischer und ein interaktionistisch-ethnomethodologischer Ansatz. (vgl. hierzu u.a. Helsper/Krüger/Rabe-Kleberg 2000, Kraul/Marotzki/Schweppe 2002) In der systemtheoretischen Linie, zu deren Vertretern beispielsweise Luhmann (1981, 1997), Stichweh (1994, 1996) und Parson (1951) zählen, wird u.a. der Frage nachgegangen, welches der Stellenwert von Professionen in einer funktional differenzierten Gesellschaft sein kann. Professionen werden dann als Berufe mit einem besonderen Typus definiert. Diese handhaben ihre Berufsidee reflexiv, womit das Wissen und der Ethos eines Berufs bewusst kultiviert, kodifiziert, vertextet und in die Form einer akademischen Lehrbarkeit überführt wird (vgl. hierzu Stichweh 1996: 51). Der strukturtheoretische Ansatz geht zurück auf Oevermann (vgl. hierzu u.a. 1996, 2002). Im Mittelpunkt seiner Überlegungen steht die Strukturlogik professionellen Handelns. Insbesondere in seinem Artikel aus dem Jahr 2002 setzt er sich mit der Professionalisiertheit von LehrerInnen auseinander. Mit einer stärkeren empirischen Erschließung professioneller Praxis setzt sich der interaktionistischethnomethodologische Ansatz auseinander (vgl. hierzu Helsper/Krüger/Rabe-Kleberg 2000). Ausgangspunkt sind hier vorfindbare Entwicklungen im beispielsweise pädagogischem Handeln, wobei insbesondere die Arbeiten von Schütze (1992, 1996) und Glaser und Strauss (1974, 2002) bei diesem Ansatz hervorzuheben sind. Alle drei Zugänge betten, so Kraul/Marotzki/Schweppes (2002), professionelles Handeln in modernisierungstheoretische und makrosoziale Zusammenhänge ein und begreifen Professionen als Strukturerfordernis in Modernisierungsprozessen. Die Auseinandersetzung über Profession und Professionalisierung pädagogischen Handelns erfolgt in den als genuin-pädagogisch klassifizierten Arenen. Oevermann, wie bereits angedeutet, setzt sich insbesondere mit der Arena Schule und einem professionellen Handeln von LehrerInnen auseinander. Stichweh fokussiert seine Überlegungen auf den universitären und Fachhochschulbereich. Die Vertreter des interaktionistischen Ansatzes bewegen sich im Kontext der sozialen Arbeit.

Zu all diesen Arenen existieren empirische Forschungsarbeiten und theoretische Verortungen (Soziale Arena Schule und Jugendforschung: Krüger/Grunert 2002, Helsper/Böhme (2004), Böhme/Kramer (2001); Arena der sozialen Arbeit und Sozialpädagogik: Tiefel (2004), Riemann (2000), Schütze (2002a); Arena der Erwachsenenbildung und Weiterbildung: Nittel (2002), Harney (1998), Harney/Rahn (2002), um nur einige für die jeweiligen sozialen Arenen pädagogischen Handelns neueren Forschungsarbeiten zu benennen). Jeder dieser Forschungsbereiche hat seine legitime Berechtigung, um darzulegen, dass pädagogisches Handeln, in welchem beruflichen klassisch-pädagogischen Kontext auch immer, professionelles Handeln ist. Den Studien ist gemeinsam, dass sie sich dem Diskurs um eine Wissensgesellschaft zuwenden, um pädagogisches Handeln aus der Perspektive einer dynamisierten und sich entgrenzenden bzw. sich universalisierenden Gesellschaft zu beleuchten. Was allerdings nicht zu finden ist, sind empirische Untersuchungen zu einem beruflichen Handeln von PädagogInnen in einem nicht-genuin-pädagogischen Handlungsfeld.

Dieter Nittel und Winfried Marotzki (1997) stellen sich die Frage, was sich hinter dem Phänomen verbirgt, dass PädagogInnen zunehmend in der freien Wirtschaft und hier nicht selten außergewöhnlich erfolgreich tätig werden, obwohl sie während des Studiums für dieses Arbeitsfeld überhaupt nicht ausgebildet worden sind (vgl. ebd.: 5).

Die handlungsleitenden Forschungsfragen für die vorliegende Dissertation knüpfen an diese Fragestellung von Nittel und Marotzki an. Das Phänomenfeld, welches hier untersucht wird, ist die Tatsache, dass immer mehr PädagogInnen aus den unterschiedlichsten Teildisziplinen eben nicht in den oben genannten sozialen Arenen beruflich handeln, sondern sich in einem Berufsfeld wieder finden, welches nicht als ein klassisch-pädagogisches zu bezeichnen ist – wie eben auch den virtuellen sozialen Welten. Prädestiniert für diesen Forschungsbereich, und noch nicht angesprochen, wären hier die medienpädagogischen Forschungsfelder. Diese (recht neue) Teildisziplin der Erziehungswissenschaft ist wiederum bemüht, ihren Status als anerkannte Profession zu manifestieren. (vgl. Neuß 2003, Sesink/Moser/Kerres 2007) Medienpädagogik geht von der Annahme aus, so Aufenanger (2004), dass das Verhältnis vom Menschen zur Welt größtenteils in einer modernen Gesellschaft durch Medien vermittelt ist und ein pädagogisches Handeln nur als ein Handeln in einer durch Medien geprägten Welt gedacht werden kann. Die aktuelle Forschungslandschaft der Medienpädagogik bezieht sich hierbei insbesondere zum einen auf den Bereich des E-Learning und zum anderen auf den Bereich der Vermittlung von Medienkompetenz. Aufenanger fasst dies folgendermaßen zusammen:

> „Konkret umfasst Medienpädagogik zum einen die Frage nach der Rolle von Medien in Prozessen des Erziehens, Unterrichtens und Informierens, also nach dem sinnvollen Einsatz von Medien in Prozessen pädagogischen Handelns. Zum anderen befasst sich die Medienpädagogik auch mit den Einflüssen von Medien auf die Persönlichkeit und damit verbunden mit entsprechenden erzieherischen Konzepten […]." (Aufenanger 2004: 303)

Besonders der Bereich des E-Learning ist in diesem Sinne neu. Studien zum E-Learning beschäftigen sich mit der Implementierung von medialen Arrangements in den Kontext des Unterrichtens und Lehrens in den unterschiedlichsten sozialen Arenen (aktuelle Studien hierzu: Grotlüschen 2003, Hohenstein/Wilbers 2006, Kerres 2007). Diese Perspektive legt eine instrumentelle Nutzung der Medien und insbesondere der neuen Medien nahe. Es wird eine klare Verortung der Medienpädagogik in den genuin-pädagogischen Handlungsfeldern deutlich, was wiederum die Frage eröffnet:

*Wie handeln PädagogInnen in einem beruflichen Arbeitsfeld, welches sich vor allem als medial exponiert darstellt, ohne genuin-pädagogische Bezüge aufzuweisen, die bereits erforscht worden sind?*

In diesem Kontext und zur Klärung dieser Frage kann meines Erachtens nicht vordergründig die Frage gestellt werden, ob PädagogInnen dort professionell agieren, solange keine empirischen Ergebnisse darüber vorliegen. Erst ein Bemühen, die biographischen Entwicklungen in ihren konstitutiven Auswirkungen für die Entwicklung beruflicher Orientierungs-, Interpretations- und Handlungsmuster qualitativ-empirisch zu rekonstruieren, eröffnet grundlegende Einsichten in die berufsbiographischen Konstitutionsbedingungen von pädagogischer Professionalität. So können Rückschlüsse gezogen werden auf die Fragen, wie eine gleichermaßen subjekt- und anforderungsorientierte Berufsvorbereitung gestaltet werden kann und welche Relevanz dabei eine „Vermittlung" wissenschaftlichen Wissens aus den Bezugswissenschaften der Pädagogik zuzukommen hat. Ein biographietheoretischer Zugang bietet hierbei eine Möglichkeit, diese Fragen näher zu beleuchten, denn letztendlich, so resümieren Nittel und Marotzki (1997), kommt es auf die Persönlichkeit an. Allgemeine Erziehungswissenschaft kann ihre Aufgabe erfüllen, wenn es ihr gelingt, sowohl grundlagentheoretisch als auch empirisch in gleicher Weise zu arbeiten (vgl. Marotzki 2004).

Da ich das Medium Internet nicht aus einer instrumentellen Perspektive betrachte, eröffnen sich Horizonte, die sich in der Forschungslandschaft der Erziehungswissenschaft so bislang nicht wieder finden lassen. Eine Ausnahme bilden hier die Arbeiten von Winfried Marotzki, welcher sich schon lange Zeit mit dem Internet als kulturellen und sozialen virtuellen Raum beschäftigt (vgl. hierzu Marotzki 1995, 1999, 2000, 2000a, 2004, 2004a). In seinem Forschungsvordergrund stehen allerdings die NutzerInnen virtueller sozialer Welten. Auf der Grundlage seiner Perspektive, wie das Internet als sozialer Raum gefasst werden kann, betrachte ich nun, wie PädagogInnen sich diesen neuen kulturellen Raum als pädagogischen Handlungs- und Gestaltungsspielraum erschließen und dementsprechend beruflich agieren. Wenn man eruiert, wie PädagogInnen beruflich agieren, ohne zu wissen, ob sie dieses Handlungsfeld auch als ein pädagogisches begreifen, resultiert daraus die grundsätzliche Frage, wie sie und mit welchem Wissen sie handeln. Eine wissenssoziologische Herangehensweise an das grundsätzliche Handeln von beruflich Tätigen birgt dabei die Möglichkeit, Handlungstypen theoretisch zu generieren. Dies ist die Basis, um auf ein Wissen von Handelnden zurückzuschließen. Handlungstypen werden im Kontext der vorliegenden Dissertation zum einen auf die Alltagswelt und zum anderen auf die Berufswelt bezogen. In Kapitel 1.1 wird unter dieser Maßgabe auf die Überlegungen von Alfred Schütz eingegangen, der Handlungstypen der Alltagswelt in dezidierter Art und Weise dargelegt hat. So eröffnen sich Möglichkeiten, ein Handeln und dessen Vollzug auf der Basis eines spezifischen Wissensvorrats zu thematisieren. In Kapitel 1.2 folgt dann eine wissenssoziologische Spezifizierung, der Fokus wird auf beruflich Handelnde gerichtet. Die Überlegungen von Nico Stehr sind in diesem Kontext maßgeblich, definiert er doch Wissen als die Fähigkeit zum sozialen Handeln und soziales Handeln ist eine Kernkompetenz von PädagogInnen. Aus erziehungswissenschaftlicher Perspektive werden Dimensionen von Wissen eröffnet und in Kapitel 1.3 thematisiert. Dies eröffnet die Verortung eines erziehungswissenschaftlichen Wissensbegriffs in die wissenssoziologischen Vorüberlegungen. Aus diesen drei Zugängen wird in Kapitel 1.4 ein Modell entwickelt, wie Wissen und seine Dimensionen theoretisch gefasst werden können. Die Erkenntnis, dass es eines Verstehens bedarf, was Wissen eigentlich ist, resultiert aus der Diskussion um den Begriff einer Wissensgesellschaft. Der Club of Rome resümiert bereits 1979, dass es in einer hochkomplexen Gesellschaft, wie eben der Wissensgesellschaft, der Schaffung kohärenter Begrifflichkeiten bedarf, die unseren Lebensraum darstellen, um Komplexität meistern zu können. Gerade die Diskussion um die Fragen, was ist eigentlich Wissen und wie unterscheidet es sich von Information, hat dazu beigetragen, den Begriff des Wissens, orientiert an daraus resultierende Handlungstypen, in der vorliegenden Arbeit zu thematisieren.

Wie in beruflichen Prozessen mit Wissen in bestimmten und unbestimmten Situationen gehandelt wird, ist Schwerpunkt des zweiten Kapitels. Angelehnt an Alfred Schütz Überlegungen, wie sich eine soziale Welt verstehen lässt, wird in diesem Kapitel insbesondere der Entwurf eines rational Handelnden bzw. eines rationalen Handelns in einer Wissenschafts- und Alltagswelt dargelegt. Mit dem Konzept der sozialen Welt lassen sich, so Fritz Schütze (2002), besonders dichte und flexible Wissensschöpfungs-, Orientierungs- und Symbolisierungsprozesse in modernen komplexen Gesellschaften untersuchen, die durch lebensbereichsspezifische und institutionelle Sinnsegmentierungen, hohe Selbstreflexivität und einer Fluidität von fortlaufenden raschen, multiaspektuellen und teilweise auch unerwarteten Veränderungsprozessen geprägt sind. Die von mir befragten PädagogInnen agieren in ganz unterschiedlichen Welten: Einer sozialen Welt, in der sie beruflich handeln und einer sozialen Welt, in der sich die UserInnen wieder finden. Diese virtuelle soziale Welt der UserInnen ist für diese eine Alltagswelt. In ihr interagieren sie mit anderen und schaffen sich virtuelle Identitäten. Eine pädagogische Handlungsfähigkeit, um diese virtuellen sozialen Welten gestalten zu können, bedarf eines Verstehens derselben. Mit den Überlegungen von Alfred Schütz, wie sich eine soziale Welt konstituiert, kann weitergehend betrachtet werden, wie sich die PädagogInnen diese erschließen, um sie zu erfassen. Das spiegelt die theoretische Rahmung der vorliegenden Dissertation wider. Sie bezieht sich darauf, Handlungstypen aus einer wissenssoziologischen Perspektive zu betrachten, die in und für soziale Welten wesentlich sein können.

Im Anschluss an diese theoretischen Verortungen der Arbeit bedarf es dementsprechend eines Ansatzes, diese virtuellen sozialen Welten zu beschreiben. Dass es einer Betrachtung dieser aus pädagogischer Perspektive bedarf, da es im Kontext der Wissensgesellschaft zu einer Entgrenzung bzw. Universalisierung genuin-pädagogischer Handlungsfelder kommt, wird im Kapitel 3.1 dargelegt. Hier werden die Ergebnisse einer bundesweiten Verbleibstudie von AbsolventInnen eines erziehungswissenschaftlichen Studiengangs, expliziert von Grunert und Krüger (2004), vorgestellt. Gleichzeitig wird anhand einer qualitativen Untersuchung mit ExpertInnen aus dieser Fachdisziplin von Kade und Seitter (2004) aufgezeigt, wie sich spezifisch-pädagogisches Wissen in u.a. nicht-genuin pädagogischen Handlungsfeldern fassen lassen kann. Im anschließenden Kapitel 3.2 erfolgt die Beschreibung des Phänomenbereichs, in dem sich mein Forschungsanliegen verortet. Es geht nicht nur darum, virtuelle soziale Welten deskriptiv darzustellen. Anliegen dieses Abschnittes ist es, virtuelle Communities und virtuelle Städte als pädagogische Handlungs- und Gestaltungsspielräume zu begreifen. Innerhalb der aktuellen Forschungslandschaft wurde dieser Bereich bisher aus der NutzerInnenperspektive eruiert. Das Ziel meiner Forschung besteht unter anderem darin, virtuelle soziale Welten aus einer erziehungswissenschaftlichen Perspektive als ein Handlungsfeld von PädagogInnen zu erfassen. Dies zieht letztendlich den Kern des Buches nach sich – die berufsbiographische Studie zum beruflichen Handeln von PädagogInnen in virtuellen sozialen Welten und deren Handlungs- und Gestaltungsspielräume.

Diese Studie zeigt explizit auf, wie PädagogInnen in einem als nicht-genuin-pädagogisch klassifizierten Berufsfeld agieren. Die empirischen Ergebnisse veranschaulichen, wie PädagogInnen zum einen trotzdem pädagogisch Handeln und zum anderen sich Wissensräume eröffnen, um eine Handlungsfähigkeit für gegenwärtiges und zukünftiges Handeln zu generieren. So werden in den analytisch-fokussierten fallspezifischen und fallübergreifenden Rekonstruktionen der berufsbiographischen Interviews des Kapitels 4.3 und 4.4 Handlungstypen aufgezeigt, die symbolisieren, in welchen Situationen die PädagogInnen wie handeln. Dem Wissen, mit welchem die PädagogInnen agieren, wird hierbei eine Produktivkraft zugewiesen, die PädagogInnen sinnvoll nutzen, um beruflich erfolgreich zu handeln. Dies lässt die These, wie sie Nittel und Marotzki (1997) formulierten, dass sie handeln, obwohl sie dafür eventuell gar nicht ausgebildet wurden, in einem anderen Licht erscheinen.

Der Anspruch der vorliegenden Arbeit ist es nicht, spezifisch pädagogisches herauszustellen und einen Beitrag zur Profession von PädagogInnen zu leisten. Vielmehr geht es darum aufzuzeigen:

*WIE Pädagogen in einem für sie neuen beruflichen Feld handeln und WIE sie sich neue berufliche Handlungs- und Gestaltungsspielräume eröffnen.*

In Kapitel 5 erfolgt, daran anschließend, eine Verknüpfung der theoretischen Vorannahmen mit den empirischen Ergebnissen. Hier wird dargelegt, inwiefern die in Kapitel 1 generierten theoretischen Wissensdimensionen greifen und für ein berufliches Handeln der PädagogInnen fruchtbar sind. Darüber hinaus kann aufgezeigt werden, wie sich die PädagogInnen die soziale Welt der UserInnen sowohl aus einer theoretischen als auch der empirischen Perspektive erschließen, um sie zu verstehen. Gleichzeitig thematisiert dieses Kapitel die Grenzen der theoretischen Vorannahmen und geht darüber hinaus. Es ist das Anliegen dieses

Kapitels, die empirischen Ergebnisse aus ihrem Phänomenfeld, virtuelle soziale Welten, zu lösen und allgemeingültige Aussagen zum Wissen und Handeln von PädagogInnen in neuen pädagogischen Handlungs- und Gestaltungsspielräumen aufzuzeigen.

Das abschließende Fazit des 6. Kapitels nimmt die hier in der Einleitung thematisierten Bezüge zu einem beruflichen Handeln von PädagogInnen erneut auf. Resümierend wird gezeigt, dass das berufliche Handeln der von mir befragten PädagogInnen durchaus ein professionelles Handeln darstellen kann. Professionelles pädagogisches Handeln wird daher, um ein wesentliches Ergebnis der vorliegenden Forschungsarbeit vorwegzunehmen, künftig über die klassischen Arenen beruflichen Handelns von PädagogInnen hinaus betrachtet werden müssen.

# 1 Eine sozialwissenschaftliche Debatte über die Wissensgesellschaft und Wissen(sarbeit)

„Die Geschichte der Menschheit läßt sich als das immerwährende Bemühen betrachten, die Komplexität durch immer verfeinerte und wirksamere Mittel darzustellen und entsprechend zu handeln, die Wirklichkeit in den Griff zu bekommen. Die Entwicklung des Wissens, der Technologie, der Macht, der Organisationen, der Normen und des Verhaltens und vor allem das Schaffen kohärenter Begriffe, die unseren Lebensraum darstellen, resultieren aus der Wechselwirkung zwischen der Herausforderung, die die Komplexität an uns stellt, und dem Bedürfnis, diese Komplexität zu meistern." (Club of Rome 1979: 41)

Der Club of Rome[1], 1968 in Rom gegründet, vereint über einhundert Persönlichkeiten aus unterschiedlichen Kulturen, wissenschaftlichen Disziplinen und Berufen. Er sieht seine Aufgabe darin, als „Denkfabrik" in vorausschauender Analyse, „die für die Existenz der Menschheit entscheidenden globalen Herausforderungen" zu identifizieren und durch Erarbeitung von Zukunftsszenarien Lösungsansätze aufzuzeigen. Umso beeindruckender ist die Entwicklung eines Blickes in die Zukunft im Jahre 1979, welcher sich heute aktueller denn je widerspiegelt, beschreibt doch das obige Zitat die Komplexität einer Wissensgesellschaft. Der Club of Rome eröffnet mit dieser Sichtweise die Perspektive auf zwei wesentliche Kernpunkte der vorliegenden Dissertation. Erstens geht es um die Komplexität der heutigen Gesellschaft und den daraus resultierenden Handlungsweisen und zweitens zielt der Blick des Club of Rome in die Zukunft auf die Schaffung kohärenter Begriffe. Zentrale Begriffe einer Wissensgesellschaft finden sich bereits im Wort selbst, geht es doch um Wissen, wie dies dimensioniert werden kann und um Gesellschaft, demnach u.a. um die Konstruktion sozialer Wirklichkeit.

In den nachfolgenden Abschnitten geht es somit um zwei zentrale Themen. Zum einen soll die Debatte des Diskurses der Wissensgesellschaft nachvollzogen werden. Zum anderen geht es mir darum, den Begriff des Wissens zu reflektieren und in seinen verschiedenen Dimensionen und Verortungen zu erfassen.

---

1    Vgl. hierzu auch: http://www.clubofrome.de.

Seit den 1990er-Jahren wird der Begriff der Wissensgesellschaft in der Forschungslandschaft unterschiedlicher Disziplinen diskutiert. Immer wieder synonym wird hierbei auch der Begriff „Informationsgesellschaft" verwand, oft unbedacht und absichernd additiv, wie Kübler[2] (2005) in seinem Buch „Mythos Wissensgesellschaft" folgerichtig hervorhebt, würde dies doch auf eine Gleichsetzung von Wissen und Information abzielen. Dass Wissen durchaus Information impliziert, wird nicht bestritten, aber nachfolgend differenziert betrachtet, denn für die Vielfalt gesellschaftlich relevanten Wissens reicht der Begriff der Information nicht aus.[3]

Aus einer sozialwissenschaftlichen Perspektive weist Winfried Marotzki (2004a) darauf hin, dass zwar kein einheitliches Konzept im wissenschaftlichen Diskurs einer Wissensgesellschaft existiert, trotzdem diese Beschreibung mindestens im öffentlichen Diskurs zur Skizzierung charakteristischer Entwicklungszüge der gegenwärtigen Gesellschaft herangezogen werden kann. Für ihn ist die Wissensgesellschaft eine Lerngesellschaft und somit steht das Bildungssystem vor der Aufgabe, Unterstützung und Hilfe zur Wissensbewältigung während des gesamten Lebenslaufs zu gewähren. Thomas Höhne hält spezifischer fest, dass dies auch für die Pädagogik gilt. Eine seiner zentralen Thesen lautet, „dass die Pädagogik auf vielfache Weise direkt mit dem Wissensgesellschaftsdiskurs verknüpft ist, und dass zentrale pädagogische Themen wie Lernen, Bildung und Kompetenz wiederum eine konstitutive Funktion für den Diskurs der Wissensgesellschaft haben" (Höhne 2003: 13). Nico Stehr – als ein Vertreter für die Soziologie – verweist bereits 1994 auf die Tatsache, dass wissenschaftliches Wissen auf fast allen Gebieten des Lebens eine einflussreichere Rolle spielen und der Grad einer Abhängigkeit von Berufen, die in Wissen „handeln", umfassender wird. Auf diese Weise erfahren wissensfundierte Berufe immer größere Bedeutung und mehr als je zuvor ist Wissen in allen Bereichen unserer Gesellschaft Grundlage und Richtschnur menschlichen Handelns.

In den nachfolgenden Abschnitten geht es mir nun darum, den Diskurs zur Wissensgesellschaft und zum Wissensbegriff, sowie einer daraus resultierenden neuen Wissensarbeit aus einer soziologischen und daran anschließenden erziehungswissenschaftlichen Perspektive zu beleuchten. Den Diskurs aus der Perspektive der Wissenssoziologie zu eröffnen, resultiert u.a. aus der Tatsache, dass diese explizit auf Handlungstypen eingeht. Ein Vertreter, der sowohl für eine Dimensionierung des Wissensbegriffs als auch für die Betrachtung von Alltagswelten für eine solche Vorgehensweise näher herangezogen werden soll, ist

---

2    Hans-Dieter Kübler ist Professor für Medien-, Sozial- und Kulturwissenschaften in Hamburg.

3    Vgl. hierzu Kübler (2005), der sich auf die Enquete-Kommission des Deutschen Bundestages zum Thema „Globalisierung" bezieht.

Alfred Schütz. Um zu zeigen, wie Wissen aus einer ökonomischen Perspektive und damit aus der Perspektive der Arbeitswelt verstanden werden kann, werden vorrangig die theoretischen Ausführungen von Nico Stehr näher expliziert. Für die Betrachtungen dieses Aspekts aus einem erziehungswissenschaftlichen Blickwinkel gehe ich dann maßgeblich auf die Überlegungen von Thomas Höhne ein.

Die Verknüpfung dieser drei Theoretiker dient somit der Fassung und Dimensionierung eines Begriffs von Wissen und dessen Verortung in Lebens- und Arbeitswelten von Handelnden. Zunächst geht es mir um eine Auffächerung des eben Angesprochenen und um die Überlegung, in welche Forschungstradition die vorliegende Arbeit eingebettet werden kann.

## 1.1 Wissen und seine soziale Verteilung: Eine Perspektive aus der Alltagswelt

Eine Darstellung der Perspektive einer Wissensgesellschaft aus soziologischer Sicht bedingt eine Betrachtung der traditionellen Entwicklung dieses Kontextes, der aus der Wissenssoziologie hervorgegangen ist.

Die klassische Wissenssoziologie im deutschsprachigen Raum geht u.a. auf Karl Mannheim und Max Scheler zurück. In Nachfolge zu Wilhelm Diltheys Begründung der Geisteswissenschaften, ging es diesen Autoren um die Aufklärung der Beziehungen zwischen sozialem Sein und Bewusstsein. Fokussierte Mannheim auf einen ideologischen Begriff von Wissen[4], unterscheidet Scheler in seiner Wissenssoziologie zwischen Erlösungs- Bildungs- und Leistungswissen[5]. Die heutige Wissenssoziologie eruiert nun, was in einer Gesellschaft als Wissen gelten kann und erforscht gesellschaftliche Wissensbestände. Sie betrachtet das Alltagswissen und ausgehend von dieser Sichtweise „Die Gesellschaftliche Konstruktion von Wirklichkeit". Mit diesem Buch von Berger und Luckmann, in Erstausgabe 1969 erschienen, distanzieren sich die Autoren von Mannheim und Scheler in dem Sinne, dass sie deren Entwicklung einer Soziologie des Wissens als zu philosophisch vorbelastet einschätzen, was sich u.a. in den verwendeten Begrifflichkeiten wie Erlösungswissen widerspiegelt. Die Darlegungen von Berger und Luckmann basieren auf den Überlegungen von Alfred Schütz, den sie als ihren Lehrer betrachten. Auch aus diesem Grund gehe ich nun nachfolgend näher auf die Überlegungen von Alfred Schütz ein.

---

4    Vgl. hierzu u.a. Mannheim 1924/1925, 1929 oder in neuerer Auflage 1982.
5    Vgl. hierzu u.a. Scheler 1924, 1926 oder in neuerer Auflage 1982.

Alfred Schütz[6] versuchte, die verstehende Soziologie Max Webers neu zu begründen. Er entwickelte, gestützt auf die Phänomenologie Edmund Husserls, eine Theorie der Lebenswelt.[7] Eine seiner Thesen lautet, dass die Grundzüge menschlichen Lebens der modernen Welt die Überzeugung ist, dass die Lebenswelt weder vollständig verstanden werden kann noch irgendeinem völlig verstehbar ist. Es bedarf eher einer Analyse jenes Wissens, welches das Verhalten in einer Lebenswelt reguliert.[8] Schütz geht davon aus, dass es einen bestimmten Wissensvorrat in einer Lebenswelt gibt, „der theoretisch jedem zugänglich ist und der sich auf praktischer Erfahrung, Wissenschaft und Technologie aufbaut, soweit diese gesicherte Einsichten liefern" (Schütz 1972: 85).

Dieser subjektive Wissensvorrat kann demnach in drei Wissensbestände gegliedert werden. Zum Ersten setzt er sich zusammen aus Grundelementen der Erfahrung, die aus räumlichen, zeitlichen und sozialen Strukturen der Lebenswelt bestehen.[9] Orientiert an diesen Strukturen, wird die Begrenztheit der Situation, in der sich ein handelndes Individuum befindet, konstituiert. Zum Zweiten weist Schütz auf spezifische Wissensbestände, wie beispielsweise aus der Wissenschaft oder Technologie, hin, die seiner Ansicht nach in Einzelsituationen zum Tragen kommen. Und drittens ist es das Routinewissen, welches Schütz als körperliche Fertigkeiten, Gewohnheitswissen und Rezeptwissen deklariert.[10] Kübler (2005) verweist in diesem Kontext folgerichtig darauf, dass Schütz mit dieser Unterteilung die Vorstellung von einem mehr oder weniger konstanten und konsistenten Wissensreservoir und seiner kontinuierlichen Entwicklung aufgeräumt hat. Vielmehr lässt sich Wissen als dynamisch, kontingent, diskontinuierlich und sozial wie kulturell bestimmt erklären (vgl. ebd.: 104). Die Begrenztheit einer Situation sowie die räumliche, zeitliche und soziale Gliederung der subjektiven Erfahrungen von der Lebenswelt gehören demnach zu den Grundelementen des Wissensvorrats (vgl. hierzu auch Schütz/Luckmann 2003). Es zeigt sich somit, dass der lebensweltliche Wissensvorrat in vielfacher Weise auf die Situation des Handelnden bezogen ist und sich aus Sedimentierungen ehemals aktueller, situationsgebundener Erfahrungen aufbaut. Gleichzeitig fügt sich jede neue Erfahrung „je nach ihrer im Wissensvorrat angelegten Typik und Relevanz in den Erlebnisablauf und in die Biographie ein", was zu einer Definition und Bewältigung der Situation mit Hilfe des Wissensvorrats führt (vgl. ebd.: 149).

---

6   Alfred Schütz war Philosoph und Soziologe.

7   Vgl. hierzu auch Kapitel 2.

8   Vgl. Berger/Luckmann 2003: 21.

9   Zu räumlichen, zeitlichen und sozialen Strukturen der Lebenswelt von Alfred Schütz siehe Kapitel 2.1.

10  Vgl. hierzu u.a. Kübler (2005).

Allerdings ist dieser Wissensvorrat, so Schütz, nicht losgelöst und steht nicht für sich. Er besteht aus einer bloßen Zusammensetzung von mehr oder weniger kohärenten Wissenssystemen, die selbst weder kohärent noch miteinander verträglich sind. Dies gilt insbesondere für die verschiedenen Gebiete der praktischen Tätigkeit.

„Wo unsere praktischen Interessen dominieren, genügt uns ein Wissen, daß bestimmte Mittel und Prozeduren bestimmte gewünschte oder nicht gewünschte Resultate bringen." (Schütz 1972: 85) Die Tatsache, dass nicht das Warum und Wie der Wirkung verstanden wird und man nichts vom Ursprung weiß, hindert somit nicht an einer Beschäftigung mit Situationen, Personen oder Dingen. Dies verdeutlicht Schütz, indem er das Beispiel Technologie anführt, die genutzt wird ohne zu wissen, wie die einzelnen Vorrichtungen funktionieren.

Diese Sichtweise projiziert Schütz auch auf die soziale Welt. „Wir verlassen uns darauf, daß unsere Mitmenschen so reagieren werden, wie wir es antizipieren" (ebd.: 86).

Er kritisiert, dass, mit wenigen Ausnahmen, das Problem der sozialen Verteilung von Wissen einerseits rein von der Seite der ideologischen Begründung von Wahrheit in deren Abhängigkeit von sozialen und ökonomischen Bedingungen angegangen wird, andererseits ausschließlich von dem Problem der Sozialisierung in der Erziehung oder von der sozialen Rolle des wissenden Menschen her. Wie bereits angedeutet, distanzieren sich Berger und Luckmann (2003) in Anlehnung an Schütz auf diese Weise von der bis dahin traditionellen Wissenssoziologie. Berger und Luckmann definieren in diesem Zusammenhang Wissen „als die Gewißheit, daß Phänomene wirklich sind und bestimmbare Eigenschaften haben" (Berger/Luckmann 2003: 1) und die Wissenssoziologie sich daher mit allem beschäftigen muss, *„was in der Gesellschaft als ›Wissen‹ gilt"* (Hervh. im Original, ebd.: 16).

Schütz Untersuchung liegt nun darin, zu betrachten, welche Motive erwachsene Menschen, die ihr Alltagsleben in einer modernen Zivilisation leben, dazu bewegen, fraglos *einige* Teile des überlieferten relativ natürlichen Weltkonzepts[11] anzuerkennen und *andere* Teile in Frage zu stellen. Zu diesem Zweck konstruiert Schütz drei Idealtypen respektive Handlungstypen, die er den „Experten", den „Mann auf der Straße" und den „gut informierten Bürger"[12] nennt.[13]

---

11  Was Schütz unter einem natürlichen Weltkonzept versteht, findet sich in Kapitel 2.1.1 wieder.

12  Schütz bezeichnet dies als abgekürzte Version von: Der Bürger, der gut informiert sein will.

13  Auch wenn die Bezeichnungen „Mann auf der Straße" und „gut informierter Bürger" heute etwas altertümlich klingen mögen, sind es doch die jeweiligen inhaltlichen Zuschreibungen und damit die Begriffsbestimmungen, die diese Handlungstypen für die vorliegende Forschungsarbeit bedeutsam machen.

„Das Wissen des Experten ist auf ein beschränktes Gebiet begrenzt, aber darin ist es klar und deutlich" (Schütz 1972: 87). Seine Ansichten gründen auf gesicherte Behauptungen.

„Der Mann auf der Straße hat ein funktionierendes Wissen auf vielen Gebieten, die aber nicht notwendig miteinander zusammenhängen müssen" (ebd.: 87). Er hat ein *typisches* Wissen von Rezepten, die ihm mitteilen, wie er in *typischen* Situationen *typische* Resultate durch *typische* Mittel zustande bringt. Die Rezepte zeigen ihm die Prozeduren, auf die er sich verlassen kann, auch wenn er sie nicht klar versteht. Dieses Wissen ist immer noch *genügend* präzise für den praktischen und vorhandenen Zweck. In Situationen, die nicht mit solchen praktischen Zwecken von unmittelbarer Bedeutung verbunden sind, lässt er sich von seinen Gefühlen leiten.

Der Idealtypus vom „gut informierten Bürger" verortet sich zwischen den beiden anderen Idealtypen. Er hat kein Expertenwissen und strebt dies auch nicht an, andererseits bedient er sich nicht des bloßen Rezept-Wissens oder seiner (irrationalen) Gefühle. „Gut informiert zu sein bedeutet ihm, zu *vernünftig begründeten* Meinungen auf dem Gebiet zu gelangen, die seinem Wissen entsprechen ihn zumindest mittelbar angehen, obwohl sie seinem zuhandenen Zweck direkt nichts beitragen" (Hervh. im Original, ebd.: 88). Schütz nimmt an dieser Stelle eine Unterscheidung zwischen Information und Wissen vor. Informationen werden in diesem Sinne dem vorhandenen Wissensvorrat hinzugefügt und das Individuum kommt zu einer vernünftig begründeten Meinung, ohne dass Schütz davon sprechen würde, dass dieses nun einen größeren Wissensvorrat hat. Das Individuum hat mehr Informationen, die es situiert und reflektiert.

Schütz argumentiert, dass jeder von uns im täglichen Leben und zu jedem Augenblick gleichzeitig „Experte", „gut informierter Bürger" und „Mann auf der Straße" ist, aber jeder davon in Bezug auf andere Wissensgebiete. Darüber hinaus wisse ein jeder, dass dies auch für seine Mitmenschen gelte und genau diese Tatsache bestimme den hier verwendeten spezifischen Wissenstypus mit. Das bedeutet, der „Mann von der Straße" weiß, dass es Experten gibt, die er konsultieren kann. Der „Experte" weiß, dass nur ein anderer Experte alle Details eines Problems verstehen kann. Aber es ist der „gut informierte Bürger", der sich als durchaus qualifiziert betrachtet, um zu entscheiden, wer ein kompetenter Experte ist und sich weiterhin nach Hörung der Meinung des Experten noch entscheiden kann. Schütz fasst zusammen, dass „Viele Phänomene des sozialen Lebens [...] nur dann voll verstanden werden [können], wenn man sie auf die zugrunde liegende allgemeine Struktur der sozialen Verteilung des Wissens bezieht" (ebd.: 88 f.).

Eine Unterscheidung der eben dargestellten drei Idealtypen sieht Alfred Schütz in der Bereitschaft, Dinge als fraglos gegeben anzunehmen.[14] Es existiert ein Sektor von Welt, in dem Dinge als selbstverständlich angenommen werden. In diesem Sektor erweckt der Zusammenhang von theoretischen und praktischen Problemen nicht den Anschein, weiter betrachtet werden zu müssen, obwohl es keine klare und eindeutige Einsicht in seine Struktur gibt. Diese Zone, beziehungsweise diesen Sektor, bezeichnet Schütz als „Zone der fraglos gegebenen Dinge", in der der Handelnde sich orientiert. Von dieser Zone geht jede Untersuchung aus, mit dem Ziel, eine unbestimmte in eine bestimmte Situation zu verwandeln. Werden bestimmte Dinge nicht mehr als fraglos gegeben angenommen bzw. sollen Situationen auch in ihrer Struktur verstanden werden, kommt das Interesse zum Tragen, welches nach Ansicht von Schütz das Denken, Entwerfen und Handeln[15] motiviert und somit die durch Denken zu lösenden Probleme und die durch Handeln zu erreichenden Ziele aufstellt. Dieses vorhandene Interesse betrachtet Schütz als ein Element in einem hierarchischen System oder in einer Vielfalt von Systemen und von Interessen, die in der Alltagswelt als Pläne bezeichnet werden (vgl. ebd.: 91). Jedes Individuum kann zu jeder Zeit verschiedene soziale Rollen einnehmen, so dass ein Interessensystem weder homogen noch konstant ist. Das bedeutet, Individuen müssen beständig Entscheidungen treffen, welche dieser auseinander laufenden Interessen verschiedener sozialer Rollen sie wählen, um Situationen zu definieren. Diese Wahl wird das Problem stellen oder die Zwecke definieren, woraufhin Welt und Wissen in Zonen von verschiedener Relevanz aufgeteilt werden. Das momentan relevante Interesse bricht demzufolge das unproblematische Feld des Vorgewussten und somit den vorhandenen Wissensvorrat sowie dessen lebensweltliche Sedimentierung in verschiedene Zonen von unterschiedlicher Relevanz auseinander, wobei mit Bezug auf ein solches Interesse jede Zone differente Grade der Wissenspräzision verlangt.

Schütz unterscheidet in diesem Kontext vier Zonen von abnehmender Relevanz, die sehr durcheinandergehen und eher einem System von Isohypsen[16] denn einem Koordinatensystem ähnelt. In der „Zone der primären Relevanz" können Teile der Welt in erreichbarer Nähe mit aktivem Handeln verändert werden: „Es ist der Sektor der Welt, in welchem unsere Projekte realisiert werden können" (ebd.: 90). Diese Zone verlangt somit ein Optimum an klarem und deutlichem Verstehen der Struktur von Welt. Innerhalb der „Zone der geringeren Relevanz" genügt ein Kennen der Risiken und Chancen, die sie hinsichtlich des Hauptinteresses des Handelnden enthalten können. Die „Zone der relativen Irrelevanz" hat

---

14    Vgl. hierzu auch Kapitel 2.1.

15    Zur Definition dieser Begrifflichkeiten bei Schütz siehe Kapitel 2.2.1.

16    Den Begriff der Isohypse verwendet Schütz symbolisch für seine Darstellung der verschiedenen Zonen. Sie sind nicht statisch lokalisierbar und fest verortet zu sehen sondern überlappend.

zu diesem Zeitpunkt keine Verbindung mit dem definierten Interesse und dementsprechend wird sie als fraglos gegeben angesehen, bis sich etwas ändert, was die relevanten Sektoren durch neuartige Chancen und Risiken beeinflussen könnte. In der „Zone der absoluten Irrelevanz" wird angenommen, dass kein möglicher Wandel innerhalb dieser Zone das vorhandene Problem beeinflussen kann.

Diese Relevanzen unterteilt Schütz noch einmal in zwei verschiedene Typen, die vermischt mit anderen im Alltagsleben auftreten. Diese Typen beziehen sich auf das Ergebnis der gewählten Interessen. Wird das Interesse durch eine spontane Entscheidung, ein Problem durch Denken zu lösen oder ein Ziel durch Handlung[17] zu erreichen, errichtet, bleibt es bis zu einem gewissen Grad unter der Kontrolle des Handelnden. Das Interesse kann jederzeit verlagert werden, wodurch wesentliche Relevanzen modifiziert und ein Optimum an Klarheit durch die kontinuierliche Untersuchung erhalten werden kann. Das „System der auferlegten Relevanzen" kommt zum Tragen, wenn Situationen und Ereignisse aufgenommen werden, die nicht dem eigenen Interesse oder einem freien Handeln entspringen. Der Handelnde hat keine Möglichkeit, sie durch spontane Aktivitäten zu verändern, es sei denn, er verwandelt die so auferlegten Relevanzen in wesentliche Relevanzen. Wenn sie auferlegt bleiben, sind sie unklar und ziemlich unverständlich.

Diese vier verschiedenen Relevanzzonen fasst Schütz zusammen und zeigt damit deren interne Verknüpfung, wie nachfolgend ausgeführt wird:

„Welt in meiner Reichweite ist zuallererst der Sektor der Welt in meiner aktuellen Reichweite; dann kommt der Sektor, der früher in meiner aktuellen Reichweite war und nun in meiner potentiellen Reichweite ist, weil er in meine aktuelle Reichweite zurückgebracht werden kann; und schließlich gibt es den Sektor in meiner erziel- und erreichbaren Reichweite, was nämlich innerhalb der aktuellen Reichweite von dir, meinen Mitmenschen, ist und in meiner aktuellen Reichweite läge, wenn ich nicht hier wäre, wo ich bin, sondern dort, wo du bist – kurz, wenn ich auf deinem Platz wäre" (ebd.: 93). In diese Verknüpfung der Relevanzzonen fügt Schütz den Anderen, den Mitmenschen, in seine Überlegungen ein. Dies ist keine individuelle, von anderen losgelöste Relevanzsetzung, sondern eine gemeinsame Umgebung, die durch gemeinsame Interessen bestimmt werden muss. Auch wenn verschiedene Relevanzsysteme und ein differentes Wissen von der gemeinsamen Umgebung vorhanden ist, kann dennoch innerhalb dieser gemeinsamen Umgebung und innerhalb der Zonen gemeinsamen Interesses eine soziale Beziehung mit dem Anderen errichtet werden: „jeder handelt gegenüber dem anderen und reagiert auf das Handeln des anderen" (ebd.: 94). Den Anderen sieht Schütz hierbei partiell unter der Kontrolle des Handeln-

---

17 Zum Begriff der Handlung bei Alfred Schütz siehe Kapitel 2.2.1.

den und umgekehrt. Beide wissen nicht nur von dieser Tatsache, sondern wissen sogar von dem wechselseitigen Wissen, welches selbst ein Mittel für die Ausübung der Kontrolle ist. Wenn sie sich also spontan aufeinander „einstellen", haben die Handelnden zumindest *einige* wesentliche Relevanzen gemeinsam. Aber nur *einige*, wie Schütz betont. „In jeder sozialen Interaktion wird ein Teil des Systems der wesentlichen Relevanzen des Partners vom anderen nicht geteilt" (ebd.: 94). Dies zieht zwei wichtige Konsequenzen nach sich:

1. Wenn der Handelnde innerhalb einer beliebigen sozialen Interaktion das Objekt eines anderen Handlung ist und dessen spezifische Zwecke berücksichtigen muss, die er nicht teilt, sind des Anderen wesentliche Relevanzen dementsprechend auferlegte Relevanzen und umgekehrt.
2. Der Handelnde hat nur ein volles Wissen von seinem eigenen System wesentlicher Relevanzen. Das System wesentlicher Relevanzen des Anderen ist ihm nicht voll zugänglich. Selbst wenn von einem partiellen Wissen darüber ausgegangen werden kann, wird dieses Wissen niemals den Präzisionsgrad erreichen, der genügen würde, um die wesentlichen Relevanzen zu einem Element im System des Handelnden werden zu lassen. Es bleiben auferlegte Relevanzen und „Auferlegte Relevanzen bleiben leere, unerfüllte Antizipationen" (ebd.: 95).

So sieht im Sinne von Schütz die Verteilung des Wissens in sozialen Beziehungen zwischen Individuen aus, wenn jedes seinen bestimmten Platz in der Welt des anderen hat und wenn jedes unter der Kontrolle des anderen steht. Aber je anonymer der Andere wird und je weniger sein Platz im sozialen Kosmos für den Partner bestimmbar ist, umso mehr verringert sich die Zone der gemeinsam geteilten wesentlichen Relevanzen und um so mehr wächst die Zone der auferlegten Relevanzen. Schütz fasst diesen Aspekt noch einmal gesamtgesellschaftlich betrachtet zusammen.

> „Das Anwachsen der wechselseitigen Anonymität der Partner ist jedoch charakteristisch für unsere moderne Zivilisation. In unserer sozialen Situation werden wir immer weniger durch Beziehungen mit individuellen Partnern innerhalb unserer mittelbaren und unmittelbaren Reichweite bestimmt, sondern mehr und mehr durch höchst anonyme Typen, die keinen festen Platz im sozialen Kosmos haben." (ebd.: 95)

Werden nun diese Überlegungen noch einmal in Beziehung zu den drei oben dargestellten Idealtypen gesetzt, lässt sich im Sinne von Schütz folgendes festhalten:

Der „Mann auf der Straße" lebt demnach naiv in seinen eigenen wesentlichen Relevanzen. Auferlegte Relevanzen berücksichtigt er nur als Elemente der zu definierenden Situation, als Gegebenheiten oder als Bedingungen seines Handlungsverlaufs. Er wird bei seiner Meinungsbildung eher von einem Gefühl als von Informationen geleitet.

Der „Experte" ist nur in einem System auferlegter Relevanzen heimisch, auferlegt durch die aus seinem Gebiet vorausgesetzten Probleme. Durch seine Entscheidung, Experte zu werden, hat er die auf seinem Gebiet auferlegten Relevanzen als die allein für sein Denken und Handeln wesentlichen akzeptiert. Da der Experte dazu neigt, Marginalprobleme und Probleme außerhalb seines spezifischen Feldes einem anderen Experten zuzuschreiben, begrenzt er sein Gebiet und, schlussfolgernd daraus, auch sich selbst. Der Experte beginnt mit der Annahme, dass nicht nur das auf seinem Gebiet errichtete Problemsystem relevant ist, sondern dass es auch das allein relevante System ist. Sein Wissen bezieht sich auf diesen Bezugsrahmen. „Wer es nicht als sein monopolisiertes System der wesentlichen Relevanzen akzeptiert, teilt mit ihm nicht sein kommunikatives Universum" (ebd.: 96 f.).

Der „gut informierte Bürger" befindet sich in einem Bereich, zu dem eine unendliche Anzahl von Bezugsrahmen gehört. Es existieren keine vorgegebenen Ziele, keine festen Grenzen, in denen er Schutz suchen könnte. Er muss den Bezugsrahmen suchen, indem er seine Interessen sucht, er muss die dazugehörigen Relevanzzonen untersuchen und er „muß so viel Wissen wie möglich über den Ursprung und die Quellen der ihm aktuell oder potentiell auferlegten Relevanzen sammeln" (ebd.: 97). Das bedeutet: Er muss sich eine vernünftige Meinung bilden können und dementsprechend Informationen suchen, womit noch einmal die Unterscheidung von Wissen und Information deutlich wird.

An dieser Stelle fragt sich Schütz, wo diese Informationsquellen liegen und aus welchem Grund der Bürger bzw. der Handelnde diese als ausreichend betrachtet, um die eigene Meinungsbildung möglich zu machen. Nur ein sehr geringer Teil eines aktuellen und potentiellen Wissens gründet in einem eigenen Erfahrungshorizont. „Die große Masse unseres Wissens besteht aus Erfahrungen, die nicht wir, sondern unsere Mitmenschen, unsere Zeitgenossen oder Vorgänger gehabt haben und die sie uns übermittelten" (ebd.: 98). Schütz nennt dies „sozial abgeleitetes Wissen". Alles sozial abgeleitete Wissen gründet auf einer impliziten Realisierung:

> „ich glaube an die Erfahrung meines Mitmenschen, weil, wenn ich an seiner Stelle wäre […], ich die gleichen Erfahrungen machen würde […] wie er, weil ich so wie er handeln könnte […], weil ich die gleichen Chancen und Risiken in der gleichen Situation hätte. Was daher für ihn ein wirklich existierender Gegenstand seiner aktu-

ellen Erfahrung ist (oder war), ist für mich ein virtuell existierender Gegenstand der möglichen Erfahrungen." (ebd.: 98)

Sozial abgeleitetes Wissen kann demnach nach Ansicht von Schütz auf verschiede Weise vermittelt werden. Es kann von der unmittelbaren Erfahrung eines Individuums kommen. Dieses Wissen wird ungefragt angenommen, weil es auf der Tatsache begründet ist, dass eine bestimmte Konformität des eigenen Relevanzsystems mit dem des Anderen vorausgesetzt wird. Sozial abgeleitetes Wissen kann von so genannten „Insidern" vermittelt werden. Die Annahme dieses Wissens gründet sich in dem Glauben, dass die zu vermittelnde Erfahrung in einem einzigartigen und typischen Relevanzzusammenhang vom Anderen erlebt wurde, er es somit „besser weiß". Darüber hinaus existieren Meinungen anderer Individuen, welche ihr Wissen aus bestimmten Quellen oder aus anderem unmittelbar sozial abgeleiteten Wissen gesammelt haben, das aber in Übereinstimmung mit einem ähnlichen Relevanzsystem zusammengestellt wurde. Diese Individuen nennt Schütz „Analytiker". Beruht die Meinung eines anderen Individuums auf den gleichen Quellen wie die des „Analytikers", differiert das gesetzte Relevanzsystem aber beträchtlich. Dessen Meinung wird dann vertraut, wenn die Möglichkeit gegeben ist, ein genügend klares und präzises Wissen von dem zugrunde liegenden aber abweichenden Relevanzsystem zu erlangen. Ein Individuum, das auf diese Weise zur Meinungsbildung herangezogen wird, nennt Schütz „Kommentator". Dem sozial abgeleiteten Wissen setzt Schütz das sozial gebilligte Wissen gegenüber, dem er ein gewisses Machtpotential zuschreibt. Wird ein bestimmtes Wissenspotenzial von einer Gruppe von Individuen gebilligt, der man selbst angehört, wird dieses Wissen einfach als selbstverständlich hingenommen. Es wird ein Element der relativ natürlichen Weltanschauung, obwohl die Quelle des Wissens in ihrer Anonymität völlig verborgen bleibt. Hierbei bezieht sich Schütz auf Sitten, Volksweisen und Gewohnheiten, die anzeigen, wie man denken und handeln soll.

Resümee

Der lebensweltliche Wissensvorrat ist, so formulieren es Schütz und Luckmann (2003), in vielfacher Weise auf die Situation des erfahrenden Subjekts bezogen. Dieser Wissensvorrat baut sich aus Sedimentierungen ehemals aktueller, situationsgebundener Erfahrungen auf und jede aktuelle Erfahrung wird, je nach ihrer im Wissensvorrat angelegten Typik und Relevanz, in den Erlebnisablauf und in die Biografie eingefügt (vgl. ebd.: 149). Die Begrenztheit einer Situation sowie die räumliche, zeitliche und soziale Gliederung der subjektiven Erfahrungen von der Lebenswelt gehören demnach zu den Grundelementen des Wissensvorrats. Eine biografische Artikulierung dieser Erfahrungen einerseits bestimmt dementsprechend den Aufbau des Wissensvorrats entscheidend mit. Der jeweilige Wissensvorrat ermöglicht andererseits die Orientierung in der Situation und deren Bewältigung (vgl. ebd.: 149 f.). Ein Handeln mit einem bestimmten Wissen hat demnach auch eine biografisch situierte Dimension, die bei der Betrachtung eines Begriffs von Wissen durchaus relevant ist. Handelnde greifen auf ihren vorhandenen Wissensvorrat zurück. Im Sinne von Schütz bedeutet dies, dass es viele verschiedene Wissensarten gibt. Einige sind routiniert, andere müssen generiert werden oder ergeben sich aus sozialen Interaktionen, die wiederum in Gewohnheiten übergehen können (vgl. Kübler 2005: 103). Je nach Situation agiert der Handelnde in einer dieser Wissensarten, wobei die Grenzen fließend sind. Nichtsdestoweniger lassen sich folgende drei Punkte festhalten:

1. Wird der Handelnde mit einer Situation konfrontiert, die er kennt und bereits erlebt hat, greift er zuerst auf seine Fähigkeiten und Fertigkeiten zurück, die ihn aus seiner Erfahrung heraus bereits früher erfolgreich handeln ließen. Er kennt diese Fähigkeiten und kann routiniert mit seiner Relevanzsetzung und -struktur agieren. Selbst wenn in dieser Situation Relevanzen an ihn herangetragen werden, die nicht den seinen entsprechen, ist er in der Lage, routiniert zu handeln.
2. Stößt der Handelnde an seine handlungspraktischen Grenzen und kann somit nicht auf sein Gewohnheitswissen zurückgreifen, sieht er sich in die Lage versetzt, neues Wissen zu generieren und seinem Wissensvorrat hinzuzufügen. Er setzt Relevanzen, die zur Lösung des Problems in der jeweiligen Situation beitragen sollen. Dafür bedarf es ein Wissen sowie die Reflexion darüber, wer welches Wissen zur Lösung beitragen kann und wo welche Informationen dafür zur Verfügung stehen könnten. Gleichzeitig bedarf es der Einschätzung dieser neuen Informationen und Wissensvorräte anderer – er muss sich eine Meinung bilden können.
3. Wie bereits oben näher ausgeführt, motiviert im Sinne von Schütz das Interesse ein Denken und Handeln von Personen. Es wäre demnach in diesem Kontext denkbar, dass ein eigenmotiviertes Interesse gewisse Situationen schafft, in denen Relevanzen gesetzt werden, um diese unbestimmte Situation wiederum in eine bestimmte Situation zu verwandeln. Wissen wird unter diesem Aspekt aus einem Interesse heraus aufgebaut. Der Handelnde greift auf seine eigenen Fähigkeiten und Fertigkeiten sowie auf die Anderer zurück, um in dieser selbst geschaffenen Situation agieren zu können.

Beziehen sich die Überlegungen von Alfred Schütz auf die alltägliche Lebenswelt von Individuen, folgt nun ein Blick aus dieser wissenssoziologischen Perspektive in die Arbeits- und Berufswelt von Handelnden. Der bekannteste neuzeitliche Vertreter hierfür ist, wie bereits angedeutet, Nico Stehr, auf dessen Darlegungen sich der nachfolgende Abschnitt in erster Linie beziehen wird. Er resümiert, dass das Wissen über das Wissen trotz der Wissenssoziologie nicht sehr umfassend ist.[18]

## 1.2 Wissen als Fähigkeit zum sozialen Handeln: Eine Perspektive aus der Arbeitswelt

Betrachtet man den Aspekt Wissen aus einer ökonomischen Perspektive, lässt sich übergreifend festhalten, dass sich die Theorien und Überlegungen in diesem Kontext darauf beziehen, dass Wissen zunehmend als Ressource zu den früher eine Gesellschaft konstituierenden Kategorien, Arbeit und Gesellschaft, aufrückt. Nico Stehr geht hierbei von einer wachsenden Bedeutung von Wissen als Handlungskapazität aus.[19] Das wohl am meisten zitierte Werk von Stehr (1994) trägt dann auch den Titel: Arbeit Eigentum und Wissen. Mit diesem soll „eine Theorie der Gesellschaft formuliert werden, die auf der substantiellen Prämisse beruht, daß viele der signifikanten und hierunter insbesondere der ökonomischen Veränderungen der Industriegesellschaft in enger Beziehung zu ‚Fortschritten' in Wissenschaft und Technik stehen und das der gesellschaftliche, politische und wirtschaftliche Wandel nicht nur Ergebnis naturwissenschaftlicher Forschung ist, sondern auch von den Geistes- und Sozialwissenschaften ausgeht" (Stehr 1994: 12).

Wissenschaft und Technik werden somit zu einem definierenden Merkmal moderner Gesellschaften und der Wandel innerhalb der Gesellschaft geht auch von Geistes- und SozialwissenschaftlerInnen aus. Deutlich geworden ist aus dem Zitat darüber hinaus, dass es Stehr um ökonomische Veränderungen und der damit einhergehenden Perspektive auf einen gesellschaftlichen, politischen und wirtschaftlichen Wandel geht.

---

18  Vgl. hierzu auch Sprondel (1979). „Als das modernen Gesellschaften schlechthin kennzeichnende Strukturmerkmal gilt allen sozialwissenschaftlichen Theoretikern die Arbeitsteilung. Wie immer sonst die konkrete Institutionsstruktur beschaffen sein mag: Arbeitsteilung wird als allen diesen Gesellschaftstypen gemeinsames, ursächlich weitreichendes Basisproblem angesehen, an das die wichtigsten Verteilungsstrukturen direkt oder indirekt anknüpfen. [Es geht] um [...] die [...] Strukturen und Mechanismen der sozialen Wissensverteilung." (Sprondel 1979: 140). Die begriffliche Fassung des „Wissens" sieht er als unbefriedigend.

19  Vgl. hierzu Konrad/Schumm (1999: 8).

Die Entwicklung von Wissensgesellschaften steht demnach in diesem Kontext in einer engen Beziehung zu fundamentalen Transformationen der Struktur wirtschaftlicher Aktivitäten. Wirtschaftliches Handeln hat auch künftig großes Gewicht, seine Bedeutung wird keineswegs eliminiert. Allerdings verringert sich, so der Autor weiter, aus Sicht des Einzelnen, der Haushalte und anderer sozialer Gruppierungen das Gewicht der Ökonomie bzw. die unmittelbare Abhängigkeit vom wirtschaftlichen Handeln. „Der Lebensmittelpunkt des einzelnen Menschen verschiebt sich von vorrangig wirtschaftlichen Interessen zu anderen Lebensinhalten hin. Aus Sicht sozialer Konflikte läßt sich eine Verschiebung zu generalisierten gesellschaftlichen Auseinandersetzungen beobachten" (Stehr 1994: 22). Die Bedingungen der Möglichkeit einer solchen gesellschaftlichen Transformation sind somit nicht zuletzt ökonomische Strukturveränderungen.

„Der Umfang der Arbeit, Arbeitsinhalte und -anforderungen sowie die Arbeitsorganisation verändern sich ebenfalls in Wissensgesellschaften."(ebd.: 22 f.)

Diese Veränderungen sind es, die Nico Stehr für die vorliegende Forschungsarbeit bedeutsam machen, stellen sich doch folgende Fragen: Wenn es tatsächlich zu veränderten Arbeitsinhalten und -anforderungen kommt, sowie zu veränderten Arbeitsorganisationen, welche Möglichkeiten und Chancen bieten sich dann den PädagogInnen? Wie werden sie gesehen und welche Elemente ihres professionellen Handelns kommen besonders zum Tragen?

In seinen weiteren Ausführungen stellt Stehr dar, welche Bedeutung die wachsende Schicht der Experten, Berater und Ratgeber, das heißt der wissensfundierten Berufe in Theorie und Praxis der modernen Gesellschaft, hat. Er geht davon aus, dass es sich bei dieser Gruppe von Berufen um die am schnellsten wachsende Berufsschicht handelt. Sein Hauptinteresse gilt dem besonderen Stellenwert der Experten in der Wissensgesellschaft, den Gründen für die Nachfrage nach Expertenwissen, den ungewöhnlichen Eigenschaften wissensvermittelnder Berufe und ganz allgemein der Kultur und der Macht des Wissens in modernen Gesellschaften, soweit sie durch die rapide wachsende Schicht der wissensfundierten Berufe repräsentiert werden.[20] Eines seiner Ziele ist somit, die allgemeine praktische Bedeutung des wachsenden Umfangs der auf Wissen basierenden Berufe bzw. der Berufsgruppe der Experten, Ratgeber und Berater theoretisch zu analysieren. Hierbei sieht Stehr eine sehr widersprüchliche Bewertung der Entwicklung der Zunahme von Experten. Betrachtet man diesen Aspekt ausschließlich negativ, so wird dies als Reaktion auf Tendenzen der modernen Gesellschaft interpretiert, die das Individuum schwächen und schädigen (Entfremdung, Anomie, Heimatlosigkeit etc.). Aber: In diesen theoretischen Überlegungen wird nach Ansicht von Stehr nicht davon ausgegangen, dass Beratung und Therapie

---

20    Vgl. Stehr 1994: 24.

die negativen Folgen solch einer Entwicklung auch heilen können. Bei einer positiven Betrachtung dieser Entwicklung wird innerhalb dieser theoretischen Rahmung beispielsweise der relativ offene Zugang zu fachlicher Beratung gesehen, die durchaus emanzipatorische Effekte nach sich ziehen kann. Stehr richtet seinen Blick nicht auf eine kontrovers-normative Bewertung der Experten, sondern den diese Problematik vorangestellten Fragen. Seine Ausführungen richten sich „ganz allgemein auf die umfangreiche, *auf Wissen basierende Gruppe von Berufen* und damit, so möchte ich behaupten, diejenige Kategorie von Berufen, die mit großer Wahrscheinlichkeit in der modernen Gesellschaft am schnellsten zunimmt, aber gleichzeitig in kaum einer theoretischen Analyse oder empirischen Untersuchung der Sozialwissenschaften als eine Gruppe von Berufen (um den nicht zutreffenden Begriff ‚Klasse' schon an dieser Stelle bewusst zu vermeiden) auftaucht" (Hervh. im Original, Stehr 1994: 352ff.).

Dabei hat Stehr nicht die Absicht, die ständig obsoleter werdende Vorstellung einer „neuen" Klasse in diesen Problemzusammenhang wieder zu thematisieren, „denn ob sich entstehende Wissensgesellschaften in der gleichen Art dominieren und dirigieren lassen wie vergangene Gesellschaften, ist zweifelhaft. Die Expertenberufe, also die auf Wissen basierenden beruflichen Tätigkeiten in der modernen Gesellschaft, sind intellektuell, aber auch politisch und organisatorisch viel zu fragmentiert und damit in zu vielen verschiedenen Lagern angesiedelt, als dass diese Gruppe insgesamt eine derart historisch entscheidende Rolle übernehmen könnte" (ebd.: 354).

In diesem Zusammenhang stellt sich Stehr die Fragen: Warum nimmt gerade die Nachfrage nach Wissen, das in Form von Beratung „verabreicht" wird, in der modernen Gesellschaft derart zu? Wie genau sieht der Fundus dieses spezialisierten Wissens aus? Welche kognitiven Strategien eignen sich für die Ausbreitung von Wissen? Welches Wissen werde letztendlich in soziales Handeln umgesetzt? Wie erlangt Wissen überhaupt seine besondere gesellschaftliche Autorität, obwohl es doch anscheinend recht großzügig „verteilt" wird? Besonders die Frage nach der Umsetzung von Wissen in soziales Handeln interessiert im Kontext der vorliegenden Forschungsarbeit. Stehr fokussiert diese Frage besonders auf die Gruppe der Experten, denen seiner Ansicht nach unterstellt wird, dass sie weitgehend unproblematisch in einer technischen Funktion betrachtet werden. In dieser Vorstellung besteht die Rolle des Wissensberufs darin, dass sie, nach Abwägung gewisser Kriterien der Nützlichkeit, zur Erreichung vorgegebener Ziele eine Wahl der passenden Mittel zu treffen hat. Dies ist für Stehr fragwürdig, insbesondere in Hinblick auf seinen Wissensbegriff.

„Unser Wissen über Wissen wird als selbstverständliche Komponente eines Arguments oder eines Diskussionszusammenhangs behandelt, das heißt als eine Art *black box*, und deshalb in der Regel nicht weiter analysiert und seziert. Oft wird Wissen in der modernen Gesellschaft als exklusives Spezialwissen der Forschungsfront verstanden, das sich infolgedessen eindeutig von anderen Wissensformen, insbesondere dem Alltagswissen, abhebt" (Hervh. im Original, ebd.: 356). Im Mittelpunkt von Nico Stehrs Überlegungen steht die umfassende Gruppe wissensfundierter Berufe aller Wirtschaftsbereiche und aller sozioökonomischen Stufen. Die Vorstellung vom Wissen des Experten und seiner elitären Verankerung betitelt Stehr als „insgesamt unrealistisch" (ebd.: 357).

Neues Wissen scheint, und hier bezieht sich Stehr auf Luhmann (1981), fast immer besser als das alte, ersetzt dieses aber nicht unbedingt. Aber: das Wissen in modernen Gesellschaften scheint sich schnell zu verändern.

> „Ständig gehen Welten unter, werden neue geschaffen. Rasche Veränderungen rufen Angst hervor und bieten gleichzeitig die Gelegenheit, Wissen durch die Schaffung neuer, anderer Welten rasch in soziales Handeln umzusetzen." (ebd.: 357)

Im Zusammenhang mit der Zunahme des Wissensvolumens entwickelt sich die neue Berufsgruppe der Experten, Ratgeber und Berater, die in ihrer Gesamtheit gegenwärtig besonders schnell wächst und gesellschaftlichen Einfluss gewinnt.

„Diese Experten *vermitteln* den Ratsuchenden, die wegen besonderer Umstände, wegen dringlicher Probleme oder aus Respekt vor dem Wissen zu diesem Schritt gezwungen werden, Zugang zu speziellen Wissensinhalten" (Hervh. im Original, ebd.: 357). Wissensvermittlung ist somit ein Kernpunkt des sozialen Handelns, so wie Stehr es betrachtet, und zielt insbesondere auf die Schaffung von Zugängen zu Wissen und Wissensinhalten. Dies spezifiziert Stehr noch, in dem er festhält:

„Die Entstehung von Expertenberufen setzt immer schon die parallele Entstehung eines jeweils unterschiedlich zusammengesetzten Publikums oder einer Klientel voraus, die gewisse Gemeinsamkeiten mit den Experten teilt, und sei es nur, dass sie ein gemeines Verständnis der Funktion von spezialisierten Wissen besitzen" (ebd.: 358). Demnach findet Wissensvermittlung in diesem Kontext zum einen adressatenspezifisch statt und zum anderen geht Stehr davon aus, dass sowohl die Adressaten als auch die Experten sich einen partiellen gemeinsamen Wissenshorizont teilen. Dieses Wissen wird nach Ansicht von Stehr ein einziges Mal produziert und unzählige Male reproduziert. Die Reproduktion von Wissen wird dabei als eine (wenn auch etwas andere) Form der Produktion von Wissen begriffen. Das bedeutet, dass die reproduzierte Art von Wissen nicht identisch mit dem einmal produzierten Wissen ist. Bezieht man diese Ansichten auf die oben dargelegten Überlegungen von Schütz könnte dies heißen, dass der Handelnde einen einmal angelegten Wissensvorrat zur Verfügung hat, der immer wieder neu kontextualisiert werden kann. Die reproduzierende Produktion von

Wissen macht somit eine der zentralen gesellschaftlichen Funktionen der wissensfundierten Berufsgruppen aus.

„Wissen wird nur in den seltensten Fällen ungehindert und unverändert, dass heißt interpretationsfrei, ohne Bearbeitung und damit wie in einem System kommunizierender Röhren ohne wesentliche Friktion weitervermittelt" (ebd.: 360). In Abgrenzung zu Habermas (1981) argumentiert Stehr, dass Expertenwissen in seiner Zusammensetzung und seiner symbolischen Wirksamkeit nur in seltenen Fällen auf die Logik gewisser institutioneller Handlungszusammenhänge begrenzt (z.B. politisches oder wirtschaftliches Handeln) ist. Er geht davon aus, dass: „Die wissensfundierten und -vermittelnden Berufe [...] eine bestimmte (in der Regel legitime) Form der kognitiven Herrschaft aus[üben], indem sie mögliche Handlungsabläufe von einzelnen und korporativen Akteuren begrenzen und gewisse normative Standpunkte verteidigen. Hierdurch wird das Individuum in die Lage versetzt, durch die Definition dessen, was als Wissen zählt, durch die Beschränkung der Zirkulation relevanter Erkenntnisse und durch die Bestimmung dessen, was als effizientes Mittel zur Bewertung des Expertenwissens gilt, Sensibilitätsmuster sozialen Handelns zu konstruieren" (Stehr 1994: 366). Wissen und Handlungskontext sind demnach unteilbar, dennoch muss man sich über die Verbindung von Institutionen und Wissen Gedanken machen. Ob aber Wissen selbst institutionelle Machtbasis ist, kann und muss auch nicht mit letzter Sicherheit beantwortet werden. Die Rolle der Berater und Experten beschränkt sich heute, wie Stehr selbst einschätzt, auf die im engen persönlichen Kontakt mit der politischen oder wirtschaftlichen Führungsperson ablaufenden Beratung. Prinzipiell ist Expertenwissen für jedermann zugänglich. Diese „Demokratisierung der Beratung" bedeutet, dass sich in der Wissensgesellschaft neben der wachsenden Zahl an Berater ein immer größeres „Laienpublikum" herausbildet. Diese „Demokratisierung" ist für Stehr somit ein wichtiger Grund für die Zunahme der Beraterberufe und die vielfältige Expansion ihrer Aufgaben.

Für den Autor ist an dieser Stelle wichtig festzuhalten, dass die Funktion und die Zugehörigkeit zum Kreis der Experten in modernen und klassischen Theorien in mehrfacher Hinsicht zu eng gefasst werden. Durch die Begrenzung der Experten auf Wissenschaftler oder Ingenieure als die „wahren Hüter der Macht", *unterschätzt* man die Anzahl von Experten[21] in der modernen Gesellschaft. Soll aber, so der Autor weiter, das rasche Wachstum der Gruppe wissensfundierter Berufsgruppen erklärt werden, kann man sein Augenmerk nicht ausschließlich auf deren Beraterfunktion von Angehörigen der Exekutive und Führungspersonen in der Wirtschaft beschränken. Andererseits *überschätzen* die

---

21  Verwiesen sci an dieser Stelle auf die Verwendung der Begriffe von Berater, Experte und Ratgeber. Diese sind für Stehr Hilfsbegriffe und er verwendet sie gleichbedeutend.

gleichen theoretischen Ansätze, nach Ansicht von Stehr, die Effizienz und den Grad des Einflusses der Expertenberufe, da sie das Medium, mit dem diese Berufsgruppe umgeht, viel zu restriktiv auf „reine" wissenschaftlich-technische Erkenntnisse einengt. Das bedeutet, es besteht nach Meinung von Stehr die verbreitete Ansicht, dass sich die Funktion der Experten fast als Anhängsel von Wissenschaft und Technik wesentlich auf die Vermittlung von analytisch besonders präzisem bzw. technisch-instrumentellem Wissen und institutionell ausdifferenzierten Erkenntnisformen stützt.

„Folglich vermutet man als Ursache für den angenommenen starken gesellschaftlichen Einfluß und die angebliche Klassenzugehörigkeit der Experten das ‚Wesen' des Expertenwissens selbst, das punktuell gezielt, kompensatorisch, definitiv und weitgehend unproblematisch anwendbar ist und das somit für jene, die damit professionell und virtuell umgehen, auch relativ leicht beherrschbar, eindeutig verständlich und effizient einsetzbar ist. Struktur und Konstruktion des vermittelten Wissens werden somit mit großer Selbstverständlichkeit als wissenschaftliche Erkenntnis beschrieben, deren Anwendung als redundante Problematik einfach übergangen werden kann." (ebd.: 371) Demnach wird also dem Grundsatz vertraut, dass durch die wissenschaftliche Methodik gesicherte Wissensansprüche weitgehend ungehindert und unverändert vom Experten zum Ratsuchenden „fließen" und dort auf effiziente Weise in die antizipierten Dienstleistungen umgesetzt werden, was wiederum ein schnelles Sichern und Realisieren von Lösungen bedeuten würde. Stehr geht aber davon aus, und ich schließe mich dem an, dass Expertenwissen mit sehr viel größerer Wahrscheinlichkeit „interpretationsbedürftiges, kontingentes, fortwährend zu reproduzierendes Wissen" ist, welches keineswegs unbeirrbar effiziente Lösungen produziert.

Stehr grenzt die Tätigkeiten seiner Begriffe der wissenstragenden und wissensverbreitenden Berufe von den allgemeinen Verortungen professioneller Berufe ab. Zumindest ist das Konzept von Experten und Ratgebern nicht im Sinne des Professionalismus gemeint. Der Autor lässt dieses Selbstverständnis und das parallele theoretische Modell geschichtsspezifischer Formen der „Professionalisierung" außer Betracht. Zumal die Tatsache besteht, dass in der empirischen Forschung und in der theoretischen Auseinandersetzung mit dem Thema der professionellen Berufe das von diesen Berufen verwendete oder formulierte Wissen größtenteils bewusst ignoriert wird. Er geht davon aus, „dass es sich bei der nicht analysierten Wissensgrundlage hauptsächlich um im engeren Sinne des Wortes ‚wissenschaftliches' Wissen handelt, das es sich darüber hinaus aus sozialwissenschaftlicher Sicht einer wissenschaftlichen Analyse und insbesondere einer Soziologie des professionellen Wissens entzieht" (ebd.: 377). Einige traditionelle professionelle Berufe scheinen sich zwar inzwischen strukturell verändert zu haben, bspw. weil sich die Anforderungen oder der institutionalisierte

Rahmen verändern. Trotzdem entspringt ihr gesellschaftlicher Einfluss immer noch ihrem organisatorischen Zusammenhalt, der Fähigkeit, die Ressource Wissen zu arrangieren und politischen Einfluss zu gewinnen. Die Kategorien von Berufen, die seinem Interesse gelten, bieten seiner Ansicht nach ein diffuseres Bild. Folglich ist es wahrscheinlicher, dass deren interner und externer Einfluss eher durch Arbeit einzelner Ratgeber und Experten als durch organisierte Kollektive und daraus entstehende Zwänge ausgeübt werden. Stehr resümiert, dass sich die Gruppe der „sogenannten professionellen Berufe" in der Regel mit Tätigkeiten, bei denen es um die Vermittlung von Wissen geht, befasst, wodurch sie ein Teil der umfassenderen Berufsgruppe der Experten, Ratgeber und Berater sind. Allerdings stellen sie nur eine relativ kleine Gruppe dar, weshalb sie unter die Gruppe der Experten zu subsumieren sind – und nicht umgekehrt.

Die eben angeführten Gründe zieht Stehr zur Unterscheidung zwischen Experten und Intellektuellen heran. Demnach sind Experten keine Intellektuellen, dagegen könnten Intellektuelle gelegentlich Experten sein. „Der Intellektuelle ist in vieler Hinsicht nicht durch den Experten ersetzbar. Doch leben beide von der Distanz zwischen dem gesunden Menschenverstand und dem fachlichen und/ oder allgemeinem Wissen" (ebd.: 379).

Experten sind nicht nur zahlenmäßig überlegen und treten als eigene Schicht auf. Der Beruf des Experten ist für die Gesellschaftsform der Wissensgesellschaft auch typisch. Demnach sind Intellektuelle, deren Akzent auf dem allgemeinem Wissen liegt, „Geschöpfe der Industriegesellschaft". Experten sind, mit Verweis auf deren Spezialwissen, die am schnellsten zunehmenden Berufsgruppe der Wissensgesellschaft. Stehr nimmt somit eine klare Abgrenzung zwischen den Schichten der Intellektuellen und Experten vor. Dies verdeutlicht er insbesondere durch die Rolle des Lehrers oder des Vortragenden: „Gibt man lediglich den Inhalt eines Lehrbuches wieder oder liest man einen Text vor, den man nicht selbst verfasst hat, so ist das keine intellektuelle Tätigkeit" (ebd.: 380). Wichtig ist an dieser Stelle die Erwartungshaltung: Man kann nicht davon ausgehen, dass der Vortragende oder Lehrer nicht an einer Umwandlung des vorgetragenen Wissens beteiligt ist. Allerdings wird weder vom Lehrer noch vom Vortragenden Wissen produziert. Dies wäre eine legitime intellektuelle Tätigkeit.

In diesem Sinne betrachtet Stehr die Gruppe der Experten, wobei er davon ausgeht, dass der Stellenwert und der Einfluss dieser Gruppe auf der Verbreitung und Kontrolle von instrumentellem Wissen und technischen Rationalitäten beruhen. „Mit anderen Worten, die gesellschaftliche Bedeutung, der Einfluß und die Macht der wissensfundierten Berufe stehen in direktem Zusammenhang mit den besonderen Attributen der von ihnen kontrollierten Wissensformen" (ebd.: 388). Es handelt sich demnach um eine Form des Wissens, welches ihren Weg vom Wissensproduzenten über die wissensfundierten Berufs zum „Endverbraucher" findet, unabhängig von intellektuellen und sozialen Unterschieden von Klientel und Experte. Hier folgt der „Fluss des Wissens" weitgehend von oben nach unten, von Wissenden zu Nichtwissenden. Das dabei vermittelte Wissen muss nicht weiter hinterfragt werden. Solange man sich aber ein Wissen, mit dem Experten umgehen, als unzweideutiges, in sich unstrittiges Wissen vorstellt, lässt sich kaum erklären, warum die Nachfrage und das Bedürfnis nach wissensfundierten Berufen rapide wächst. Womit sich Stehr nicht befasst, ist der Beratungsprozess und seine Dynamik. Er konzentriert sich in seinen Ausführungen auf die Berufe an sich und berücksichtigt hierbei nicht das soziale Umfeld, in welches die berufliche Tätigkeit und ihre Folgen eingebettet sind. Stehr geht in seiner Analyse, was wissensfundierte Berufe charakterisieren kann, den Fragen nach: Sind Experten nur so etwas wie Medien, die nach dem Prinzip der kommunizierenden Röhren Wissen „passiv" vermitteln, oder spielen sie bei dieser Vermittlung eine intellektuell aktive Rolle? Welche gesellschaftlichen Veränderungen sind für die gewachsene Nachfrage nach Expertenwissen somit verantwortlich? Er schätzt in diesem Kontext ein, dass viele der bisherigen Diskussionen über die Funktion der wissensfundierten Berufe zu stark auf herkömmliche aber überholte dichotomische Kategorien, wie zum Beispiel auf die Unterscheidung zwischen Mitteln und Zielen sozialen Handelns, zwischen wissenschaftlicher Erkenntnis und Alltagswissen oder politischem Wissen und instrumentell-technischer Rationalität, vertrauen. Man kann auch den gesellschaftlichen Kontext der Wissensgesellschaft, der das Wachstum der wissensfundierten Berufe erst möglich macht und in dem sich Arbeit abspielt, nicht einfach ausblenden. Um herauszuarbeiten, was den wachsenden Teil des Tätigkeitssektors, den Stehr vorläufig als „berufliche Tätigkeiten auf Wissensbasis" bezeichnet, im Besonderen auszeichnet, wird als erstes die Stellung dieser Berufe zum Wissen und die Beziehung zu ihren Klienten, den Institutionen und Bereichen der Wirtschaft bestimmt. Anschließend folgen einige Beobachtungen, wie der Prozess des Ratgebens, der zum täglichen Arbeitsablauf dieser Berufe gehört, aussieht.

Stehr bezeichnet alle, die konsultiert werden, Rat erteilen, beratend oder gutachterisch tätig sind als eine Gruppe von Berufen, die sich mit dem Vermitteln und Anwenden von Wissen beschäftigen. Hier fließt Wissen nicht und wird nicht in der Art weitergereicht, dass es von der Arbeitsweise der Berufsausübenden unberührt und unbeeinflusst bleibt. *Die Vermittlung und Anwendung von Wissen ist ein aktiver Vorgang. Bei der Reproduktion von Wissen handelt es sich fast immer auch um eine Produktion von Wissen.* Es ist dabei nicht nur äußerst schwierig, bei der Anwendung von Wissen das Lernen auszuschalten, sondern es ist auch schwer möglich, ein von den Einflüssen des Vermittlungsvorganges freies Wissen zu vermitteln. An dieser Stelle ist es wichtig, im Hinblick auf Wissensart und Wissensergebnis genauer zu differenzieren. Für Unterscheidungen, welche die Relevanz des Wissens betreffen, stehen mehrere Kategorien zur Verfügung, z.B. die Einteilung in theoretisches und praktisches Wissen. Dann wäre die Gruppe der wissensfundierten Berufe in der Kategorie des theoretischen Wissens wieder zu finden. Da aber theoretisches Wissen nicht ohne praktisches Wissen auskommt, befriedigt diese Kategorienbildung nicht. *Daher muss bei einer jeden Differenzierung, die Wissen betrifft, von Anfang an die Notwendigkeit von handwerklichen, praktischen Fähigkeiten und Vorgehensweisen, die in einem Beruf erforderlich sind, mit einbezogen werden.* Allerdings beschäftigt Stehr an dieser Stelle die Berufsgruppe, die sich vor allem damit beschäftigt, Wissen über Wissen zu erlangen, zu manipulieren, zu organisieren und zu vermitteln. Das typische Endprodukt des Wissensberufes ist offenbar Wissen und nicht irgendein technisches Artefakt.

Im Gegensatz dazu gibt es traditionelle Berufsgruppen, *die das Wissen an seinem Platz lassen.* Hier ist manchmal Wissen nicht einmal mitteilbar, es wird vielmehr durch eigenes Beobachten, Imitieren, Partizipieren oder Ausprobieren erlangt. Dieses Wissen manifestiert sich in Gegenständen, Prozessen und Produkten oder wird in diese investiert. „Fachkenntnisse sind robuster, spezifischer konkreter Natur; Wissen dagegen, insbesondere modernes Wissen, ist sehr fragiler, allgemeiner und abstrakter" (ebd.: 392). Die Beziehung wissensfundierter Berufe zum Wissen hängt mit der Tatsache zusammen, dass Wissen selbst zum Gegenstand der Berufsausübung wird. Grundlage dieser Berufe sind wiederum Kenntnisse, die durch die Experten-, Berater- und Ratgebertätigkeit und deren Endergebnis nicht etwa vermittelt, sondern „objektiviert" werden. Für Experten, Berater und Ratgeber ist Wissen somit *unmittelbare Produktivkraft.*

In seinen weiteren Überlegungen bezieht sich Stehr auf Baumann (1987), dem er eine Analogie im Denken zu seinen eigenen Überlegungen nahe bringt. Demnach schlägt Baumann vor, das Phänomen der „Intellektuellen" als strukturelles Element des sozialen Gefüges zu behandeln und nicht als eine Kategorie mit ganz bestimmten Eigenschaften. Auch hält Baumann es für nicht erforderlich, dass Intellektuelle die *Produzenten* des Wissens sind, über welches sie verfügen. Stehr erweitert Baumanns Überlegungen, in dem er eine Reihe zusätzlicher struktureller Beziehungen aufzählt, in denen die Experten stehen: (1) die Beziehung wissensfundierter Berufe zu (sozial konstruierten) Wissensformen und -beständen und (2) ihr Standort innerhalb der spezifischen Diskursgemeinde der Experten, Ratgeber und Berater. Das bedeutet, der Experte arbeitet zwar als isoliertes Individuum, erhebt jedoch den Anspruch auf Expertenwissen aufgrund seiner Einbettung in die Gemeinschaft der Experten.

Stehr geht davon aus, dass die wissensfundierten Berufe nicht unbedingt direkt an der Produktion (Schöpfung) des Wissens beteiligt sind, welches sie ver- bzw. anwenden. In erster Linie sieht er Experten als (Ver-)Mittler zwischen

Wissensproduzent und Wissensempfänger, zwischen dem Schöpfer der Fähigkeit zum Handeln und dem Handelnden. Damit ist auch deutlich geworden, was Stehr grundsätzlich unter Wissen versteht. „Man kann Wissen als *Fähigkeit zum Handeln* (Handlungskapazität) definieren, d.h. als die Möglichkeit, etwas ‚in Gang zu setzen'" (Hervh. im Original, Stehr 1999: 14). Somit ist wissenschaftliches oder technologisches Wissen zunächst nichts anderes als Handlungsvermögen. „Insofern es eine herausragende Rolle in der modernen Gesellschaft im allgemeinen und in der Wirtschaft im besonderen spielt, kann dieser Einfluss nicht Ausdruck der Tatsache sein, dass wissenschaftliche Erkenntnisse handlungsrelevant und handlungsinduzierend sein können, zumal sich wissenschaftliche Erkenntnisse in dieser Hinsicht als Wissensform nicht vom alltäglichen Wissen oder religiösem Wissen unterscheiden" (ebd.: 14). Allerdings sollten wissensfundierte Berufe nicht als passive Medien gesehen werden, die sich Wissen aneignen, es zusammentragen, systematisieren oder sich auf irgendeine andere Art und Weise des Wissens neutral bedienen, um es dann zu vermitteln. Dies gehört zwar auch zu ihrem Aufgabenbereich, allerdings mit dem Resultat, dass die Arbeit mit Wissen das Wissen verändert. Demnach hat eine der wichtigsten Aspekte des Ratgebens mit dem Ablauf der Wissensformierung und Wissensveränderung unter den Experten, Ratgebern und Beratern selbst zu tun. Was den Prozess des Ratgebens vielleicht entscheidend kennzeichnet, ist die Tatsache, dass dem mündlichen Diskurs größere Bedeutung zukommt als dem schriftlichen, der wohl eher als legitimes Kommunikationsmittel der Wissenschaft gilt. Somit hängt Ablauf und Wirkung des Ratgebens auf entscheidende Weise von den nicht immer ganz eindeutigen Merkmalen der mündlichen Kommunikation ab. Was mit dem aktiven Gestalten der Vermittlung von Expertenwissen gemeint ist, wird verständlicher, wenn man das lateinische Verb *consultare* und seine vielen Bedeutungen in Betracht zieht (vgl. Stehr 1994: 396). Diese Bedeutungsvielfalt ist ein Indiz dafür, wie komplex und vielschichtig der Prozess des Ratgebens und der möglichen sozialen und kognitiven Beziehungen der an ihm Beteiligten sein kann. Auch der eigentliche Vorgang des Ratgebens, demnach die Art und Weise der Weitergabe des zu vermittelnden Wissens, ist bedeutsam.

Unklar ist, in welchen institutionellen Zusammenhängen Wissen angewandt wird und welche Rolle diese Zusammenhänge im Vermittlungsprozess zwischen Wissen, Handeln und dem autoritären Einfluss des Wissens spielt. Stehr greift hier auf die Unterscheidung Baumanns (1987) zwischen modernen und postmodernen Erfahrungen zurück, die unterschiedlichen sozialen Weltbildern entstammen. In einem hält man Ordnung für möglich, in dem anderen, dem postmodernen Weltbild, akzeptiert man eine fast unbegrenzte Anzahl von Ordnungsmodellen als „festes" Merkmal dieser Welt. Die den beiden Weltbildern entsprechenden intellektuellen Praktiken kommen, so Stehr über Baumann, am

Besten in den Rollen des „Gesetzgebers" der modernen und des „Interpreten" der postmodernen Welt zum Ausdruck. Diese Einteilung in moderne und postmoderne Erfahrungen macht auf die Wandlungsfähigkeit der Expertenrolle aufmerksam, und zwar je nachdem auf welches Wissen zurückgegriffen und welchem sozialen Umfeld gedient wird. Mit Helmut Spinner lässt sich in diesem Kontext zusammenfassen, dass „[i]nsgesamt betrachtet, […] die Wissensaktivitäten ungeheuer vielfältig, umfangreich und zumeist auch intellektuell überdurchschnittlich anspruchsvoll [sind, S. B.-S.]. Soweit sie über kognitive Augenblickseindrücke und ideenflüchtige Einfälle hinausgehen, sind sie mit Anstrengungen und Aufwendungen verbunden, seien sie geistiger oder materieller Natur" (Spinner 1998: 125). Dabei versteht Spinner unter Wissensaktivitäten eine zusammengesetzte, auf Dauer angelegte, sozial strukturierte, zielgerichtete Tätigkeit, verrichtet von vielen Menschen im Rahmen größerer Zusammenhänge, für die das Gesetz der Arbeitsteilung ebenso gilt wie für alle anderen Aktivitäten in der modernen Gesellschaft. In diesem Entwicklungsstadium ist die Wissensaktivität *Arbeit* im Vollsinne der Komplexität, Kontinuität und Koordination geordneter Arbeitsteilung. Die wichtigsten Aktivitätsarten oder Wissensprozeduren lassen sich aufgrund ihrer ordnungspolitischen Behandlung unterscheiden und durch Tätigkeitsmerkmale beschreiben. In den Überlegungen zum Begriff des Wissensarbeiters bezieht sich Stehr auf eine Konstruktion von Machlup (1962)[22]. Dieser definiert diese Berufsgruppe allgemein als alle, die in irgendeiner Weise mit der Produktion *und* Vermittlung von Wissen zu tun haben. Um diesen doch sehr globalen Blick auf die Position eines Wissensarbeiters zu schärfen, werden die Ausführungen von Helmut Spinner und Helmut Willke in die näheren Betrachtungen einbezogen.

Helmut Spinner definiert im Unterschied zu Stehr Wissen als eine faktische Größe, unabhängig von dessen Abhängigkeit bzw. Konstruiertheit vom Subjekt. Lässt man diesen, durchaus kritisierbaren Aspekt[23] mal außer Betracht, bietet Spinner die Möglichkeit, Wissen aus einer sehr objektiven Perspektive zu betrachten[24]. Aus dieser technisch-philosophischen Darstellung geht Spinner von einem Wissenszyklus aus, dessen Abfolge, mehr oder weniger verselbständigte, Wissensschritte umfasst und zu einer Wissenserzeugung führt. Dabei versteht Spinner unter Wissenserzeugung ein Schaffen, Schöpfen, Finden, Entdecken und Erfinden, welches dann an eine Theorie angelagert wird. Praktisch bedeutet dies ein weitgehend entlastetes „symbolisches" Verhalten, „experimentelles" Probie-

---

22  Machlup veröffentlichte 1962 eine Studie über Function and Distribution of knowledge in the United States. Das Hauptziel dieser empirischen Studie war es, so Stehr, „den Beitrag des Wissens – im weitesten Sinn – zur Nachkriegswirtschaft zu quantifizieren" (Stehr 1994: 383).

23  Zur Kritik an Spinners Wissensordnung (1994) vgl. u.a. Kübler (2005: 109).

24  Vgl. hierzu auch Spinner 2002.

ren, „Sprachhandeln" u.ä. „So wird die Wissenserzeugung mit dem künstlerischen Bonus des schöpferischen Geistes aus dem Normalbereich von ‚Arbeit' und ‚Alltag' ins Außeralltägliche, Außerordentliche, Gelegentliche, Gesteigerte verlagert" (Spinner 1998: 129). Ausgangspunkt des Wissenszyklus ist eine Idee, wobei nicht jede Idee den gesamten Zyklus durchlaufen muss. In einem ersten Schritt erfolgt die Überlegung, welche Idee die entscheidende für das zu lösende Problem sein könnte. Unter *Ideen* versteht der Autor gedankliche Keimformen des Wissens mit hohem Neuigkeitsanspruch und (noch) geringem Informationsgehalt. Dies sind Vorformen von Erkenntnissen, philosophisch angesiedelt im Umkreis des vor- oder überwissenschaftlichen Denkens (Reflexion), psychologisch im Umkreis der originellen Entdeckung und schöpferischen Erfindung. *Erkenntnis* ist für Spinner qualifiziertes Wissen, welches über den Informationsgehalt hinaus zusätzliche Bedingungen erfüllt. Gemeint ist hier, dass nach logischen, epistemischen, methodischen etc. Anforderungen für die Bildung, Geltung, Prüfung qualifizierte Wissen „höherer" Wissensarten. Die *primäre Aneignung* von Wissen erfolgt dann in der Regel durch eine Selbstversorgung mit neuen Ideen. „Erworben wird das meiste Wissen auf dem Wege der *sekundären Aneignung* durch instruiertes oder selbstinstruierendes *Lernen*. Der Wissenserwerb erfordert Eigeninitiative, die über eine passive Konsumentenhaltung hinausgeht, wie sie bei den Bildmedien üblich ist, im Gegensatz zu den anforderungsreicheren Printmedien" (Hervh. im Original, Spinner 1998: 149).

Es kann zu einer, und hier zeigt sich die Begrenztheit der Überlegungen von Spinner, technischen Wissensverwirklichung kommen, wobei Ideen in Realitäten überführt werden. „Das ist der Schritt vom Wissen über das Können zum Machen" (ebd.: 131). Die moderne Technik ist modern, weil sie dem Stand der Wissenschaft entspricht, deren Theorien sie in Artefakten verwirklicht. Technik ist für Spinner deshalb nicht nur wissensbasierend, sondern wissensrealisierend. Um dieses realisierte Wissen zur Verfügung zu haben, muss es, so Spinner weiter, materiell vorhanden und informationell zugänglich sein. Dies zieht eine Wissensverteilung nach sich. „Die Wissensverteilung ist das Ergebnis von Wissenserzeugung und Wissensverbreitung, welche die anfängliche Gleichverteilung *unter Individuen* verändern und nicht unerheblich verzerren kann, wenn es zu Wissensanhäufungen an bestimmten Stellen kommt" (Hervh. im Original, Spinner 1998: 143). Das betreffe im Informationszeitalter insbesondere das speicherbare Datenwissen. Die Wissensverteilung in der Gesellschaft ist unterschiedlich, je nach Wissensart, und wird durch viele Faktoren begrenzt und begünstigt (durch die Natur des Wissens und die Art seiner Kommunikation, durch den Stand der Kulturtechniken, heute vor allem der Individual- und Massenmedien, vor allem aber durch die ordnungspolitischen Rahmenbedingungen für die elementaren Wissensfreiheiten des Denkens, Meinens, Sagens, Glaubens etc.).

Wissensverbreitung findet unter diesem Blickwinkel aus sich selbst heraus statt. Wissen selbst fungiert für Spinner als Entscheidungshilfe oder Handlungsunterstützung beim wissensgeleiteten Problemlösen. Ziel ist das Handeln, nach bestem Wissen und nach methodischen Regeln der Wissensverwendung. Aus einer pädagogischen Perspektive geht Spinner davon aus, dass Wissen letztendlich genutzt wird, um zu lehren und zu lernen. Darüber hinaus gebraucht die Wissenschaft Wissen zur theoretischen Erklärung, praktischen Anwendung, technischen Realisierbarkeit und industriellen Produktion. Dies habe in Verbindung mit der Wissensnutzung im außerwissenschaftlichen Bereich dazu geführt, dass der Wissensendnutzer vielleicht nicht gleichberechtigt mit dem Wissenserzeuger, aber ihm an praktischer Wichtigkeit gleichwertig oder gar überlegen in die Debatte gekommen sei.

Als Faustregel für die tatsächliche Wissensnutzung durch wirkliche Entscheider auf hochgestellten Ebenen gilt für den Autor: *„Je umfänglicher und wichtiger das verfügbare Wissen ist, desto weniger findet es praktisch Beachtung.* Nur kleine Teilmengen des Wissens sind relevant für den anstehenden Fall, werden aber ihrerseits nur teilweise zur Kenntnis genommen und operativ eingesetzt, ohne deswegen unbedingt problemlösend zu sein" (Hervh. im Original, ebd.: 230). Angesichts der Wissensmengen und Gemengelagen lautet demnach für Spinner die *Vierfachfrage des kritischen Problemlösers*:

1. Wie relevant ist das verfügbare Wissen für den anstehenden Fall – liefert es überhaupt irgendwelche Informationen zur Problemlage?
2. Wie gut ist das relevante Wissen – entspricht es den gestellten Qualitätsanforderungen?
3. Ist das relevante und qualifizierte Wissen tauglich zur Lösung des Problems?
4. Wie kann die gesuchte Schnittmenge des Wissens herausgefiltert werden?

Auch wenn Spinner in seinen Ausführungen sehr objektiviert und technisch zentriert versucht, den Begriff des Wissens bzw. der Information und einer Wissensarbeit zu definieren, sind einige Aspekte durchaus bedeutsam. Nicht deutlich geworden ist, wo Spinner einen Unterschied zwischen Information und Wissen sieht. Ebenso die Annahme, dass eine Definition losgelöst von dem diese Begrifflichkeiten konstituierenden Subjekt erfolgen kann, zeigt die Begrenztheit der Ausführungen von Spinner. Allerdings lässt sich übergreifend und dies außer Betracht lassend festhalten: Erkenntnis speist sich aus neuen Idee, welches sich der Handelnde selbstinstruierend oder instruierend aneignet. Dem voraus geht die Entscheidung, welche Idee zum Problemlösen beitragen kann. Das bedeutet: Es gibt ein Problem, welches gelöst werden muss, und dies erfolgt auf dem Weg des Wissen generieren, auch wenn Spinner diesen Begriff so nicht verwendet. Darüber hinaus unterteilt Spinner die Wissensarbeit in jene, die Wissen erzeugt und die Gruppe, die Wissen verwendet bzw. nutzt. Um diese Aspekte wieder zu verknüpfen, dient der vorliegenden Forschungsarbeit eine Definition eines neuen Typs von Arbeiter – dem Wissensarbeiter. Gerhard Willke (1999) hält fest, dass: „Die Zunahme wissensbasierter Tätigkeiten […] zu einem neuen Typ des ‚Arbeiters‘ [führt] – zum ‚Wissensarbeiter‘. Die wichtigsten Produktionsmittel dieser Wissensarbeiter sind Expertenwissen, die Fähigkeit zur Bewertung von Informationen und die Generierung von Wissen aus Informationen" (Willke, G. 1999: 130). Dafür benötigen die Wissensarbeiter eine andere Art von Führung, eine „Supervision". Unter „Supervision" versteht Gerhard Willke eine Anleitung, Rückmeldung bzw. Anregung und somit eine integrierte Lern- und Arbeitssituation. Wissensarbeit selbst verortet Gerhard Willke an Hochschulen, Anwaltskanzleien, Beratungsfirmen, Forschungsgruppen, Kliniken etc. Die vorrangigen Tätigkeitsinhalte sieht er in der Anwendung, Produktion und Revision von Wissen. Helmut Willke (1998) spezifiziert diesen Aspekt, indem er von organisierter Wissensarbeit spricht. Für ihn wird Wissensarbeit zu einem soziologischen Thema, weil sie ein „Kernelement der Morphogenese der Industriegesellschaft zur Wissensgesellschaft kennzeichnet" (Willke, H. 1998: 161). Im Kontext der Wissensgesellschaft wird sie von einer personengebundenen Tätigkeit zu einer Aktivität, die auf dem Zusammenspiel personaler und organisationaler Momente der Wissensbasierung beruht.

Organisierte Wissensarbeit nutzt den Prozess des Organisierens, um Wissen zu einer für die Lern- und Innovationsfähigkeit von Organisationen kritischen Produktivkraft zu entfalten. Ähnlich wie Stehr (siehe oben), sieht Hellmut Willke eine Differenz zwischen professionellen Tätigkeiten, deren Wissensarbeit er auf sich spezialisierte Expertisen von Personen gegründet sieht. Diese müssen sich in langwierigen Ausbildungsprozessen ihr Wissen aneignen. Für ihn ist eine Wissensgesellschaft nicht dadurch gekennzeichnet, dass deren Mitglieder längere und professionellere Ausbildungen genießen oder dass mehr Produkte mit „eingebauter Intelligenz" versehen sind bzw. Organisationen sich zu wissensbasierten Organisationen transformieren.

Sein Begriff der Wissensarbeit meint etwas anderes. „Er kennzeichnet Tätigkeiten (Kommunikationen, Transaktionen, Interaktionen), die dadurch gekennzeichnet sind, daß das erforderliche Wissen nicht einmal im Leben durch Erfahrung, Initiation, Lehre, Fachausbildung oder Professionalisierung erworben und dann angewendet wird. Vielmehr erfordert Wissensarbeit im hier gemeintem Sinn, daß das relevante Wissen (1) kontinuierlich revidiert, (2) permanent als verbesserungsfähig angesehen, (3) prinzipiell nicht als Wahrheit sondern als Ressource betrachtet wird und (4) untrennbar mit Nichtwissen gekoppelt ist, so daß mit Wissensarbeit spezifische Risiken verbunden sind" (Willke 1998: 161). Dabei entwickeln wissensbasierte Organisationen eine selbstverstärkte Rekursivität und eine Generierung von Wissen. Sich überhaupt organisationales Wissen vorzustellen, so resümiert Helmut Willke, fällt vielen schwer. Dabei versteht er darunter ein Wissen, welches nicht „in den Köpfen von Menschen" gespeichert ist, sondern in den Operationsformen eines sozialen Systems. *„Organisationales oder institutionelles Wissen steckt in den personenunabhängigen, anonymisierten Regelsystemen, welche die Operationsweise eines Sozialsystems definieren"* *(Hervh. im Original, ebd.: 166)*. Damit meint Willke vor allem Standardverfahren, Leitlinien, Kodifizierungen, Arbeitsprozessbeschreibungen, etabliertes Rezeptwissen für bestimmte Situationen, Routinen, Traditionen, spezialisierte Datenbanken, kodiertes Produktions- und Projektwissen und die Merkmale der spezifischen Kultur einer Organisation. Um dieses Wissen zu eruieren, kann nach dem abrufbaren Wissen der Organisationen gefragt werden: Wo und in welcher Form wird dieses Wissen gespeichert? Wie, von wem und in welchen Situationen wird es abgerufen? Wie erwirbt, speichert, verwaltet und verändert die Organisation dieses Wissen? Damit stehen also der Aufbau, die Verwendung und das Management des organisationalen Wissens in diesen Fragen. Was deutlich sein sollte ist, so Willke, dass die Wissensbasis einer Organisation zwar von den Personen getrennt, aber nicht unabhängig von ihnen in Gang gekommen ist. Deshalb ist für ihn eine wichtige Frage die nach dem Zusammenspiel von individuellem und organisationalem Wissen und der Zusammenhang der entsprechenden Lernprozesse. Darin sieht der Autor die grundlegenden Probleme von Wissensarbeit.


Resümee


Die eben dargestellten Überlegungen repräsentieren die Diskussionen der Soziologie, Wissenssoziologie, Industriesoziologie etc. zu Untersuchungen des Wissens als (neue und vierte) Produktivkraft für Unternehmen und Organisationen. Spinner bietet dabei einen Einblick in eine Fassung des Begriffs Wissen aus einer technisch-philosophischen Richtung, losgelöst vom Individuum bzw. Subjekt und dessen Verankerung in sozialen Systemen. Stehr verankert seine Überlegungen zum Kontext Wissensgesellschaft ökonomisch orientiert und sicht Wissen als Handlungsvermögen, demnach als die Fähigkeit zu handeln. Im Unterschied zu Schütz spricht Stehr in diesem Zusammenhang oft von spezialisiertem Wissen. Experten im Sinne von Schütz sind aber keine Spezialisten, sondern mit ihrem Relevanzsystem und ihrem fachspezifischen Wissen Handelnde. Experten bei Stehr werden mit Ratgebern und Beratern gleichgesetzt. Die Experten bei Schütz beraten nicht, sie gehen davon aus, dass ihre gesetzten Relevanzen nur ein anderer Experte mit dem gleichen Relevanzsystem verstehen kann. Sieht Stehr die Haupttätigkeit „seiner" Experten in der Wissensvermittlung, zielt Schütz mit seinem Expertenbegriff auf eine Fachspezifik und die dementsprechend zu lösenden fachspezifischen Probleme.

Der Wissensbegriff bei Stehr zielt in eine klare Richtung: Wissen soll dazu beitragen, handlungsfähig zu sein und somit „Dinge in Gang zu setzen". Er geht davon aus, dass es dann zu einer Reproduktion von einem Wissen kommt, welches der Handelnde bereits in sich trägt. Dies bedeutet, dass die reproduzierte Art von Wissen nicht identisch mit dem einmal produzierten Wissen ist. Bezieht man diese Ansichten auf die oben dargelegten Überlegungen von Schütz könnte dies heißen, dass der Handelnde einen einmal angelegten Wissensvorrat zur Verfügung hat, der immer wieder neu kontextualisiert werden kann. Wissen wird aber in diesem Sinne nicht nur neu kontextualisiert, sondern dementsprechend modifiziert und adressatenspezifisch kommuniziert. Das Wissen selbst, bzw. der vorhandene Wissensvorrat, bleibt dabei ähnlich, es entwickeln sich „nur" neue Konturen. Damit wird auch deutlich, dass im Sinne von Stehr Wissensvermittlung adressatenspezifisch stattfindet. Dabei sieht er die Vermittlung und Anwendung von Wissen als einen aktiven Vorgang, wobei es sich bei einer Reproduktion von Wissen fast immer auch um eine Produktion von Wissen handelt. Hier findet für Stehr Lernen statt, denn bei der Anwendung von Wissen ist es für ihn nicht möglich, ein von den Einflüssen des Vermittlungsvorgangs freies Wissen zu vermitteln. Das würde bedeuten, dass bei *einer aktiven Vermittlung von Wissen* nicht nur ein Lernprozess bei den Adressaten einsetzt, sondern auch bei dem Wissensvermittler, der seinen vorhandenen Wissensvorrat neu strukturiert bzw. modifiziert. In Abgrenzung zu Spinner ist sein Endprodukt des Wissensberufes kein technisches Artefakt, sondern Wissen. Die Beziehung wissensfundierter Berufe zum Wissen hängt mit der Tatsache zusammen, dass Wissen selbst zum Gegenstand der Berufsausübung wird. Grundlage dieser Berufe sind wiederum Kenntnisse, die durch die Experten-, Berater- und Ratgebertätigkeit und deren Endergebnis nicht etwa vermittelt, sondern „objektiviert" werden. Für Experten, Berater und Ratgeber ist Wissen somit *unmittelbare Produktivkraft*.

Um genauer zu explorieren, wie solch ein Wissen grundsätzlich generiert werden kann, dienten die Überlegungen von Spinner. Demnach entsteht Wissen aus einer Idee, die instruiert oder selbstinstruiert für ein zu lösendes Problem entsteht. Aus dieser Idee heraus kommt der Handelnde zu einer Erkenntnis, die Spinner als qualifiziertes Wissen bezeichnet. Problematisch erscheint bei Spinner meiner Ansicht nach die Gleichsetzung von Wissen und Information. Nichtsdestotrotz zielen seine Ausführungen auf ein tatsächliches Handeln, und zwar nach einem bestimmten Wissen und konkreten Regeln. Diese Regelhaftigkeit der

Anwendung und Generierung von Wissen wird bei Spinner aber nur bedingt deutlich.

Stehr geht davon aus, dass die wissensfundierten Berufe nicht unbedingt direkt an der Produktion (Schöpfung) des Wissens beteiligt sind, welches sie ver- bzw. anwenden. In erster Linie sieht er Experten, Ratgeber und Berater als (Ver-) Mittler zwischen Wissensproduzent und Wissensempfänger, zwischen dem Schöpfer der Fähigkeit zum Handeln und dem Handelnden. Allerdings sollten wissensfundierte Berufe nicht als passive Medien gesehen werden, die sich Wissen aneignen, es zusammentragen, systematisieren oder sich auf irgendeine andere Art und Weise des Wissens neutral bedienen, um es dann zu vermitteln. Dies gehört zwar auch zu ihrem Aufgabenbereich, allerdings mit dem Resultat, dass die Arbeit mit Wissen das Wissen verändert. Demnach hat eine der wichtigsten Aspekte des Ratgebens mit dem Ablauf der Wissensformierung und Wissensveränderung unter den Experten, Ratgebern und Beratern selbst zu tun. Was den Prozess des Ratgebens vielleicht entscheidend kennzeichnet, ist die Tatsache, dass dem mündlichen Diskurs größere Bedeutung zukommt als dem schriftlichen, der wohl eher als legitimes Kommunikationsmittel der Wissenschaft gilt. Somit hängt Ablauf und Wirkung des Ratgebens auf entscheidende Weise von den nicht immer ganz eindeutigen Merkmalen der mündlichen Kommunikation ab.

Auch wenn die Bezeichnung des Wissensarbeiters überzeichnet erscheint, verweist sie doch auf die heranwachsende Generation, die in eine Gesellschaft hineinwächst, in der Arbeit im Sinne von Erwerbsarbeit überwiegend nur noch auf einem hohem qualitativen Niveau zu erhalten sein wird. Für Marotzki (2004a) hat dies enorme Folgen für Fragen der sozialen Struktur einer Gesellschaft, denn „in der Erziehungswissenschaft geht es schließlich darum, die nachfolgende Generation durch Prozesse der Erziehung, des Lernens und der Bildung in diese Gesellschaft einzuführen" (vgl. ebd.: 101). Die Positionierung der Erziehungswissenschaft innerhalb der Debatte zur Wissensgesellschaft lässt sich übergreifend mit den theoretischen Ausführungen von Thomas Höhne explizieren, der ebenso wie auch Nico Stehr, eine Dimension des Wissens im Diskurs sieht.

## 1.3 Wissen und seine verschiedenen Dimensionen: Eine Perspektive aus der Erziehungswissenschaft

Der Wissensbegriff steht in der Erziehungswissenschaft in einem Konkurrenzverhältnis zu den Begriffen Lernen und Bildung. Darauf verweist Thomas Höhne (2003)[25] in seinem Buch „Pädagogik der Wissensgesellschaft". Er argumentiert, dass Wissen zwar nicht die Tradition hat wie die beiden anderen Kernbegriffe der erziehungswissenschaftlichen Disziplinen, sich dennoch ein pädagogischer Wissensbegriff, der von Formen, Strukturen und Transformationen des Wissens ausgeht, finden lassen kann. Wissen stellt in diesem Kontext keine eigene Kategorie dar und wird auch nicht systematisch thematisiert. In fünf Diskursen, so der Autor weiter, spielt der Wissensbegriff in der Erziehungswissenschaft eine Rolle. Diese sollen nachfolgend hier rezitiert werden, um anschließend den Wissensbegriff von Höhne nachvollziehen zu können.

Wissen ist demzufolge eine *didaktische Kategorie*. Es wird als wissenschaftliches Wissen in institutionell organisierte Lehr- und Lernprozesse transportiert und verlangt demnach nach einer Transformation in das Alltagswissen. Dies erfordert einen didaktisch-inhaltlichen Umbau von einer Wissensform in die andere (vgl. Höhne 2003: 112).

Durch die Rezeption postmoderner Theorien wird es in der Erziehungswissenschaft dort zum Thema, wo es um die Anerkennung eines Pluralismus von u.a. Denk- und Lebensformen, Wissenskonzepten, Vorgangsweisen und Beurteilungskriterien geht. Das didaktisch gebrochene soziale Wissen kann somit zum Gegenstand wissenschaftlicher Forschung werden, was Fragen nach der subjektkonstituierenden und sozialisatorischen Funktion wie auch nach dem Ein- und Ausschließen des Wissens impliziert (vgl. ebd.: 113f.)[26]. Damit eröffnet Höhne eine *poststrukturalistische Perspektive*. Bei der Dimensionierung des Begriffs Wissen geht es ihm folglich um Anerkennung und einer Subjektkonstitution.

Als *normatives Bildungswissen* stellt Wissen partiell den Bildungsdiskurs dar. Unter bildungstheoretischen Vorzeichen wird Wissen als normierter, anerkannter und institutionell lehr- und lernbar gemachter Bildungsstoff definiert,

---

25 Um zu verstehen, in welchen wissenschaftlichen Verortungen Höhne einen Wissensbegriff formuliert, muss darauf hingewiesen werden, dass der Autor nicht nur promovierter Diplom-Pädagoge ist, sondern auch Germanist. Seine Konstruktion eines soziokulturellen Wissensbegriffs ist symbolanalytisch fokussiert und wird teilweise bezüglich einer Semantik von ihm diskutiert. Um dies, im weitesten Sinne, für die vorliegende Forschungsarbeit, zu relativieren, wird weiterführend versucht, auf die pädagogisch relevanten Merkmale eines Wissensbegriffs im Sinne von Höhne einzugehen. Trotzdem sind die Überlegungen von Höhne für den zu zeigenden Forschungskontext zentral, zeigt er doch, wenn auch sehr theoretisch, den Bedarf erziehungswissenschaftlicher Forschung im Kontext eines Wissensbegriffs und zur Debatte der Wissensgesellschaft auf.

26 Höhne bezieht sich hier auf Theo Hug (1997), dessen Konzept disparater Wissens- und Diskursformen wiederum an Lyotard (z.B. 1993) anknüpft.

mit dem soziale Ein- und Ausschlusseffekte in Form von Thematisierungen und Dethematisierungen verknüpft sind. Somit kann, aufgrund der sozialen Dimension von Bildung, welche Zustimmung braucht, institutionell gelehrtes Wissen mit Faktoren wie Macht und Konsens verknüpft werden. In heutiger Zeit wird im Kontext der Erziehungswissenschaft zunehmend weniger von Bildung als viel mehr von Wissen gesprochen. Der thematische Fokus pädagogischen Wissens konzentriert sich dabei zunehmend auf eine Entgrenzung bzw. Universalisierung erziehungswissenschaftlichen Wissens (vgl. hierzu auch Kapitel 3.1). Höhne resümiert in diesem Kontext, dass eine reflexiv gewordene kritische Erziehungswissenschaft „die interdisziplinären Vernetzungen wissenschaftlichen Wissens wie auch die Prozesse von Verwissenschaftlichung von Alltagswissen und die Veralltäglichung wissenschaftlichen Wissens" berücksichtigt (vgl. ebd.: 115f.).

Darüber hinaus stellt Wissen einen *konstruktivistischen Schlüsselbegriff* wie auch ein zentrales kognitivistisches Konzept dar. Innerhalb der Kognitionstheorie wird Wissen als „Input-Output-Größe" aufgefasst, das spezifischen Verarbeitungsmechanismen unterworfen ist. In beiden Ansätzen, dem Konstruktivismus und der Kognitionstheorie, geht die Generierung von Wissen auf eine aktive Konstruktionsleistung des Subjekts zurück. Unterschieden wird, so Höhne, in den metatheoretischen Annahmen dieser beiden Ansätze. Bilden im Kognitivismus die Konstruktionen ein quasi objektives Wissen, womit Vorstellungen von Subjekten als informationsverarbeitende Einheiten greifen, wird in radikalkonstruktivistischen Ansätzen der direkte Zugang zu einer externen, objektiven Realität geleugnet. Wissen kann in diesem theoretischen Konzept nicht in Form statischer Metaphern wie „Bestand" und „Haushalt" ausgedrückt werden, die einer objektivistischen Vorstellung von Wissen Vorschub leisten. In den unterschiedlichsten konstruktivistischen Ansätzen wird der Begriff des Wissens different konzipiert. Höhne bezieht sich hier auf Knorr-Cetina[27], die drei Arten des Konstruktivismus unterscheidet: Den Sozialkonstruktivismus[28], den kognitionstheoretischen oder erkenntnistheoretischen Konstruktivismus[29] und „das empirische Programm des Konstruktivismus"[30]. Höhne selbst verortet seinen Begriff eines soziokulturellen Wissens in der Notwendigkeit einer „*sozialen* Dimensionierung von Wissen" in der „Konstruktionsprozesse und inhaltliche Strukturen gleichermaßen Berücksichtigung finden". „Der Konstruktionsbegriff bezeichnet daher sowohl den Modus der Transformation von Wissen (individuell als Aneig-

---

27  Knorr-Cetina ist Professorin an der Universität Bielefeld und Soziologin.

28  Dazu zählt Knorr-Cetina (1989) Berger und Luckmann.

29  Für Knorr-Cetina (1989) sind damit u.a. Maturana und von Glasersfeld verbunden.

30  Hierbei werden, so Knorr-Cetina (1989), die jeweils involvierten Konstruktionsprozesse selbst zum Gegenstand der Untersuchung gemacht.

nung oder sozial als Vermittlung) als auch die inhaltlich-thematische Selektion des Wissens, das sich schließlich als relevant durchsetzt" (vgl. Höhne 2003: 116ff.). Deutlich wird hier die Verknüpfung der theoretischen Überlegungen von Höhne mit den Konstruktionen eines Wissensbegriffs bei Alfred Schütz, auch wenn Höhne nur sehr knapp (ebd.: 38) auf diesen verweist, obwohl die Relevanzsetzung bei ihm eine zentralen Stellenwert einnimmt. Für Höhne vollzieht sich eine thematisch-inhaltliche Selektion, somit eine Relevanzsetzung, und die Transformation von Wissen in spezifischen Formen der sozialen Praxis, in Institutionen und innerhalb eines Diskurses, der in jede Konstruktion in Form spezifischen Wissens, sozialen Regeln etc. eingeht.

In mehrfacher Hinsicht stellt Wissen aus *Professionalisierungsperspektive* wie auch in der Verwendungsforschung sozial- und erziehungswissenschaftlichen Wissens einen zentralen Terminus dar. Diskutiert wird zum einen die Beziehung zwischen Professionswissen im Speziellen und Alltagswissen. Hier wird noch einmal nach Wissen im engeren Sinn (fachdidaktisches Wissen), dem Wollen (der normativen Seite) und einem handlungspraktisch-prozeduralen Wissen unterschieden (vgl. ebd.: 123). Diese Wissenselemente ordnet Höhne deutlich den Lehrern und Lehrerinnen zu. Weiterhin wird auf allgemeinerer Ebene in Professionstheorien das Verhältnis von Wissenschaft und Alltag diskutiert. Hier ist die erziehungswissenschaftliche Frage von Interesse, in welcher Art Didaktik wissenschaftliches Wissen transformiert und vereinfacht wird und somit nachhaltig zu dessen Akzeptanz beiträgt. Für Höhne zeigt sich damit erneut die Bedeutung von Transformationsformen von Wissen aus einem Bereich, wie Wissenschaft oder Medien, in einen anderen, wie Alltag oder Lebenswelt, und damit einhergehende Veränderungen, Konstruktionen etc. (vgl. ebd.: 124). Zu dem wird im Rahmen der Professionsdebatte um Wissen die Frage nach der Einheit des Pädagogischen bzw. pädagogischen Wissens gestellt.

Schließlich erwähnt Höhne noch den Status von *Vermittlung* und seine Bedeutung für Professionalität. Hier wird das professionelle Verhältnis zwischen Professionellen, Klienten und Vermittlungswissen thematisiert. Diese „Dreistelligkeit" betrachtet der Autor als konstitutives Moment jeder pädagogischen Beziehung, was für ihn erst den Blick für die unterschiedlichen Wissens- und Vermittlungsformen öffnet. Unter diesem Aspekt wird die zunehmende Verwissenschaftlichung der Lebenswelt in den Blick genommen, da nicht mehr von einer Figur des „naiven Klienten" ausgegangen werden kann. Dieser ist, wie es Höhne bezeichnet, mittlerweile „halbgebildet" oder „kundig" oder auch „populärwissenschaftlich informiert", woraus sich eine Problematik im Umgang von professionellen mit populärwissenschaftlichen Deutungsmustern ergeben kann (vgl. ebd.: 125ff.).

Höhne expliziert auf diese Art und Weise eines poststrukturalistischen Zugangs und Überlegungen zu einem Wissensbegriff in der Erziehungswissenschaft einen gesammelten Überblick über dessen Verortung und Kontextualisierung. Dieser theoretische Einblick ermöglicht es ihm zu resümieren, dass innerhalb der Erziehungswissenschaft „Wissen als Kategorie durchaus thematisiert wird und dass sich eine Reihe von Strukturmerkmalen für einen Wissensbegriff ergeben, die es aber noch aufeinander zu beziehen und zu systematisieren gilt" (ebd.: 132). Dies versucht er unter dem Begriff und mit seinem Konzept „soziokulturelles Wissen".

Mit der Kennzeichnung „soziokulturell" will Höhne hervorheben, dass dieser so gebettete Wissensbegriff *sozialer Art* und *Teil gesellschaftlicher Praktiken*, „d.h. mit sozialen Regeln, Kommunikation, sozialer Bedeutung usw. verknüpft" ist (ebd.: 133) und *kulturell* auf symbolische Formen, Praktiken und Prozesse zielt, in denen sich Wissen manifestiert. Wissen als sozial und kulturell relevantes Wissen, so Höhne (2005), erscheint somit in seinen symbolischen bzw. zeichenförmigen Repräsentationen, „d.h. als sozial kommuniziertes Wissen"[31]. In einem ersten Zugang grenzt sich Höhne gegenüber „allgemeinen Definitionen von Wissen", wie der von Stehr, der ja Wissen als die Fähigkeit zu handeln definiert, ab. Höhne geht davon aus, auf diese Weise von vornherein eine Reduktion von Wissen im Vergleich zu Definitionen zu verhindern, in denen Wissen „jeweils nur an Handlungen, Kompetenzen oder Aussagen" (vgl. Höhne 2003) geknüpft wird. So wird Wissen seiner Ansicht nach statisch oder lediglich als individuelles Vermögen begriffen. Dem Autor ist eher daran gelegen, Dimensionen von Wissen zu eröffnen, als den Begriff Wissen an sich zu definieren und ihn seiner Ansicht nach damit zu begrenzen. Für seine Überlegungen zieht Höhne einen kontextorientierten Wissensbegriff heran, der auf die Praktiken sozialer Reproduktion und Konstruktion von Wissen zielt und somit nach seiner Ansicht die jeweiligen Transformationen der Wissensformen mit berücksichtigt. Zentrale Elemente einer „soziokulturellen Formierung von Wissen" beschreibt Höhne wie folgt:

a.  Wissen ist zunächst allgemein als „Information höherer Ordnung" zu betrachten, um jeweils auf einen Kontext bezogen wichtige und unwichtige Informationen zu unterscheiden. Dabei wird der grundsätzliche Kontextbezug von relevantem Wissen unterstellt: Handelt es sich um individuelle Erfahrung oder medial formiertes Wissen. Die Bedeutung der Unterscheidung

---

31  Was sich mit dieser Definition zeigt, ist die wissenschaftliche Verortung von Höhne in der Germanistik, denn er führt an dieser Stelle weiter aus, dass diese Vorgehensweise ähnlich wie ein „Satz nach bestimmten syntaktisch-grammatikalischen, semantischen und pragmatischen Regeln funktioniert, repräsentiert besagtes zeichen- und diskursförmige Wissen eine bestimmte Ordnung und strukturiert selektiv eine kulturelle Weltsicht" (Höhne 2005: 9).

von Information und Wissen sieht Höhne in der Beschreibung der Bezugsart: Information, die sich durch einen Neuigkeitswert auszeichnet, als auch Wissen, bei dem Informationen in ein Gedächtnis als zweiten Kontext integriert werden, hängen demnach von Faktoren der Selektion und Relevanz ab. Die Prozesse der Selektion und Relevanzsetzung sind dabei an bestimmte zeitlich-historische Kontexte gebunden, in dem an immer schon erfolgte Selektionen angeknüpft wird. Eine Reproduktion des Wissens und seiner Ordnung ist weiterhin an institutionelle und mediale Rahmungen bzw. Kanalisierungen gebunden, die regelhaft die Generierung neuen Wissens, der Kontexte und Diskurse kontrollieren.

b.   Um den Kontextbezug von Wissen zu konkretisieren, bezieht sich Höhne auf den Formbegriff. „Spezifisches Wissen weist eine spezielle *Form* im Sinne einer regelhaften und regelmäßigen Formierung auf" (Hervh. im Original, Höhne 2003: 138). Eine soziale Form, da es innerhalb bestimmter Praxisformen auftaucht (Praktiken, Handlungszusammenhänge etc.), eine zeitlich-räumliche Form „des Hier und Jetzt seiner Aktualisierung", eine mediale Form, eine thematisch-inhaltliche Form des Diskurses und eine semiotische Form, durch die Wissen als bild- oder sprachförmiges unterschieden werden kann (vgl. ebd.: 138f.).

c.   Bei Wissen handelt es sich, so Höhne weiter, um sozial geteiltes Wissen. Höhne verweist in diesem Kontext auf die Loslösung des Wissens- vom Wahrheitsbegriff und die Umstellung auf Handlungspraxis, was sich, wie oben angedeutet, durchaus wieder bei Schütz verorten lässt[32]. Dieses sozial geteilte Wissen wird u.a. durch individuelles Erfahrungswissen dimensioniert, welches sich aus spezifischen, biografischen Erinnerungen, lebensgeschichtlichen Konstellationen, bestimmten Sozialerfahrungen, Körperpraktiken usw. speist. Diese Dimension formiert die spezifisch konfigurierten Erfahrungen des Subjekts und dessen Vorwissen (vgl. ebd.: 141).

d.   Dem soziokulturellen Wissen liegt darüber hinaus ein Vermittlungsbegriff inne, wobei es Höhne nicht um die Vermittlung eines als objektiv erachteten Sachverhalts geht, sondern um die Transformation, die das Wissen durchläuft. „Dem Wissen ist eine Zeitstruktur inhärent, die sich aus den selektiven retrospektiven Anknüpfungen und prospektiven Vorstrukturierungen auf eine mögliche Praxis hin ergibt und die signifikant für Vermittlungswissen ist" (ebd.: 150).

---

32   Obwohl Höhne diesen Bezug nur implizit, durch einen kurzen Verweis auf Schütz/Luckmann, herstellt. Er verweist hier auf Reckwitz, der Professor für Allgemeine Soziologie und Kultursoziologie in Konstanz ist.

e. Ein weiteres Strukturmerkmal von Wissen stellt die Zeit als zeitliche Form dar, weil Wissen auf eine Aktualisierung im Diskurs angewiesen ist. Damit wird immer deutlicher, dass Höhne einen soziokulturellen Wissensbegriff im Sinne eines Diskurswissens thematisiert.

f. Ein Diskurswissen beinhaltet als weiteres Strukturelement Prozeduralität. Diese bedeutet, dass „thematisch ein und dasselbe Wissen an verschiedenen Orten (sozial, medial) auftauchen, unterschiedlich verknüpft und reproduziert werden kann (implizit, explizit)" (ebd.: 156).

Höhne verankert darüber hinaus einige theoretische Ausführungen und Verortungen zum Wissensbegriff im Machtdiskurs um Foucault (1977/1978) oder innerhalb der Debatte zu Professionstheorien um u.a. Combe/Helsper (1999) und Stichweh (1994). Diese wurden hier bewusst nicht weiter aufgeführt, geht es mir doch um eine Dimensionierung des Begriffs Wissen innerhalb der Erziehungswissenschaft.

Resümee

Im Sinne der vorliegenden Forschungsarbeit wurden die wesentlichen Strukturelemente herausgearbeitet, die meiner Ansicht nach für eine erziehungswissenschaftliche Dimensionierung des Begriffs Wissen erforderlich sind. Mit Höhne konnte gezeigt werden, welche wesentlichen Dimensionen dazu gehören. Dies lässt sich übergreifend folgendermaßen festhalten: Wissen, welches kontextualisiert wird, ist abhängig von Faktoren der Relevanz und Selektion und gebunden an institutionelle und mediale Rahmungen, wodurch die Generierung neuen Wissens wiederum kontrolliert und geregelt wird. Wissen taucht in sozialen Formen auf, wobei es an bestimmte Handlungspraktiken geknüpft ist, und in zeitlich-historischen Kontexten, womit es biografische Bezüge aufweist. Somit ist Wissen auch sozial geteilt: Verschiedene Individuen haben unterschiedliche Erfahrungshorizonte und damit differente Wissenselemente, die in sozialen Interaktionen kommuniziert werden. Wissen durchläuft verschiedene Transformationen und ist prozedural, womit Höhne die Dimension der Vermittlung von Wissen diskursiv herstellt. *Wissen generiert sich demnach (a) diskursiv durch Kommunikation und unterliegt (b) einem bestimmten Reglement.*
    In seiner Perspektive, was erziehungswissenschaftliche Wissensforschung demnach forcieren sollte, sieht Höhne die Forschungslücke bei der ausschließlichen Betrachtung des Subjekts in Lern- und Bildungsprozessen. Er argumentiert, dass die sozialen Formen, didaktischen Strukturierungen und auch „die Transformationen von Wissen" unbeachtet bleiben. Höhne hält fest:

„Wenn aber die *Wissensvermittlung als eine zentrale pädagogische Aufgabe* erachtet wird, dann ist es unabdingbar, sich spezifisch dem *Gegenstand der Vermittlung*, nämlich Wissen, zuzuwenden." (Hervh. im Original; Höhne 2003: 158)

Da Vermittlung an vielen verschiedenen Orten stattfindet (z.B. den Medien), ergibt sich für die Pädagogik die Notwendigkeit, die nach Situation, Anlass und Kontext unterschiedlichen Vermittlungsformen zu untersuchen und zu differenzieren. Nach Ansicht von Höhne besteht bei einer solchen Forschungslinie der Mehrwert für die Pädagogik somit in der Fähigkeit, Wissensformen im Allgemeinen zu unterscheiden und gleichzeitig zwischen pädagogischer Wissensvermittlung gegenüber anderen Formen von Vermittlung im Spezifischen zu differenzieren. Allen Vermittlungsformen gemeinsam ist, dass Wissen das elementare Vermittlungsmedium darstellt.[33] In diesem Kontext verweist Höhne auf verschiedene Merkmale einer erziehungswissenschaftlich orientierten Wissensforschung, um die vielfältigen Vermittlungsformen von Wissen untersuchen zu können. Unter anderem wäre es für ihn von Interesse, ob und wie Veränderungen von Produktion, Reproduktion und Distribution von Wissen zu neuen Formen der Aneignung und Vermittlung des Wissens führen. Er sieht hierbei den Schwerpunkt bei den Möglichkeiten des lebenslangen Lernens sowie des Wissenserwerbs mit neuen Medien. „So könnte der *Zusammenhang von Aneignungs- und Vermittlungsform* untersucht werden, inwieweit sie voneinander abhängen, welche Rolle die Wissensstruktur dabei spielt [...] usw." (Hervh. im Original, ebd.: 161).

Damit ist auch aus theoretischer Perspektive eine Forschungslücke aufgezeigt, die empirisch im Kontext der vorliegenden Dissertation im Kapitel 4 analysiert und beleuchtet werden wird. Um handeln zu können, müssen die Menschen, und darauf verweist u.a. Marotzki (2004), angesichts der medial vermittelten Informationsvielfalt, Wissen für sich aufbauen, auch um sich orientieren zu können. Das bedeutet, dass die individuelle Orientierungsleistung steigt (vgl. ebd.: 411). Orientierungswissen kann durch eine Steigerung des Verfügungswissens erreicht werden. Hier bezieht sich Marotzki (2004a) auf die Überlegungen von Jürgen Mittelstrass. Mittelstrass (2002) definiert Verfügungswissen als ein Faktenwissen, demnach ein Wissen um Ursachen, Wirkungen und Mittel. Es ist das Wissen, welches Wissenschaft und Technik für gegebene Zwecke zur Verfügung stellt. Orientierungswissen ist demnach ein Wissen um gerechtfertigte Ziele und Zwecke. Mittelstrass resümiert, dass ein Vielfaches Mehr an Informationen und Wissen zu einem Verlust von Orientierungskompetenz führen kann. Diese Kompetenz zu gewährleisten, ist somit eine Aufgabe der Bildung.

---

33    Hier bezieht sich Höhne auf Kade, dessen Überlegungen in Kapitel 3.1 näher ausgeführt werden.

Höhne zielt bei seinen Überlegungen sehr auf Vermittlung und damit Transformation von Wissen ab. Was er kaum in seine Betrachtungen einbezieht, sind die sozialen und veränderten Lebens- und Arbeitswelten der Handelnden und ihres Klientel, losgelöst von institutionellen Rahmungen wie Schule. Dass pädagogisches Handeln mit der Hinwendung zu einer lebenslangen Perspektive nicht nur auf die Vermittlung von Kompetenz und Bildung bei der Klientel zielen kann, darauf verweisen auch Kerres/de Witt und Schweer (2003) mit einer spezifischen Perspektive aus der Medienpädagogik. Diese Autoren argumentieren, dass die (Medien-)Pädagogik auch nach der „Gestaltung medialer Lebenswelten", in denen Menschen leben, arbeiten und lernen, fragt. Demnach muss Medienpädagogik als soziale pädagogische Disziplin auf die Medienentwicklung Einfluss nehmen und soziale Handlungsräume für die Subjekte schaffen.

Kritisiert Höhne die einseitige Betrachtung des Subjekts bei der Vermittlung, demzufolge den Transformationen von Wissen, und geht es ihm erst einmal um den Wissensbegriff an sich, lässt sich meiner Ansicht nach nicht ausschließlich eine Seite der Medaille betrachten.

In der vorliegenden Forschungsarbeit geht es zum einen ursächlich um das Wissen, mit dem Handelnde agieren, aber zum anderen auch um die Gestaltung von Handlungsräumen, und somit um das dementsprechende Handlungsvermögen, diese aktiv zu gestalten und ebenso auf dieser Ebene zu vermitteln.

## 1.4 Wissen und wie es verstanden werden kann (soll)

Fasst man die eben vorgestellten Theorien zu einem Begriff des Wissens zusammen, lässt sich Folgendes festhalten.

Alfred Schütz bezieht seine Ausführungen auf Individuen, die mit einem alltagsweltlichen Wissensvorrat ausgestattet sind. Der Wissensvorrat, auf den der Handelnde zurückgreifen kann, baut sich seiner Ansicht nach aus gesammelten Erfahrungen in einer sozialen Welt auf. Diese Erfahrungen resultieren entweder aus einem eigenen Erlebnis oder werden von anderen vermittelt. Die soziale Welt erlebt der Handelnde zum einen bereits vorkonstruiert, das vorhandene Wissen unterliegt somit einem vorhandenen Reglement. Zum anderen erschafft der Handelnde selbst soziale Welten bzw. trifft auf neue. Diese neue und aktuelle Erfahrung werde nach der je eigenen im Wissensvorrat angelegten Typik und Relevanz in den Erlebnisablauf und die Biographie eingefügt. Das Wissen ist demnach, so Schütz weiter, sozial abgeleitet. Es resultiert aus eigenen und im Diskurs thematisierten Erfahrungen anderer. Bei einer bestimmten Situation werden diese Erfahrungen bzw. wird diese Erkenntnis reflektiert um zu entscheiden, ob diese zur Lösung eines Problems beitragen können. Dieses stete reflektieren, konstruieren, generieren und oszillieren von verschiedenen neuen und alten Erfahrungen und Wissensbeständen führt letztendlich zu einer Handlungsfähigkeit des Subjekts in bestimmten Situationen.

Nico Stehrs Überlegungen, was unter Wissen verstanden werden kann, werden spezifisch für die Erklärung eines beruflichen Handelns herangezogen. Er definiert Wissen als die Ermöglichung von Handlungsfähigkeit. In beruflichen Situationen reflektiert der Handelnde sein vorhandenes Wissen und kommuniziert es modifiziert sowie situations- und adressatenspezifisch. Der so Handelnde ist nach Ansicht von Stehr kein Produzent von Wissen, sondern reflektiert seine Wissensbestände, strukturiert diese neu bzw. anders und vermittelt sie letztendlich im Diskurs an Dritte. Hier lässt sich eine Verknüpfung zu Schütz festhalten, der, wie eben kurz dargelegt, Handeln in bestimmten Situationen ähnlich thematisiert, allerdings nicht spezifiziert auf ein berufliches Handeln. Schütz verbleibt auch nicht in dieser Ebene sondern zeigt, wie neues Wissen erfahren werden kann, nämlich durch Konfrontation mit unbestimmten Situationen.

Aus einer erziehungswissenschaftlichen Perspektive, was unter Wissen verstanden werden kann, sind die Ausführungen von Thomas Höhne für meine Arbeit handlungsleitend gewesen. Er sieht eine zentrale pädagogische Aufgabe in der Vermittlung von Wissen, wobei Höhne argumentiert, dass sich Wissen u.a. diskursiv durch Kommunikation generiert und einem bestimmten Reglement unterworfen ist. Auch hier ist zeigt sich wieder eine Nähe zu den Überlegungen von Schütz, verweist dieser doch auf ein Erlernen von Typisierungs- und Relevanzsetzungssystemen, demnach eines kommunikativen Reglements anderer Beteiligter, um handlungsfähig zu sein. Was bei Höhne fehlt, ist die Thematisierung, wie mit diesem Wissen gehandelt werden kann.

Diese theoretischen Ausführungen der drei Autoren lassen sich übergreifend zu drei Dimensionen von Wissen zusammen fassen, wobei die Schwerpunktsetzung der theoretischen Vollzüge bei Alfred Schütz zu verorten ist.

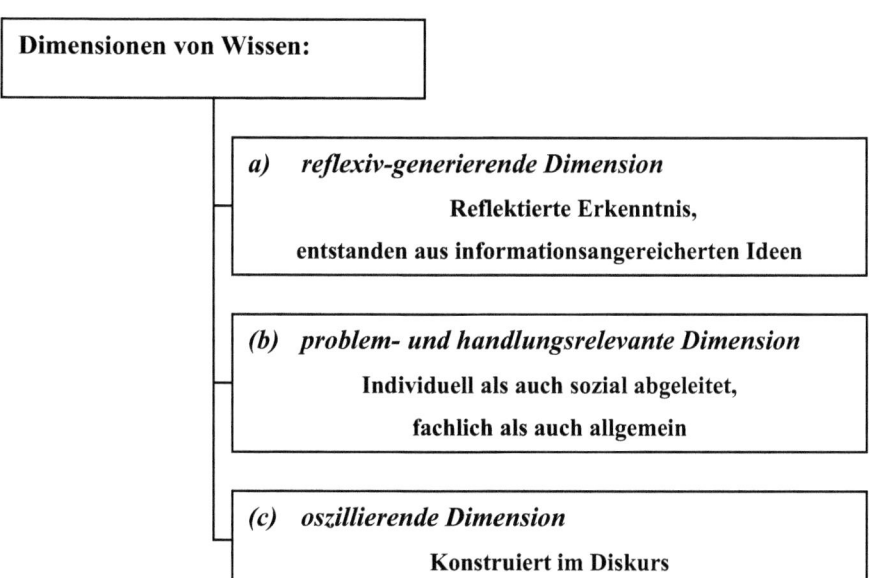

*Abbildung 1:* Wissen und einige seiner Dimensionen

Wissen besitzt somit für mich zum einen eine (a) *reflexiv-generierende Dimension*. Wissen entsteht, unter Bezug auf Spinner, aus Ideen, die informationsangereichert zu einer Erkenntnis führen können. Diese Ideen können selbstinstruiert oder instruiert sein. Aber auch mit Schütz lässt sich argumentieren, dass Wissen aus einer Motivation heraus generiert werden kann. Bei ihm sind dies die Zonen der Relevanz. Schütz spricht in diesem Kontext nicht von Ideen sondern von Interesse. Dieses kann entweder dem eigenem Interesse entsprechen, ein Problem zu lösen, oder ein auferlegtes Interesse sein. Das bedeutet darüber hinaus, dass Wissen eine reflektierte Erkenntnis ist und sich aus einem vorhandenen Wissensvorrat generiert. Damit hat Wissen eine (b) *Dimension der Problem- und Handlungsrelevanz*. Damit ist gemeint, dass Wissen sowohl fachlich als auch allgemein verortet ist. Das Wissen, welches zur Lösung eines Problems rekonstruiert wird, resultiert aus eigenen und sozial abgeleiteten Erfahrungen. Mit einem Wissen handeln bezieht sich dann auf das Relevanzsetzungssystem des Handelnden. Er agiert in bestimmten Situationen so, wie er es vermittelt bekommen hat. Das eigene oder das Interesse Anderer motiviert hierbei das Denken, Handeln und Entwerfen. Sollte das vorhandene Wissen nicht zur Bearbeitung derselben genügen, wird entweder neues Wissen generiert, womit wiederum auf (a) zurück gegriffen wird, oder im Diskurs sozial vermitteltes Wissen abgeleitet. Das wäre dann die (c) *Dimension der Oszillation*. Wissen wird innerhalb dieser Dimension im Diskurs mit Anderen konstituiert und impliziert die Fähigkeit zu Entscheiden, wer zur Lösung eines Problems beitragen könnte. Diese bezieht sich darüber hinaus auf eine Antizipation der Wissensvorräte der in der jeweiligen Situation Involvierten. Sie resultiert aus dem Erfahrungsraum des Handelnden und der Fähigkeit, eigene und vermittelte Erfahrungen in eine zu lösende Situation abwägend und reflektierend zu integrieren. Auf diese Weise ist es dem Handelnden möglich, das Handeln anderer stetig einschätzen und das eigene Handeln nachhaltig einordnen und wiederholen zu können.

Wird der Handelnde vor ein Problem oder eine Situation gestellt bzw. sucht er sich diese selbst, versucht er entweder:

1. seinen vorhandenen Wissensvorrat zur Problemlösung heranzuziehen oder
2. (neues) Wissen zu generieren.

Neues Wissen kann im Diskurs generiert werden, darauf verweist Höhne. Mit Stehr ließe sich sagen, dass man Experten oder Ratgeber konsultiert, um zu neuem Wissen zu gelangen. Mit Schütz kann argumentiert werden: Der Handelnde generiert sein Wissen aus Entscheidungen, welches Wissen relevant sein könnte, informiert sich, kontextualisiert und situiert diese neuen Informationen und fügt sie dann seinem vorhandenen Wissensvorrat hinzu. Auf diese Weise wird der Handelnde wiederum handlungsfähig. Im Gegensatz zu Stehr, der ausschließlich die Perspektive der Ratgebenden betrachtet und davon ausgeht, dass dieser neues Wissen immer wieder aus bereits vorhandenem Wissen reproduziert, zielen Schütz' Schlussfolgerungen eher auf allgemeingültigere Überlegungen ab. Er geht grundsätzlich von einem *subjektiven Wissensvorrat* aus. Dieser setzt sich aus drei Elementen zusammen: Erstens aus der *Erfahrung*, die die Begrenztheit einer Situation, in der sich ein Handelnder befindet, konstituiert. Zweitens aus *spezifischen Wissensbeständen* (wie aus Wissenschaft oder Technik), die in Einzelsituationen zum Tragen kommen und schließlich drittens dem *Routinewissen*, womit die Fähigkeiten, ein Gewohnheitswissen bzw. Rezeptwissen gemeint ist. Wird dieser lebensweltliche Wissensvorrat auf eine Situation bezogen, baut er sich aus Sedimentierungen ehemals aktueller situativer Erfahrung auf. Eine neue Erfahrung fügt sich dann je nach ihrer im Wissensvorrat angelegten Typik und Relevanz in die Biographie bzw. in den Erlebnisablauf ein. Mit den oben explizierten verschiedenen Zonen der Relevanz zeigt Schütz zudem auf, wie Handelnde zu neuen Erkenntnissen, zu neuem Wissen, gelangen können, um wiederum handlungsfähig zu werden. Ausschlaggebend ist hierfür, und das wurde schon mehrfach beschrieben, das Interesse des Agierenden, welches unbestimmte Situationen in bestimmte überführt.

Gezeigt werden konnte, mit den theoretischen Überlegungen von Schütz, Stehr und Höhne zum einen, wie der Begriff des Wissens in der vorliegenden Forschungsarbeit dimensioniert werden kann und zum anderen, welche Bedeutung die biographische Komponente in diesem Zusammenhang innehat. Stehrs Überlegungen dienen hierbei u.a. für eine begriffliche Fassung von Wissen aus einer ökonomischen Perspektive, da die von mir Befragten in einem eher als nicht genuin-pädagogisch deklarierten Berufsfeld zu verorten sind. Höhnes Darlegungen zielen insbesondere auf die fachspezifischen Orientierungen, nämlich dem pädagogisch tätig sein trotz eines nicht-pädagogischen Berufsfeldes, ab. Schütz wiederum wurde erst einmal relativ losgelöst von der Verortung seines Wissensbegriffs in sozialen Umwelten herangezogen, um grundsätzlich zeigen zu können, wie sich Wissen aus der Perspektive eines Individuums dimensionieren lässt.

Was sich darüber hinaus mit dem eben dargestellten theoretischen Überlegungen festhalten lässt, ist, dass es eigentlich gar nicht um eine breite Debatte, ob wir in einer Wissensgesellschaft sind oder uns dahin bewegen, geht, sondern um das grundsätzliche Wissen und Handeln in einer postmodernen Gesellschaft. Wie diese dann benannt wird, scheint eher untergeordnet zu sein. Es geht in der vorliegenden Forschungsarbeit erst einmal um, und da sei nochmals auf das eingangs formulierte Zitat vom Club of Rome verwiesen, die Schaffung übergreifender Begriffe, wie eben Wissen und Handeln, die die heutige Gesellschaft konstituieren, und die Bewältigung einer daraus resultierenden (neuen) Komplexität.

Schütz zeigt in diesem Kontext nicht nur, was Wissen sein kann, sondern wie man damit handelt und das in sozialen Welten, wozu virtuelle Communities genauso gehören wie das Arbeiten im Team innerhalb eines Unternehmens oder einer Organisation. Es geht mir, und das verortet sich auch in den Forschungsperspektiven der vorliegenden Arbeit, um:

a.  ein grundsätzliches Verstehen des Handelns der befragten InterviewpartnerInnen und
b.  ein dazugehöriges Erfassen der Handlungs- und Gestaltungsspielräume derselben.

Betrachtet man zum einen virtuelle soziale Welten als soziale Alltagswelten der UserInnen und zum anderen die Gestalter und Erschaffer dieser Welten als aktiv Handelnde, bieten die Überlegungen von Alfred Schütz die Möglichkeit, ohne spezifischen Blick auf die Profession von PädagogInnen oder signifikante Szenerien von Berufs- und Arbeitswelten, ein allgemeines Konstrukt zum Handeln und Wissen der jeweils Involvierten theoretisch zu explizieren. Was Alfred Schütz unter seinem Begriff des Wissens verstanden haben möchte, wurde in diesem Kapitel ausgeführt. Wie sich dies handlungstheoretisch in sozialen Welten widerspiegelt, soll nachfolgend ausführlich dargelegt werden.

# 2 Eine Theorie des Handelns in sozialen Welten von Alfred Schütz

Die Theorie von Alfred Schütz zum menschlichen Handeln in einer sozialen Welt geht generell an die Aspekte des Handelns in bestimmten Situationen heran. Geht man davon aus, dass die virtuelle Welt eine intersubjektiv soziokulturelle Welt darstellt, in der sowohl die UserInnen als auch die Gestalter und Erschaffer dieser Welten handeln, so kann man mit Schütz argumentieren, dass alle Entwürfe kommender Handlungen auf ein zur Zeit des Entwerfens dieses Handelns verfügbares Wissen gründen. Um zu verstehen, wie Menschen in einer bestimmten Situation und/oder zukünftig handeln, bedarf es demnach ein Verständnis vom Handeln selbst und der sozialen Welten, in der die Beteiligten agieren. Wie der Begriff des Wissens im Kontext der vorliegenden Arbeit dimensioniert werden kann, wurde im vorangegangen Kapitel ausführlich dargestellt. In diesem Kapitel soll nun im Besonderen aufgezeigt werden, wie sich die Begrifflichkeiten Handeln und im Sinne von Schütz demzufolge auch Relevanz fassen lassen, eingebettet in die Konstruktion sozialer Welten. Handeln und Relevanz bilden für Schütz die Kernstücke seiner systematisch-philosophischen Studien zur Phänomenologie des Alltagswissens.[34] Die Konstruktion einer sozialen Welt erfolgt bei Alfred Schütz sowohl durch die in ihr lebenden und agierenden Individuen als auch durch den Sozialwissenschaftler, der diese verstehen will. Für die vorliegende Forschungsarbeit sind die theoretischen Überlegungen von Alfred Schütz von besonderem Interesse, denn zum einen arbeiten die von mir befragten PädagogInnen in und für soziale virtuelle Welten und agieren demzufolge auch mit den unterschiedlichsten virtuellen Gruppen. Dies beinhaltet u.a. ein Verstehen virtueller Communities als soziale Lebenswelten der UserInnen. Zum anderen bietet Schütz mit seiner intensiven Auseinandersetzung zur Methodologie der Sozialwissenschaften einen Argumentationsrahmen, der aufzeigt, wie sich SozialwissenschaftlerInnen diesen sozialen Welten nähern, um sich Wissen über diese soziale Welt zu generieren, womit sie beruflich handeln können.

---

34  Vgl. hierzu auch List (2004).

Alfred Schütz (1899-1959), der zu seinen Lebzeiten eine Buchpublikation[35] und verschiedene Abhandlungen veröffentlichte, setzte einen Ausgangspunkt zur Neuorientierung der soziologischen Theorie und Forschung. In diesem Werk entfaltet er sein Forschungsanliegen einer phänomenologisch fundierten verstehenden Soziologie und sein Verständnis der Aufgaben der Soziologie.[36] Ausgangspunkte der Theorie von Schütz sind, wie bereits in Kapitel 1 erwähnt, die Phänomenologie Edmund Husserls und die verstehende Soziologie Max Webers. Aus heutiger Sicht könnten sowohl Schütz' theoretische Überlegungen zum Handeln, Wissen und zur Relevanz als auch seine Ausführungen zu einer Konstruktion sozialer Welten durchaus radikal-konstruktivistisch eingeordnet werden.[37] Er geht davon aus, dass der Ursprung aller Realität subjektiv ist. Somit ist alles *wirklich*, was ein Interesse hervorruft. In diesem Kontext bedeutet es darüber hinaus einen Gegenstand *real* zu nennen, wenn dieser in einer bestimmten Beziehung zu dem Handelnden steht.[38]

Für Schütz bedingt das wechselseitige Handeln der Menschen eine Rekonstruktion und dementsprechend einen sinnhaften Aufbau von sozialer Wirklichkeit. In einem ersten Zugang werde ich grundsätzliche Überlegungen von Schütz zum menschlichen Handeln in den unterschiedlichsten sozio-kulturellen Welten darstellen. Dabei fließt immer die Auseinandersetzung von Schütz zur Verortung der Sozialwissenschaften selbst, was diese bedingt und besondert, mit ein. In einem zweiten Abschnitt stelle ich insbesondere seinen Entwurf einer rationalen Handlungstheorie dar. Im letzten Abschnitt dieses Kapitels werden dann die vorangegangen Überlegungen zum Begriff des Wissens mit dem Handlungskonzept von Schütz verknüpft. Letztendlich geht es mir um eine Verknüpfung meines Forschungsfeldes, den virtuellen Communities, und einem beruflichen Handeln der von mir befragten PädagogInnen mit den theoretischen Überlegungen von Alfred Schütz zum Handeln in sozialen Welten.

---

35    Sein Hauptwerk: Der sinnhafte Aufbau der sozialen Welt. Darüber hinaus erschienen zu seinen Lebzeiten ungefähr dreißig in philosophischen und soziologischen Zeitschriften und Sammelwerken veröffentlichte Arbeiten. Er hinterließ bei seinem Tod Entwürfe und Vorarbeiten zu einer systematischen Zusammenfassung seines theoretischen Lebenswerks, den Strukturen der Lebenswelt, und einige Manuskripte (vgl. hierzu auch Luckmann 1982). In neuester Zeit erfahren die theoretischen Überlegungen von Schütz zum sinnhaften Aufbau einer Lebenswelt sowie seiner Abhandlungen zu Wissen, Relevanz und Handeln eine neue Renaissance. Im Jahr 2004 erschien von Alfred Schütz u.a.: Relevanz und Handeln als ein erster Band mit dem Untertitel: Zur Phänomenologie des Alltagswissens, der im Jahr 2007 mit dem Band 2 mit dem Untertitel: Gesellschaftliches Wissen und politisches Handeln weitergeführt wird.

36    Vgl. hierzu Endreß (2000).

37    Vgl. hierzu Baumgartner (2000).

38    Vgl. hierzu Schütz/Luckmann (2003).

## 2.1 Eine Konstruktion sozialer Welt

Schütz war davon überzeugt, dass eine adäquate Lösung methodologischer Probleme der Geistes- und Sozialwissenschaften nur in einer exakten Beschreibung der spezifisch menschlichen Konstitution des Gegenstandsbereichs dieser Wissenschaften zu suchen ist. Diesen Gegenstand sieht er in einer deskriptiven Analyse der Konstitution von Alltagswelt[39] (vgl. hierzu Luckmann 2003). Schütz betrachtet in seinen Überlegungen einen prinzipiellen Unterschied zwischen naturwissenschaftlichen und sozialwissenschaftlichen Ansätzen bei der Konstruktion sozialer Welten. Bezogen auf die nachfolgende Darstellung, dass alle wissenschaftlichen Konstruktionen so entworfen sein sollen, dass sie die Gedankenkonstruktionen des alltäglichen Lebens ersetzen, bleibt es den Naturwissenschaften vorbehalten zu entscheiden, welche Aspekte von Tatsachen und Entscheidungen thematisch und interpretativ für ihr spezifisches Interesse relevant sind. Diese Tatsachen und Ereignisse werden im Voraus weder ausgesondert noch gedeutet; „sie zeigen keine ihnen spezifisch eigene Relevanzstrukturen" (Schütz 1971: 6). Aus diesem Grund sind die theoretischen Konstrukte der Naturwissenschaften *Konstrukte erster Ordnung*, da sie nicht auf darunter liegende Konstrukte aufgebaut und demnach wissenschaftliche Thematisierungen schon vorgeben sind.[40]

Demgegenüber liegen den SozialwissenschaftlerInnen, und damit auch den von mir befragten PädagogInnen, Tatsachen, Ereignisse und Daten einer völlig verschiedenen Struktur vor, so dass deren Beobachtungswelt, die Sozialwelt, nicht ihrem Wesen nach ungegliedert ist. Die Sozialwelt hat „eine besondere Sinn- und Relevanzstruktur für die in ihr lebenden, denkenden und handelnden Menschen. In verschiedenen Konstruktionen der alltäglichen Wirklichkeit haben sie diese Welt im voraus gegliedert und interpretiert, und es sind gedankliche Gegenstände dieser Art, die ihr Verhalten bestimmen, ihre Handlungsziele definieren und die Mittel für die Realisierung solcher Ziele vorschreiben" (ebd.: 6). Damit wird bereits deutlich, dass das Thema der Relevanz für Schütz eine entscheidende Grundfrage in seiner Analyse von Lebenswelten ist.[41] Die gedanklichen Gegenstände, die von SozialwissenschaftlerInnen gebildet werden, beziehen und gründen sich dabei auf gedankliche Gegenstände des im Alltag unter

---

39  In der vorliegenden Arbeit bezieht sich Alltagswelt unter anderem auf die virtuellen sozialen Welten resp. Communities, die von den UserInnen und von den Gestaltern und Erschaffern dieser Welten konstruiert und konstituiert werden. Eine deskriptive Darstellung solcher virtuellen sozialen Welten findet sich im nachfolgenden Kapitel 3 wieder. Denn um zu verstehen, wie die in die Konstruktion sozialer Welten Involvierten handeln, bedarf es nach Schütz grundsätzlich auch einer beschreibenden Darstellung derselben (siehe oben).

40  Vgl. hierzu Kockelmans 1979: 29.

41  Vgl. hierzu auch List 2004. Auf das Thema der Relevanz werde ich in Bezug auf ein Handeln näher in Kapitel 2.2 eingehen.

seinen Mitmenschen lebenden Menschen. Die alltägliche Lebenswelt ist somit der Wirklichkeitsbereich, in den der Mensch eingreifen und den er verändern kann. Diese Art von Konstruktionen bezeichnet Schütz als *Konstruktionen zweiten Grades*. Es sind Konstruktionen jener Konstruktionen, die im Sozialfeld von den Handelnden gebildet werden. Ihr Verhalten wird von den SozialwissenschaftlerInnen beobachtet und, in Übereinstimmung mit den Verfahrensregeln ihrer Wissenschaft, zu erklären versucht. Das bedeutet, die SozialwissenschaftlerInnen betrachten die Konstruktionen sozialer Wirklichkeit, die von den Menschen, die sie beobachten, erlebt und entfaltet werden. Eine wissenschaftliche Analyse sozialer Lebenswelten rekonstruiert somit den Sinn derselben in Konstruktionen zweiter Ordnung.

Schütz grenzt sich damit sowohl von den Vertretern ab, die eine Unvereinbarkeit zwischen den Strukturen der Sozialwelt und denen der Natur sehen als auch von den ForscherInnen, die das Verhalten der Menschen in derselben Weise wie Naturwissenschaftler betrachten.

Schütz Überlegungen verlangen dementsprechend nach besonderen methodologischen Verfahrensweisen, insbesondere nach *Konstruktionen rationaler Handlungsmuster*. Auf diese Handlungsmuster werde ich in Kapitel 2.2 näher eingehen. Nachdem hier darlegt wurde, wie Schütz aus der Sicht eines Sozialwissenschaftlers grundsätzlich soziale Welten betrachtet, werde ich in den nachfolgenden Abschnitten an entsprechender Stelle noch ausführlicher darauf verweisen. Nachfolgend geht es nun darum aufzuzeigen, wie soziale Welten im Sinne von Schütz verstanden werden sollen, um daran anknüpfend ein Handeln in diesen sozialen Welten zu explizieren.

### 2.1.1 Die Welt als eine private

Schütz argumentiert, dass das im alltäglichen Wahrgenommene mehr ist als eine einfache Sinnesvorstellung. Das Wahrgenommene ist ein gedanklicher Gegenstand, eine Konstruktion, welche nicht nur *besondere Formen zeitlicher Abfolgen* einschließt, in denen sich der Gegenstand als der einer einzigen Sinnesart konstituiert und *räumlicher Beziehungen*, in denen er sich als Sinnesgegenstand mehrerer Sinnesarten konstituiert, „um die Konstruktion des gedanklichen Gegenstandes abzuschließen, bedarf es auch eines Beitrags der Imagination hypothetischer Sinnesvorstellungen" (Schütz 1971: 4).[42]

---

[42] Bereits in Kapitel 1.1 habe ich darauf verwiesen, dass die Begrenztheit einer Situation sowie die räumliche, zeitliche und soziale Gliederung der subjektiven Erfahrungen von der Lebenswelt zu den Grundelementen des Wissensvorrats gehören. Dies macht die Verknüpfung zwischen Wissen und Handeln in den Überlegungen von Schütz deutlich. Dieser Aspekt der räumlichen, zeitlichen und sozialen Gliederung wird hier nun für die sozialen Welten deutlicher ausgeführt.

In seinen einführenden Überlegungen bezieht sich Schütz insbesondere auf Whitehead, der von einer „Anatomie wissenschaftlicher Ideen" ausgeht und einen naturwissenschaftlich basierten Weg der Erklärung wissenschaftlichen Denkens darlegt. Interessant für Schütz ist die Grundeinstellung Whiteheads, die er mit einigen anderen Denkern[43] seiner Zeit teilt. Diese fasst Schütz wie folgt zusammen:

> „Unser gesamtes Wissen von der Welt, sei es im wissenschaftlichen oder im alltäglichen Denken, enthält Konstruktionen, das heißt einen Verband von Abstraktionen, Generalisierungen, Formalisierungen und Idealisierungen, die der jeweiligen Stufe gedanklicher Organisation gemäß sind" (ebd.: 5).

Nirgends gibt es so etwas wie reine und einfache Tatsachen. „Alle Tatsachen sind immer schon aus einem universellen Zusammenhang durch unsere Bewußtseinsabläufe ausgewählte Tatsachen" (ebd.: 5). Demnach sind alle Tatsachen bereits interpretiert: „entweder sind sie in künstlicher Abstraktion aus ihrem Zusammenhang gelöst oder aber sie werden nur in ihrem partikulärem Zusammenhang gesehen" (ebd.: 5). Dies hat für die Wissenschaft zur Folge, dass nur bestimmte Aspekte einer Wirklichkeit der Welt erfasst werden können, sofern sie für die Bewältigung des Alltags oder vom Standpunkt der Wissenschaftsmethodik[44] her relevant sind.

Die Welt, so wie Schütz sie in seinen ersten Überlegungen als eine private darstellt, ist geprägt durch bereits in ihr lebende Menschen, die diese als eine geordnete und gedeutete Welt für nachfolgende Generationen hinterlassen. Demnach gründet sich jede Interpretation dieser Welt auf einen Vorrat eigener und vermittelter Welterfahrungen, die in dieser Weise zu dem „verfügbaren Wissen" ein Bezugsschema bildet.

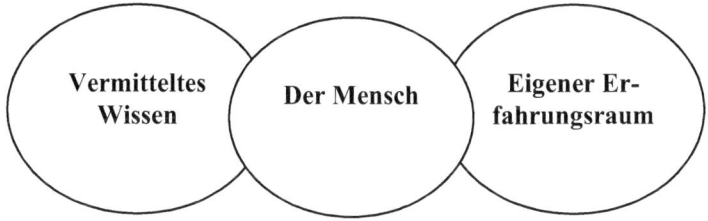

*Abbildung 2:* Konstituierung von verfügbarem Wissen nach Alfred Schütz

---

43  Dazu zählt Schütz u.a. Dewey, Husserl, Bergson.

44  Unter Wissenschaftsmethodik versteht Schütz die akzeptierten Verfahrensregeln des Denkens.

Zu diesem *verfügbaren Wissensvorrat* zählt u.a. ein Wissen von den Gegenständen der Welt in der gelebt wird, wobei diese Gegenstände nicht isoliert voneinander betrachtet werden. Die Gegenstände sind von vornherein eingebettet in einen „Horizont der Vertrautheit und des Bekanntseins", der als fraglos verfügbarer Wissensvorrat hingenommen wird, aber jederzeit fragwürdig werden kann. Diese eher unangezweifelten Vorerfahrungen sind vom Ansatz her jedoch ebenfalls als „typische Erfahrungen" verfügbar, dass bedeutet: „sie tragen offene Horizonte zu erwartender ähnlicher Erfahrungen mit sich" (ebd.: 8). In Bezugnahme auf die Terminologie von Husserl besagt dies: „Was in der tatsächlichen Wahrnehmung eines Gegenstandes erfahren wird, erfährt eine apperzeptive Übertragung auf jeden anderen Gegenstand, der dann nur als Typ wahrgenommen wird" (ebd.: 9). Diese bewusste Sinneswahrnehmung konstituiert Erwartungen, die bestätigt werden oder nicht. Tritt eine Bestätigung ein, erweitert sich der Inhalt des antizipierten Typs, der dann gleichzeitig in Untertypen aufgespalten wird, „der konkrete wirkliche Gegenstand wird andererseits seine individuelle Charakteristika aufweisen, die nichtsdestoweniger eine formale Typik habe" (ebd.: 9).

Nun *kann* man zwar den typisch apperzeptiven Gegenstand als ein *Exemplar* des allgemeinen Typs nehmen und so zum Begriff des Typs führen lassen, aber man *muss* keineswegs an den konkreten Gegenstand denken. „In der natürlichen Einstellung des Alltags beschäftigen uns nur bestimmte Gegenstände, die vor dem Hintergrund des fraglosen Feldes anderer vorerfahrener Gegenstände hervorstehen" (ebd.: 10). Diese selektive Tätigkeit des Bewusstseins führt dann zu einer Bestimmung, welche besonderen Charakteristika eines solchen Gegenstandes individuell und typisch sind. In dieser natürlichen Einstellung befindet sich das Individuum in einer Welt, die demnach fraglos und selbstverständlich wirklich ist. In diese wurde es hineingeboren und es nimmt sie als gegeben an. Diese Annahme bezieht sich aber nicht nur auf Gegenstände sondern auch andere Individuen, mit denen eine Verständigung und somit eine kommunikative Umwelt konstituiert wird.[45] Auf diese Mitmenschen kann dementsprechend in einer privaten Welt in mannigfachen Sozialbeziehungen getroffen werden, was bedeutet, dass diese in einem reflexiven Verhältnis zum Individuum stehen.[46] Dieses Wissen darüber impliziert die Annahme, dass die Mitmenschen ihre

---

45    Vgl. hierzu auch Schütz/Luckmann 2003.

46    Für Schütz scheint es keine Unterscheidung zwischen einer privaten und einer natürlichen Welt zu geben. In die natürliche Welt ist man in diesem Kontext hineingeboren. Man nimmt die Gegenstände dieser Welt als fraglos an. In die private Welt, und da würde ich dann eine Unterscheidung treffen, trifft man auf andere Individuen, mit denen man in eine Wechselbeziehung tritt, ohne allerdings diese zu hinterfragen. Beginnt das Individuum typische Handlungsweisen, typische Gegenstände etc. und damit auch seinen typischen verfügbaren Wissensvorrat in sinnhafter Weise zu hinterfragen, bricht es im Prinzip aus der privaten Welt aus.

wechselseitigen Beziehungen in einer Weise erfahren, die dem Individuum für alle praktischen Zwecke hinreichend ähnlich sind. Das bedeutet, dass in einer privaten Welt (a) die körperliche Existenz anderer Individuen als auch deren Bewusstsein, (b) die Bedeutung der Dinge dieser Umwelt für die Involvierten, (c) die Wechselbeziehung und Wechselwirkung und damit auch die Verständigung miteinander, (d) die Gliederung der Sozial- und Kulturwelt als Bezugsrahmen historisch vorgegeben als auch (e) die Situation, in der sich das Individuum befindet, nur bedingt eine selbstgeschaffene ist, fraglos angenommen wird.[47] Auch aus diesem Grund ist die Lebenswelt eines Individuums von Anfang an nicht eine private sondern eine intersubjektive, denn die Grundstruktur der sozialen Welt ist den Individuen in ihrer Wirklichkeit gemeinsam. Damit schließt sich in die alltägliche Wirklichkeit der Lebenswelt somit nicht nur die erfahrene natürliche Welt mit ein, sondern auch die Sozial- und Kulturwelt, in der sich ein Individuum befindet.[48]

In dieser Überleitung von einer Betrachtung der Welt als eine private zu einer sozio-kulturellen Welt bezieht Schütz darüber hinaus die biographische Situation eines Menschen in seine Überlegungen mit ein. Hier spiegeln sich die verschiedenen Facetten eines Menschen wider, wie er in bestimmten Situationen und bei bestimmten Problemen handeln wird, denn:

„In jedem Zeitpunkt seines täglichen Lebens findet sich der Mensch in einer biographisch bestimmten Situation, das heißt, in einer von ihm definierten natürlichen und sozio-kulturellen Umwelt, in der er eine ausgezeichnete Stelle hat: eine Stellung nicht nur im Rahmen des physischen Raumes und der kosmischen Zeit, nicht nur bezüglich Status und Rolle innerhalb des sozialen Systems, sondern auch eine moralische und ideologische Position" (Schütz 1971: 10).

Auch wenn kritisiert wird, dass Schütz die biographische Situation egozentrisch aufbaut, eröffnen sich vom Individuum als Mittelpunkt dann weitere Dimensionen.[49] Die Definition der Situation als eine biographische bedeutet hier, dass diese eine Geschichte hat. Jene besteht aus der Ablagerung aller vergangenen Erfahrungen des Menschen, die in seinem *verfügbaren Wissensvorrat* in einer Form habitueller Aneignungen organisiert sind. Gleichzeitig erschließt diese biographisch bestimmte Situation Möglichkeiten künftiger praktischer und/oder theoretischer Tätigkeiten, die Schütz „verfügbare Ziele" nennt.

---

47  Vgl. hierzu Schütz/Luckmann 2003: 31.

48  Vgl. hierzu Schütz/Luckmann 2003: 31.

49  Zur Kritik vgl. Kockelmans 1979: 30.

Das *verfügbare Ziel* definiert jene Elemente, die für dieses Ziel relevant erscheinen. Dieses Relevanzsystem bestimmt wiederum, „welche Elemente zum Substrat generalisierender Typisierungen gemacht werden müssen, welche Merkmale dieser Elemente als kennzeichnend typisch und welche als einzigartig individuell ausgewählt werden müssen" (ebd.: 11).

### 2.1.2  Die Welt als eine intersubjektive Kulturwelt

Nach dieser einleitenden Darstellung von Alfred Schütz' Konstruktionen alltäglichen Denkens in der privaten Welt folgen nun Ausführungen zu seiner Perspektive einer subjektiven Kulturwelt[50]. Von einer Kulturwelt kann im Sinne von Schütz gesprochen werden, wenn die Welt des täglichen Lebens einen Sinnzusammenhang darstellt, der interpretationsbedürftig ist, um sich darin zurechtzufinden. Dieser Sinnzusammenhang entspringt, in Unterscheidung zur natürlichen resp. privaten Welt, *menschlichem Handeln* – dem Handeln des Selbst und dem Handeln der Anderen. Das bedeutet, dass alle kulturellen Gegenstände in ihrem Ursprung und ihrer Bedeutung auf die Tätigkeiten menschlicher Individuen zurückweisen. „Diese Geschichtlichkeit ist die Sedimentation menschlicher Tätigkeiten und erschließt sich in einer Untersuchung erst in Bezug auf diese Tätigkeiten" (Schütz 1971: 12). Aus demselben Grund kann ein kultureller Gegenstand nicht verstanden werden, ohne sich auf die ihn hervorbringende menschliche Tätigkeit zu beziehen. Hier hat das so genannte *Postulat der subjektiven Interpretation*[51] in den Sozialwissenschaften ihren Ursprung. Es besagt, dass das Wissen von der Welt nicht privat, sondern von vornherein intersubjektiv oder vergesellschaftlicht ist, worauf bereits hingewiesen wurde. Schütz betrachtet drei Aspekte dieses Problems der *Sozialisierung des Wissens*:

„a)  die Reziprozität der Perspektiven oder die strukturelle Sozialisierung des Wissens,

b)  der soziale Ursprung des Wissens oder die genetische Sozialisierung des Wissens und

c)  die soziale Verteilung des Wissens." (ebd.: 12)

---

50  Sie ist eine intersubjektive Kulturwelt, weil der Menschen unter Menschen lebt, an die er durch Einwirkungen und Arbeiten gebunden ist, welche er versteht und von welchen er verstanden wird.

51  Schütz greift dieses Postulat der subjektiven Interpretation bei Max Weber auf, der die Hauptaufgabe der Soziologie im deutenden Verstehen des subjektiv gemeinten Sinns, den der sozial Handelnde mit seinem eigenem Verhalten verbindet, indem er sich an fremdem Verhalten orientiert. Für Schütz stellt sich demnach die Frage, was Sinn und Verstehen im Alltagsleben bedeuten, noch bevor sie in eine wissenschaftliche Methode eingehen (vgl. hierzu auch Waldenfels 1979: 2).

## a) Die Reziprozität der Perspektiven

Der natürlichen Einstellung des täglichen Lebens ist implizit, dass die Gegenstände dieser Welt dem Wissen der Mitmenschen zugänglich, demnach entweder bekannt oder erkennbar, sind. Dies wird als fraglos, als selbstverständlich, angenommen. Allerdings kann davon ausgegangen werden, dass derselbe Gegenstand für den einen eine andere Bedeutungszuweisung erfahren kann als für jeden anderen beliebigen Mitmenschen. Dies gründet sich zum einen darauf, dass eine andere Perspektive (eine andere Distanz) den Gegenstand anders repräsentiert und demnach auch andere Aspekte hierfür typisch sind und zum anderen auf die notwendige Differenz der eigenen biographisch bestimmten Situation sowie der der Mitmenschen. Demnach zielt die Reziprozität der Perspektiven auf den Unterschied der jeweiligen Absichten und den in ihnen gründenden Relevanzsystemen. Das Alltagsdenken überwindet die eben genannten Differenzen individueller Perspektiven durch zwei grundlegende Idealisierungen.

1.  Der *Idealisierung der Vertauschbarkeit der Standorte*:[52] Durch einen Perspektivwechsel (Einnahme des Platzes eines Mitmenschen) steht der Handelnde in derselben Distanz zu einem Gegenstand wie der Andere und nimmt demzufolge dieselben typischen Aspekte wahr. Gleichzeitig erscheinen dieselben Dinge im jeweiligen Radius, die auch für den Anderen erreichbar sind. Dieser Perspektivwechsel geht auf die Generalthesis des alter ego zurück. Demnach kann ein Handelnder den subjektiv gemeinten Sinn eines Anderen dadurch rekonstruieren, dass er sich auf dessen Standpunkt platziert und vorstellt, wie er handeln würde.[53]
2.  Der *Idealisierung der Kongruenz der Relevanzsysteme*: „Solange keine Widersprüche auftreten, ist es mir (und, wie ich annehme, auch meinem Mitmenschen) selbstverständlich, daß die Verschiedenheit der Perspektiven, die in unseren je einzigartigen biographischen Situationen ihren Ursprung hat, für die momentanen Absichten eines jeden von uns irrelevant ist" (ebd.: 13). So nehmen „wir" an, dass alle tatsächlich oder potentiell gemeinsamen Gegenstände und ihre Eigenheiten ausgesucht und interpretiert werden oder dass dies zumindest in einer „empirisch übereinstimmenden" und somit hinreichenden Weise geschehen ist. Damit ergibt sich die Kongruenz der Relevanzsysteme aus der Abstimmung der wechselseitigen Typisierungen von Handelnden. Diese lernen, dass in typischer Weise weiter gehandelt werden kann, da für die momentanen praktischen Zwecke eine Unterschiedlichkeit

---

52    Vgl. hierzu auch Schütz/Luckmann 2003: 99.

53    Vgl. hierzu auch Henning 2001.

in den jeweiligen Relevanzsystemen und den biographischen Situationen irrelevant ist. Damit ist den Handelnden bewusst, dass nicht nur die gemeinsame Welt sozialisiert, sondern auch die noch zu erfahrene sozialisierbar ist.[54]

Diese beiden Idealisierungen konstituieren zusammen die *Generalthese der reziproken Perspektiven*, die wiederum Grundlage für die soziale Ausbildung und sprachliche Fixierung von Denkobjekten ist. Diese überformen die Denkobjekte der vorsozialen Welt.[55]

„Bei beiden handelt es sich um typisierende Konstruktionen gedanklicher Gegenstände, die sich den gedanklichen Gegenständen meiner privaten Erfahrung und der meines Mitmenschen überlagern" (Schütz 1971: 14). Infolge dieser Konstruktion des Alltagsdenkens geht Schütz davon aus, dass der als selbstverständlich hingenommene Bereich von Welt auch anderen vertraut respektive selbstverständlich ist. Diese *Generalthese der reziproken Perspektiven* führt dazu, dass Gegenstände mitsamt ihren Aspekten, die dem Individuum tatsächlich und dem Anderen potentiell bekannt sind, als Gegenstände im Bereich des Wissens erfasst werden. „Dieses Wissen ist objektiv und anonym, das heißt, es ist abgelöst und unabhängig von meiner und meiner Mitmenschen Definition der Situation, von unseren einzigartigen biographischen Vorgegebenheiten und unseren wirklichen und möglichen Zielen, die uns mit unserer jeweiligen Biographie verfügbar sind" (ebd.: 14). Im Falle des sozialen Handelns geht diese Generalthese allerdings über eine Idealisierung hinaus, indem sie die gesamte gedankliche Erfassung der Umwelt und der Mitwelt[56] einschließt.[57]

Die Begriffe „Gegenstand" und „Aspekte der Gegenstände" müssen dabei in einem möglichst weiten Sinne interpretiert werden. Sie bezeichnen, als selbstverständlich hingenommen, Gegenstände des Wissens. „Was an Wissen von jedermann erwartet wird, der unser Relevanzsystem teilt, ist eine Kenntnis der Lebensweise, die von jedem Mitglied der ‚Eigengruppe' (*in-group*) als natürlich und gut, als richtig angesehen wird" (Hervh. im Original, ebd.: 14).[58] Dazu zählt für Schütz beispielsweise die Kenntnis über die zahlreichen Verhaltensregeln für den Umgang mit Dingen und Menschen, durch die typisierte Situationen erst in

54    Vgl. hierzu Schütz/Luckmann 2003: 99.

55    Vgl. hierzu Schütz/Luckmann 2003: 100.

56    Schütz unterscheidet zwischen der direkten Umwelt und der sozialen Mitwelt. Außerhalb der unmittelbaren Umwelt, in der der Handelnde ständig lebt, ergibt sich eine Verkleinerung des Spielraums der Auffassungsperspektiven und damit eine fortschreitende Anonymisierung der Idealtypen (zu den Idealtypen siehe nachfolgenden Abschnitt 2.1.3). Damit haben die Menschen, die in dieser sozialen Mitwelt integriert sind, einen mittelbaren Einfluss auf das momentane Erleben des Handelnden.

57    Vgl. Henning 2001.

58    Zum Gruppenbegriff bei Schütz siehe Abschnitt 2.1.3.

den Griff zu bekommen sind, als auch der Sitten und Bräuche, somit des „traditionellen Verhalten". Alle diese Begrifflichkeiten weisen auf Konstruktionen typisierten Wissens zurück, die eine hochsozialisierte Struktur aufweisen. Dabei hat dieses Wissen eine Geschichte, es ist Teil einer „sozialen Überlieferung".

## b) Der soziale Ursprung des Wissens

Schütz geht weiterhin davon aus, dass sich nur ein sehr kleiner Teil des Wissens von der Welt in einer individuellen Erfahrung gründet. Der größere Teil ist sozial abgeleitet (FreundInnen, Eltern, LehrerInnen). Man wird nicht nur darin unterrichtet, wie die Welt zu definieren ist, dem Individuum wird auch gelehrt, „typische Konstruktionen in Übereinstimmung mit dem Relevanzsystem zu formen, das von dem anonymen, gemeinsamen Standpunkt der Eigengruppe übernommen wird" (ebd.: 15). Diese Konstruktionen umfassen die Lebensweise, umfassen Methoden, in der Umwelt zurecht zu kommen, demnach brauchbare Anleitungen zur Benutzung typischer Mittel, um typische Ziele in typischen Situationen erreichen zu können.

> „Das typisierende Medium *par excellence* sind Wortschatz und Syntax der Alltagssprache, in der sozial abgeleitetes Wissen vermittelt wird" (Hervh. im Original, ebd.: 15f.).

Die Umgangssprache des Alltags ist vor allem eine Sprache benannter Dinge und Ereignisse. Jeder Name umfasst dabei eine Typisierung und Generalisierung, die auf ein in der sprachlichen Eigengruppe vorherrschendes Relevanzsystem verweist.

> „Die vorwissenschaftliche Umgangssprache kann als eine Schatzkammer vorgefertigter Typen und Eigenschaften verstanden werden, die sozial abgeleitet sind und einen offenen Horizont unaufgeklärter Inhalte mit sich tragen" (ebd.: 16).

## c) Die soziale Verteilung des Wissens

Wissen ist sozial verteilt, darauf wurde bereits im vorangegangen Kapitel näher eingegangen. Der tatsächlich verfügbare Wissensvorrat von einem Individuum zum anderen ist verschieden und nach Ansicht von Schutz berücksichtigt das Alltagsdenken diese Tatsache. „Nicht nur, was ein einzelner weiß, unterscheidet sich vom Wissen seines Nachbarn, sondern auch wie beide die ‚gleichen' Tatsachen kennen" (Hervh. im Original, ebd.: 16). Demnach ist man ein „Experte" in einem kleinen Bereich und ein „Laie" in vielen anderen, und das gleiche gilt für den Anderen.[59] „Der verfügbare Wissensvorrat jedes einzelnen ist zu jedem Zeitpunkt seines Lebens in Zonen verschiedenen Grades der Klarheit, Unterscheidbarkeit und Genauigkeit strukturiert. Diese Struktur geht aus dem vorherrschenden Relevanzsystem hervor und ist damit biographisch bestimmt" (ebd.: 16). Dieses Wissen um die individuelle Wissensverteilung ist selbst wieder Element der alltäglichen Erfahrung. „Anders gesagt, ich konstruiere im Alltag Typen des Bekanntheitsfeldes des Anderen und Typen der Weite und Zusammensetzung seines Wissens" (Schütz 1971: 17). Hierbei kann vorausgesetzt werden, dass der andere von bestimmten Relevanzstrukturen geleitet wird, die sich in einer Anzahl fester Motive ausdrückt und zu einem bestimmten Handlungsmuster führt.

Fasst man dies kurz zusammen ist deutlich geworden, dass der Einzelne die Strukturen der Lebenswelt nicht unmittelbar, sondern biographisch vermittelt erfährt. Der Handelnde rekonstruiert seine Umwelt und Mitwelt sowie sein konkretes Wissen über die Strukturen von Lebenswelt durch seine individuelle biographische Geschichte, so dass jeder Handelnde auf eine ganz spezifische Weise an der Lebenswelt teilnimmt. Auf diesen Überlegungen bei Schütz werde ich nachfolgend noch näher eingehen.

### 2.1.3 Die soziale Welt und ihre Struktur – Zwei Perspektiven

In dem nun folgenden Abschnitt geht es um zwei differente und doch miteinander verknüpfte Perspektiven. Zum einen geht es mir um die Darstellung der Struktur einer sozialen Welt, so wie sie Alfred Schütz betrachtet. Zum anderen soll aufgezeigt werden, wie sich SozialwissenschaftlerInnen dieser sozialen Welt nähern, um ihr Relevanzsystem zu verstehen und handeln zu können. Immer wieder werden diese beiden Perspektiven nachfolgend aufgegriffen und thematisiert. Beginnen werde ich mit der Struktur einer sozialen Welt für das in ihr lebende und agierende Individuum.

> „Ich erfahre diese Welt als menschliches Wesen: hineingeboren in die Sozialwelt und in ihr mein tägliches Leben verbringend, baut sie sich rund um mich auf, meine Deutung und meinem Handeln zugänglich, aber stets in Bezug auf meine tatsächliche, biographisch bestimmte Situation" (Schütz 1971: 17).

In dieser zeitlichen Dimension existieren demnach „Zeitgenossen" in direktem Bezug auf den Handelnden in seiner tatsächlichen biographischen Situation, mit denen ein wechselseitiger Handlungsablauf konstituiert werden kann. Somit gibt

---

59 Vgl. hierzu auch Kapitel 1.1.

es, so Schütz weiter, „Vorgänger", auf die zwar nicht eingewirkt werden kann, aber deren früheres Handeln und deren Handlungsresultate einer Deutung zugänglich sind. Demzufolge impliziert dies einen Einfluss auf das eigene Agieren des Handelnden. Gleichzeitig gibt es „Nachfolger", die nicht erfahrbar sind, auf die jedoch in mehr oder weniger leerer Erwartung individuelles Handeln ausgerichtet wird.

> „All diese Beziehungen zeigen die vielfältigsten Formen der Intimität und Anonymität, der Vertrautheit und Fremdheit, der Aufmerksamkeitsspannung und des Spielraums der Anpassungsperspektiven" (ebd.: 18).

Schütz beschränkt sich in seinen weiteren Ausführungen auf die zwischenmenschlichen Beziehungen. Damit bezieht er sich auf Alltagserfahrungen, bei denen zum einen vorausgesetzt werden kann, dass der Mensch seine Mitmenschen und dessen Handeln versteht und sich anderen mitteilt, da er annimmt, dass wiederum diese sein Handeln verstehen. Zum anderen wird hierbei von Schütz vorausgesetzt, dass dieses gemeinsame Verstehen zwar Grenzen beinhaltet, aber für viele praktische Zwecke hinreichend ist.

Eine besondere Perspektive spricht Schütz bei seiner Fokussierung und Definition von Mitmenschen an. Mit ihnen teilt das Individuum während der Dauer einer Beziehung nicht nur Zeit, sondern auch Raum. Die vorherrschende Beziehung, so Schütz, ist eine unmittelbar soziale (face-to-face relation), womit ein rein formaler Aspekt sozialer Beziehungen gemeint sein soll. Dieser verweist sowohl auf eine besondere Nähe (intimere Gespräche unter Freunden) als auch auf das bloße Gegenübersein von Fremden. Diese Begegnung, Schütz/Luckmann (2003: 101) nennen sie face-to-face-situation, ist demnach die einzige soziale Situation, die durch räumliche und zeitliche Unmittelbarkeit gekennzeichnet ist. In räumlicher Gemeinschaft stehend bedeutet dies, „daß ein bestimmter Sektor der äußeren Welt gleicherweise innerhalb der Reichweite eines jeden Partners liegt und Gegenstände gemeinsamen Interesses und gemeinsamer Relevanz enthält. Jeder Partner kann den Körper des anderen, seine Gesten, seinen Gang und sein Gesichtsausdruck unmittelbar beobachten, aber nicht bloß als Dinge oder Ereignisse der äußeren Welt, sondern in ihrer physiognomischen Bedeutung, das heißt als Symptome für die Gedanken des anderen" (Schütz 1971: 18f.). Gleichzeitig teilen sich die in Beziehung stehenden Menschen eine innere Zeit, was bedeutet, dass jeder am Lebenslauf des Anderen teilnimmt. Auf diese Weise kann in der Gegenwart der schrittweise Aufbau der Gedanken des Anderen begriffen werden. In dieser Situation werden sowohl der Stil als auch die Struktur der sozialen Beziehung und der Handlungen wesentlich bestimmt.[60]

---

60    Vgl. Schütz/Luckmann 2003: 101f.

„Der Andere" wird in einer solchen Beziehung als einzigartige Individualität erfasst (auch wenn nur ein oder einige Aspekte der Persönlichkeit erfasst werden) und zwar in seiner einzigartigen biographischen Situation (auch wenn diese nur fragmentarisch in Erscheinung tritt). Dies gilt für Schütz selbst für Beziehungen unter Mitmenschen, in denen die verhüllten Aspekte des „anderen Selbst" betroffen sind. „Diese Erfassung des Selbst außerhalb der Reichweite der Beobachtung geschieht in der Konstruktion einer typischen Verhaltensweise, eines typischen Musters zugrunde liegender Motive, typischer Verhaltensweisen eines Persönlichkeitstyps, für die der Andere und sein gerade geprüftes Verhalten nur Sonderfälle oder Beispiele sind" (ebd.: 19). Eine Zunahme der Anonymität geht somit mit einer Abnahme von Inhaltsfülle einher. Je anonymer die typisierenden Konstruktionen sind, umso gelöster ist sie von der Einzigartigkeit des individuellen Menschen und umso weniger Aspekte der Persönlichkeit des Anderen und dessen Verhaltensmusters werden für das vorgegebene Ziel als relevant in die Typisierung aufgenommen, für das Ziel, für das dieser Typ gerade konstruiert worden ist. Bei einer Unterscheidung zwischen „(subjektiven) personalen Typen" und „objektiven Typen" des Handlungsablaufs führt eine zunehmende Anonymisierung der Konstruktionen zum Ersatz der subjektiven durch die objektiven Typen. Bei vollständiger Anonymisierung werden die einzelnen als austauschbar angenommen, wobei der Typ des Handlungsablaufs auf das Verhalten von „Irgendeinem", der in typisch definierter Weise handelt, verweist.

Zusammenfassend kann demnach festgehalten werden, dass die individuelle Einzigartigkeit der Mitmenschen in ihrer einzigartigen Situation nie erfasst werden wird, es sei denn in der reinen „Wir-Beziehung" zwischen Mitmenschen. Als „Wir-Beziehung" bezeichnet Schütz eine bestimmte Art der Beziehung zu anderen Mitmenschen, die nur in der Verweisung auf „mich" einen besonderen Sinn erhält. Das heißt, der besondere Sinn bezieht sich auf eine besondere Zuweisung des „ich" in einem „wir". Demnach stehe „ich" in diesem „wir" im Mittelpunkt, wodurch auch das „wir" wieder einen besonderen Sinn erhält.

In den Konstruktionen des alltäglichen Denkens erscheint der „Andere" als partielles Selbst und tritt außerdem in die reine „Wir-Beziehung" nur mit einem Teil seiner Persönlichkeit ein.

Aber: Wird der „Andere" nur als partielles Selbst konstruiert, als Darsteller typischer Rollen und Funktionen, so findet dies eine Selbstentsprechung im Prozess der Selbsttypisierung. Dieser Prozess setzt ein, sobald mit dem „Anderen" eine soziale Wirkensbeziehung eintritt. Durch eine Typisierung des Verhaltens des „Anderen" wird das Verhalten des Selbst typisiert, da beide miteinander verbunden sind. Schütz weist aber darauf hin, dass die alltäglichen Konstruktionen in den Typisierungen des „Anderen" und in der Selbsttypisierung sozial abgeleitet und sozial gebilligt sind. „Innerhalb der Eigengruppe wird die Mehrzahl der personalen Typen und der Typen des Handlungsablaufs als selbstverständlich hingenommen in Form gesammelter Regeln und Anweisungen, die bisher jeder Prüfung genügt haben und von denen dies auch zukünftig erwartet wird. [...] Darüber hinaus ist das Muster typischer Konstruktionen häufig als Verhaltensstandard institutionalisiert, in traditionellen und habituellen Sitten verbürgt und manchmal durch besondere Verfahren der so genannten sozialen Kontrolle, so in einer Rechtsordnung, garantiert" (Schütz 1971: 22).

In seinem Aufsatz: „Die Gleichheit und die Sinnstruktur der sozialen Welt" untersucht Schütz die soziale Welt in ihren verschiedenen Gliederungen und Organisationsformen, welche die soziale Wirklichkeit der Menschen, die in ihr leben, konstituieren. Dabei geht er, wie bereits angedeutet, davon aus, dass die Welt von Anfang an nicht nur eine physische sondern auch eine sozio-kulturelle ist. Diese sozio-kulturelle Welt ist eine vorkonstituierte und vororganisierte Welt, deren besondere Struktur das Ergebnis eines historischen Prozesses darstellt und sich daher für jede Kultur und Gesellschaft anderes offenbart. Jedoch gibt es bestimmte Grundelemente, denn sie wurzeln in der „condition humaine". Überall findet man Gruppen, die nach Geschlecht und Alter gegliedert sind, dementsprechende Arbeitsteilung und mehr oder weniger starre Verwandtschaftsorganisationen, welche die soziale Welt in Zonen variierender sozialer Distanz einteilen (von der Vertrautheit zur Fremdheit). Es lassen sich auch anerkannte Lebensstile finden, d.h. eine Vorstellung davon, wie man mit Dingen und Menschen ggf. zurechtkommt. Darüber hinaus gibt es überall Kulturgegenstände und bestimmte Zeremonien.

Schütz kritisiert die SozialwissenschaftlerInnen, die häufig versucht haben, die verschiedenen menschlichen Tätigkeiten dadurch zu klassifizieren, dass sie eine Liste der Grundbedürfnisse erstellten, die durch die soziale Gruppe befriedigt werden müssten. Die Annahme bei dieser Betrachtungsweise lautet, dass diese Bedürfnisse die Handlungen des Individuums motiviert und den organisatorischen und institutionellen Rahmen bestimmt, in denen solche Tätigkeiten stattfinden. Für Schütz sind dies „bestenfalls mehr oder weniger glücklich formulierte heuristische Hilfsmittel" (Schütz 1972a: 207). Aber es erfolgt keine Aufstellung von Kriterien, um zu entscheiden, welche Bedürfnisse und Motive als grundlegend und universal anzusehen sind. Ohne diese ist es aber nicht möglich, eine solide Theorie der Gleichheit der Menschen zu formulieren, eine Theorie, „die auf der Gleichheit der Bedürfnisse der Menschheit gegründet ist" (ebd.: 208).

Die soziale Welt, in die der Mensch hineingeboren wird und in der er sein Auskommen finden muss, wird von ihm als ein festes Netzwerk von sozialen Beziehungen erlebt, von Zeichen- und Symbolsystemen mit ihren jeweiligen Sinnstrukturen, von institutionalisierten Formen der sozialen Organisation, von

Status- und Prestigesystemen usw. Der Sinn all dieser Elemente der sozialen Welt in ihrer ganzen Vielfältigkeit und Aufschichtung, desgleichen ihr Strukturmuster selbst, wird von denen, die in ihr leben, als fraglos und selbstverständlich gegeben angenommen. Die Gesamtsumme des relativen natürlichen Aspektes, den die soziale Welt für diejenigen hat, die in ihr leben, konstituieren die „Volksweisen" der „in-group" (die als die richtige Weise als sozial anerkannt wird, um mit den Menschen und Dingen zurecht zu kommen). Auch die Überlegungen zu sozialen Gruppen eruiert Schütz über den Begriff der Gleichheit. Er analysiert verschiedene Aspekte des Begriffs der Gleichheit im Alltags-Denken von bestimmten sozialen Gruppen. Seine Hauptthese lautet: „daß die Bedeutung, die der Alltags-Begriff der Gleichheit für eine bestimmte soziale Gruppe hat, als solche schon Element eines Systems von Typisierungen und Relevanzen ist, die von ihr anerkannt werden, und somit zur sozio-kulturellen Situation gehört, welche in jedem Augenblick der Geschichte der Gruppe als fraglos gegeben und selbstverständlich angenommen wird" (Schütz 1972a: 203). Die Alltags-Aspekte der Gleichheit hätten daher einen relationalen Charakter. Sie sind von der Struktur des Relevanzsystems abhängig. Außerdem setzt Schütz voraus, dass ein Umschwung in dieser Struktur sich auch im Wandel des Gleichheitsaspekts widerspiegelt.

Die Analyse der Gleichheit wird jedoch von der Tatsache kompliziert, dass sich ihr Sinn wandelt. Eine Wandlung des Sinns einer Gruppe tritt für Schütz dann ein, wenn er von den Mitgliedern der zu untersuchenden Gruppe (in-group) mit den Ausdrücken von deren eigenem Typisierungs- und Relevanzsystem ausgelegt oder wenn er von Mitgliedern anderer Gruppen (out-group) mit deren sprachlichen Symbolen oder wenn er schließlich von SozialwissenschaftlerInnen ausgelegt wird, die entweder nur die eine Art von Gruppe oder beide untersuchen. Dies ist für Schütz aber nur ein Spezialfall der prinzipiellen Sinn-Ambivalenz aller sozialen Phänomene. Mit der Terminologie von Max Weber spricht Schütz von dem „subjektiven Sinn", den eine Situation oder Handlung für die betroffene Person/den Handelnden hat. Im Unterschied dazu steht der „objektive Sinn", d.h. eine Auslegung der gleichen Situation oder der gleichen Handlung durch jemand anderen. Die Wahl des Begriffs „objektiver Sinn" bzw. „objektive Sinne" ist für Schütz unglücklich gewählt, da sich dieser wiederum auf die BeobachterInnen[61], die PartnerInnen, die WissenschaftlerInnen etc. bezieht. Er geht davon aus, dass man leicht zeigen kann, dass subjektiver und objektiver Sinn niemals zusammen fallen, obwohl Institutionalisierungen und Standardisierungen von sozialen Situationen und Interaktions-Mustern deren Annäherung bis zu einem, für viele praktische Zwecke, genügenden Ausmaß ermögli-

---

61    Zum Begriff des Beobachters siehe auch Kapitel 2.2.1.

chen. Der Dichotomie von subjektivem und objektivem Sinn begegnet das Individuum in Zusammenhang mit verschiedenen Problemen auf vielen Ebenen: der Lebensstil einer Gruppe, wie er von der in- und out-group gesehen wird, die Definition der personalen Situation eines Individuums in der Gruppe, durch es selbst und durch die Gruppe, der Begriff der „Gruppe" überhaupt etc. Schütz setzt sich demnach mit dem System der sozial anerkannten Typisierungen auseinander, mit denen die Alltags-Erfahrung des sein Alltags-Leben lebenden Menschen die soziale Welt und ihren Aufbau auslegt. Dadurch soll gezeigt werden, dass diese Typisierungen selbst in Relevanzbereiche geordnet sind, die wiederum ein System bilden und Elemente dessen darstellen, was Max Scheler die „relativ natürliche Weltanschauung" einer jeweiligen Gruppe nennt. Das Prädikat „relativ" soll dabei diesen Begriff von der Idee eines allgemeinen Naturzustandes unterscheiden.

In diesem Kontext zeigt Schütz auf, wie sich der subjektive und objektive Sinn einer sozialen Gruppe für seine theoretischen Überlegungen fassen lässt. Darauf soll nachfolgend kurz eingegangen werden, auch um zu zeigen, wie er sich von anderen Theoretikern in diesem Zusammenhang abgrenzt. Deutlich gemacht werden soll darüber hinaus, wie stringent Schütz seine Argumentation immer wieder auf seine Begriffe von Relevanz und Typisierung auslegt.

Der subjektive Sinn einer sozialen Gruppe

Schütz kritisiert, dass der subjektive Sinn der Gruppe, somit der Sinn, den die Gruppe für ihre Mitglieder hat, häufig durch eine Art Gefühl der Mitglieder, dass sie zusammen gehören oder dass sie gemeinsame Interessen haben, beschrieben wird. Dies ist für Schütz zwar richtig, aber er geht davon aus, dass diese Begriffe nur partiell analysiert wurden, nämlich durch „community" und „association", Gemeinschaft und Gesellschaft[62], primäre und sekundäre Gruppen u.ä. Schütz geht einen anderen Weg, nicht weil er die Bedeutung bezweifelt, sondern darüber hinaus davon ausgeht, dass gerade das Gefühl des „Zusammengehörens" und des „gemeinsame Interesse Habens" einer genaueren Analyse des Alltagsdenkens, im Unterschied zum Denken des Sozialwissenschaftlers, bedarf.

Der subjektive Sinn, den die Gruppe für ihre Mitglieder hat, besteht für Schütz in ihrem Wissen von einer gemeinsamen Situation und damit von einem gemeinsamen System von Typisierungen und Relevanzen. Diese Situation hat ihre Geschichte, zu der auch die Biographie der individuellen Gruppenmitglieder gehört. Das System der Typisierungen und Relevanzen, welches die Situation bestimmt, bildet demnach eine gemeinsame relativ natürliche Weltanschauung.

62    Siehe hierzu Kapitel 3.2.

„Hier sind die individuellen Gruppenmitglieder ‚zu Hause' d.h., sie kennen sich ohne große Schwierigkeiten in der gemeinsamen Umgebung aus, hier leitet sie ein Komplex von Rezepten, die aus mehr oder weniger institutionalisierten Gewohnheiten, Sitten, Volksweisen usw. besteht, die ihnen helfen, mit den zur Situation gehörenden Dingen und Mitmenschen zurechtzukommen" (Schütz 1972a: 231). Das System der Typisierungen und Relevanzen, welches die Mitglieder einer Gruppe miteinander teilen, definiert somit die sozialen Rollen, Positionen und ihren Status. Diese Anerkennung eines gemeinsamen Relevanzsystems führt die Gruppenmitglieder zu einer homogenen Selbsttypisierung. Jene gilt sowohl für die existenziellen Gruppen, die ein gemeinsames soziales Erbe haben, als auch für die so genannten freiwilligen Gruppen. Der Unterschied ist für Schütz jedoch der, dass das individuelle Mitglied im ersten Fall sich selbst in einem vorkonstituierten System von Typisierungen, Relevanzen, Rollen, Positionen und Statusbestimmungen wieder findet, welches es sich nicht selbst hergestellt hat. In der freiwilligen Gruppe erfährt das individuelle Gruppenmitglied dieses System nicht schon als ein vorgefertigtes. Die Mitglieder müssen dies selbst erschaffen, womit es sich in einem Prozess dynamischer Entwicklung befindet. Das Problem besteht hier in der Frage, wie das individuelle Gruppenmitglied seine private Situation definiert, dies innerhalb des Rahmens derjenigen gemeinsamen Typisierungen und Relevanzen, mit denen die Gruppe ihre Situation deutet.

Die Beschreibung von Schütz, darauf verweist er selbst, ist rein formal und bezieht sich weder auf die Natur der Bindung, die die Gruppe zusammenhält, noch auf die Stärke, die Dauer oder die Intimität des sozialen Kontaktes. Sie ist daher gleichermaßen anwendbar auf eine Ehe, eine Geschäftsbeziehung, auf die Staatsbürgerschaft etc. Jedoch bezieht sich hier jede genannte Gruppe auf eine größere, von der sie ein Element darstellt.

Hierin sieht Schütz den tieferen Grund dafür, warum für Max Weber die Existenz einer Ehe oder eines Staates nicht mehr bedeutet als die reine Wahrscheinlichkeit, dass die Leute auf spezifische Weise handeln und handeln werden. Oder, wie Schütz es formulieren würde, dass sie in Übereinstimmung mit dem allgemeinen Rahmen der Typisierungen und Relevanzen, die von der jeweiligen sozio-kulturellen Umwelt als fraglos gegeben anerkannt wird, handeln oder handeln werden. Aber: „Ein solcher allgemeiner Rahmen wird vom individuellen Mitglied als zu interiorisierende Institutionalisierung aufgefaßt, und das Individuum muß seine persönlich einmalige Situation mit diesem für die Realisierung seiner besonderen persönlichen Interessen institutionalisierten Muster definieren" (Schütz 1972a: 233).

Ein Pendant dazu ist für Schütz die besondere Einstellung, die das Individuum wählt, um seine soziale Rolle in der Gruppe zu erfüllen. Eines ist der subjektive Sinn der sozialen Rolle und der Rollenerwartungen, wie er sich durch das institutionalisierte Muster definiert; ein anderes die besondere subjektive Art und Weise, wie der Rollenträger seine Situation erfasst. Das wichtigste Element in der Definition der privaten Situation ist die Tatsache, dass sich das Individuum stets als Mitglied in verschiedenen sozialen Gruppen befindet. Jedes Mitglied steht im Schnittpunkt verschiedener sozialer Kreise, deren Zahl umso größer wird, je differenzierter die individuelle Persönlichkeit ist. „Denn was eine Persönlichkeit zu einer einzigartigen Persönlichkeit macht, ist gerade das, was mit anderen nicht geteilt werden kann" (Schütz 1972a: 233).

Schütz argumentiert, und dabei bezieht er sich auf Simmel[63], dass sich eine Gruppe durch einen Prozess bildet, in dem *viele* Individuen *Teile* ihrer Persönlichkeit vereinen, während das, was jede Persönlichkeit wirklich ist, außerhalb des gemeinsamen Bereiches bleibt. „Gruppen sind charakteristisch verschieden, je nachdem wie die Total-Persönlichkeiten der Mitglieder und wie die Teil-Persönlichkeiten an ihr teilnehmen" (ebd.: 233). Zusätzlich fügt Schütz hinzu, dass in der Definition seiner privaten Situation die verschiedenen sozialen Rollen vom Individuum als ein Komplex von Selbsttypisierungen erlebt werden, die wiederum in private Relevanzstrukturen und Relevanzbereiche gegliedert sind. Gleichzeitig existiert ein Aspekt der Freiheit des Individuums. Es kann selbst wählen, mit welchem Teil seiner Persönlichkeit es die Gruppenmitgliedschaft erfüllen möchte, somit definiert es seine Situation als Rollenträger selbst und errichtet seine eigene Relevanzhierarchie.

### Der objektive Sinn einer Gruppenmitgliedschaft

Der objektive Sinn einer Gruppe ist derjenige, den die Gruppe vom Standpunkt der Außenseiter her hat. „Die objektive Auslegung des Begriffs der Gruppe ist ein begriffliches Konstrukt des Außenseiters" (Schütz 1972a: 235). Durch Anwendung seines Systems von Relevanzen und Typisierungen subsumiert er Individuen unter eine soziale Kategorie, die nur von seinem Standpunkt aus gesehen homogen ist.

Es ist in diesem Kontext möglich, dass die soziale Kategorie, die der Außenseiter konstruiert, der sozialen Wirklichkeit entspricht. Aber auch dann wird die Gruppeninterpretation durch den Außenseiter niemals voll mit der Selbstinterpretation durch die in-group zusammenfallen. Darüber hinaus ist es auch mög-

---

63  Ich gehe davon aus, dass sich Schütz hier auf das Werk von Simmel (1890) Kapitel 3: Die Ausdehnung der Gruppe und die Ausbildung der Individualität bezieht.

lich, dass die Individuen, die einander heterogen erscheinen, durch die Typisierungen des Außenseiters unter dieselbe soziale Kategorie gebracht werden. Diese erfahren dann eine Behandlung, als wären sie eine homogene Einheit. Aus diesem Grund wird das Relevanzsystem nur vom Außenseiter als fraglos gegeben anerkannt. Von den Individuen wird es nicht notwendigerweise akzeptiert, da diese vielleicht gar nicht in der Lage sind, die entsprechende Selbsttypisierung zu leisten.

Die resultierende Diskrepanz zwischen objektiver und subjektiver Gruppeninterpretation bleibt für Schütz harmlos, solange die so typisierten Individuen nicht der Kontrolle des Außenseiters unterworfen sind. „Wenn jedoch der Außenseiter die Macht hat, sein Relevanzsystem den von ihm typisierten Individuen aufzuerlegen und vor allem dessen Institutionalisierungen zu erzwingen, dann wird diese Tatsache bei den gegen ihren Willen typisierten Individuen verschiedene Reaktionen hervorrufen" (Schütz 1972a: 235f.).

Wenn die auferlegte Typisierung die Integrität der Persönlichkeit auseinander bricht, indem sie die ganze Persönlichkeit, oder breite Schichten, mittels besonderer Merkmale typisiert, wenn sie demnach gezwungen wird, sich selbst im Ganzen mit jenem besonderen Charakterzug zu identifizieren, der sie durch das auferlegte System der heterogenen Relevanzen unter eine soziale Kategorie bringt, die sie niemals als relevant in ihre Definition ihrer privaten Situation eingeschlossen hätte, dann entfremdet sie sich selbst und wird eine bloße Repräsentantin typisierter Charakterzüge. Dies kann zum vollständigen Zusammenbruch der privaten Relevanzhierarchie führen – was Schütz als Krisis beschreibt (siehe unten).

In einer weiteren kurzen Zusammenfassung lässt sich also festhalten: Ein Individuum nimmt das Relevanzsystem und die damit einhergehenden Typisierungen seiner in-group als fraglos gegeben an, weil sie sich bislang bewährten. Dies gilt solange, wie sie als sozial gebilligt angesehen werden. Diese „Volksweisen" stellen somit das soziale Erbe dar, welches den nachkommenden Generationen überliefert wird, die in der Gruppe geboren werden und in ihr aufwachsen. Durch einen Prozess der Akkulturation, womit Schütz die Angleichung eines Individuums an eine fremde Umwelt, eine fremde Kultur, meint, muss nun der sich annähernde Fremde[64], der von der Gruppe akzeptiert werden will, nicht nur die

---

64  Schütz hat einen Aufsatz zum Thema des Fremden (Schütz 1972b) verfasst. Dieses Thema habe ich für die vorliegende Forschungsarbeit bewusst nicht aufgenommen, da es mir nicht um die Betrachtung geht, wie sich der Fremde einer Gruppe nähert, um von ihr langfristig aufgenommen und akzeptiert zu werden. Im Fokus meiner Forschungsarbeit richtet sich der Blick auf den beruflich Handelnden bzw. auf bestehende resp. zu initiierende Gruppen, im speziellen virtuelle Gruppen. Der Handelnde selbst ist hierbei nicht Mitglied dieser virtuellen Gruppe und strebt dies auch nicht an.

Struktur und Bedeutung der auszulegenden Elemente lernen, sondern auch das Auslegungsschema, welches in der „in-group" vorherrscht und von ihr fraglos anerkannt wird. Für Alfred Schütz ist dies so, weil das System der „Volksweisen" die Standardbegriffe bildet, mit denen die „in-group" eine Situation definiert. Da das Auslegungsschema aus früheren, von der Gruppe definierten, Situationen entspringt, hat es sich selbst bislang bewährt und stellt ein Element der aktuellen Situation dar. „Die Welt als fraglos anerkannt hinzunehmen impliziert die tief eingewurzelte Annahme, daß die Welt bis auf weiteres substantiell in der gleichen Weise weitergehen wird wie bisher und daß alles, was wir oder andere wie wir erfolgreich leisten, wiederum in gleicher Weise getan werden kann und substantiell gleiche Resultate erbringen wird" (Schütz 1972a: 209).

Dies kann allerdings auch in Frage gestellt und somit selbstverständliche Dinge problematisch werden. Eine solche Situation nennt Schütz, wie bereits oben erwähnt, Krisis – eine partielle Krisis, wenn nur einige Elemente der als selbstverständlich angenommen Welt fragwürdig erscheinen bzw. eine totale Krisis, wenn das gesamte Bezugssystem, das Auslegungsschema selbst, ungültig wird.

Ein Individuum, welches sein Alltagsleben in seiner Gruppe verbringt, konstituiert die Struktur seines Alltagswissens auf Grund der „Volksweisen", somit des vermittelten Wissens innerhalb dieser Gruppe. Dieses Alltagswissen ist keineswegs identisch mit dem Wissen des Sozialwissenschaftlers.

Moderne Soziologen, dazu zählt Schütz u.a. Talcott Parson[65], die sich mit dem sozialen System als solchem befassen, „beschreiben eine konkrete Gruppe, z.B. als einen strukturell-funktionalen Zusammenhang miteinander verbundener sozialer Rollen und Status-Relationen, einen Zusammenhang von Verhaltensmustern und Bedeutungskomplexen" (Schütz 1972a: 209). Solche Muster werden für die aktuellen oder zukünftigen Handlungen der Handelnden relevant, weil von ihnen erwartet wird, dass sie die Funktionen, die ihnen durch ihre im System eingenommene Position vorgeschrieben werden, erfüllen. Schütz verweist u.a. auf die von Parson definierten Begrifflichkeiten von Rolle[66] und Rol-

---

65  Mit Talcott Parson stand Alfred Schütz in den Jahren 1940 und 1941 in einem Briefwechsel, den Sprondel 1977 aus dem Nachlass von Schütz veröffentlichte.

66  Unter Rolle versteht Parson einen Sektor im gesamten Orientierungsschema eines handelnden Individuums, der mit Bezug auf einen besonderen Interaktionskontext um Erwartungen organisiert wird und der in einen bestimmten Komplex von Wert-Standards integriert ist, die die Interaktion mit einem oder mehreren Mitmenschen in deren entsprechenden Komplementärrollen leiten. Sie ist der Berührungspunkt des Handlungssystems des individuell Handelnden mit dem sozialen System. Das Individuum wird somit zu einer Einheit in dem Sinne, dass es eine Zusammensetzung verschiedener Handlungseinheiten darstellt, die wiederum Rollen in den Beziehungen sind, in denen das Individuum steht (zusammengefasst nach Schütz 1972a, vgl. Parson 1951: 38ff.).

lenerwartung[67]. Er kritisiert an dieser Stelle nicht die Begrifflichkeiten Parsons, sondern erinnert an die zugeschriebene inhaltliche Bestimmung. Schütz geht davon aus, dass das handelnde Individuum diese Begriffe innerhalb der sozialen Szene völlig anders erleben kann. Für das handelnde Individuum „sind alle von diesen Begriffen bezeichneten Faktoren Elemente eines Netzwerkes von Typisierungen – Typisierungen menschlicher Individuen, ihrer Handlungsmuster, ihrer Motive und Ziele oder der sozio-kulturellen Produkte, die aus ihren Handlungen entstanden" (Schütz 1972a: 210f.). Diese Typen werden hauptsächlich von anderen als geeignete Hilfsmittel gebildet, um mit den Dingen und Menschen, die als solche von der Gruppe akzeptiert werden, handlungsfähig zu agieren. Darüber hinaus gibt es auch Selbst-Typisierungen. „Der Mensch typisiert bis zu einem gewissen Grade seine eigene Situation in der sozialen Welt und die verschiedenen Beziehungen, die er zu seinen Mitmenschen und zu den Kulturgegenständen hat" (ebd.: 211). Das Wissen von diesen Typisierungen und von deren zweckvollem Gebrauch ist für Schütz ein unabdingbares Element des sozio-kulturellen Erbes, welches von der Gruppe vermittelt wird. Somit ist es sozial abgeleitet. Die Gesamtsumme dieser verschiedenen Typisierungen konstituiert einen Bezugrahmen, durch den nicht nur die sozio-kulturelle, sondern auch die physische Welt ausgelegt werden muss. Allerdings ist die Auslegung der Welt durch Typen nicht das Ergebnis einer Kette von Vernunftschlüssen ohne wissenschaftliche Begriffsbildung. Die physische wie die sozio-kulturelle Welt wird von Anfang an durch die Vermittlung von Typen erlebt. Typisierungen entstehen auf der Ebene des Alltags-Verstandes, im Gegensatz zu den Typisierungen der WissenschaftlerInnen und insbesondere der SozialwissenschaftlerInnen und somit aus der Alltagserfahrung der sozialen Welt, die als selbstverständlich und urteilsfrei hingenommen wird. Sie gehören zum „vorprädikativen Denken"[68]. Das Vokabular und die Syntax der jeweiligen Umgangssprache sind eine Art Kurzform der Typisierungen, die von der jeweiligen Sprachgruppe sozial anerkannt werden.

Auch in diesem Kontext soll wiederum auf die Sichtweise der SozialwissenschaftlerInnen eingegangen werden, so wie Schütz es thematisiert. Wie bereits dargelegt, unterteilt er bei einer Untersuchung der sozialen Welten zwischen der Perspektive der SozialwissenschaftlerInnen und der Perspektive der NaturwissenschaftlerInnen mit ihren unterschiedlichen Ansätzen zur Erklärung von Welt.

---

[67] Rollenerwartungen sind nach Parson das, was das Individuum von sich selbst sowie was andere in einer gegebenen Situation als Handlung erwarten (zusammengefasst nach Schütz 1972a, vgl. Parson/Shils 1951: 190f.).

[68] Mit diesem Begriff bezieht sich Schütz auf die Phänomenologie Husserls, der davon ausgeht, dass eine „ursprüngliche Meinung" existiert, die die bewussteste und reifste Form des Wissens ist, welches einem Individuum möglich ist. Auf ihr müssen alle anderen Wissensarten aufbauen (vgl. hierzu Husserl 1985). Es entstand in der primären Welt, welche der natürlichen resp. privaten Welt im Schützschen Denken entspricht.

Schütz vertritt die Auffassung, dass die Sozialwissenschaften es mit menschlichem Verhalten und seiner Deutung in der Alltagserfahrung zu tun haben, was eine Analyse des ganzen Systems von Entwürfen und Motiven, von Relevanzen und Konstruktionen impliziert. Dies verweist notwendigerweise auf den subjektiven Standpunkt, also auf die Interpretation des Handelns und des Situationsrahmens, so wie diese vom Handelnden selbst erfasst werden. Das *Postulat der subjektiven Interpretation* bedeutet dann, richtig verstanden, nur, „daß wir immer auf die Tätigkeiten der Individuen in der Sozialwelt und auf deren Interpretation durch die Handelnden im Rahmen von Entwurfsystemen, verfügbaren Mitteln, Motiven, Relevanzen etc. verweisen *können* – und dies bei bestimmten Themen *müssen*" (Hervh. im Original, Schütz 1971: 40).

Dabei ersetzt der Sozialwissenschaftler mit besonderen methodologischen Hilfsmitteln die gedanklichen Gegenstände des Alltagsdenkens. Er konstruiert ein Modell eines Sektors der Sozialwelt, in dem einzig die typisierten Ereignisse auftraten, welche für das besondere, gerade zu untersuchende Problem des Wissenschaftlers, relevant erscheinen. Alles, was sonst noch in der Sozialwelt vorkommt, wird als irrelevant betrachtet. Damit entgegnet Schütz der kritischen Frage, wie es möglich ist, subjektiven Sinn zu erfassen, wenn das Handeln des Handelnden aus einer einzigartigen und individuellen biographischen Situation gründet.

Die zweite kritische Frage, die Schütz an seine Überlegungen heranträgt, bezieht sich auf die Möglichkeit, in einem System objektiven Wissens subjektive Sinnstrukturen zu erfassen. Um dies zu klären, so Schütz, muss die besondere Einstellung des Wissenschaftlers zur Sozialwelt untersucht werden. Die Rolle des Sozialwissenschaftlers ist dabei die eines *desinteressierten Beobachters*. Als dieser ist er nicht in die beobachtete Situation einbezogen, die ihn nicht praktisch, sondern nur kognitiv interessiert. Er wird in ihr nicht tätig, sondern nur Gegenstand seiner Kontemplation, somit seiner Anschauung.

„Der Umgang mit der Wissenschaft und mit wissenschaftlichen Angelegenheiten innerhalb der Sozialwelt ist *eine* Sache, die spezifisch wissenschaftliche Einstellung des Wissenschaftlers auf seinen Gegenstand ist etwas *anderes*" (Hervh. im Original, Schütz 1971: 42).

Der Sozialwissenschaftler löst sich von seiner biographischen Situation in der Sozialwelt mit dem Ziel, die desinteressierte Position des wissenschaftlichen Beobachters einzunehmen. „Was in der biographischen Situation des Alltags als selbstverständlich gilt, kann für den Wissenschaftler fragwürdig werden und umgekehrt; was auf einer Ebene höchst relevant zu sein scheint, kann auf der anderen völlig irrelevant werden" (ebd.: 42 f.). Damit ändert sich das Bezugszentrum und mit ihm die Hierarchie der Pläne und Entwürfe radikal. So betritt der Wissenschaftler ein Gebiet „vor-geordneten Wissens", den *corpus* seiner Wissenschaft. Entweder akzeptiert er, was von anderen Wissenschaftlern als begründetes Wissen betrachtet wird oder gibt Gründe an, warum er es in Frage stellt. Nur innerhalb dieses Rahmens darf er sein wissenschaftliches Problem auswählen und seine wissenschaftlichen Entscheidungen fällen. Dieser Rahmen konstituiert somit sein „In-einer-wissenschaftlichen-Situation-Sein", welches an Stelle seiner biographischen Situation zum Tragen kommt. Auf diese Weise bestimmt er die zur Lösung des Problems notwendigen und zulässigen Konstruktionen.

Konstruktionen des Alltagsdenkens werden vom Standpunkt des „Hier" in der Welt gebildet, womit sich die vorausgesetzte Reziprozität der Perspektiven bestimmt. Als selbstverständlich vorausgesetzt wird hierbei ein sozial abgeleiteter und sozial gebilligter Wissensvorrat.

Die vom Sozialwissenschaftler gebildeten Konstruktionen menschlicher Wirkensmuster sind anders gelagert. Der Sozialwissenschaftler hat nach Ansicht von Schütz kein „Hier" in der Sozialwelt. Er betrachtet seine Position in der Sozialwelt und das daran angeknüpfte Relevanzsystem als irrelevant. „Sein verfügbarer Wissensvorrat ist der *corpus* seiner Wissenschaft, und er muß diesen als selbstverständlich hinnehmen – das heißt in diesem Zusammenhang als wissenschaftlich gesichert hinnehmen – es sei denn, er sagt explizit, warum er das nicht kann" (Hervh. im Original, Schütz 1971: 45). Zu diesem *corpus* der Wissenschaft gehören für Schütz:

- die bisher erfolgreich verwendeten Verfahrensregeln;
- die Methoden seiner Wissenschaft (dazu gehören Methoden wissenschaftlich zulässiger Bildung von Konstruktionen).

Dieser Wissensvorrat hat demnach eine ganz andere Struktur als der verfügbare Wissensvorrat der Menschen im Alltag. Seine Strukturierung hängt vom Wissen der gelösten Probleme ab, von ihren noch verborgenen Implikationen und offenen Horizonten bezüglich anderer noch nicht formulierter Probleme. Damit kann der Sozialwissenschaftler auch nie in eine mitmenschliche Wirkensbeziehung innerhalb der Sozialwelt und zu einem darin Handelnden treten, ohne zumindest vorübergehend seine wissenschaftliche Einstellung aufzugeben.

„Der teilnehmend einbezogene Beobachter, zum Beispiel der Feldforscher, baut eine Beziehung zur untersuchten Gruppe als Mensch unter Mitmenschen auf; nur das Relevanzsystem, das ihm als Auswahl- und Interpretationsschema dient, ist durch die wissenschaftliche Einstellung bestimmt, und es wird bis auf weiteres außer acht gelassen" (Schütz 1971: 46f).

Formuliert man nun im Sinne von Schütz ein wissenschaftliches Modell einer sozialen Welt beginnt der wissenschaftliche Beobachter mit der Konstruktion typischer Muster des Handlungsablaufs, die den beobachteten Ereignissen entsprechen. Auf diese typischen Muster des Handlungsablaufs bezieht er einen personalen Typ, demnach das Modell eines Handelnden, den er sich mit Bewusstsein ausgestattet vorstellt. Diesem Bewusstsein schreibt er eine Reihe „Um-zu-Motive" zu, die den Zielen der beobachteten Muster des Handlungsablaufs entsprechen, und eine Reihe „Weil-Motive", auf denen die „Um-zu-Motive" gegründet sind.[69] Dabei nimmt der Beobachter an, dass beide Motivtypen im Bewusstsein des imaginär Handelnden unverändert auftreten.

Aber: Diese modellartig angenommenen Handelnden stellen für Schütz keine menschlichen Wesen dar, die in ihrer biographischen Situation in der alltäglichen Sozialwelt leben. Sie sind in eine Situation gefasst, die ein Sozialwissenschaftler definiert. Dieser hat solche Figuren, Schütz nennt sie *Homunculi*[70], geschaffen, um sie nach seinen Vorstellungen manipulieren zu können. Der Sozialwissenschaftler hat dem *Homunculus* nur ein scheinbares Bewusstsein zugesprochen, welches so konstruiert wurde, dass der diesem zugeschriebene verfügbare Wissensvorrat und somit jedes von ihm ausgehende Handeln verständlich macht. Folglich ist dieser Wissensvorrat nicht sozial abgeleitet und verweist auch auf keine soziale Billigung, es sei denn, der Sozialwissenschaftler hat dies ausdrücklich so entworfen. Aber diese Figur ist nicht den ontologischen Bedingungen menschlicher Wesen unterworfen. Das heißt, es besitzt keine Biographie und keine Erfahrungen, außer wiederum denen, die ihm der Sozialwissenschaftler zuschrieb.

Entwirft der Sozialwissenschaftler das Modell eines Handelnden in Beziehung zu Anderen, so dass der Handelnde mit anderen *Homunculi* in einer Wirkensbeziehung steht, bestimmt er damit auch die Anwendung der Generalthese der reziproken Perspektive und die jeweilige Verschränkung und Übereinstimmung der Motive der Handelnden. Die Typen des Handlungsablaufs und die personalen Typen sowie die Definition der Relevanzsysteme, Rollen und Motive, die der *Homunculus* vermeintlich von dem Anderen bildet, haben nicht mehr den Charakter einer reinen Möglichkeit, die in den später eintretenden Ereignissen erfüllt wird oder nicht. Der *Homunculus* besitzt keine leeren Erwartungen darüber, wie der Andere auf sein Handeln reagiert und er ist darüber hinaus frei von Selbsttypisierungen. Er nimmt keine andere Rolle als die ihm vom Sozialwissen-

---

69   Zur näheren Erklärung der Um-zu- und Weil-Motive in den theoretischen Überlegungen zum Handeln bei Alfred Schütz siehe auch Kapitel 2.2.1.

70   Homunculi steht für eine künstlich konstruierte Person.

schaftler zugeschriebene ein. Dies ist das Modell von der Sozialwelt, so wie Schütz es sieht.

> „Der Sozialwissenschaftler baut die Bühne auf und verteilt die Rollen, er gibt die Einsätze und definiert, wann ein ‚Handeln' beginnt und wann es endet, er bestimmt also die ‚Spannweite der Entwürfe'" (Schütz 1971: 48).

In einem solch simplifizierten Modell einer Sozialwelt sind rein rationale Handlungen, somit die rationale Wahl zwischen rationalen Motiven, möglich. Alle Schwierigkeiten, die den wirklich Handelnden in der Lebenswelt des Alltags treffen, wären hiermit ausgeschlossen.

> „Daher bezieht sich der Begriff der Rationalität im [...] definierten engen Sinn nicht auf ein Handeln innerhalb der alltäglichen Erfahrung in der Sozialwelt; er ist Ausdruck eines *besonderen* Typs von Konstruktionen, *ganz spezieller* Modelle der Sozialwelt, die vom Sozialwissenschaftler für ganz spezifisch methodologische Zwecke gebildet werden" (Hervh. im Original, ebd.: 48f.).

### 2.1.4 Zusammenfassende Darstellung von sozialer Welt

Einer der wichtigsten Beiträge von Alfred Schütz zu den Sozialwissenschaften ist sicherlich, dass er als Forschungsgegenstand die Sozialwissenschaften selbst detailliert und umfassend beschrieben und damit aufgezeigt hat, dass mit der Wahl des Forschungsgegenstandes die Anwendung empirischer Methoden in den Sozialwissenschaften notwendig verbunden sind.[71]

Gezeigt werden konnte, und dies wird hier nochmals zusammenfassend dargestellt, in welchen sozialen Welten sich Individuen im Sinne des Autors bewegen und wie sie dort Wissen aufbauen und mit diesem handeln.

Schütz argumentiert, dass das Individuum zuerst einmal eine Welt erfährt, die bereits durch in ihr lebende Menschen vorkonstruiert und vorinterpretiert ist. Die Interpretation dieser Welt, die Schütz als private bezeichnet hat, gründet sich demnach auf einen Vorrat eigener und vermittelter Welterfahrung: Eigene Erfahrung, da das Individuum in diese soziale Welt seine ganz individuelle Biographie mit einbringt und vermittelte Welterfahrung, die sich auf das Wissen der Vorgänger und Mitmenschen, die in einer Beziehung zum Individuum stehen, gründet. Damit wird deutlich, dass sich u.a. Wissen über Kommunikation und im Diskurs aufbaut. Auch aus diesen Gründen ist die private Welt für Schütz von vornherein eine sozio-kulturelle. Das Wissen, welches sich in der privaten Welt

---

71 Vgl. hierzu Kockelmans (1979: 32).

aufbaut und sedimentiert, bezeichnet Schütz als den „verfügbaren Wissensvorrat", der als fraglos gegeben angenommen wird, aber jederzeit fragwürdig werden kann. Hiermit geht auch die Erkenntnis einher, dass eine Betrachtung des Wissens, wie es sich biographisch entwirft und generiert, nicht losgelöst von der sozialen Welt betrachtet werden kann, in dem ein Individuum lebt und agiert. Es lernt in dieser privaten sozialen Welt die Sprache und Syntax der Eigengruppe und kann dementsprechend die involvierten kulturellen Güter dieser sozialen Welt erkennen und typisieren. Somit ist es nicht die Lebenswelt selbst, die einem Individuum die Ausgestaltung seines Handelns ermöglicht, sondern die biographische Artikulation derselben. Mit diesem „verfügbaren Wissensvorrat" erschließen sich darüber hinaus Möglichkeiten für eine künftige praktische und/oder theoretische Tätigkeit, welche Schütz als „verfügbare Ziele" definiert und die Bedeutung des Relevanzsystems eines Individuums verdeutlicht. Das Relevanzsystem einer Person legt fest, welche Elemente zu einem generalisierten Typ führen bzw. welche als einzigartig ausgewählt werden müssen. In dieser privaten Lebenswelt findet ein Handeln demnach zum einen nach typisierten Regeln und mit typischen Rezepten statt, die das Individuum in der Eigengruppe erlernt hat. Somit ist die Lebenswelt Schauplatz als auch Zielgebiet menschlichen Handelns. Darüber hinaus, und dies beinhaltet der Diskurs, existiert zum anderen eine reflexive Situation, was Schütz/Luckmann (2003) komprimiert festhalten. „Wir handeln und wirken folglich nicht nur innerhalb der Lebenswelt, sondern auch auf sie zu" (ebd.: 32). Wissen wird in einer sozialen Welt demnach nicht nur einfach aufgebaut und sedimentiert, es wird thematisiert, situiert und weiter vermittelt, womit es durchaus zu einer Veränderung der sozialen Welt kommen kann. „Die Lebenswelt ist also eine Wirklichkeit, die wir durch unsere Handlungen modifizieren und die andererseits unsere Handlungen modifiziert" (ebd.: 33). Das Individuum muss folglich seine Lebenswelt bis zu einem gewissen Grad verstehen, um in ihr zu handeln und auf sie wirken zu können. Dies alles beinhaltet der „verfügbare Wissensvorrat". Dass Schütz trotzdem eine Unterscheidung zwischen einer privaten und einer soziokulturellen Welt vornimmt, begründet sich auf seiner differentiellen Betrachtung des Sinns und der Sinnzusammenhänge innerhalb dieser Welten. Sein Fokus bei einer intersubjektiven Kulturwelt liegt nicht in der Überlegung, wie sich Wissen aufbaut, sondern wie die Individuen in einer sozialen Welt handeln und diesem Handeln einen Sinn zuschreiben. Er betrachtet in diesem Kontext insbesondere die Beziehungen zwischen den Personen einer Gruppe und wie sich deren Wissen sozialisiert. Schütz geht davon aus, dass nur ein sehr kleiner Teil des Wissens von der Welt in individueller Erfahrung gründet. Der größere Part ist sozial abgeleitet, beispielsweise von einer primären Sozialisationsgruppe, wie Familie, über sekundäre, wie beispielsweise den Freunden, den Institutionen wie Schule, aber auch den

Medien. Durch dieses sozial abgeleitete Wissen lernt das Individuum die typischen Konstruktionen in Übereinstimmung mit dem Relevanzsystem der Eigengruppe. Schütz bezeichnet diese Konstruktionen als brauchbare Anweisungen zur Benutzung typischer Mittel, um typische Ziele in typischen Situationen erreichen zu können. Auch hier spielt im Wesentlichen die Sprache der Eigengruppe, welche das Individuum gelernt hat, eine entscheidende Rolle. Damit wird auch deutlich, dass das Wissen sozial verteilt ist. Dieser „verfügbare Wissensvorrat" ist von einem zum anderen Individuum verschieden, was sich in der individuellen Biographie eines jeden begründet. Damit wird bereits die Verschiedenartigkeit der sozialen Rollen, die ein Individuum in einer sozialen Welt einnehmen kann, ersichtlich. Für Schütz zeigt sich hier, dass somit jeder ein Experte in einem kleinen Bereich sein kann und gleichzeitig ein Laie in vielen anderen. Das jeweilige Relevanzsystem bei der Betrachtung einer unbestimmten Situation, in der sich in ein Individuum befindet, trägt in diesem Kontext dazu bei, dass es somit verschiedene Handlungsmuster, die sich auf seine verschiedenen sozialen Rollen beziehen, zur Überführung dieser Situation in eine bestimmte heranziehen kann. Zusätzlich dazu ist das Individuum in der Lage, durch einen Perspektivwechsel resp. eine Vertauschbarkeit der Standorte den subjektiv gemeinten Sinn einer Handlung seines Mitmenschen zu rekonstruieren. Dies fasst Schütz unter der Überschrift „Generalthese der reziproken Perspektive" zusammen. Dazu gehört für ihn auch, dass das Individuum davon ausgehen kann, dass es in typischen Situationen typisch handeln kann, unabhängig von einem differenten Relevanzsystem anderer und somit in der Situation Involvierter. Dies gründet sich auf dem Bewusstsein, dass für den momentanen praktischen Zweck ein unterschiedliches Relevanzsystem und die jeweilige biographische Situation nicht relevant sind. Darüber hinaus bezieht Schütz die soziale Schichtung in seine Lebensweltanalyse mit ein, wie bereits oben durch die soziale Verteilung des Wissens aufgezeigt. Damit ist deutlich geworden, dass als Folge fortschreitender Arbeitsteilung sich für bestimmte Gruppen von Menschen ähnliche biographische Kategorien der subjektiven Erfahrung ergeben, aus denen sich gemeinsame Sinnsetzungen und Relevanzstrukturen entwickeln.[72] Diese Überlegungen sind für Schütz elementar, um sein Bild einer sozialen Welt, so wie sie die darin lebenden Menschen erfahren und wie sie der Sozialwissenschaftler aus einer objektivierten Perspektive betrachtet, zu rekonstruieren. Das verbindende Moment zwischen dem, eine soziale Welt beobachtenden, Sozialwissenschaftler und den darin lebenden und handelnden Individuen ist für Schütz die räumliche und zeitliche Unmittelbarkeit der Beziehung der beiden – die face-to-face-situation. Diese, dann für einen bestimmten Zeitraum in Beziehung stehenden

---

72 Vgl. hierzu auch Hennig 2001.

Personengruppen, teilen sich eine räumliche Situation, in der ein gemeinsames Interesse und eine gemeinsame Relevanz enthalten sind. Darüber hinaus nehmen sie an der Biographie des jeweilig anderen teil. Auf diese Weise kann im Hier und Jetzt der schrittweise Aufbau der Gedanken des Anderen verstanden werden. Dies geschieht für Schütz in einer reinen „Wir-Beziehung" zwischen Mitmenschen. Durch ein gegenseitiges Beobachten und Verständigen schaffen sich die jeweilig Handelnden somit eine kommunikative Umwelt. Dieses soziale Handeln beinhaltet, wie bereits angesprochen, ein gegenseitiges Wirken aufeinander.[73] Der Sozialwissenschaftler nimmt zum Teil am Handeln und Leben der zu untersuchenden Personengruppe teil, ist partiell in die Gruppe involviert und hält sich doch distanziert, um objektiv bleiben zu können. Aus diesem Blickwinkel betrachtet er die zu untersuchende soziale Welt und die darin handelnden und lebenden Individuen in Konstruktionen zweiter Ordnung. Unter Bezugnahme auf diese partielle Partizipation sieht sich der Sozialwissenschaftler in die Lage versetzt, Handlungstypen für die Gestaltung der Lebenswelt von Individuen zu konstruieren. Jeder Handelnde, so fasst es Hennig (2001) zusammen, ist gegenüber seiner Umwelt ein Beobachter und orientiert sich gegenüber den anderen Handelnden durch fortlaufende Typisierungen. Sofern er sich auf seine unmittelbare Umwelt bezieht, wird demnach der Handelnde detailreiche und konkrete Idealtypen bilden. Schütz bezeichnet die Konstruktion eines Handlungstypen auf der Basis dieser gemeinsamen geteilten Zeit als „subjektiven personalen Typ". Außerhalb der unmittelbaren Umwelt ergibt sich eine fortschreitende Anonymisierung der Idealtypen. Diese zieht für Schütz das Ersetzen des „subjektiven" Handlungstypen durch einen „objektiven personalen Handlungstyp" nach sich. Dieser verweist auf einen Handelnden, der in typischer Weise, in typischen Situationen, typisch agieren wird. Diese Anonymisierung führt für den sozialwissenschaftlich Handelnden somit auch zu Standardisierungen. Eine solche Standardisierung kann für Schütz auf rechtsstattlichen Ordnungsstrukturen beruhen oder sich am Typ des rational Handelnden orientieren. Letzteres stellt durchaus eine Norm dar, wenn es im Sinne des optimalen Einsatzes von Mitteln, um bestimmte Zwecke zu erreichen, gedacht wird. Allerdings kritisiert Schütz diejenigen Sozialwissenschaftler, die versuchen, eine Gruppe und ihre Tätigkeiten dadurch zu klassifizieren, dass sie eine Liste von Grundbedürfnissen erstellen, die durch die soziale Gruppe befriedigt werden müssen. Er geht davon aus, dass grundsätzlich die Bedürfnisse und Motive einer sozialen Gruppe betrachtet werden müssen, welche diese selbst als solche ansieht. Nur so kann sowohl der Sinn einer Gruppe als auch einer angestrebten Gruppenmitgliedschaft eines Individuums verstanden werden. Er sieht das Problem eher darin, dass sich der Sinn einer Gruppe wan-

---

73    Vgl. hierzu auch Dörner 2005.

deln kann. Kommt es dazu, wandeln sich möglicherweise auch deren Relevanz-systeme, Handlungsstrategien und Handlungstypen etc. Der Sinn einer Gruppe kann sich allerdings darüber hinaus ändern, wenn er von einer anderen Gruppe, Schütz nennt sie „out-group", mit deren eigenem Relevanz- und Typisierungs-system konstruiert bzw. vom Sozialwissenschaftler ausgelegt wird. Der subjekti-ve Sinne einer Gruppe, und damit der von den Gruppenmitgliedern dieser Grup-pe zugeschriebene Sinn, bezieht sich für Schütz auf ein Wissen von gemeinsa-men Interessen und einem gemeinsam geteilten Relevanzsystem in einer gemein-samen Situation. Damit grenzt er sich von den Theoretikern ab, die u.a. von einem „Gefühl von Gemeinschaft" sprechen, demzufolge auf eine emotionale Verbindung der Gruppenmitglieder abzielen[74] und/oder von einer „sozialen Ord-nung", die jeder Gruppe inhärent sein sollte.[75] Für Schütz führt das gemeinsam geteilte Relevanz- und Typisierungssystem der Gruppe zu einer homogenen Selbsttypisierung, was für Schütz auch für freiwillig sich zusammenfindende Gruppen gilt. Die Mitglieder schaffen sich hier ein eigenes System, welches sich somit in einem Prozess dynamischer Entwicklung befindet. Auch kann das indi-viduelle Gruppenmitglied selbst entscheiden, mit welchem Teil seiner Persön-lichkeit es die Gruppe betritt, während das, was die Person wirklich ist, außer-halb des gemeinsam geteilten Raumes ist. Der objektive Sinn einer Gruppe ist dann jener, den die Gruppe für den Anderen bzw. den beobachtenden Sozialwis-senschaftler innehat. Durch sein System von Relevanzen und Typisierungen subsumiert er die Gruppe in eine soziale Kategorie, die nur von seinem Stand-punkt aus homogen erscheint. Kollidiert das übergestülpte System mit dem eig-nen Typisierungs- und Relevanzsystem der Gruppe, kommt es zu einer, wie Schütz es nennt, Krisis. Diese Krisis bezieht sich u.a. darauf, dass der Sozialwis-senschaftler ein anderes Wissen hat, als das Individuum in der Gruppe mit sei-nem Alltagswissen. Weitere Krisen können ausgelöst werden, wenn selbstver-ständlich angenommene Dinge aufgrund einer Situation, in der der Handelnde nicht mit typischen Mitteln oder seinem verfügbaren Wissensvorrat handlungs-fähig ist, problematisch werden. In diesem Kontext sind die vermittelten Typisie-rungen der Gruppe nicht mehr gültig und andere, modifizierte oder neue Typen, müssen generiert werden.

Der Sozialwissenschaftler, der eine soziale Welt und ihre jeweilige Rele-vanz- und Handlungsstruktur und damit auch das Interessenssystem einer Grup-pe zu erfassen versucht, greift dabei auf den subjektiven Standpunkt der jeweili-gen Individuen zurück. Das bedeutet, er analysiert das gesamte System von Ent-

---

74   Ein Vertreter hierfür wäre Ferdinand Tönnies (1991, verfasst 1880/1887), auf den ich in Kapitel 3.2. noch näher eingehen werde.

75   Ein Vertreter hierfür wäre Amitai Etzioni (z.B. 1975 oder 1997). Auch auf diesen werde ich ansatzweise in Kapitel 3.2. näher eingehen.

würfen, Motiven, Relevanzen und Konstruktionen und dessen Sinnhaftigkeit und Handlungsinterpretation aus der Perspektive der Gruppe. Dies bezeichnet Schütz als „Postulat der subjektiven Interpretation". Um eine Handlung als Beobachter nicht nur zu verstehen, sondern auch zu erklären, müssen nach Ansicht von Schütz die Weil-Motive und die Um-zu-Motive[76] des Handelnden ebenso wie der gemeinte Sinn typisiert werden. Gleichzeitig ersetzt der Sozialwissenschaftler mit methodischen und methodologischen Mitteln das Typisierungs- und Relevanzsystem der Gruppe, indem er ein Modell konstruiert. In diesem Modell einer sozialen Welt sind die Elemente integriert, die dem Sozialwissenschaftler für das zu untersuchende Problem als relevant erscheinen. Die Rolle des Sozialwissenschaftlers ist hierbei für Schütz die eines desinteressierten Beobachters, mit der er sich aus seiner eigenen biographischen Situation löst. Auf diese Art und Weise bzw. mit diesem methodischen Vorgehen kann er Dinge, die in der biographischen Situation des Alltags als unproblematisch gelten durchaus als problematisch ansehen und umgekehrt Dinge, die höchst relevant erscheinen, als irrelevant für sein zu lösendes Problem betrachten. Der verfügbare Wissensvorrat des Sozialwissenschaftlers gründet sich in diesem Sinne auf den *corpus* seiner Wissenschaft. Für Schütz darf er nur innerhalb dieses wissenschaftlichen Rahmens Entscheidungen treffen und ein wissenschaftliches Problem auswählen. Dies erscheint mir sehr eng gefasst. Mit Blick auf die in Kapitel 1 explizierten Handlungstypen entspricht der Sozialwissenschaftler dann dem Experten, der sich nur in seinem eigenen Relevanzsystem heimisch fühlt und auch davon ausgeht, dass nur ein anderer Experte mit einem ähnlichen Relevanz- und Typisierungssystem seine wissenschaftliche Situation verstehen kann. Auch führt Schütz eine sehr starke Abstraktion der Handelnden in einer sozialen Welt ein, um seine Theorie des rationalen Handelns zu explizieren. Er geht davon aus, dass der Sozialwissenschaftler nicht nur eine soziale Welt konstruiert, sondern auch einen modellartig Handelnden, den er *Homonculus* nennt. Diesem schreibt der Sozialwissenschaftler, wie bereits ausgeführt, ein Bewusstsein zu, welches ein Handeln mit einem verfügbaren (zugeschriebenen) Wissensvorrat verständlich macht. Mit Hilfe dieses Konstruktes versucht Schütz die Möglichkeit eines Handelns von Individuen auszuschließen, womit rein rationale Handlungen denkbar sind. Rationales Handeln im Sinne von Schütz ist dann verstehbar, wenn man davon ausgeht, das der Sozialwissenschaftler verschiedene Homunculi für verschiedene Situationen erschafft, ausgestattet mit verschiedene Typisierungs und Relevanzsystemen, mit denen er wissenschaftlich agiert.

---

76  Vgl. hierzu Abschnitt 2.2.1, wo die Um-zu- und Weil-Motive des Handels erklärt werden.

Welches Verständnis Alfred Schütz vom sinnhaften Aufbau und einer Konstruktion von sozialer Welt hat, konnte in den vorangegangenen expliziert werden. Dieses Konstrukt trägt dazu bei, die für die vorliegende Arbeit wesentlichen Forschungsfragen theoretisch zu klären. Meinem Forschungsinteresse gelten die Fragen: WIE handeln PädagogInnen in virtuellen sozialen Welten und WELCHE Handlungs- und Gestaltungsspielräume eröffnen sie sich? In diesem Abschnitt konnte zum einen aufgezeigt werden, wie Sozialwissenschaftler, und damit auch PädagogInnen, nach Ansicht von Schütz, soziale Welten betrachten sollten, um die von den Gruppenmitgliedern konstruierten Relevanz- und Typisierungssysteme zu erkennen und zu verstehen. Zum anderen konnte mit diesen theoretischen Vorüberlegungen dargestellt werden, wie sich soziale Welt grundsätzlich konstruiert und innerhalb dieser Wissen generiert und distribuiert wird. Nachfolgend geht es mir nun darum, anknüpfend an die eben dargelegten Überlegungen von Schütz zum Erschaffen eines modellartig Handelnden, aufzuzeigen, wie der Sozialwissenschaftler dementsprechend, auf der Basis einer modellartigen Konstruktion von Welt, handelt.

## 2.2 Entwurf einer rationalen Handlungstheorie

Aufbauend auf diese modellartige sozio-kulturelle Grundstruktur einer sozialen Welt formuliert Schütz eine Theorie rationalen Handelns. Er untersucht Muster sozialen Handelns und Wirkens, die im Alltag der Konstruktion des Handlungsablaufs und den „personalen Typen" zugrunde liegt. Um seine Überlegungen nachvollziehen zu können, bedarf es allerdings in einem ersten Zugang der Darstellung von zentralen Begrifflichkeiten, die Schütz für seine nachfolgenden theoretischen Explikationen verwendet.

### 2.2.1 Begrifflichkeiten

Alle Begrifflichkeiten, die sogleich definiert werden, sind bereits in den vorangegangen Abschnitten immer wieder erwähnt und kontextualisiert worden. Allerdings waren sie an den jeweiligen Stellen für das Verstehen der Überlegungen von Alfred Schütz nicht ausschlaggebend, um seine Darlegungen nachvollziehen zu können. Für eine Rekonstruktion des rationalen Handelns im Sinne von Schütz sind sie aber nun wesentlich und werden dementsprechend nachfolgend erklärt.

Handeln und Handlung[77]

Menschliches Verhalten, das vom Handelnden im Voraus geplant ist und demnach auf einen vorgefassten Entwurf gründet, ist im Schützschen Sinne Handeln. Es kann verdeckt (bspw. der intellektuelle Versuch einer wissenschaftlichen Problemlösung) oder offenbar an die Außenwelt gerichtet sein. Es kann als Durchführung oder Unterlassung auftreten, wobei eine bewusste Enthaltung vom Handeln selbst von Schütz auch als Handeln betrachtet wird. In diesem Sinne ist eine *Handlung* das Ergebnis dieses ablaufenden Vorgangs, also abgeschlossenes Handeln. Beim Handeln selbst ist zu unterscheiden zwischen dem Sinn für den Handelnden, dem für den Anderen oder Partner und dem für den Beobachter (siehe nachfolgend). Der Sinn für den Handelnden ist für Schütz der subjektive Sinn, also der von diesem *gesetzte* Sinn. Somit ist es nicht die spontane Setzung im Erleben selbst, sondern eine reflexive und reproduktive Setzung im Nachhinein. Das bedeutet also, dass die Sinnhaftigkeit einer Handlung nur einem vergangenen Erlebnis zuerkannt wird, welches sich im Rückblick als fertig darstellt (vgl. hierzu auch Waldenfels 1979: 2).

Entwurf und Motiv

> „Jedes Entwerfen besteht im phantasierenden, vorstellenden Erwarten zukünftigen Verhaltens; es setzt jedoch nicht bei dem ablaufenden Prozeß des Handelns an, sondern beginnt mit der als abgeschlossen phantasierten Handlung." (Schütz 1971: 22f.)

Erst muss der Stand der Dinge deutlich sein, die durch zukünftiges Handeln entstehen sollen, bevor einzelne Schritte geplant werden können, in denen jenes Ziel erreicht werden kann. „Daher muß ich mich in meiner Phantasie in eine zukünftige Zeit versetzen, zu der dieses Handeln bereits *wird* ausgeführt *worden sein*. Nur dann kann ich in der Phantasie die einzelnen Schritte rekonstruieren, die diese zukünftige Handlung hervorgebracht *haben werden*" (Hervh. im Original, ebd.: 23). Das bedeutet: „Im Entwurf wird nicht zukünftiges Handeln, sondern die erwartete zukünftige Handlung entworfen und zwar im zeitlichen Charakter des *modo futuri exacti*" (Hervh. im Original, ebd.: 23).

---

77  Schütz unterscheidet darüber hinaus zwischen Handeln und Verhalten. Verhalten definiert er als ein Bewusstmachen passiven Erlebens, womit der Unterschied zum Handeln, das sich auf zukünftige Aktivitäten richtet, deutlich wird. (vgl. hierzu auch Baumgartner 2000). Das Verhalten ist in diesem Sinne für die vorliegende Forschungsarbeit nicht von unmittelbarem Interesse, geht es mir doch um ein bewusstes und zielgerichtetes berufliches Handeln der befragten PädagogInnen.

Diese, für den Entwurf eigentümliche zeitliche Perspektive, führt für Schütz zu wichtigen Folgerungen:

a. „Alle Entwürfe meiner kommenden Handlungen sind auf mein zur Zeit des Entwerfens verfügbares Wissen gegründet" (ebd.: 23). Zu diesem Wissen gehört die Erfahrung von früher durchgeführten Handlungen, die der entworfenen Handlung typisch ähnlich sind. Jedes Entwerfen impliziert eine besondere Idealisierung[78], die wiederum eine besondere Art von Konstruktion einschließt. Das verfügbare Wissen muss *vor* von dem *nach* Ausführung der entworfenen Handlung verschieden sein, was durch die biographische und zeitliche Dimension bedingt ist. Auf Grund dessen erfährt der Wissensvorrat eine Erweiterung. Somit wird das „wiederholte" Handeln etwas anderes sein als eine bloße Repetition. Diese Erkenntnis ist für die Analyse des Begriffs des so genannten „rationalen Handelns" für Schütz von Bedeutung. Im habituellen und Routine-Handeln des Alltags wird die oben beschriebene Konstruktion (in Form von Rezepten und Faustregeln) angewandt, wenn sie die Probe bis dahin bestanden haben oder es erfolgt eine Verknüpfung von Mitteln und Zwecken ohne ein klares Wissen von ihrer wirklichen Bedeutung.

b. In der Umgangssprache umschreibt das Wort „Motiv" zwei verschiedene Begriffsgruppen, die unterschieden werden müssen: „Motiv" kann zum einen den Zustand, den Zweck, der durch Handeln hervorgebracht werden soll, bezeichnen (als Beispiel führt Schütz den Mörder an, der das Geld seines Opfers haben will). Schütz betitelt dies als „Um-zu-Motiv". Diese Klasse von Motiven verweist vom Standpunkt des Handelnden in die Zukunft. „Der in zukünftigem Handeln zu erbringende Zustand – vorphantasiert im Entwurf – ist das Um-zu-Motiv für den Vollzug des Handelns" (Schütz 1971: 25). Zum anderen klassifiziert Schütz Motive als (echte)[79] „Weil-Motive" (Bsp.: Der Mörder war zu seiner Tat aufgrund dieser oder jener Tatsache aus seiner Biographie bzw. Erfahrung seiner Kindheit motiviert worden.). Diese Art von Motiven verweisen vom Standpunkt des Handelnden aus auf seine vergangenen Erfahrungen. Sie bestimmen ihn so zu han-

---

78  Hier bezieht sich Schütz auf Husserl, der diese Idealisierung als „Ich kann immer wieder" bezeichnet. Das ist die Annahme, dass typisch ähnliche Umstände ein typisches Handeln aufgrund eines Wissensvorrats des Handelnden bedingt und so typisch ähnliche Tatsachenbestände hergestellt werden können. Diese Idealisierung bezieht sich somit auf die Möglichkeit, Handlungsakte und Bewusstseinsabläufe in immer gleicher Form wiederholen zu können (vgl. hierzu auch Schütz/Luckmann 2003: 34, bezogen auf Husserl 1929).

79  Da „Um-zu-Motive" auch in „Weil-Sätzen" ausgedrückt werden können, differenziert Schütz nochmals in „echte Weil-Motive" aus. Das bedeutet, „echte Weil-Motive" können nicht in „Um-zu-Sätzen" ausgedrückt werden. In seine weiteren Überlegungen bezieht sich die Titulierung „Weil-Motive" ausschließlich auf „echte Weil-Motive".

deln, wie er gehandelt hat. Was ein Handeln in der Form des „Weil" motiviert, ist der Entwurf des Handelns selbst. (Bsp.: Einen Mann töten, um eine finanzielle Notlage zu beheben.)

Der in seinem ablaufenden Handlungsprozess lebende Handelnde hat nur das „Um-zu-Motiv" seines ablaufenden Handelns im Blick, demnach den entworfenen Zustand, der hergestellt werden soll. Das „Weil-Motiv" kann der Handelnde nur rückwirkend erfassen, nur in der Rückwendung auf seine ausgeführte Handlung, auf die vergangenen Anfangsphasen eines noch ablaufenden Handelns oder auf den bereits festgelegten Entwurf, der die Handlung im *modo futuri exacti* vorwegnimmt. Aber dann handelt der Handelnde nicht mehr, sondern wird zum Beobachter seiner selbst.

## Soziales Wirken

Jede Form sozialer Wirkensbeziehungen ist im Sinne von Schütz auf den eben beschriebenen Konstruktionen gegründet, die sich auf das Verstehen des Anderen und des Handlungsmusters im Allgemeinen beziehen.

Schütz eröffnet diese Thematik anhand des Beispiels der Wirkensbeziehung zwischen Mitmenschen, die im Miteinander von Fragen und Antworten abläuft. Im Entwerfen einer Frage wird demnach angenommen, dass der Andere dieses Handeln als Frage versteht. Andererseits wird davon ausgegangen, dass ein Verstehen der Frage den Anderen veranlasst, so zu handeln, dass sein Verhalten als eine angemessene Antwort verstanden werden kann. Das bedeutet, „Ich nehme in Übereinstimmung mit meinem verfügbaren Wissensvorrat an, daß er von denselben Motivtypen geleitet wird, die mich und viele andere früher in typisch ähnlichen Umständen geleitet haben" (ebd.: 26). Dies zeigt, dass selbst die einfachste Wirkensbeziehung im täglichen Leben eine Folge von Konstruktionen des Alltagsdenkens voraussetzt, die aber alle auf der „Idealisierung" gegründet sind, dass die „Um-zu-Motive" des Handelnden zu „Weil-Motiven" des Anderen werden und umgekehrt. Schütz nennt diesen Aspekt *Idealisierung der Reziprozität der Motive*. Diese „Idealisierung" hängt mit seiner Generalthese der „Reziprozität der Perspektiven" zusammen, da sie impliziert, dass die dem Anderen zugeschriebenen Motive den Motiven des Handelnden oder den Motiven anderer in typisch ähnlichen Situationen typisch gleich sind. Das gilt in Übereinstimmung mit dem ursprünglich eigenen oder sozial abgeleiteten verfügbaren Wissen.

Resümierend kann hier somit vorläufig festgehalten werden: Eine Handlung wird durch verschiedene „Teil-Handlungen" initiiert. Diese „Teil-Handlungen" sind Phasen innerhalb des „Gesamthandelns", wobei die einzelnen Phasen eine Kette verbundener „Teil-Handlungen" darstellen. Diese wurden entworfen, um einen Zustand zu verwirklichen, der nur ein „Mittel" zur Erreichung des entworfenen Zweckes ist. Einzelne „Teil-Handlungen" können dabei durch andere ersetzt werden oder ganz wegfallen, ohne den ursprünglichen Entwurf zu verändern.

Das bedeutet, „nur der Handelnde weiß, ,wann sein Handeln beginnt und wo es endet', also warum es ausgeführt worden sein wird" (Schütz 1971: 27). Als Konsequenz folgt daraus, dass der Andere immer nur Fragmente des Handelns kennt, nämliche jene, welche ihm präsentiert worden sind. „Will er ,verstehen', was ich als Handelnder mit meinem Handeln gemeint habe, so muß er bei der beobachteten Handlung beginnen und von daher mein zugrunde liegendes Um-zu-Motiv konstruieren, um dessen willen ich getan habe, was er beobachtet hat" (ebd.: 27). Somit hat Handeln von Fall zu Fall für Schütz einen unterschiedlichen Sinn:

a.  für den Handelnden;
b.  für den Anderen, mit dem er in Wirkensbeziehung steht und daher eine Reihe von Relevanzen und Zielen teilt;
c.  für den Beobachter, der nicht in solch eine Beziehung verwickelt ist.

Diese Tatsache führt Schütz zu zwei wichtigen Schlussfolgerungen. „Erstens haben wir im Alltagsdenken nur eine *Chance*, das Handeln des Anderen an Hand unserer Ziele ausreichend zu verstehen; zweitens, wollen wir diese Chance vergrößern, so müssen wir nach dem Sinn suchen, den das Handeln für den Handelnden hat" (Hervh. im Original, ebd.: 28).

In Abgrenzung zur Besonderheit der Soziologie Max Webers ist demnach das Postulat vom „subjektiv gemeinten Sinn" ein Prinzip zur Konstruktion von Handlungsabläufen in der Alltags-Erfahrung. Die Deutung des „subjektiven Sinns" ist jedoch nur dann möglich, wenn die einen gegebenen Handlungsablauf bestimmenden Motive erfüllt werden. Wird der Typ eines Handlungsablaufs auf die vorliegenden typischen Motive bezogen, kommt man zur Konstruktion eines „personalen Typs".[80]

Konstruiert man Typen des Handlungsablaufs für andere Zeitgenossen (also nicht Mitmenschen), so wird nach Schütz den demnach anonym Handelnden eine Reihe von vermeintlich invarianten Motiven zugedacht, die ihr Handeln leiten. Diese Motivreihe ist selbst eine Konstruktion typischer Erwartungen des

---

80  Vgl. hierzu Kapitel 2.1.3.

Verhaltens des Anderen und in den Begriffen der sozialen Rolle, der sozialen Funktion oder des institutionalisierten Verhaltens untersucht worden. Im Alltagsdenken, so Schütz weiter, hat eine solche Konstruktion eine besondere Bedeutung für Handlungsentwürfe, die auf das Verhalten der Zeitgenossen gerichtet sind:

1. „Ich halte es für selbstverständlich, daß mein Handeln [...] anonyme Mitmenschen [...] veranlassen wird, typische Handlungen auszuführen [...], und zwar in Übereinstimmung mit typischen Um-zu-Motiven [...], und daß am Ende der von mir entworfene Stand der Dinge [...] hergestellt sein wird." (Schütz 1971: 29)
2. Genauso selbstverständlich ist für den Handelnden, dass seine Konstruktion vom Typ des Handlungsablaufs des Anderen wesentlich mit dessen eigener Selbsttypisierung übereinstimmt und dass diese Selbsttypisierung eine typisierte Konstruktion des Handelnden enthält.
3. Dies gilt umso mehr für die Selbsttypisierung des Handelnden.

Diese miteinander verwobenen Handlungsmuster enthüllen eine Konstruktion von verwobenen „Um-zu- und Weil-Motiven", die vermeintlich invariant sind.

„Je institutionalisierter und standardisierter ein solches Verhaltensmuster ist, je stärker es also in sozial anerkannten Weisen typisiert ist, wie in Gesetzen, Regeln, Vorschriften, Sitten, Gewohnheiten etc., umso größer ist die Chance, daß mein eigenes selbsttypisierendes Verhalten den beabsichtigten Zustand hervorbringen wird." (ebd.: 29)


Der Beobachter

Der Beobachter ist für Schütz ein Sonderfall, da er einen implizit Beteiligten in sozialen Wirkensbeziehungen darstellt. Er nimmt nicht an den komplizierten Spiegelungsprozessen teil, durch die der Handelnde in das soziale Wirkensmuster unter Zeitgenossen einbezogen wird. In dieser Tatsache gründet sich das „Desinteresse" oder „Unbeteiligtsein" des Beobachters. Sein Relevanzsystem unterscheidet sich von dem der interessierten Parteien und erlaubt ihm, „zugleich mehr und weniger zu sehen, als was von ihm gesehen wird" (Schütz 1971: 30). Allerdings sind seiner Beobachtung nur die offenbaren Fragmente des Handelns *beider* Partner zugänglich, wie bereits weiter oben dargelegt. „Um sie zu verstehen, muß der Beobachter sich seines Wissens von typisch ähnlichen Verhaltensmustern für typisch ähnliche Situationen bedienen, und er muß die Motive des Handelnden aus dem Sektor des Handlungsablaufs konstruieren, der seiner Beobachtung zugänglich ist" (ebd.: 30). Somit sind sowohl die Relevanzsysteme als auch die Konstruktionen des Beobachters von denen der Partner verschieden.

Der alltägliche Beobachter findet sich in der Sozialwelt der Anderen wieder und verfolgt persönliche Interessen. Erst der wissenschaftliche Beobachter erreicht eine Distanz zum sozialen Leben, insofern er sich von seiner eigenen biographischen Situation lösen und somit aus der zu untersuchenden Sozialwelt entfernen kann. Um im Alltag den „subjektiv gemeinten Sinn" der Handlung des Handelnden erfassen zu können, bedarf es hierbei für den Beobachter nach Ansicht von Schütz eines gewissen Grads der Anonymisierung und Standardisierung des beobachteten Verhaltens. Es bedarf besonderer Methoden, an dieser Stelle insbesondere der bereits dargelegten Modellkonstruktion des so genannten „rationalen Handelns", auf das nun nachfolgend näher eingegangen werden soll.

### 2.2.2   Zur Theorie rationalen Handelns in der Alltagswelt

In einer ersten Differenzierung geht Schütz davon aus, das es Unterschiede zwischen einer verständigen, einer vernünftigen und einer rationalen Verhaltensweise gibt. In seinem Sinne wäre eine vernünftige Handlung, wenn Motive und Ablauf eines Handelns einem Anderem verständlich sind, demnach Handeln mit sozial anerkannten Regeln und Vorschriften übereinstimmt. Das bedeutet, dass auf typische Probleme durch Anwendung typischer Mitteln im Blick auf typische Ziele begegnet wird. Ähnliche Umstände würden beim Anderen ähnliche Weisen des Handelns nach sich ziehen. Demgegenüber setzt Schütz bei einem verständigen Handeln voraus, dass keine Einsicht in Motive und den Zweck-Mittel-Zusammenhang der Handlung besteht. Hier führt er das Beispiel des emotionalen Handelns an.

Diesen beiden Verhaltensweisen setzt Schütz das *Rationale Handeln* gegenüber. Dies beinhaltet, „daß der Handelnde einen klaren und deutlichen Einblick in die Zwecke, Mittel und Nebenfolgen seines Handelns hat, daß er, sowohl die Mittel gegen die Zwecke wie die Zwecke gegen die Nebenfolgen wie endlich auch die verschiedenen möglichen Zwecke gegeneinander rational abwägt: also jedenfalls weder affektuell (und insbesondere nicht emotional), noch traditional handelt" (Schütz 1971: 31f.).[81] Schütz greift hier auf eine Definition „rationalen Handelns" von Max Weber[82] zurück. Für diese vorläufigen Definitionen ist cha-

---

81   Schütz zitiert hier Max Weber (1922): Wirtschaft und Gesellschaft: 18.

82   Weber unterscheidet zwei Typen „Rationalen Handelns": „Zweckrationales und wertrationales Handeln" (vgl. hierzu Schütz 1971: 32 Fußnote: 1). Das „wertrationale Handeln" lässt Schütz außer Betracht. „Zweckrationales Handeln" im Sinne von Weber impliziert, dass innerhalb des Systems hierarchischer Entwürfe verschiedene Wege des Handelns zur Wahl stehen. Die Wahl des Weges muss rational sein.

rakteristisch, dass sie nicht nur auf den selbstverständlich hingenommenen Wissensvorrat der „in-group" verweist, sondern auch auf den subjektiven Standpunkt des Handelnden, demnach auf den verfügbaren Wissensvorrat des Handelnden während des Vollzugs des Handelns.

Schwierigkeiten sieht Schütz hier zum einem bei der Bestimmung des vorgegebenen Problems durch die biographische Situation. Diese bestimmt auch die Relevanzsysteme, in denen die verschiedenen Weltaspekte in Form von Typen konstruiert werden. Somit unterscheidet sich der Wissensvorrat zwischen dem Handelnden und dem Beobachter.[83] Dies kann auch nicht die „Generalthese der Reziprozität der Perspektiven" genügend ausräumen, da diese von einem gemeinsam geteilten Relevanzsystem ausgeht, welches nach Struktur und Inhalt für den implizierten praktischen Zweck hinreichend homogen ist. Wäre dies nicht der Fall, so kann ein dem Handelnden völlig rational erscheinender Handlungsablauf dem Anderen als nicht-rational erscheinen und umgekehrt. Eine weitere Schwierigkeit stellt zum anderen das Auftreten einer Bedeutungsverschiebung des Begriffs „rational" (im Sinne von „vernünftig") dar, falls der Begriff einmal auf eigenes Handeln und ein andermal auf die Bestimmung zukünftiger Handlungsabläufe angewandt wird.

Bei näherer Betrachtung dieser Schwierigkeit zeigt sich für Schütz jedoch, „daß wir selbst im Urteil über die Vernünftigkeit unseres eigenen vergangenen Handelns immer auf unser zur Zeit des Handlungsentwurfs verfügbares Wissen verweisen" (Schütz 1971: 34). Daher gilt für vergangenes als auch für zukünftiges Handeln, dass der Handelnde die Vernünftigkeit des Handelns nur in Bezug auf den diesen Handlungsentwurf bestimmenden Entwurf beurteilt. Konkret bedeutet dies, „unser Urteil verweist stets auf die Wahl zwischen verschiedenen in Betracht kommenden Entwürfen des Handelns" (ebd.: 34).

Jede zur Wahl stehende Alternative muss demnach nach Ansicht von Schütz in der Phantasie geprobt werden, um Wahl und Entscheidung erst möglich zu machen. Sollte diese probende Überlegung streng rational sein, so muss das Wissen des Handelnden von jedem der zur Wahl stehenden und entworfenen Handlungsabläufe in den folgenden Aspekten klar bestimmt werden:

a. „Das Wissen um die besonderen Verhältnisse, in denen entworfenes Handeln ansetzen soll, muß klar und bestimmt sein" (ebd.: 34). Dies impliziert für den Handelnden eine hinreichend präzise Definition seiner biographischen Situation in seiner natürlichen und sozio-kulturellen Umwelt.

---

83  Vgl. hierzu auch 2.1.4.

b. Das Wissen um die Verhältnisse, die durch entworfenes Handeln entstehen sollen, demnach der Zweck des Handelns, muss klar und bestimmt sein. Dies beinhaltet das Wissen, welchen Ort der Handlungsentwurf in der hierarchischen Ordnung der jeweiligen Pläne hat, und ein klares und bestimmtes Wissen über Nebenfolgen des zukünftigen Handelns.

c. „Mein Wissen um die verschiedenen zur Erreichung eines gesetzten Zweckes notwendigen Mittel, um die Möglichkeit, mir diese Mittel verfügbar zu machen, muß klar und bestimmt sein" (ebd.: 35). Darüber hinaus bedarf es eines Wissens, inwieweit die Anwendung der Mittel zweckmäßig ist, inwieweit dieselben Mittel zur Erreichung anderer Zwecke angewandt werden können und diese dann mit anderen Mitteln verträglich sind.

Diese Schwierigkeiten wachsen beträchtlich, falls der rationale Handlungsentwurf des Handelnden das rationale Handeln oder Reagieren eines Mitmenschen impliziert. Der rationale Handlungsentwurf setzt demnach für Schütz ein:

- hinreichend klares und bestimmtes Wissen über die Ausgangssituation (sowohl beim Handelnden als auch bei dem Anderen) als auch
- eine hinreichende Wahrscheinlichkeit, dass der Andere auf den Handelnden eingestimmt ist und das Handeln desselben als genügend relevant erachtet, um in der Weise des „Weil-Motivs" durch die „Um-zu-Motive" des Handelnden angeregt zu werden, voraus.

Liegt dies vor, muss es nach Meinung von Schütz eine hinreichende Chance geben, dass der Andere den Handelnden verstehen wird. „Im Fall rationaler Wirkensbeziehungen heißt das, daß er mein Handeln als rationales Handeln rational interpretieren wird und daß er in rationaler Weise reagieren wird" (ebd.: 35f.). Dies setzt wiederum Wissen über den Entwurf des Handelnden, dem damit verknüpften Relevanzsystem und dem Platz in der Hierarchie der Handlungspläne des Handelnden voraus. Weiterhin impliziert dies, dass Struktur und Ausmaß des Wissensvorrats des Anderen in den relevanten Teilen dem des Handelnden ähnlich und somit die Relevanzsysteme zumindest teilweise kongruent sind, was bereits im vorangegangen Abschnitt expliziert wurde.

Wird nun im Entwerfen eines Handelns angenommen, so Schütz weiter, dass die Reaktion des Anderen auf dieses entworfene Handeln rational ist, setzt der Handelnde voraus, dass der Andere im Entwerfen seiner Antwort die erwähnten Aspekte a), b) und c) seiner Reaktion in klarer und bestimmter Weise kennt. Folglich muss der Handelnde im Entwerfen eines rationalen Handelns, welches das Zustandekommen einer Verkettung der Handlungsmotive des Handelnden mit denen des Anderen verlangt, „vermittels eines merkwürdigen Spiegeleffekts hinreichendes Wissen von dem haben, was der Andere weiß […] und dieses Wissen des Anderen muß eine hinreichende Bekanntschaft mit meinem Wissen umfassen" (ebd.: 36). Dies stellt für Schütz eine Bedingung *idealer* rationaler Wirkensbeziehungen dar, denn ohne solch gegenseitiges Wissen kann der Handelnde nicht rational entwerfen, wie sein Ziel mittels Kooperation mit dem Anderen zu erreichen ist. Solche Überlegungen scheinen rationales, soziales Handeln undurchführbar zu machen. Und trotzdem erhält man vernünftige Antworten auf vernünftige Fragen. Schütz bietet hierfür zwei verschiedene Antworten an:

1. Falls es sich um Wirkensbeziehungen zwischen Mitmenschen handelt, kann angenommen werden, „daß gegenseitige Teilnahme am aktuellen Verlauf des Lebens des jeweils Anderen und am Teilen seiner Erwartungen […] die gerade analysierten Voraussetzungen für rationale Wirkensbeziehungen bieten" (Schütz 1971: 37).
2. Die Rationalität menschlichen Wirkens kann auch durch die Tatsache erklärt werden, „daß beide Handelnde ihr Handeln an bestimmten Maßstäben orientieren, die als Verhaltensregeln von der Eigengruppe, der sie angehören, sozial gebilligt werden: es sind Normen, Vorschriften guten Verhaltens, die Lebensart, der für diese besondere Art der Arbeitsteilung verfügbare Organisationsrahmen, […]" (ebd.: 37).

Das Ergebnis ist dann: „Rationales Handeln" auf der Ebene des alltäglichen Denkens und immer ein Handeln in einem nicht weiter in Frage gestellten und nicht weiter bestimmten Rahmen typischer Konstruktionen, Typisierungen der gegebenen Situation, der Motive, der Zwecke und Mittel, der Handlungsabläufe und Persönlichkeiten, die betroffen sind und als selbstverständlich hingenommen werden. Nur einzelne Elementegruppen stehen klar und bestimmt unterscheidbar aus diesem Rahmen von Konstruktionen hervor, der damit den unbestimmten Horizont dieser Elemente bildet. Auf diese Elemente verweist der Begriff der „Rationalität des Alltagsdenkens". Nach Ansicht von Schütz ist Handeln innerhalb einer solchen Ebene partiell rational und Rationalität somit unterschiedlich graduiert.

Die subjektive Chance der Konformität und damit des Erfolgs intersubjektiven Verhaltens ist deshalb für Schütz umso größer, je standardisierter bzw. anonymisierter das vorherrschende Handlungsmuster ist. Dennoch ergibt sich für ihn ein Paradox der Rationalität aus der Alltagserfahrung, welches folgendermaßen aussieht: Je standardisierter das Muster ist, umso weniger kann das Alltagsdenken mit Hilfe rationaler Einsicht die zugrunde liegenden Elemente analytisch aufklären. Der Begriff der Rationalität erhält erst auf der Ebene von Modellen sozialer Wirkensmuster seine volle Bedeutung. Diese werden vom Sozialwissenschaftler konstruiert, in Übereinstimmung mit den besonderen Bedingungen, die sich von der Methode seiner Wissenschaft her definieren, was nachfolgend näher ausgeführt werden soll.

### 2.2.3 Zur Theorie rationalen Handelns in der Wissenschaftswelt

Wie bereits erwähnt ist das Hauptproblem der Sozialwissenschaften im Sinne von Schütz die Entwicklung einer Methode, um in objektiver Weise den subjektiven Sinn menschlichen Handelns erfassen zu können. Dabei müssen die gedanklichen Gegenstände der Sozialwissenschaften mit jenen vereinbar sein, die von Menschen im Alltag gebildet werden, um mit der sozialen Wirklichkeit in Einklang zu kommen. Um die soziale Wirklichkeit zu erfassen, bildet Schütz einen, dem Handlungsablauf entsprechenden, Personaltypus, dem er ein „hier" und „dort" in der sozialen Welt zuschreibt. Diesen stattet er mit den für das jeweilige Problem notwendigen Relevanzen und einem Wissensvorrat aus.[84] Darauf wurde bereits in den vorangegangenen Abschnitten dieses Kapitels näher eingegangen. Die Adäquanz dieser wissenschaftlichen Typenbildung wird für Schütz nur dann gewährleistet, wenn sie sich in Übereinstimmung mit folgenden Postulaten bildet:

a) Das Postulat logischer Konsistenz

Das vom Wissenschaftler entworfene System typischer Konstruktionen muss mit dem höchstmöglichen Grad an Klarheit und Bestimmtheit des verwendeten Begriffsrahmens begründet werden und mit den Prinzipien der formalen Logik völlig verträglich sein. So kann die objektive Gültigkeit der vom Sozialwissenschaftler konstruierten gedanklichen Gegenstände verbürgt werden. Ihr logischer Charakter unterscheidet die wissenschaftlichen Gegenstände des Denkens von denen des Alltagsdenkens.

---

84    Vgl. hierzu Srubar (1979).

## b) Das Postulat der subjektiven Interpretation

Der Wissenschaftler fragt im Sinne dieses Postulats, welches Modell eines individuellen Wesens konstruiert werden kann und welche typischen Inhalte ihm zuzuordnen sind, damit sich die beobachteten Tatsachen als Ergebnis der Tätigkeit eines solchen Individuums in einem verständlichen Zusammenhang erklären lassen. Auf diese Art und Weise kann menschliches Handeln begründet werden. Die Erfüllung dieses Postulats eröffnet die Möglichkeit, „jede Art menschlichen Handelns oder dessen Ergebnis auf den subjektiven Sinn zurückzuführen, den dieses Handeln oder sein Ergebnis für den Handelnden gehabt hat" (Schütz 1971: 50).

## c) Das Postulat der Adäquanz oder Angemessenheit

Begrifflichkeiten in einem wissenschaftlichen Modell menschlichen Handelns müssen so konstruiert sein, dass eine innerhalb einer Lebenswelt ausgeführte Handlung, die mit typischen Konstruktionen übereinstimmt, für den Handelnden selbst ebenso verständlich ist wie für den Anderen, und das im Rahmen des Alltagsdenkens. Dies verbürgt die Konsistenz der Konstruktionen des Sozialwissenschaftlers mit den Konstruktionen, die von der sozialen Wirklichkeit im Alltagsdenken gebildet werden. Um sich faktisch verständlich zu machen, muss also der Theoretiker (der wissenschaftliche Beobachter) in die soziale Lebenswelt zurückkehren. Dieses Postulat zeigt die zentrale Stellung der alltäglichen konstruktiven Typen in der Schützschen Darstellung einer intersubjektiven Wirklichkeit an.

Schütz geht davon aus, dass alle Modelle wissenschaftliche Konstruktionen sind, sofern sie den drei eben genannten Postulaten entsprechen. Er stellt sich nun die Frage, ob nicht jede, das Postulat logischer Konsequenzen erfüllende Konstruktion, rationale wissenschaftliche Tätigkeit per Definition ist.

Im Kontext dieser Überlegungen geht Schütz davon aus, dass zwischen rationalen Konstruktionen von Modellen menschlichen Handelns und Konstruktionen von Modellen rationalen menschlichen Handelns unterschieden werden muss. Für ihn sind insbesondere die Verwendbarkeiten wissenschaftlicher – und damit rationaler – Modelle rationaler Handlungsmuster von Interesse. Aus diesem Grund formuliert Schütz ein „Postulat der Rationalität", welches der Konstruktion eines Modells eines fiktiven Bewusstseins genügen müsste:

„Die Typen rationaler Handlungsabläufe und die personalen Typen müssen so konstruiert werden, daß ein Handelnder in der Lebenswelt dieses typisierte Handeln ausführen würde, falls er völlig klares und bestimmtes Wissen von allen Elementen, und nur von diesen Elementen hätte, die der Sozialwissenschaftler als für sein Handeln relevant voraussetzt, und falls er die konstante Neigung hätte, die angemessensten zur Verfügung stehenden Mittel zur Erreichung seiner vermittels der Konstruktion definierten Zwecke einzusetzen." (ebd.: 51)

Die Vorteile, die die Anwendung derartiger Modelle rationalen Verhaltens den Sozialwissenschaften bringt, formuliert Schütz dementsprechend wie folgt:

1. Es ergibt sich damit die Möglichkeit, Muster sozialer Wirkensbeziehungen so zu konstruieren, dass für alle Partner der Wirkensbeziehung innerhalb einer vom Sozialwissenschaftler definierten Reihe von Bedingungen, Mitteln, Zwecken und Motiven vorausgesetzt werden kann, dass sie rational handeln. Gleichzeitig wird dementsprechend angenommen, dass diese definierte Reihe entweder allen Teilnehmern gleichermaßen bekannt oder zwischen ihnen in einer festgelegten Art verteilt ist. Auf diese Weise kann standardisiertes Verhalten (so genannte soziale Rollen oder institutionalisiertes Verhalten) aus dem Zusammenhang gelöst und untersucht werden.
2. Im Gegensatz zur Nicht-Vorhersagbarkeit des Verhaltens von Individuen in einer sozialen Lebenswelt ist definitionsgemäß ein personaler Typ als voraussagbar konstruiert, der sich rational verhält. Somit kann das Modell rationalen Handelns als Verfahren genutzt werden, um abweichendes Verhalten in der wirklichen Sozialwelt festzustellen und es auf „problemtranszendierende Daten" zu beziehen, das bedeutet, auf nicht typisierte Elemente.
3. „Durch Variation einiger Elemente können verschiedene Modelle oder selbst Gruppen von Modellen rationalen Handelns konstruiert werden, um das gleiche wissenschaftliche Problem zu lösen und miteinander verglichen zu werden." (ebd.: 52)

Um den inneren Horizont des Problems zu explizieren, können nach Ansicht von Schütz die Bedingungen variiert werden, innerhalb derer die fiktiv Handelnden agieren sollen. Damit meint er zum einen die Elemente der Welt, von denen sie wissen sollen. Zum anderen bezieht er sich u.a. auf solche Motive, die je nach dem vermeintlichen Grad der Vertrautheit oder Anonymität vermeintlich damit verknüpften sind.

Schütz argumentiert, dass die vom Sozialwissenschaftler geschaffene Figur nur durch die Gnade des Wissenschaftlers existiert und handelt. Sie kann nicht anders als zu dem Zweck handeln, den der Wissenschaftler vorgezeichnet hat und trotzdem ist ihr zu Handeln aufgetragen, als wäre sie nicht determiniert und könnte sich selbst bestimmen. Eine totale Harmonie ist, so Schütz weiter, im Voraus zwischen dem determinierten Bewusstsein der Figur und der vorkonstruierten Umwelt, in der sie frei handeln soll, festgelegt. Sie gestattet eine rationale Auswahl und rationale Entscheidungen. Hält sich der Wissenschaftler an diese Prinzipien, so wird er in dem so geschaffenen Universum die perfekte Harmonie finden, die er selbst begründet hat.

### 2.2.4 Zusammenfassung

Alfred Schütz Theorie des rationalen Handelns basiert auf verschiedenen modellartigen Konstruktionen. Zum einen geht er von der Konstruktion einer sozialen Welt aus, die der Sozialwissenschaftler geschaffen hat. Zum anderen verweist er auf einen konstruierten Handlungstypen in einer solchen Welt, den der Sozialwissenschaftler selbst entwirft. Der Sozialwissenschaftler stattet den von Schütz so genannten *Homunculus* mit einem Typen- und Relevanzsystem aus, den er jenem konstruierten Typen zuschreibt. Nur unter diesen Voraussetzungen ist ein rationales Handeln im Sinne von Schütz interpretierbar.

Rationales Handeln bedingt dann für ihn ein klares und deutliches Verstehen der Zwecke und Mittel sowie der Nebenfolgen des Handelns, die gegeneinander abgewägt werden. Damit verweist er auf ein Wissen des Handelnden, welches sich nicht routiniert und typisiert in der privaten Welt generiert hat. Der Handelnde agiert rational mit einem verfügbaren Wissen, welches im Vollzug des Handelns von Bedeutung wird. Damit ist im Vorfeld eine Situation bzw. ein Problem bestimmt, welches der rational Handelnde lösen möchte. Er agiert dementsprechend problemorientiert und zielgerichtet. Ein rationales Handeln in der Alltagswelt wird durch die biographische Situation, in der sich ein Individuum befindet, mitbestimmt. Hierin sieht Schütz den Unterschied zu einem rationalen Handeln in der Wissenschaftswelt begründet. In dieser ist, worauf bereits hingewiesen wurde, ein wissenschaftliches Handeln erst dann möglich, wenn sich der Sozialwissenschaftler von seiner eigenen biographischen Situation löst und dementsprechend objektiv die Rolle des Beobachters einnehmen kann.

Der Handelnde in der Alltagswelt sieht sich nun vor die Aufgabe gestellt, zwischen verschiedenen, zur Lösung des Problems beitragenden, Handlungsentwürfen zu entscheiden. Die Frage, ob vernünftig gehandelt worden ist, kann für Schütz aus diesem Grund nur im Nachhinein geklärt werden. Demnach muss jeder mögliche Handlungsentwurf in der Phantasie geprobt werden, um die Wahl und die Entscheidung erst möglich zu machen. Das bedeutet, jede einzelne Handlung muss im Vorhinein bedacht und durchgespielt werden, auch in den unterschiedlichsten Arrangements, um dann zu entscheiden, welcher Handlungsentwurf tatsächlich umgesetzt wird. Das Um-zu-Motiv definiert hierbei das im Handlungsentwurf vorweggenommene Handlungsziel und symbolisiert den subjektiv gemeinten Sinn des Handelns, welcher nur dem Handelnden selbst zugänglich ist. Dabei muss das Wissen des Handelnden für Schütz in bestimmten Aspekten klar und bestimmt sein. Es bedarf für den Handelnden also eines klaren und bestimmten Wissens um seine eigene biographische Situation, den Zweck des Handelns, die nötigen Mittel zur Erreichung eines bestimmten Zweckes und ein Wissen darüber, wie diese Mittel verfügbar gemacht werden können. Ist in diesem Konstrukt eines rationalen Handelns eine weitere Person impliziert und wird vorausgesetzt, dass auch diese rational handelt, verkompliziert sich dieser Prozess beträchtlich. Denn nun muss der Handelnde zusätzlich ein klares und bestimmtes Wissen zweier Ausgangssituationen in seine Überlegungen mit einbeziehen und davon ausgehen, dass der Andere das eigene rationale Handeln als genügend relevant erachtet. Gleichzeitig bedingt dies eine weitere Voraussetzung für rationales Handeln. Es bedarf eines Wissens über den Handlungsentwurf des eigenen und des anderen Handelns und eines Wissens über den Platz des momentan zu lösenden Problems in den Hierarchieplänen der Handelnden. Ist dies alles gegeben, geht Schütz von einer idealen rationalen Wirkensbeziehung aus. Selbst Schütz schätzt ein, dass ein rationales Handeln in diesem Sinne kaum möglich ist. Er bietet für ein Handeln in Alltagswelten an, dass dies ein Handeln ist, welches nicht weiter in Frage gestellt wird und in einem nicht weiter bestimmten Rahmen typischer Konstruktionen, Typisierungen der Situation, der Motive, Zwecke und Mittel etc. als selbstverständlich gegeben angenommen wird. Damit schließt sich der Kreis zu seinen Überlegungen einer soziokulturellen und privaten Welt. Hier muss meines Erachtens kritisch angemerkt werden, dass, folgt man dieser Schützschen Argumentation, dann wohl jedes Handeln in der Alltagswelt in typischen Situation mit typischen Mittel und einem typisierten Handlungs- und Relevanzsystem dementsprechend immer ein rationales Handeln ist.

Im Gegensatz dazu konstruiert der Sozialwissenschaftler, so Schütz, Modelle sozialer Wirkensmuster, die rationales Handeln möglich machen. Das bedeutet, er konstruiert eine handelnde Person, der er ein Relevanz- und Typisierungssystem zuschreibt, er konstruiert ein Modell von sozialer Welt und er konstruiert soziale Wirkensbeziehungen zwischen den konstruierten Personen. Mit dieser objektiven Methode versucht Schütz den subjektiven Sinn einer Handlung zu eruieren. Relativiert wird dieses Konglomerat aus Konstruktionen durch eine Voraussetzung von Schütz, die besagt, dass dieser personale objektive Typ und dessen Relevanz- und Typisierungssystem mit den gedanklichen Gegenständen des in einer Alltagswelt lebenden Menschen kompatibel sein muss. Nur so spiegeln die Konstruktionen soziale Wirklichkeit wider. Dabei ist das Weil-Motiv von Bedeutung, denn dieses begründet sich in den vergangenen Erfahrungen des Handelnden und symbolisiert den objektiven Sinn einer Handlung. Dieses Weil-Motiv ist reflexiv sowohl dem Handelnden als auch dem Sozialwissenschaftler und somit der Analyse zugänglich. Auch formuliert er, wie im vorherigen Abschnitt dargelegt, Postulate, die die Adäquanz einer wissenschaftlichen Typenbildung gewährleisten sollen. Er fasst zusammen, dass die Typen rationaler Handlungsabläufe und die personalen Typen so konstruiert werden müssen, dass ein in einer Lebenswelt Handelnder dieses typisierte Handeln ausführen würde, wenn er ein völlig klares und bestimmtes Wissen von allen Elementen hätte, die der Sozialwissenschaftler als für sein Handeln relevant voraussetzt, und dementsprechend die dafür zur Verfügung stehenden Mittel zur Erreichung eines Zieles einsetzen würde.

Insgesamt, unter Berücksichtigung der in Kapitel 1.1 explizierten und den eben dargelegten Ausführungen, lässt sich somit festhalten:

Grundzug des menschlichen Lebens in der modernen Welt ist, so die Annahme von Schütz, die Überzeugung, dass die Lebenswelt weder vollständig verstanden werden kann noch irgendeinem Individuum völlig verstehbar ist.

Die Menschen in der Alltagswelt konstruieren ihre Welt und schreiben ihr einen Sinn zu. Dies ist die Konstruktion erster Ordnung. Eine wissenschaftliche Analyse rekonstruiert diesen Sinn somit in Konstruktionen zweiter Ordnung. Auf dieser Basis konstruiert der Sozialwissenschaftler auf der Grundlage seiner Methode und seiner Methodologie ein Typisierungs- und Relevanzsystem und schreibt den Handelnden einen Wissensvorrat zu, um analysieren und verstehen zu können, wieso der Handelnde so agiert wie er es tut.

Motor und Antrieb eines jeden Handelns ist das Interesse, welches die Pläne des Handelnden widerspiegelt. Dies gründet sich auf die verschiedenen sozialen Rollen, die gleichzeitig bei der Lösung eines Problems eingenommen werden können. Integriert ist hierbei die Entscheidung, welches Interesse gewählt wird, um die Situation, in der sich ein Handelnder befindet, zu definieren.

Fasst man die Überlegungen aus dem Kapitel 1 und 2 kurz zusammen, lassen sich folgende, sich wiederholende, zentrale Themen festhalten, die für die vorliegende Forschungsarbeit bedeutsam und sowohl für Schütz als auch für Stehr und Höhne von Interesse bei der Betrachtung des Diskurses zum Wissen und Handeln in postmodernen Gesellschaften sind:

a. Wie baut sich Wissen biographisch auf?
b. Wie wird Wissen vermittelt bzw. distribuiert?
c. Wie wird Wissen und darüber hinaus neues Wissen generiert?

d. Wie wird Wissen adressatenspezifisch bzw. problem- und situationsorientiert angewandt?

e. Wie wird mit Wissen beruflich gehandelt?

Neue Handlungs- und Gestaltungsspielräume von PädagogInnen, um auf eine der Forschungsfragen zurück zu kommen, sind im vorliegenden Kontext virtuelle soziale Welten. Da dies für die PädagogInnen neue soziale Welten sind, die entweder durch in ihr bereits befindliche virtuelle Personen vorkonstruiert sind bzw. die die PädagogInnen selbst initiieren wollen, bedarf es einer grundsätzlichen Darstellung derselben. Dies wird im anschließenden Kapitel 3 nachvollzogen. In Kapitel 4 wird dann die qualitativ-empirische Studie vorgestellt und aufgezeigt, wie PädagogInnen mit welchem Wissen in und für neue soziale Welten agieren. Im daran anschließenden Kapitel 5 werden dann die oben formulierten Fragen aufgegriffen und die theoretischen Vorüberlegungen mit den empirischen Ergebnissen verknüpft.

# 3 Handlungs- und Gestaltungsspielräume von PädagogInnen – eine Perspektive aus der virtuellen sozialen Welt

In Anlehnung an die eben vorgestellten theoretischen Überlegungen von Schütz, dass es ein Verstehen von Alltagswelten bedarf, um als SozialwissenschaftlerIn handeln zu können, folgt in diesem Kapitel eine deskriptive Darstellung des Handlungsfeldes der von mir befragten PädagogInnen. Dafür soll zunächst geklärt werden, wieso virtuelle soziale Welten, im Kontext dieser Arbeit virtuelle Communities und Städte, pädagogische Handlungsspielräume sind. Neue Technologien bieten neue Möglichkeiten und neue Chancen für kommunikative Austauschprozesse.[85] Das Internet weist viele Attribute eines Aneignungs- und gleichzeitig eines Generierungsinstruments von sozialen Welten und Wissen auf.[86] Die pädagogische Nutzung des Internets setzt dabei eine Einschätzung dieses neuen öffentlichen Raums als pädagogischen Handlungs- und Gestaltungsspielraum voraus. In dem nachfolgenden Abschnitt wird es also darum gehen, öffentliche virtuelle Räume vorzustellen. Der Fokus richtet sich hierbei auf ein Phänomen, welches diese öffentlichen Räume mit konstituiert, nämlich virtuelle Communities. Diese näher zu beleuchten und dementsprechend als pädagogischen Handlungs- und Gestaltungsspielraum zu eruieren, ist ein Ziel des Kapitels. Virtuelle Communities aus einer erziehungswissenschaftlichen Perspektive zu betrachten, ist nicht neu. In einer kurzen Studie habe ich zeigen können, wie sich virtuelle Communities im öffentlichen Raum Internet repräsentieren und welche bildungsrelevanten Strukturen dort zu finden sind.[87] Die inhaltliche Ausrichtung und der Erkenntnisanspruch dieser Arbeit gehen über die Beschreibung aus disziplinspezifischer Sicht jedoch deutlich hinaus. In einem ersten Schritt wird analysiert, wie sich „klassische" pädagogische Arbeitsfelder im Kontext einer Wissensgesellschaft auffächern und es, wie Grunert und Krüger (2004) aber auch Kade und Seitter (2004) resümieren, zu einer Universalisierung pädagogischen Denkens und Handelns kommt. Dies stellt den Ausgangspunkt

---

85  Vgl. hierzu Marotzki (2000a).
86  Vgl. hierzu Hansen (2000).
87  Vgl. hierzu Bittkau (2000).

meiner Überlegungen dar, wie im nachfolgenden Abschnitt aufgezeigt wird. Aufgrund dieser Entgrenzung des Pädagogischen werde ich anschließend aufzeigen, welche pädagogischen Handlungs- und Gestaltungsspielräume virtuellen Communities eigen sind. Hierbei werden die von Marotzki (2003) eruierten Strukturmerkmale virtueller Communities als ein methodisches Instrumentarium zur Darstellung virtueller sozialer Welten herangezogen. Es geht mir in diesem Kapitel grundsätzlich um eine Darlegung, welche Studien zeigen, wo sich PädagogInnen heute beruflich verorten lassen und welche neuen Gestaltungsspielräume pädagogischen Handelns es noch gibt.

### 3.1 Entgrenzung respektive Universalisierung pädagogischer Handlungs- und Gestaltungsspielräume

Betrachtet man den Terminus „Wissensgesellschaft" aus einer erziehungswissenschaftlichen Perspektive, so kann durchaus von einer Universalisierung bzw. Entgrenzung des Pädagogischen gesprochen werden.[88]

Im nachfolgenden Abschnitt beziehen sich meine Überlegungen zu pädagogischen Handlungs- und Gestaltungsspielräumen von PädagogInnen auf die Darlegungen der Autorenteams Grunert und Krüger (2004) und Kade und Seitter (2004) sowie Aufenanger (2003). Sie beschreiben in dezidierter, aber vom empirischen Ansatz her sehr differenter Art und Weise, wie pädagogische Handlungs- und Gestaltungsspielräume erklärt werden können und wo sich Diplom-PädagogInnen, Diplom-Medien-PädagogInnen und MagisterabsolventInnen mit dem Hauptfach Erziehungswissenschaft heute beruflich verorten lassen.

Die Literaturlandschaft zum Thema der „klassischen" pädagogischen Handlungsfelder außerhalb der Schule bietet folgende Kernbereiche pädagogischen Wirkens an:

- Sozialpädagogik/ Sozialarbeit
- Erwachsenenbildung/ Weiterbildung
- Außerschulische Jugendbildung
- Betriebliches Ausbildungswesen und
- Sonderpädagogik.[89]

---

88   Vgl. hierzu Grunert/Krüger 2004.
89   Vgl. hierzu Grunert/Krüger 2004.

Alle Bereiche deskripieren einen bestimmten Rahmen, in dem PädagogInnen außerhalb der Institution Schule beruflich handeln. Sie entfalten mit Hilfe ihres erlernten Wissens gewisse Gestaltungs- und Handlungsmöglichkeiten, um ihren beruflichen Raum zu füllen und in ihm mit anderen zu interagieren. In den oben genannten pädagogischen Handlungsfeldern wurde allerdings der Bereich neuer kultureller Handlungs- und Gestaltungsspielräume von PädagogInnen, wie sie sich beispielsweise in den Neuen Medien wieder finden lassen, nicht mit in eine Betrachtung eingeschlossen.

Empirische Untersuchungen zum beruflichen Handeln von PädagogInnen beziehen sich meistens auf Diplom-PädagogInnen und LehrerInnen, seit neuestem auch auf MagisterabsolventInnen mit Hauptfach Erziehungswissenschaft.[90] Empirische Studien zum Verbleib und der beruflichen Profession von MedienpädagogInnen sind eher selten und erst seit kurzer Zeit innerhalb dieser Forschungslandschaft von Interesse.[91] Eine aktuelle und bundesweite Studie zum Verbleib von PädagogInnen nach ihrem Studium wird von Grunert und Krüger (2004) präsentiert. Ihre Ausführungen knüpfen u.a. an die Debatte zur Entgrenzung des Pädagogischen und der pädagogischen Berufsarbeit in der Erziehungswissenschaft an. Dabei verstehen sie unter Entgrenzung des Pädagogischen nicht nur die Ausdifferenzierungsprozesse pädagogischer Institutionen, Arbeitsfelder und Klientengruppen, sondern auch die Tatsache, „dass fast alle Bereiche des öffentlichen Lebens mit Momenten pädagogischen Denkens und Handelns durchsetzt sind" (ebd.: 309).

Die AutorInnen gehen u.a. der Frage nach, ob die gegenwärtig im Erziehungssystem vorkommenden Tätigkeiten noch mit den drei klassischen Grundbegriffen der Pädagogik – Erziehung, Bildung und Unterricht – hinreichend gefasst werden können oder ob angesichts der Expansion des Pädagogischen nicht weitere Begriffe wie etwa Beratung oder Management in das kategoriale Gefüge der Erziehungswissenschaft aufgenommen werden sollen.[92] Dies würde bedeuten, dass die tradierten pädagogischen Handlungsfelder erweitert werden müssten, um zu prüfen, ob nicht die bis zu diesem Zeitpunkt als nicht-pädagogische Tätigkeitsbereiche eingestuften Felder zunehmend pädagogischen Handlungscharakter annehmen. In einer quantitativ angelegten bundesweiten Studie[93], die Grunert und Krüger (2004) für ihre Veröffentlichung heranziehen, werden als pädagogische Kernaktivitäten Unterrichten/Lehren, Helfen/Betreuen

---

90  Vgl. hierzu Metz-Göckel/u.a. 2001; Grunert/Krüger 2004.

91  Vgl. Neuß 2003.

92  Grunert/Krüger 2004: 310.

93  Die Überlegungen von Grunert und Krüger (2004) basieren auf den Ergebnissen einer bundesweiten Studie von berufstätigen AbsolventInnen des erziehungswissenschaftlichen Diplom- und Magisterstudiengangs. In dieser Studie wurden von 2000 bis 2003 über 3200 Diplom-PädagogInnen und ca. 600 Magister-PädagogInnen der Examensjahrgänge 1996-1998 befragt.

und Erziehen aufgeführt. Übergreifende pädagogische Tätigkeiten seien Verwalten, Planen, Beraten, Personal führen/leiten, Finanzmittel verwalten und Diagnostizieren. Unter fachfremden Tätigkeiten verstehen die AutorInnen Programmieren, Dolmetschen, handwerklich Arbeiten sowie Werben/Präsentieren/Public Relation.[94] In ihren Schlussfolgerungen kommen sie u.a. zu dem Ergebnis, dass sich die Haupttätigkeiten der AbsolventInnen im Tätigkeitskomplex „pädagogisch-übergreifend" wieder finden lassen. 70% der befragten AbsolventInnen gaben demnach an, beratend tätig zu sein. „Gegenstand pädagogischer Beratung sind dabei individuelle Konkretionen von sozial typischen Problemsituationen. [...] [Die Ergebnisse zeigen; S. B.-S.], dass die große Mehrheit in pädagogischen Arbeitsfeldern beratend tätig ist und dass sich die Pädagogik immer mehr zu einer ‚beratenden' Profession entwickelt" (ebd.: 317). Offen bleibt allerdings, was die befragten AbsolventInnen unter Beratung verstehen.[95]

Für die vorliegende Forschungsarbeit sind im Besonderen die Ausführungen von Grunert und Krüger (2004) zu Tätigkeiten der PädagogInnen in nicht-pädagogischen (also fachfremden) Arbeitsfeldern von Bedeutung, da meine InterviewpartnerInnen in eben diesen Bereich einzuordnen sind. Die AutorInnen kommen zu dem Ergebnis, dass es vor allem die AbsolventInnen des erziehungswissenschaftlichen Magisterstudiengangs sind, die eine Berufstätigkeit außerhalb des genuin-pädagogischen Bereichs aufnehmen.

Grunert und Krüger (2004) führen diese Orientierung der AbsolventInnen auf eine Reihe von übergreifenden Fähigkeiten und Kompetenzen zurück, die für die Befragten auch außerhalb des pädagogischen Arbeitsbereichs relevant werden können. Für die im pädagogischen Bereich tätigen Befragten sind im Spektrum der Studieninhalte vor allem die organisationsbezogenen Wissensformen, administratives, rechtliches und institutionenbezogenes Wissen, von Bedeutung. Dies seien Wissensformen, welche im Gegensatz zu forschungsbezogenem Wissen einen engeren Anschluss an die spätere pädagogische Praxis ermöglichen. Das würde bedeuten, dass eine bewusste Studienwahl zu einer stärkeren Identifikation mit dem Pädagogikstudium und pädagogischen Tätigkeiten führt. Weitere Einflussgrößen bei einer Tätigkeit in einem nicht-pädagogischen Arbeitsfeld stellen insbesondere eine Zusatzqualifikation im EDV-Bereich oder eine kaufmännische Ausbildung im Vorfeld des Studiums dar.[96]

---

94  Ebd.: 316.

95  Hier zeigt sich eine Grenze quantitativer Studien.

96  Ebd.: 321.

In ihrem Fazit kommen Grunert und Krüger (2004) zu folgendem Resümee:

„Die Analyse der Tätigkeitsprofile der berufstätigen universitären Hauptfachpäda-
gogen hat gezeigt, dass in pädagogischen Berufsfeldern Dienstleistungs- und Managementaufgaben zunehmend wichtiger geworden sind, die mit Erziehung und Unterricht nur noch vermittelt zu tun haben. Sinnvoll scheint es vor diesem Hintergrund
zu sein, das traditionelle grundbegriffliche Tableau der Erziehungswissenschaft um
Begriffe wie Beratung, Diagnose, Organisation, Management und Planung zu erweitern und in theoretisch-systematischen Reflexionen und empirischen Studien zu klären, was dann das spezifisch Pädagogische dieser Tätigkeitsformen ausmacht. D.h.,
es gilt noch genauer zu untersuchen, ob und wie sich z.B. das beraterische oder organisatorische Handeln in pädagogischen Settings von den in psychologischen oder
ökonomischen Zusammenhängen unterscheidet" (ebd.: 323f.).

Pädagogische Tätigkeiten beziehen sich dabei nicht mehr nur auf Kinder und
Jugendliche, sondern auf alle Altersgruppen. Demnach muss der gesamte Lebenslauf in der erziehungswissenschaftlichen Theoriebildung ins Zentrum ge-
rückt und zu einem Schlüsselbegriff für die disziplinäre Diskussion werden.[97]
Aus diesen quantitativen Ergebnissen ergeben sich für die AutorInnen darüber
hinaus Konsequenzen für eine Reform der erziehungswissenschaftlichen Diplom-
lom- und Magisterstudiengänge sowie für die Neugestaltung der erziehungswissenschaftlichen Bachelor- und Masterstudiengänge.

In der vorliegenden Forschungsarbeit geht es hingegen um ein grundsätzliches Verstehen des WIE des Handelns und nicht um die Frage, was das pädagogisch Spezifische des beruflichen Handelns der befragten PädagogInnen ist. Die
Studie von Grunert und Krüger (2004) zeigt allerdings auf, dass die Erziehungswissenschaft mit ihren Kernelementen Erziehung, Unterricht und Bildung an
Grenzen stößt, sind doch immer mehr PädagogInnen in pädagogisch-
übergreifenden Handlungsfeldern beruflich tätig, so dass es über diese Kernaktivitäten hinaus einer pädagogischen Handlungsfähigkeit bedarf. Es erfordert, und
auch dies zeigt die eben kurz explizierte Studie auf, neuer Wissensformen, die es
den angehenden PädagogInnen zu vermitteln gilt. Grunert und Krüger (2004)
resümieren in diesem Kontext, dass sich diese neuen Wissensformen näher an
der pädagogischen Praxis orientieren müssen.

---

97  Vgl. Grunert/Krüger 2004: 323.

In einer qualitativen Studie gehen Kade und Seitter (2004)[98] der Frage nach, welches Spektrum pädagogisches Wissen im Kontext einer Universalisierung des Pädagogischen beinhalten kann und zeigen dabei, wie sich pädagogisches Wissen und pädagogische Professionalität unabhängig und jenseits professioneller sowie disziplinärer Bezugssysteme entfalten können.[99]

> „Die Universalisierung und Entgrenzung des Pädagogischen [...] zeigt sich in modernen als Wissensgesellschaften beschriebenen Gesellschaften [...] nicht nur in der Zunahme der lebenslaufbezogenen Vermittlung, Aneignung und Überprüfung von Wissen, sondern auch in einer zunehmenden Diffundierung, Diversifizierung und Verfügbarkeit pädagogischen Wissens" (Kade/Seitter 2004: 326).

Diese beiden Prozesse kristallisieren sich für die Autoren in den unterschiedlichsten Institutionalisierungskontexten aus und sind in die verschiedensten Tätigkeitssegmente auch jenseits expliziter pädagogischer Handlungsrollen eingelagert. Die Generalisierung und Veralltäglichung von Wissensvermittlung und pädagogischem Wissen sei hierbei Voraussetzung wie Resultat der gesellschaftlichen Institutionalisierung des lebenslangen Lernens. In ihren weiteren Ausführungen gehen die Autoren davon aus, dass die zeitliche, räumliche und soziale Vervielfältigung der Formen von Wissensvermittlung daran gebunden ist, dass pädagogische Kommunikation in ihrem Vollzug oder als Kommunikationsverlauf beobachtet wird. Das bedeutet, dass pädagogische Kommunikation auf Wissen und im besonderen Maße auf pädagogisches Wissen verweist. Dabei definieren Kade und Seitter (2004) pädagogisches Wissen auf der Grundlage ihrer empirischen Datenbasis als Zusammenhang von Vermittlungswissen (Wissen über Vermittlung), aneignungsbezogenem Vermittlungswissen (Wissen über aneignungsbezogene Wissensvermittlung) und Überprüfungswissen (Wissen über Wissensüberprüfung). Nachfolgend werden diese, von den Autoren empirisch-rekonstruktiv bestimmten Wissensdimensionen, kurz vorgestellt.

---

98  Untersuchungsgegenstand in dem Projekt von Kade und Seitter sind zwei große Dienstleistungsorganisationen aus dem Profit- und Non-Profitbereich. Beide Bereiche analysierten die Autoren als Orte der sozialen Konstitution und Institutionalisierung von lebenslangem Lernen. Insgesamt beziehen sich die in diesem Artikel vorgestellten Untersuchungsergebnisse auf die Analyse von jeweils 15 ExpertInneninterviews aus beiden Bereichen und 6 Gruppendiskussionen.

99  Kade/Seitter 2004: 326.

*a) Vermittlungswissen* beinhaltet hierbei:

- eine explizite Verfügbarkeit, die darüber hinaus in den Experteninterviews *adressatenspezifisch* beschrieben und in den unterschiedlichsten Formen und *Methoden* seines Bedarfs detailliert erläutert wird;
- einen Bezug auf *Kontexte*, in denen intensive personen- und gruppenbezogene Formen der Prozesse der Wissensvermittlung/Beratung/Hilfeplanung stattfinden;
- eine Darstellung in organisationsbezogenen *Kommunikationsroutinen*, durch die systematisch Prozesse der Wissensvermittlung zwischen Personen und Gruppen organisiert werden;
- eine Thematisierung in *technisch-medialen Arrangements* (computergestützte Formen der Wissensvermittlung über Internet und Intranet);
- eine Einführung und Implementierung von einem Wissensmanagement. Dieses hat u.a. als Ziel, dass jeder Mitarbeiter potenziell ein Wissensvermittler werden soll und Wissen auf Abruf oder auf Vorrat für andere bereitstellen kann. Die Autoren nennen dieses Ziel übergreifend „Vermittlung eines generalisierten Vermittlerhabitus" (vgl. Kade/Seitter 2004: 329ff.).

Insbesondere den letzten Unterpunkt greifen Kade und Seitter (2004) noch einmal resümierend auf und stellen fest, dass „[d]as ganze Unternehmen […] in dieser Perspektive als ein ständiges Geben, Zirkulieren und Nehmen von Wissen bestimmt [wird, S.B.-S.], in dem Prozesse des Weitergebens und Aufnehmens, Abstimmens und Moderierens, Dokumentierens und Bereitstellens von zentraler Bedeutung sind" (ebd.: 331).

*b) Aneignungsbezogenes Vermittlungswissen*

- kommt zur Geltung, wenn Vermittlungswissen auf Aneignungsprobleme von Personen oder Gruppen bezogen wird oder Schwierigkeiten der Kopplung zwischen Vermittlung und Aneignung thematisiert werden;
- stellt sich somit zunächst als adressatenspezifisches Diagnosewissen dar, wobei die Autoren darauf verweisen, dass dieses Diagnosewissen häufig als ein dynamisches, dem Erkenntnisprozess des Vermittlers unterliegendes Wissen beschrieben wird;
- beinhaltet aneignungsförderndes Methodenwissen (Wissen um die Maßnahmen und Methoden die nötig erscheinen, um eine problematische Aneignung zu beeinflussen);
- spezifiziert sich in einem organisationsbezogenem Ablaufwissen. Das bedeutet, die Befragten verfügen über eine genaue Kenntnis der innerorganisa-

torischen Prozessabläufe, auf die hin die „Bedarfe und Einsichten" ihres Klientel orientiert werden. Damit bewegen sie sich nicht nur innerhalb klar definierter Spielräume mit entsprechenden Zielvorgaben, sondern wissen auch um die institutionellen Möglichkeiten einer arbeitsteiligen Bearbeitung von Problemlagen;

- konkretisiert sich in einer umgekehrten Relation als vermittlungsbezogenes Aneignungswissen. Hier handelt es sich um ein Wissen über die notwendige Selbstpädagogisierung der Vermittler, die aus ihrer eigenen Vermittlungstätigkeit lernen (vgl. Kade/Seitter 2004: 333ff.).

*c) Überprüfungswissen*

- unterliegt einer starken Ausdifferenzierung und Vielfalt;
- erfährt eine besondere Bedeutung im Rahmen der Institutionalisierung von Wissensmanagement, indem nicht erwünschtes Wissen zurückgewiesen, falsches Wissen korrigiert, systematisiertes Wissen adressatenspezifisch übersetzt und vermitteltes Wissen richtig angewendet wird;
- wird bei der Personalsuche greifbar (vgl. Kade/Seitter 2004: 333f.).

Die Autoren verweisen darauf, dass die Zusammenhangbildung dieser drei Wissensformen in den Interviews nur selten expliziert wird. Eine Thematisierung vollzieht sich zumeist dort, wo entsprechende pädagogische Rollen (Ausbilder, Berater, Trainer, Moderator) ausdifferenziert sind und diese von einer Person schwerpunktmäßig wahrgenommen werden.

Kade und Seitter (2004) schließen daran die These an, dass pädagogische Handlungsweisen und pädagogisches Wissen in den unterschiedlichsten Rollen, die beruflich Tätige einnehmen, von einem zunehmend größeren Kreis von MitarbeiterInnen in ihr alltägliches Handeln integriert werden, so dass dieselben Personen zwischen verschiedenen Rollen permanent hin- und herwechseln und dabei unterschiedlichste Wissensbestände aktualisieren können müssen.

> „Die Universalisierung pädagogischen Wissens geht in dieser Hinsicht einher mit der Universalisierung pädagogischer Rollensegmente, die temporär und situativ von einem immer größeren Personenkreis ausgeübt werden" (ebd.: 335).

Als Kernstück pädagogischen Wissens betrachten Kade und Seitter (2004) den Topos der Entwicklungs- und Verbesserungsmöglichkeiten von Individuen. Dabei gehen sie davon aus, dass pädagogische Professionalität „als die reflektierte Relationierung von Wissen und Können"[100] u.a. auf den Einsatz pädagogi-

---

100    Ebd.: 335.

schen Wissens basiert. Wenn dieses individuell eingesetzte pädagogische Wissen nicht durch externe Instanzen legitimiert und garantiert sei, werde die Erzeugung der Qualität des eingesetzten Wissens zu einer wesentlichen Leistung des Handelnden selbst. Die Autoren gehen davon aus, dass die Entgrenzung und Universalisierung pädagogischer Kommunikation und pädagogischen Wissens mit einer Tendenz zur Selbstbeobachtung einhergeht. Dabei unterscheiden sie vier Formen der Selbstbeobachtung:

*Eine individuell-interne Selbstbeobachtung* (vgl. Kade/Seitter 2004: 336 f.) hat ihren Ausgangspunkt in individuellen Erfahrungen biographischer und sachlicher Kompetenz. Individuen vergleichen ihr eigenes Wissen, das sie zu einem früheren Zeitpunkt eingesetzt haben mit dem Wissen, welches sie zu einem späteren Zeitpunkt genutzt haben. Diese Form der Selbstbeobachtung ist demnach eng an das individuelle Handeln gekoppelt.

*Sozial stimulierte Selbstbeobachtung* (vgl. Kade/Seitter 2004: 337) beinhaltet einen Vergleich mit dem Wissen anderer und damit die Unterscheidung des eigenen Wissens von dem Wissen anderer Individuen. Aus dieser Perspektive wird das eigene Wissen und Alternativen dazu erkennbar.

*Medial provozierte Selbstbeobachtung* (vgl. Kade/Seitter 2004: 337) verweist auf ein Zugänglich- und Sichtbarmachen des Wissens anderer Akteure. Die Autoren beziehen dies auf die Einführung medialer Kommunikation, wodurch das Wissen Dritter als auch individuelles Wissen angeeignet werden kann. Dies wiederum kann zu einer verstärkten Selbstbeobachtung führen.

*Organisatorische und durch Vernetzung stimulierte Selbstbeobachtung* (vgl. Kade/Seitter 2004: 338) beschreibt die Möglichkeit, über Kommunikation den Zugriff auf das individuell zur Verfügung stehende Wissen, und somit auch pädagogisches Wissen, zu öffnen.

Ausgangspunkt und Motivation in dem von den Autoren untersuchten Unternehmen ist das zufällige, intransparente und unsichtbare pädagogische Wissen, über das die Mitarbeiter individuell verfügen, welches aber nicht als professionelles Wissen anerkannt ist.

Zusammenfassend halten Kade und Seitter (2004) fest, dass pädagogisches Wissen und pädagogische Kommunikation keineswegs nur in pädagogische Handlungskontexte und Felder eingelagert ist, sondern sich auch jenseits disziplinärer und professioneller Bezugssysteme in den unterschiedlichsten Institutionalisierungsformen etabliert.

Die Berufsgruppe der Medienpädagogen, die für mein Forschungsthema eine besondere Relevanz hat, stellt sich, was empirische Untersuchungen zu dieser Profession angeht, wie das „Stiefkind" der Diplom-PädagogInnen dar. Ein Berufsbild Medienpädagoge, so Aufenanger (2003)[101], liegt genauso wenig vor, wie eine klar umrissene berufliche Zuordnung mit einem eigenen spezifischen Studiengang. In seiner empirischen Untersuchung konzentriert sich der Autor u.a. auf das Berufsfeld der MedienpädagogInnen und ihren medienpädagogischen Qualifikationen. Diese quantitativ-empirische Studie wurde zu zwei Zeitpunkten (1994 und 1998) durchgeführt, wobei der gleiche Fragebogen verwendet wurde. In die Untersuchung wurden staatliche, länderbezogene und kirchliche Institutionen einbezogen, die sich aus Sicht der Datenerhebenden mit medienpädagogischen Fragestellungen befassen.

In einem ersten Ergebnis stellt Aufenanger (2003) dar, dass die meisten MedienpädagogInnen in der Fort- und Weiterbildung sowie an Bild- und Medienstellen[102] tätig sind, was nicht wirklich überrascht. Die Tätigkeiten innerhalb ihres beruflichen Rahmens beziehen sich in erster Linie auf „beraten", „organisieren/verwalten" und „unterrichten/lehren". Dass „erziehen" eine untergeordnete Rolle spielt, hat wohl mit dem Setting bzw. der Auswahl der befragten Institutionen zu tun. Ein weiteres Resultat der Studie ist die Aussage, dass der Anteil der Tätigkeit „mit und über Medien arbeiten" einen großen Raum bei der Betrachtung der gesamten Arbeitszeit einnimmt. Unter „mit Medien arbeiten" versteht der Autor beispielsweise das Vermitteln, wobei „über Medien arbeiten" das Spektrum Lehren/Unterrichten oder auch Fortbilden bedient. Hier wird im Besonderen der medienpädagogische Ansatz der Vermittlung von Medienkompetenz prädestiniert (vor allem während der zweiten Erhebungsphase 1998).

Eine entscheidende Frage für die Untersuchung war, so Aufenanger (2003) weiter, ob sich die Befragten auch selbst als MedienpädagogInnen bezeichnen, denn ein entsprechendes Berufs- und damit auch Ausbildungsbild kann nur über eine berufliche Tätigkeit mit hoher Identifikation etabliert werden (ebd.: 63). Die Ergebnisse seiner Studie zeigen, dass nur die wenigsten Befragten eine grundständige Ausbildung in Medienpädagogik haben und damit auch keine Identifikation mit diesem Berufsbild verknüpfen können. Abschließend stellt Aufenanger (2003) die Frage nach den Fähigkeiten und Fertigkeiten für eine medienpädagogische Arbeit. Bei der Auswahl von Kompetenzen konnten die Befragten auf einen vorgegeben Pool von Antworten zurückgreifen. Demnach ist „Medienkompetenz haben", welches als Item in die letzte Untersuchung mit einbezogen wurde, das zentrale Kriterium für ihre Fähigkeiten und Fertigkeiten, gefolgt von „Vermittlung von Medienkompetenz" und den „Umgang mit Medien vermitteln". Interessant ist für mich, dass an vierter Stelle aufgeführte Item „Medien-

---

101   Ungeachtet der Tatsache, dass insbesondere die Studie von Aufenanger (2003) an mehreren Punkten kritikwürdig ist, stellt er doch erstmals eine Studie zum Tätigkeitsbereich von MedienpädagogInnen vor.

102   Unklar bleibt, was Bild- und Medienstellen sind. Eine Möglichkeit ist, dass dies die Stellen sind, bei denen sich LehrerInnen Medien für Unterrichtszwecke ausleihen können. Dies betrifft sowohl die Hard- als auch die Software.

welten von Kindern und Jugendlichen kennen", welches in der zweiten Erhebungsphase eine noch größere Rolle spielte als in der ersten. Damit wird deutlich, dass in der Praxis immer mehr diejenigen Fähigkeiten an Bedeutung gewinnen, die auf das Verstehen der mediengeprägten Lebenswelten der Klientel ausgerichtet sind.

Zusammenfassend lässt sich bis hierher festhalten, dass pädagogisches Denken, Handeln und Wissen immer universeller wird und sich in vielen Teilen des öffentlichen Lebens verbreitet. Dies geht einher mit einer Aufweichung der Etablierung pädagogischer Professionalität. Entgrenzte bzw. universelle pädagogische Handlungsräume beziehen sich darüber hinaus auf folgende Tätigkeitsbereiche:

- Beraten/Helfen/Betreuen/Diagnostizieren/Verstehen (medialer Welten);
- Kommunikation (pädagogische Kommunikation);
- Wissensvermittlung/Lehren/Unterrichten/Erziehen;
- Organisation/Planung/Präsentation;
- Personal führen/leiten;
- Verwalten/Finanzmittel verwalten;
- Programmieren/Dolmetschen/handwerklich Arbeiten/EDV-Kenntnisse/ kaufmännische Ausbildung.

Die zusammenfassende Darstellung der einzelnen Punkte lässt eine klare Hierarchisierung erkennen. Die Erkenntnis, dass PädagogInnen zunehmend mehr beratende Funktion haben, stellt dabei eine zentrale Komponente dar. Auch der kommunikative Sektor ihres professionellen Verständnisses nimmt einen großen Bereich ihres täglichen beruflichen Lebens ein. Dies kann wiederum nicht von den Bereichen Wissensvermittlung bzw. Lehren trennscharf differenziert werden. Ein weiterer interessanter Punkt für meinen Forschungsfokus ist die Darstellung von Aufenanger (2003), dass es des Verstehens der Lebenswelten von Kindern und Jugendlichen bedarf, um (medien-)pädagogisch agieren zu können.

Wenn Beratung und Planung Kernbereiche pädagogischen Denkens und Handelns sind, muss eruiert werden, was darunter verstanden werden kann. Die Erkenntnis von Grunert und Krüger (2004), dass PädagogInnen immer mehr Managementfunktionen ausführen, wirft die Frage auf, wie Managementaufgaben eigentlich inhaltlich zu verstehen sind. Die Klärung dieser offenen Fragen ist ebenfalls ein Anliegen meiner eigenen Forschungsarbeit.

Fasst man die eben dargelegten Ergebnisse aus der Studie von Kade und Seitter (2004) zusammen, so lässt sich folgendes festhalten: Eine Universalisierung pädagogischen Handelns beinhaltet:

a.  eine Vermischung und Ausweitung und somit eine Veralltäglichung pädagogischen Wissens und

b.  eine bewusste Thematisierung pädagogischen Wissens, wenn eine Zuschreibung zu einer pädagogischen Rolle erfolgt.

Die Autoren beziehen sich bei ihren Ergebnissen ausschließlich auf pädagogisches Wissen. In erster Linie bedeutet dies für sie ein Vermittlungs- und Überprüfungswissen. Meiner Ansicht nach kann daraus abgeleitet werden, dass pädagogisches Wissen erst einmal auf dessen Vermittlung und Reflexion bezogen ist. Erfolgt eine definitorische Zuweisung der Rolle als PädagogIn im jeweiligen Arbeitskontext, kann auch, aus Sicht des beruflich Handelnden, von einem bewussten Einsatz pädagogischen Wissens gesprochen werden.

Resümiert man übergreifend die eben kurz dargestellten Studien, kann folgendes festgehalten werden:

a.  Eine Universalisierung bzw. eine Entgrenzung des Pädagogischen führt zu einer Erweiterung der pädagogischen Kernbegriffe, was bedeutet, dass das spezifisch Pädagogische innerhalb neuer Begrifflichkeiten wie Beratung, Organisation, Planung etc. noch geklärt werden müsste.

b.  Zentrale Wissenselemente in den kurz dargestellten Studien sind: organisationsbezogene Wissensformen wie administratives, rechtliches und institutionsbezogenes Wissen, Vermittlungswissen, Überprüfungswissen und eine Reflexion des eigenen Wissens und Könnens. Hinzu kommt ein Verstehen sozialer Lebenswelten der jeweiligen Klientel.

In der von mir durchgeführten Studie frage ich grundsätzlich nach dem WIE des Handelns und nicht explizit nach pädagogischem Wissen. Wichtig erscheint mir die Tatsache, dass die Art und Weise des Handelns nicht ohne die Frage nach der Art und Weise des Umgangs mit Wissen gestellt werden kann. Mit den oben dargelegten Studien konnte aufgezeigt werden, wie und wo sich PädagogInnen heute beruflich verorten. Nicht geklärt wurde bislang, wie sie ihr erworbenes Wissen konkret in neue berufliche Handlungs- und Gestaltungsspielräumen einbringen und welche neuen beruflichen Handlungsfelder dies überhaupt sein können. Dabei ist eine Loslösung von einer Suche nach dem pädagogisch Spezifischen eines pädagogischen Handelns tendenziell sichtbar geworden. Neue berufliche Handlungs- und Gestaltungsräume verorten sich u.a. in dem Bereich der Neuen Medien. Ein stark expandierender Bereich in den Neuen Medien sind virtuelle Communities. Wie mit Aufenanger (2003) und im Besonderen Schütz (vgl. hierzu Kapitel 2) bereits aufgezeigt werden konnte, bedarf es eines Verstehens dieser medialen Lebenswelt der Klientel, um beruflich handlungsfähig zu sein. Die von mir befragten PädagogInnen sind alle in und für virtuelle Handlungs- und Gestaltungsspielräume beruflich tätig. Eine Darstellung neuer virtueller Handlungs- und Gestaltungsspielräume, exemplarisch anhand zweier virtueller Communities, wird nun folgen, um im daran anschließenden Kapitel 4 mit der von mir erarbeiteten Studie das WIE des beruflichen Handelns von PädagogInnen aufzeigen zu können.

## 3.2 Virtuelle[103] Communities und Städte als neue kulturelle Räume

Die Nutzung der Neuen Medien, wozu auch das Internet[104] gehört, bildet eine Plattform zur Konstruktion neuer Identitäten und neuer Lebensweisen. Moderne Technologien bieten immer neue Möglichkeiten und Chancen für kommunikative Austauschprozesse, die, so eine Idealvorstellung, eine demokratische Grundhaltung[105] fördern.[106] Weltweit liegt die Zahl der InternetnutzerInnen im Jahr 2006 bei über eine Milliarde, unter den europäischen Staaten liegt Deutschland auf dem Spitzenplatz mit 46 Millionen UserInnen.[107] Dazu tragen wiederum neue Technologien, wie u.a. WLAN-Hotspots[108] und PDAs[109], zusätzlich bei. Überall kann mittlerweile auf das Internet zugegriffen werden, ob nun von der privaten Wohnung, vom Hotel, aus dem Urlaub, vom Flughafen oder Restaurant, um nur einige Beispiele zu nennen. Dies alles sind erst einmal technische Möglichkeiten, sich dem Internet zu nähern und mit diesem zu interagieren. Es sagt allerdings noch nichts darüber aus, wie das Internet tatsächlich genutzt wird. Nichtsdestotrotz sind diese Zahlen und technischen Möglichkeiten beeindruckend, ebenso

---

103   „Virtuell" stammt von dem lateinischen Wort virtus (Kraft, Vermögen) und bezeichnet etwas Gedachtes, etwas Potentielles, das keine Gegenständlichkeit besitzt. „Das Virtuelle kann als ein Zustand bezeichnet werden, der quasi-existent ist und seiner Seinsweise einer Simulation verdankt" (Bühl 1997: 76).

104   In der Literatur findet sich auch ein Diskurs über: Was ist das Internet und was ist es nicht? (vgl. hierzu u.a: Bollmann 1998). In meinen weiteren Ausführungen betrachte ich das Internet nicht als eine rein technische Voraussetzung zur Teilnahme am virtuellem Netz, sondern als virtuellen Raum, mit und in dem Individuen u.a. handeln, kommunizieren und partizipieren können. Bereits bei einer solchen Betrachtungsweise erhält das Internet eine bildungstheoretische Fokussierung.

105   Im Jahr 2001 veröffentlichte ich einen Artikel, wie der Diskurs um Kommunitarismus und Demokratie in der virtuellen Welt erfasst werden könnte (vgl. hierzu auch Bittkau-Schmidt (2001). Verwiesen sei in diesem Kontext u.a. auf Reese-Schäfer (1994, 2001), Taylor (1993), Joas (1993), Rawls (1975, 1993) und Marotzki (1995).

106   Vgl. hierzu Marotzki 2000a.

107   Quelle der Zahlen: Marktforschungsinstitut eTForecast, nachzulesen unter http://www.ecin.de/news/2006/01/09/09064/? rcol [aktualisiert am 20.09.2006]

108   WLAN ist eine Abkürzung für „Wireless LAN" und bezeichnet ein kabel- und drahtloses Netzwerk und wird u.a. dazu verwendet, den virtuellen Netzwerkzugang für tragbare Computer zu realisieren.

109   PDA steht für „Personal Digital Assistent" und bezeichnet einen flachen Computer, den man in der Hand halten kann, woraufhin man ihn auch „Handheld" nennt.

der fortschreitende Trend des stetigen Anwachsens des NutzerInnenkreises. Die Zugänge zu diesem Medium sind jedoch regional und sozial ungleich verteilt. Gerade ältere Menschen nutzen das Internet nur zögerlich – der Begriff der digitalen Spaltung der Gesellschaft bzw. des digitalen Grabens wurde geprägt, um dieses Phänomen zu beschreiben.[110] Trotz des partiellen Ausschlusses nicht unwesentlicher Bevölkerungsteile sind Verweise auf das Internet bereits in der alltäglichen Praxis zu finden. Sehr viele Produkte (beispielsweise bei Nahrungsmitteln) und Dienstleistungen weisen eine Internetadresse auf, unter der weitere Informationen erhältlich sind, Behörden verlagern Teile ihrer Verwaltungstätigkeit in dieses Medium, selbst Videokonferenzen werden für ein Massenpublikum möglich.[111] Darüber hinaus ist es mittlerweile eine Tatsache, dass Menschen nicht nur offline ein Leben in sozialen Räumen organisieren. Parallel dazu beginnen sie, ein Leben online, in digitalen Welten, zu gestalten.[112] Dies bezeichnet Marotzki als *Virtualitätslagerung*. Damit meint er den Möglichkeitsraum, „wie Menschen Online-Erfahrungen machen, ihre Identität entwerfen und damit ihr Offline-Leben erweitern" (Marotzki 2000: 237). Diese virtuelle Welt entwickelt sich, so die Einschätzung von Marotzki (2000), in naher Zukunft zu einer dreidimensionalen Parallelwelt, die zu einer neuen Lern-, Bildungs- und Kommunikationswelt avanciert. Mittlerweile sind virtuelle Welten aber nicht mehr als Parallelwelt zu betrachten. Marotzki, Meister und Sander (2000) halten darüber hinaus fest:

> „Wenn Neue Medien bzw. das Internet einen *Bildungswert* erbringen sollen, dann haben sie auch die Aufgabe von Bildung abzuarbeiten, nämlich die Perpetuierung und Bestimmung von *Sinn* und *Wert* eines *relevanten Wissens* sowie eine Raum und Zeit transzendierende Sicherung sozialer Kommunikation. Damit wären Netzstrukturen, Hypertexte und multimediale Arrangements also kein Ersatz, sondern eher eine evolutionäre Erweiterung textualer Darstellung" (Herv. im Original, ebd.: 11).

Aktuelle Studien verweisen auf ein extensives Verhältnis von Medien, somit sind die verschiedenen, den Menschen zur Verfügung stehenden, medialen und realen Welten in einem Austauschverhältnis zu sehen. Grenzen werden fließend und die virtuelle Welt ist ein Teil der alles umfassenden sozialen Welt von Individuen.[113] Darauf verweist auch Sherry Turkle (1998), wenn sie die Beobachtung festhält, dass sich die Grenzen zwischen dem Realen und dem Virtuellen sowohl in mo-

---

110    Als aktuelle Studie vergleiche hierzu (N)Onliner Atlas 2006.

111    Ich danke an dieser Stelle Sergej Stoetzer für seine vielen Anregungen und bereichernden Diskussionen.

112    Vgl. hierzu auch Marotzki 2000a: 245.

113    Vgl. hierzu die Forschungsarbeit von Schuegraf 2008.

dernen Forschungsfeldern als auch in den Mustern des Alltagslebens zunehmend verwischen.

Dass die virtuelle Welt Lern- und Bildungspotential in sich trägt, ist dagegen unumstritten und mittlerweile anerkannt. Marotzki (2000) exploriert in diesem Kontext zwei grundsätzliche Perspektiven der Nutzung des Internets, eine instrumentelle und eine bildungstheoretische. Er eröffnet mit dieser Sichtweise die Möglichkeit, das Internet als neuen kulturellen Raum wahrzunehmen. Diese Schritte werde ich im Hinblick auf virtuelle Communities nachzeichnen, um zeigen zu können, dass diese pädagogische Handlungs- und Gestaltungsspielräume repräsentieren.

Eine *instrumentelle Nutzung* des Internet liegt für Marotzki (2000) dann vor, wenn die Frage gestellt wird, wie das Internet Lernprozesse unterstützen kann. Geht man dieser Frage nach, stößt man in Deutschland auf den Diskurs „Schulen ans Netz hier"[114], mit der zentralen Fragestellung, wie das Internet schulisches Lernen verändert. Eine instrumentelle Nutzung betont dementsprechend kommunikative Austauschprozesse sowie die Abwicklung von Transaktionen. Darüber hinaus entwickeln sich aufgrund der neuen Informationstechnologien neue Lernorte, die mit den Stichworten Telelearning, Teleteaching, Virtuelle Universität und auch E-Learning angesprochen werden. In diesen Bereichen geht es dem Autor darum, dass immer mehr Lernprozesse online organisiert werden. Marotzki (2000) fasst zusammen, dass auf diese Weise mit dem Beispiel des Lernens demonstriert werden konnte, dass das Internet unter den Gesichtspunkten der Effizienz verwendet werden kann, um Lernprozesse zu optimieren und zu verbessern. Es geht mir allerdings nicht darum zu erkennen, ob und wenn ja wie Lernprozesse mit dem Internet zu realisieren sind. Demzufolge ist es die bildungs- und kulturtheoretische Perspektive, die die Überlegungen von Marotzki für die vorliegende Forschungsarbeit bedeutsam werden lassen.

Eine *bildungstheoretische Perspektive* zielt nach Ansicht von Marotzki (2000) eher darauf ab, zu betrachten „was mit Menschen geschieht, wenn sie sich im Netz bewegen, und wie Menschen das Netz kreativ für eigene Präsentationen und Manifestationen nutzen können" (ebd.: 238).[115] Diese Perspektive enthält für den Autor verschiedene Dimensionen, die er nachfolgend am Beispiel von Untersuchungen und Forschungen zum virtuellen Raum näher ausführt und die im

---

114 „Schulen ans Netz" ist eine gemeinsame Initiative der Bundesregierung und der deutschen Telekom. Bis Oktober 2001 wurden alle 35000 allgemeinbildenden Schulen in Deutschland, die daran interessiert waren, kostenlos mit einem Internetzugang ausgestattet. [Quelle: http://server02.is.uni-sb.de/trex/index.php?id=2.1.3.1.2.2. aktualisiert 21.09.2006] Das bedeutet, es besteht für die Schulen eine technische Möglichkeit, das Internet zu nutzen. Es bedeutet nicht, dass auch inhaltlich mit dem Internet umgegangen wird.

115 Marotzki spricht an einigen Stellen vom Netz, dann wieder vom Internet. Beide Begriffe werden in seinem Kontext synonym verwendet.

Folgenden diskutiert werden: Erstens hat das Internet aus bildungstheoretischer Perspektive eine sozialisatorische Dimension. Diese beinhaltet das Phänomen, dass Menschen ihr Leben überwiegend online führen und somit die Brücken zum realen Leben immer mehr abbrechen. Allerdings liegen bis heute keine gesicherten Daten hierfür vor. Thematisiert wird dieses Phänomen unter verschiedenen Begrifflichkeiten wie Internetsucht, Net Addiction, Online Addiction, Internet Addiction Disorder, Cyberdisorder usw. Die Existenz von Internetsucht ist selbst in Fachkreisen umstritten.[116] Zwei weitere, sich gegenüberstehende, Phänomene betitelt Marotzki (2000) mit „Disinhibition and friendliness". Damit meint er zum einen eine emotional hemmungslose und somit auch aggressive Kommunikationsvariante und zum anderem jene, die sich durch erhöhte Zuvorkommenheit und Kooperation auszeichnet. Disinhibition steht in diesem Sinne dafür, dass Menschen im Internet weniger gehemmt kommunizieren als im realen Leben, womit die Vermutung nahe liegt, dass dies ein grundlegendes Merkmal computervermittelter Kommunikation ist. Dies wird darauf zurückgeführt, so Marotzki weiter, dass in realweltlichen Interaktionsprozessen die diese Situation rahmenden leiblichen Elemente wegfallen und damit eine entscheidende Komponente von face-to-face-Interaktionen entfällt. Demgegenüber steht die Beobachtung einer Zunahme von Kooperationsverhalten und Hilfsbereitschaft. Beide Phänomene bestehen nach Ansicht von Marotzki nebeneinander, so dass „dieses Gesamtphänomen vielleicht als *Entmischung* der Kommunikation bezeichnet werden könnte" (Hervh. im Original, ebd.: 240). Einen weiteren Aspekt einer sozialisatorischen Perspektive sieht Marotzki in den sozialen und digitalen Welten. Er verweist hierbei auf die Betonung, dass ein Navigieren und Kommunizieren für Spieler in virtuellen sozialen Welten deswegen interessant erscheint, weil dies unabhängig vom sozialen Status geschehen kann. Mit dem Verhältnis von sozialen und digitalen Welten einhergehend, expliziert Marotzki zwei weitere Hypothesen. Zum einen beschäftigt ihn in diesem Kontext, ob der vermehrte Aufenthalt in digitalen Welten zu einer Vernachlässigung realer lebensweltlich verankerter Gruppen führt. Zum anderen verweist er auf die Annahme, dass eine com-

---

116 Das Phänomen Internetsucht wurde von Ivan Goldberg 1995 erstmals reflektiert, allerdings hat er diesen Begriff mehr im Scherz fallen lassen, der sich dann zum Selbstläufer entwickelte. Bisher wird Internetsucht immer noch am Stundenverhalten der UserInnen festgemacht, wogegen Rainer Gölz erklärt, dass dies nicht immer ausschlaggebend ist. Für ihn ist ein Suchtverhalten dann gegeben, wenn ein Mensch Internetbekanntschaften für echte Freunde hält, sich sein ganzes Denken nur noch um den Computer oder andere moderne Kommunikationsmittel dreht, er schließlich beginnt, das Internet für das wahre Leben zu halten und bei Abstinenz Entzugserscheinungen zeigt. Dieser Artikel von Stegemann (2004) zeigt, dass noch immer keine gesicherten allgemeingültigen empirischen Daten zur Internetsucht vorliegen und es sich wohl weiterhin um ein Phänomen handelt, welches untersucht werden müsste, wenn man davon ausginge, dass es so etwas wie Internetsucht tatsächlich gibt (erste Studien für Deutschland liegen zu diesem Thema durchaus vor, z.B. Hahn/Jerusalem 2001, oder andere, nachzulesen unter http://www.internetsucht.de oder http://www.onlinesucht.de).

putergestützte Kommunikation zu einer Verarmung des individuellen kommunikativen Haushalts und demzufolge zu einem Verlust kommunikativer Vielfalt führen kann. Beide Hypothesen kann er mit einem Nein beantworten. Repräsentative Studien, wie beispielsweise die von Eckert/u.a. (1991) oder Wetzstein/u.a. (1998), legen eher nahe, dass die besondere Kommunikationsstruktur im Internet nur im geringen Maß zu Veränderungen der kommunikativen Gattungen selbst beiträgt.

Eine zweite Dimension einer bildungstheoretischen Perspektive ist für Marotzki (2000) die einer identitätstheoretischen. Hierbei spielen Untersuchungen, in denen es um eine Selbstdefinition bei einem Einloggen in virtuelle soziale Welten geht, zu der auch die Geschlechtsangabe gehört, eine Rolle. Diese Analysen verweisen darauf, dass es im Internet zum Alltag gehört, sich einem anderen als dem tatsächlich realen Geschlecht zuzuordnen.[117] Es ergibt sich darüber hinaus die Möglichkeit, sich im Internet und speziell in virtuellen sozialen Welten mit vielfältigen Aspekten des eigenen Selbst zu präsentieren. Mit Identität kann gespielt und „unerforschte Dimensionen des Selbst" erprobt werden (vgl. Marotzki 2000: 241).[118] Virtuelle Räume werden somit zu einem sozialen Spielfeld, wo fremde und eigene Rollen experimentell erfahren und getestet werden können. Spiele jeder Art tragen hier wesentlich zur Identitätsbildung bei.[119] Einen Sozialisationseffekt vermutet der Autor in der Ausbildung einer sehr hohen Flexibilität im Umgang mit Selbstzuschreibungen.[120] „Agieren im Netz ist unter bildungstheoretischer Perspektive also ein Modus von Welterzeugung und insofern etwas anderes als eine instrumentelle Verwendung" (vgl. ebd.: 242).[121]

Diese Art und Weise der Argumentation einer bildungstheoretischen Perspektive des Internets fokussiert sehr auf die Frage der Subjektivität, wie Marotzki (2000) selbst einschätzt. Um diesen Blick zu erweitern und Interaktionsstrukturen zu analysieren, eröffnet er die Sichtweise einer kulturtheoretischen

---

117 Studien hierzu finden sich unter dem Stichwort gender swapping u.a. bei Bruckmann 1993, Reid 1994, Stone 1995. Diese Idee des virtuellen gender swapping wird in diesen Studien vor allem aus einer feministischen Perspektive aufgegriffen.

118 Eine Studie hierzu findet sich u.a. bei Turkle (1998), Bittkau (2000) wieder.

119 Vgl. Marotzki (1997).

120 An dieser Stelle möchte ich darauf hinweisen, dass Turkle (1998) auch die Übernahme einer virtuellen Identität durch eine andere realweltliche Person diskutiert. Dies ist dann ein Thema, wenn ein User die Handlungen einer anderen virtuellen Identität steuern und manipulieren kann. Die diese virtuelle Identität geschaffene reale Person muss hierbei hilflos zusehen, was gerade mit seiner virtuellen Figur geschieht. Dies drängt förmlich die bildungstheoretische Frage auf, ob dieser Akt nur Worte sym bolisiert, da virtuelle soziale Welten überwiegend textbasiert aufgebaut sind, oder soziale Handlungen und daran anschließend, inwieweit Personen dafür zur Rechenschaft gezogen werden können.

121 Marotzki spricht in diesem Kontext auch von einer weiteren dritten Dimension. Er zeigt auf, welche Konsequenzen es für den Subjektbegriff geben könnte, wenn gefragt wird, „was eigentlich aus dem Sachverhalt der multiplen Identitäten folgt" (ebd.: 242). Diese anthropologische Perspektive ist allerdings für die vorliegende Forschungsarbeit weniger bedeutsam und wird aus diesem Grund nicht weiter ausgeführt.

Perspektive des Internets. Unter Kultur versteht der Autor in diesem Kontext „eine hinreichend klar abgrenzbare Praxis der routinemäßigen Signifikation, eine spezifische Praxis der Bedeutungserzeugung. Kultur ist das jeweils selbstgesponnene Bedeutungsgewebe, in dem Menschen sich selbst entwerfen, ihre Handlungen koordinieren und sich über Prozesse der Symbolisierung, Ritualisierung, Metaphorisierung und Allegorisierung konstituieren" (ebd.: 245). Dies stuft der Autor als eine Primärsozialisation ein, demnach als einen Prozess, in dessen Verlauf der Einzelne lernt, an den jeweils spezifischen kulturellen Praktiken teilzuhaben. Damit ist durchaus eine Verknüpfung zu den theoretischen Vorüberlegungen von Alfred Schütz in Kapitel 2.1 zu einer privaten und einer intersubjektiven Kulturwelt gedanklich herstellbar. Wie in der Zusammenfassung in Kapitel 2.1.4 bereits dargestellt, argumentiert Schütz, dass das Individuum zuerst einmal eine Welt erfährt, die bereits durch in ihr lebende Menschen vorkonstruiert und vorinterpretiert ist. Im Fall virtueller sozialer Welten wären dies dann die UserInnen, die bereits mit ihren virtuellen Identitäten in virtuellen kulturellen Räumen interagieren. Die Interpretation dieser Welt, die Schütz als private bezeichnet, gründet sich demnach auf einen Vorrat eigener und vermittelter Welterfahrung. Diese Annahmen verdeutlichen, dass sich ein Wissen über virtuelle soziale Welten, ihr Funktionieren, für Schütz über Kommunikation und im Diskurs aufbaut. Die NutzerInnen lernen in dieser virtuellen sozialen Welt die Sprache und die Syntax der Anderen in dieser virtuellen sozialen Welt bereits agierenden UserInnen. Auf diese Weise können sie die kulturellen Güter dieser sozialen Welt erkennen, typisieren und letztendlich partizipieren. Allerdings, und hier zeigt sich eine Grenze der Überlegungen von Alfred Schütz, fokussiert diese Vorgehensweise sehr stark auf Typisierungs- und Relevanzsetzungsstrukturen. Erforschen die SozialwissenschaftlerInnen eine soziale Welt aus einer solchen Perspektive, zielen sie mit ihren Betrachtungen bereits auf ein Verstehen vom Handeln und vom Aufbau des Wissens der jeweilig Involvierten. Da es sich bei einer deskriptiven Darstellung virtueller Welten im Kontext der vorliegenden Forschungsarbeit um *neue soziale Welten* handelt, ist mir dieser Blick zu forciert. Schütz bezieht sich bei seinem Ansatz auf eine individuelle subjektorientierte Perspektive, die Marotzki mit seiner Vorgehensweise eher aushebelt. Um einen neuen kulturellen Raum aus einer sozialwissenschaftlichen Perspektive zu betrachten besteht für Marotzki (2000, 2000a) vielmehr die klassische Möglichkeit, sich diesem auf einer online-ethnographischen Ebene zu nähern. Der Ansatz der klassischen Ethnographie im Sinne einer Kultur- und Sozialanthropologie ist für die Erziehungswissenschaft u.a. deswegen aufschlussreich, weil im Mittelpunkt des Interesses enkulturative Prozesse stehen. Dies sind Prozesse, die ablaufen, wenn ein Mensch in eine Gemeinschaft hineinwächst, deren Mitglied wird und in alltäglichen sozialen Austauschprozessen die Regeln, Normen und Gewohnheiten dieser Gemeinschaft aufrechterhält.[122] Solch eine Methode der teilnehmenden Beobachtung kann auch im Internet angewendet werden, worauf Nicola Döring (1999) verweist. Mittlerweile ist diese Vorgehensweise im Kontext der Internetforschung etabliert. Von vordergründigem Interesse sind zunächst einmal soziale Strukturen, Regeln, Konventionen, Interaktionen, Kommunikationsstrukturen und Gruppenbildungen. Das bedeutet, es wird nicht nur darauf geschaut, wie die UserInnen agieren, sondern wie sich grundsätzlich eine virtuelle Community bzw. eine virtuelle Stadt im Internet präsentiert und aufbaut. Somit wird das Gesamtkonzept einer Community in die ethnographischen Betrachtungen mit einbezogen. Neben der Untersuchung von Dokumenten begibt sich der Forscher bzw. die Forscherin selbst in den kulturellen Raum, um erleben und nachvollziehen zu können, was dort auf welche Art und Weise passiert.[123] Sobald ein Forscher, so Marotzki (1999), in ein ihm nicht bekanntes Feld geht, ist er mit dem Problem des methodisch kontrollierten Fremdverstehens konfrontiert. Das Feld selbst kann hierbei ganz allgemein als Forschungsfeld verstanden werden. Die Struktur des methodisch kontrollierten Fremdverstehens bezeichnet Fritz Schütze (1994) als ethnographische Unschärferelation, welches das Verhältnis von Nähe und Distanz des Forschers impliziert. Er muss mit der zu untersuchenden, für ihn fremden, Welt vertraut werden, um deren Abläufe und dessen Aufbau zu verstehen. Gleichzeitig benötigt er eine kulturelle Distanz, um die Dinge erkennen zu können, die die Mitglieder dieser Welt aufgrund der routinemäßigen Abwicklung ihres Alltags selbst nicht mehr sehen können. Auf diese Weise erhält sich der Forscher eine analysierende und reflektierende Distanz und kann sich dem Was und Wie der ablaufenden Interaktionsprozesse zuwenden.[124] Diese ethnographische Haltung, so resümiert Marotzki (1999), drückt also aus, dass Ethnographie nicht als eine Methode verstanden wird, sondern als eine Bezeichnung für das Verhältnis des Forschers zu dem zu verstehenden und zu beschreibenden Forschungsfeld. „Ein Forscher, der für die ethnographische Unschärferelation sensibilisiert ist, der sich also die ethnographische Haltung zu Eigen gemacht hat, ist dadurch noch auf keine Methode der Datenerhebung oder -auswertung festgelegt" (ebd.: 49). Eines der Untersuchungsfelder der vorliegenden Forschungsarbeit sind virtuelle Communities. Erst ein Verstehen und Beschreiben dieser neuen sozialen virtuellen Welten ermöglicht es mir, ein berufliches Handeln und Gestalten der PädagogInnen in und für diese virtuellen sozialen Welten zu erforschen. Beschäftigt man sich mit der aktuellen Literatur zur Definition virtueller Communities, trifft man auf eine Vielzahl von Überlegungen, was eine solche

---

122  Vgl. hierzu Marotzki (1999).
123  Vgl. hierzu Marotzki (2003).
124  Vgl. Marotzki 1999: 47f.

ausmacht und wie sie definiert werden kann.[125] Der Begriff der „virtuellen Gemeinschaft" erfreut sich in diesem Diskurs großer Beliebtheit.[126] Howard Rheingold (2006) befasst sich mit diesem Kontext schon seit Jahrzehnten und hält fest, dass man gerade wegen der schnellen Entwicklung technischer Möglichkeiten zur Herstellung von Wirklichkeitsabbildern, wozu virtuelle Communities seiner Ansicht nach gehören, mehr Zeit dem Gestalten von Welten widmen sollte. Er bezieht sich auf Neil Postman[127] und betont, dass Fertigkeiten wie Lesen und Schreiben, Suchen und Bloggen[128] Fähigkeiten erfordern, die Wissen und Kommunikationsmacht freisetzen und Zutritt zu Gemeinschaften verschaffen. „Im 21. Jahrhundert bedeutet Bildung für jene, die Authentisches nicht mit Synthetischem verwechseln wollen, dass sie Architektur und Dynamik digitaler Medien verstehen" (Rheingold 2006). In Bezug auf Kommunikation sind für ihn ProduzentInnen und NutzerInnen virtueller sozialer Welten künftig die gleiche Gruppe. Für die vorliegende Forschungsarbeit werden diese beiden Gruppen aber unabhängig voneinander betrachtet, obwohl eine Nähe zwischen beiden Untersuchungsräumen, den virtuellen sozialen Welten und dem beruflichen Handeln der PädagogInnen, in der Forschungsperspektive impliziert ist. Diese Vorgehensweise legt darüber hinaus nahe, dass es, und darauf wurde bereits im ersten Kapitel hingewiesen, nicht nur darum geht zu schauen, wie PädagogInnen in und für soziale Welten beruflich handeln, sondern auch, wie sie diese gestalten. In dem eben kurz angesprochenen Artikel von Rheingold, der eine Übersetzung aus dem Englischen ist, wurde wiederum der Begriff der Community mit dem der Gemeinschaft synonym verwand. Dabei wird der Begriff der virtuellen Gemeinschaft im deutschsprachigen Raum für die verschiedensten Erläuterungen herangezogen: Portal Sites[129], Community Networks[130], Chat Rooms[131], Intranets[132]

---

125 Siehe hierzu u.a: Brill (2000); Thiedeke (2000); Hamman (2000).

126 Vgl. hierzu Fink/Gräf (2000).

127 Neil Postman versteht Medien als eine Art, in der Informationen vermittelt werden. Dabei beinhaltet der Begriff Medium für ihn, wenn es als technisches Gerät gebraucht wird, die Art und Weise des Gebrauchs des Gerätes als auch die soziale und intellektuelle Umwelt, die beim Gebrauch des Gerätes vom Gerät selbst hervorgebracht wird.

128 Bloggen ist ein Recherchemittel, dass als Möglichkeit dient, sich einem Thema anzunähern und sich mit diesem auseinanderzusetzen. Indem eine Auswahl von Weblogs aufgesucht wird, erhält man einen Überblick über verschiedene Aspekte eines Themas und zudem Verweise auf weitere Informationsressourcen im Internet. Weblogs (auch Blogs genannt) finden sich zunehmend als fester Bestandteil von Online-Portalen. [Quelle: http://www.e-teaching.org/didaktik/gestaltung/kommunikation/web_log aktualisiert 21.11.2006]

129 Unter so genannten „Portal Sites" wird die „Einstiegsseite" ins Internet bezeichnet. Sie dient dem Internetnutzer als Sprungbrett für das weitere Surfen und stellt den Ausgangspunkt seiner virtuellen Aktivitäten dar.

130 Community Networks lassen sich der Einfachheit halber als „elektronische Bürgernetzwerke" übersetzen.

131 Unter „Chat Room" wird im Allgemeinen ein virtueller Raum verstanden, in dem eine Online-Unterhaltung nahezu in Echtzeit stattfindet.

132 Das so genannte „Intranet" stellt ein virtuelles Netzwerk eines Unternehmens oder einer Organisation dar, das größtenteils den

u.ä. Die dafür notwendige Netzinfrastruktur wird als selbstverständlich und unproblematisch für die Gemeinschaftsbildung vorausgesetzt.[133] Aber: Nach Ansicht von Fink und Gräf (2000) scheint sich die Erkenntnis durchzusetzen, dass eine Datenbank noch keine Gemeinschaft ist und eine erhöhte Chance zu kommunizieren nicht automatisch und ohne soziale Kontrolle zu wünschenswerten Ergebnissen führt.

Bei der Auseinandersetzung mit der deutschsprachigen Literatur zum Thema virtuelle Gemeinschaft resp. virtuelle Communities ist immer wieder festzustellen, dass diese Begrifflichkeiten von den jeweiligen AutorInnen in ihrem kontextuellen Gebrauch gleichgesetzt werden. Insbesondere wenn es um die Kommunikation in Computernetzwerken geht, werden die Begriffe „virtuelle Community"[134], Online-Community bzw. „virtuelle Gemeinschaft" zur Charakterisierung der dort auftretenden Kommunikationsbeziehungen herangezogen.[135] Die Verwendung der Bezeichnung „virtuelle Gemeinschaft", so Thiedeke (2000), als direkte Übersetzung des angelsächsischen „virtual community" weist auf das hohe Maß an Unsicherheit hin, welches bei der Beobachtung sozialer Beziehungen in Computernetzen vorherrscht. In seinen weiteren Ausführungen entzieht sich allerdings auch Thiedeke einer Begriffsbestimmung und spricht im Folgenden von „virtuellen Gruppen". Weiterführende Studien[136] kommen in ihren Schlussfolgerungen meist zu dem Ergebnis, dass sich die Frage, ob bei den beobachteten Prozessen tatsächlich von „Gruppen" oder „Gemeinschaften" im bislang herkömmlichen Sinne gesprochen werden kann, nicht beantworten lässt. Im englischsprachigen Raum wurde der Begriff der „virtuellen Community" maßgeblich von Howard Rheingold geprägt. Seine Veröffentlichungen basieren auf teilnehmenden Beobachtungen innerhalb einer virtuellen Community „The Well", dessen Mitbegründer er ist. Er definiert virtuelle Communities folgendermaßen:

„Eine heute existierende virtuelle Gemeinschaft ist eine Gruppe von Menschen, die sich vielleicht oder vielleicht auch nicht persönlich treffen werden und die vermittels Computer-Bulletin-Boards und Datennetzen Worte und Ideen austauschen" (Rheingold 1994: 96).[137] Es besteht durchaus die Möglichkeit, die

---

MitarbeiterInnen zur Verfügung steht.

133 Vgl. hierzu Fink/Gräf (2000).

134 Folgende Übersetzungen von „Community" sind in der Literatur bekannt: a) organized body – Gemeinwesen; b) persons living in same place, having common religion, etc. – Gemeinde; c) public – Öffentlichkeit; d) body of nations – Gemeinschaft; e) sharedness – Gemeinschaft – a sense of ... – Gemeinschaftsgefühl

135 Vgl. hierzu u.a. Thiedeke (2000); Stegbauer (2001).

136 Vgl. hierzu u.a. Becker (2000).

137 Ein Computer Bulletin Board System (auf deutsch auch „schwarzes Brett" genannt) stellt beispielsweise über ein Modem verschiedene Dienste, wie Chat, E-Mail, Downloads und anderes zur Verfügung.

virtuelle Community „The Well" als eine virtuelle Gemeinschaft zu charakterisieren. Meiner Ansicht nach bedarf es allerdings einer differenzierten Betrachtung, wie der Begriff „Community" im deutschsprachigen Raum verwendet
wird. Fast jede öffentliche sowie halböffentliche virtuelle Plattform[138] integriert
in ihre Servicestruktur einen virtuellen Ort, der als „Community" bezeichnet
wird. Dort ist „Community" eher als ein öffentlicher Marktplatz, wo jeder teilnehmen und kommunizieren kann, denn als „Gemeinschaft" im sozialwissenschaftlichen Sinne zu verstehen.[139]

Nachfolgend stelle ich kurz dar, welche theoretischen Ansatzpunkte es geben könnte, wenn man sich mit dieser Thematik weiter beschäftigen würde. Dies
hebt in differenzierter Form hervor, wie meine anschließenden online-
ethnographischen Betrachtungen einzuordnen sind.

Aus einer sozialwissenschaftlichen Perspektive ist eine virtuelle Gemeinschaft, wie bereits erwähnt, über ihre sozialen Interaktionen und ihre kommunikativen Abläufe definierbar. Fast täglich entstehen neue virtuelle Portale, die sich
zum Ziel setzen, Kommunikationsprozesse zu initiieren und soziale Räume zu
schaffen, demnach reale Personen in die virtuelle Welt einzubinden. Meist
schreiben sich diese Portale selbst den Status einer Gemeinschaft zu. Allerdings
werden viele virtuelle Portale wieder geschlossen, ohne je den Status einer virtuellen Gemeinschaft erreicht zu haben. Amy Jo Kim geht davon aus, dass eine
Community eine klare Rolle, eine Absicht, im Leben der NutzerInnen spielen
muss, damit sie in diese Form der Community zurückkehren.

> „Is it a big, bustling city filled with citizens of all ages and backgrounds doing all
> sorts of interesting things? A collection of rabid fans gazing at the object of their
> admiration? A gethering of true believers holding hands and lifting their voices in
> song? A group of woman seated in a circle, speaking in hushed, sympathetic tones?
> Subscribers to an E-Mail list, sitting alone staring at words on a computers screen?"
> (Kim 2000: 2)

Das würde bedeuten, eine klare Struktur und auch die Kultur einer Community
veranlassen die UserInnen, sich dieser anzuschließen oder sich von einer solchen
abzugrenzen.

Zieht man Tönnies (1991, die erste Auflage erschien 1880/1887) aus einer
historischen Perspektive für die Frage heran, was unter Gemeinschaft verstanden
werden kann, so gibt es drei ursprüngliche Arten von Gemeinschaft:

---

138  Vgl. hierzu u.a. http://www.gmx.de; http://www.lycos.de u.ä.

139  Ob diese Formen virtueller Communities gemeinschaftsbildende Elemente enthalten und somit aus einer virtuellen Community
eine virtuelle Gemeinschaft wird, kann an dieser Stelle nicht beantwortet werden. Dafür bedarf es meiner Ansicht nach einer
gewissen Involviertheit in die Communities selbst.

- eine Verwandtschaft[140] – die das Haus als gemeinsame Stätte hat;
- eine Nachbarschaft – die das Zusammenleben an einem gemeinsamen Punkt (Dorf) symbolisiert und
- eine Freundschaft.

Die Nachbarschaft kann sich nach Ansicht des Autors auch in Abwesenheit erhalten, muss aber umso mehr bestimmte Gewohnheiten der Zusammenkunft und Bräuche stützen. Für Freundschaft ist eine Übereinstimmung in Denkart und Arbeit Bedingung. Das städtische Zusammenwohnen betrachtet Tönnies (1991) unter dem Begriff der Nachbarschaft, wie auch das häusliche, sofern nichtverwandte oder dienende Glieder daran teilnehmen. Aber „die geistige Freundschaft [bildet hingegen, S. B.-S.] eine Art von unsichtbarer Ortschaft, eine mystische Stadt und Versammlung, die gleichsam durch eine künstlerische Intuition, einen schöpferischen Willen lebendig ist" (ebd.: 13).

Dieser unsichtbare Ort der geistigen Freundschaft zeigt sich meiner Ansicht nach heute in Form der virtuellen Communities. Unabhängig von Zeit und Ort kommunizieren Individuen miteinander, schaffen sich eine vertraute Welt, möglicherweise sogar vertraute Beziehungen. Durch einen „schöpferischen Willen" gestalten die UserInnen ihre virtuelle soziale Welt, in der sie leben und arbeiten, mit.

Etzioni (1997) stellt sich aus einer soziologischen Perspektive darüber hinaus die Frage, „Kann man im virtuellen Raum gemeinschaftliche Bindungen schaffen?" (Etzioni 1997: 158), die er selbst sofort positiv beantwortet. Es zeigt sich, so der Autor weiter, dass Mitglieder einer virtuellen Community, wenn sie von einem anderen Mitglied kritisiert werden, ähnlich reagieren wie Mitglieder einer „realen" Gemeinschaft. Es gibt die Befürchtung, und darauf ist bereits weiter oben verwiesen worden, dass virtuelle Gemeinschaften die realen weiter schwächen könnten und daher abzulehnen sind. Aber für Etzioni versetzen virtuelle Communities Menschen in die Lage, an einer Gemeinschaft teilzunehmen. Ausschlaggebendes Kriterium für den Autor ist die Annahme, dass „ein Minimum an sozialer Ordnung aufrechterhalten [wird, S. B.-S.]. In der Regel versteht man hierunter die Verhinderung interner Feindseligkeiten" (Etzioni 1997: 33).

Somit ist die soziale Ordnung einer jeden Gemeinschaft auf zumindest einige Prozesse angewiesen, die ein gewisses Maß an Zeit, Aktivität, Energie und Loyalität der Gesellschaftsmitglieder für den Dienst an einem oder mehreren gemeinsamen Zielen zu mobilisieren vermögen. Alle Formen sozialer Ordnung stützen sich bis zu einem gewissen Grad auf Zwangsmittel (wie etwa Polizei

---

140  Die Gemeinschaft im Sinne einer Verwandtschaft klammere ich an dieser Stelle aus. Ich gehe in meinen Überlegungen von einer freiwilligen Gemeinschaftsbildung aus, die innerhalb verwandtschaftlicher Verhältnisse so nicht gegeben ist.

oder Gefängnis), „utilitaristische" Mittel (ökonomische Anreize, die durch öffentliche Ausgaben oder Subventionen erzeugt werden) und normative Mittel (Appelle an Werte, Moralerziehung). Das macht es, so Etzioni weiter, erforderlich, dass sich die Mehrzahl ihrer Mitglieder einer Reihe von Grundwerten verpflichtet fühlt und sich entsprechend dieser Werte verhält, aus Überzeugung, nicht aus Nötigung.

Aus diesem kurzen Diskurs geht hervor, dass es einer Debatte über diese Thematik, wann haben virtuelle Communities einen gemeinschaftlichen Charakter und was macht diesen aus, durchaus bedarf. Im Rahmen der vorliegenden Forschungsarbeit kann diese nicht geführt werden. Zum einen trägt eine Auseinandersetzung in diesem Kontext nicht zur Beantwortung der im Vordergrund stehenden Forschungsfragen bei. Zum anderen ist es für die von mir befragten PädagogInnen kein Problem, mit welchem sie sich bei ihrer beruflichen Tätigkeit auseinandersetzen müssen. So verbleibe ich an diesem Punkt mit der abschließenden Feststellung, dass hier Forschungsbedarf besteht und beziehe mich auf Hamman (2000), der übergreifend festhält:

> „Da eine notwendige Voraussetzung der Wissenschaft die Eindeutigkeit ihrer Terminologie ist, müssen wir daraus schließen, (...) dass ‚Gemeinschaft' zum gegenwärtigen Zeitpunkt ein nicht-wissenschaftlicher Begriff ist, sofern er nicht in jeder Veröffentlichung, in der er verwendet wird, neu definiert wird." (ebd.: 224, Zitat entnommen von Freilich 1963:118)

Aufgrund dessen wird nachfolgend ausschließlich von Communities gesprochen, ohne eine synonyme Verwendung der Begrifflichkeit Gemeinschaft.

Winfried Marotzki hat die eben vorgestellten Überlegungen, wie ein Gemeinschaftsbegriff gefasst werden könnte, wenn man ihn auf den virtuellen Raum bezieht, durchaus in seinem Ansatz einer Darstellung virtueller Communities und dem Internet als kultureller Raum, impliziert. Das Kriterium der *sozialen Ordnung* von virtuellen Communities ist auch für ihn der Ausgangspunkt für eine online-ethnographische Betrachtung virtueller Communities.

Eine weitere Voraussetzung zur Entstehung virtueller Communities ist, wie oben angesprochen, die Bildung und Förderung kommunikativer Fähigkeiten. Aber auch der freie Zugang zu und die Verteilung von Informationen sind grundlegende Bedingungen.

Im nachfolgenden Abschnitt wird nun die Kernstruktur vorgestellt, die Marotzki (2003) auf der Basis einer systematischen Beobachtung von virtuellen Communities und Städten herausgearbeitet hat. Mit dieser Kernstruktur werden dann zwei virtuelle Communities exemplarisch vorgestellt. Ziel ist es hierbei, pädagogische Handlungs- und Gestaltungsspielräume virtueller sozialer Welten aufzuzeigen.

### 3.2.1 Strukturmerkmale virtueller Communities und Städte – zwei Beispiele

Unter der Fragestellung, wie soziale Ordnung aufgebaut, aufrecht erhalten und verändert werden kann, entwickelte Marotzki (2003) auf der Basis einer systematischen Beobachtung von 40 virtuellen Communities, wozu unter anderem Newsgroups[141], MUDs[142] und Spielecommunities gehören, ein Sample von acht fallübergreifenden Strukturmerkmalen, die eine Kernstruktur unter dem Fokus *Soziale Ordnung* symbolisieren. Marotzkis Darstellung dient zum einem der systematischen Erklärung virtueller Communityräume und zum anderen ermöglicht sein Ansatz grundsätzlich eine Annäherung an neue kulturelle Räume.

Der Autor unterscheidet vorerst drei Forschungsfokusse, mit denen man sich dem Kulturraum Internet nähern kann:

- *Forschungsfokus offline*: Dieser Fokus beinhaltet den Mediengebrauch der UserInnen im Kontext des alltäglichen Lebens.

- *Forschungsfokus online-offline*: Hier wird die Frage gestellt: Was wird von dem Einzelnen und/oder den Gruppen online an Aktivitäten entwickelt und wie steht dies im Verhältnis zu ihrer Lebenswelt?

- *Forschungsfokus online*: Hierbei handelt es sich um alle Forschungen, die sich auf das internetinterne Nutzerverhalten beziehen, mit der Absicht, aus diesen Analysen Vermarktungschancen und -strategien zu entwickeln.

Bezugnehmend auf meinen Forschungsschwerpunkt interessieren mich weniger die UserInnen virtueller Vergemeinschaftungen, sondern die Erschaffer und Gestalter virtueller Communities sowie deren pädagogisches Gestaltungs- und Handlungsfeld. Aus diesem Grund ist mein Forschungsfokus zwar online, aber der Schwerpunkt liegt auf einer Verknüpfung des qualitativen Datenmaterials, welches in Kapitel 4 vorgestellt wird, mit den virtuellen sozialen Welten, in denen oder für die die von mir befragten PädagogInnen agieren. Um ihre Handlungs- und Gestaltungsspielräume, in denen sie agieren, verstehen zu können, bedarf es allerdings, wie bereits erwähnt, eines Exkurses über virtuelle Communities. Nur so lassen sich ihre beruflichen Handlungsmuster nachvollziehen.

Die nachfolgend exemplarisch dargestellten Communities „msn" und „kidsville" stellen meiner Ansicht nach ein Konglomerat aus den hier von Marotzki untersuchten virtuellen Welten dar. Die Community „msn" ist weltweit orientiert, ohne thematische Fokussierung und präsentiert auf diese Art und Wei-

---

141 In Newsgroups versammeln sich u.a. Gleichgesinnte, tauschen sich aus oder helfen sich gegenseitig bei Problemen. Vergleichbar sind sie mit einem Messageboard oder Forum.

142 MUDs (Multi User Dungeons) ist ein weltweiter Spieleserver, der eine virtuelle Welt für online-Abenteuer simuliert.

se ein breites Angebot für viele verschiedene UserInnen. Die virtuelle Stadt „kidsville" ist eine „Internetstadt" für Kinder mit bis zu 500 UserInnen pro Tag, die sich die Seite anschauen und/oder nutzen. Ich gehe davon aus, dass sich, sozusagen vom speziellen zum allgemeinen oder auch äquivalent, hier die Strukturmerkmale anwenden lassen, um diese virtuellen sozialen Welten zu strukturieren und zu beschreiben. So lässt sich exemplarisch zeigen, in welchen virtuellen sozialen Welten die von mir befragten PädagogInnen agieren. Gleichzeitig hat jeder virtuelle Interaktionsraum seine spezifischen Eigenheiten und Besonderheiten, die ich herausstellen möchte.

Die von Marotzki (2003) herausgearbeitete Kernstruktur virtueller Communities setzt sich aus den folgenden acht Strukturmerkmalen zusammen, die seiner Ansicht nach in nahezu allen virtuellen Communities identisch sind:

a.  der *Leitmetapher* für die Infrastruktur, aus der sich weitere strukturelle Entscheidungen, wie sich die virtuelle Community repräsentiert und aufbaut, ergeben. Die Leitmetapher bestimmt das Aussehen der virtuellen Community im Internet, wobei es sich in der Regel um die Metapher einer Stadt oder Bibliothek handelt;

b.  dem *Regelwerk*, welches die Regelung des Zugangs, ein Gratifikations- und Sanktionssystem und eine soziographische Struktur (System der Über- und Unterordnung sozialer Positionen durch Kompetenzen, Zu- oder Aberkennung von Rechten und Pflichten etc.) beinhaltet. Entweder werden der virtuellen Community Regeln vorgegeben oder innerhalb der Gruppe ausgehandelt. Dies stellt, so Marotzki weiter, den Rahmen dar, innerhalb dessen sich soziale Ordnung bildet und reproduziert;

c.  der *soziographischen Struktur*, mit der die Positionierung einzelner Mitglieder, ihre Kompetenzen, Rechte und Pflichten u.ä. geregelt werden;

d.  der *Kommunikationsstruktur*, wobei es sich hier zunächst um eine technische Struktur handelt, die die Mitglieder einer virtuellen Community in Kontakt bringen soll. Zu dieser technischen Struktur zählen u.a.:
    -   Chats: teilweise öffentlich, halböffentlich oder für geschlossene Gruppen, des Weiteren: zeitunabhängige und Termin-Chats (z.B. bei Selbsthilfegruppen);
    -   E-Mail – sowohl Communityintern als auch –extern;
    -   Foren – ein Forum ist eine Art Nachrichtenbrett, welches Diskussionen auslösen soll, gleichzeitig kann es auch als Newsletter verstanden werden;
    -   ICQ[143]; SMS; Grußkarten;

---

143   ICQ („I seek you") stellt ein Instant Messaging dar. Dies ist ein Dienst der es erlaubt, in Echtzeit zu chatten oder kurze Nach-

e. der *Informationsstruktur*, wobei hier die ethnographische Frage lautet, von wem welche Informationen für wen zur Verfügung gestellt werden. Dazu gehören u.a. Linkstrukturen und -sammlungen, aber auch Suchmaschinen;

f. der *Präsentationsstruktur*, die zunächst eine Art Identitätsmanagement (Nickname[144], virtuelle Präsentation etc.) umfasst. Auf diesen Bereich kann nur intern, also innerhalb der virtuellen Community, zugegriffen werden. Zur Präsentationsstruktur gehört auch die Möglichkeit der Einrichtung einer Homepage und privater Arenen, wie z.B. virtuelle Wohnungen mit Zulassungsbeschränkung etc.;

g. der *Partizipationsstruktur*, die den Grad der Mitbestimmung der Mitglieder an der virtuellen Community regelt. Dazu gehören beispielsweise die Möglichkeiten, sich einen eigenen Chat einzurichten oder Interessengruppen zu initiieren, sich somit dem öffentlichen Raum zu entziehen. Gleichzeitig beinhaltet dieser Unterpunkt die aktive oder passive Partizipation, z.B. Mitbestimmungsmöglichkeiten im öffentlichen virtuellen Raum der Community;

h. dem *Verhältnis Online-Offline*, das eine Servicestruktur (meist kommerzieller Art) und die Möglichkeiten einer Weiterführung der Online-Beziehungen in der Offline-Welt beinhaltet. Hier stellen sich für Marotzki die Fragen: Gibt es die Möglichkeit, Online-Beziehungen auch Offline einzugehen und ist das von den Community-BetreiberInnen so vorgesehen? Steht den UserInnen somit eine Rückbindung an ihre Alltagswelt (z.B. durch SMS, E-Mail etc.) zur Verfügung?

Nicht immer sind alle Merkmale in den jeweiligen virtuellen Communities angedacht bzw. notwendig. Die einzelnen Strukturmerkmale stellen meiner Ansicht nach eine Grundfigur virtueller Communities dar, ohne dass jeder Unterpunkt tatsächlich von den Betreibern der Communities angeboten werden muss, um grundsätzlich von einer Community sprechen zu können. Auch sind nicht immer alle Merkmale konsequent voneinander zu trennen. Es besteht durchaus die Möglichkeit, dass einige Strukturmerkmale einander bedingen bzw. einzelne Elemente virtueller Communities sowohl dem einen als auch dem anderen zugeordnet werden können.

Im Rahmen meiner Forschungsfrage, wie sich PädagogInnen diesen virtuellen Raum erschließen, spielt dies allerdings eine eher untergeordnete Rolle. Die Strukturmerkmale von Marotzki geben mir die Möglichkeit, mein Forschungs-

---

richten zu verschicken. Das Programm selbst läuft unabhängig von der eigentlichen virtuellen Community und kann deshalb wie ein ganz privater Raum im öffentlichen Netz betrachtet werden.

144 Der so genannte Nickname ist der virtuelle Name, den sich jeder User beim erstmaligen Betreten einer virtuellen Community zuweisen muss. Dieser Name kann dem realen Namen entsprechen oder ein Phantasiename sein.

feld, virtuelle Communities, strukturiert und ganzheitlich, das bedeutet, im Sinne ihrer sozialen Ordnung, darzustellen.

In den folgenden Ausführungen konzentriere ich mich auf zentrale Elemente dieser virtuellen Communities, die meiner Erfahrung nach tragende Funktion besitzen und innerhalb der Community die wenigsten Umstrukturierungen und Veränderungen hinsichtlich ihrer Rahmenbedingungen erfahren.

Diese Kernstruktur ist dann von Bedeutung, so Marotzki (2003), wenn eine Community praktisch gestaltet werden soll. Seiner Ansicht nach gibt es bei allen acht Strukturmerkmalen pädagogischen Handlungs- und Entscheidungsspielraum. Wichtig in diesem Kontext erscheint mir die Tatsache, dass Marotzki ein Instrumentarium entwickelt hat, mit dessen Hilfe aus einer sozialwissenschaftlichen Perspektive virtuelle Communities analytisch deskribieren werden können. Diese acht Strukturmerkmale dienen daher einer systematischen Darstellung virtueller Communities an sich, was nachfolgend an zwei Beispielen gezeigt werden soll.

### 3.2.2   http://www.msn.de

Die Community „msn", die zur Microsoft-Gruppe gehört, ist eine der größten virtuellen Plattformen im deutschsprachigen Raum. Zum ersten Mal ging diese Internetseite im Dezember 1996 online und baut seitdem ihr Angebot kontinuierlich aus. Im Jahr 2006 beläuft sich die aktuelle NutzerInnenzahl des Internetportals „msn" auf 12,5 Millionen NutzerInnen, womit es den vierten Rang hinter dem Internetsuchdienst „Google", der Firma „microsoft" selbst und dem Online-Marktplatz „ebay" einnimmt.[145] Dieses virtuelle Portal „msn" ist damit auch die am meisten frequentierte virtuelle Community in Deutschland. „msn" selbst fokussiert sowohl auf ein breites Informationsangebot als auch auf eine „allumfassende" Kommunikationsplattform, was bereits auf der Homepage[146] von „msn" deutlich in Erscheinung tritt.

---

145   Vgl. zu den aktuellen statistischen Zahlen: Dambeck (2006).

146   Unter Homepage verstehe ich die Startseite einer Webpräsenz.

*Abbildung 3:* Homepage von „msn"[147]

---

147 Quelle: http://de.msn.com [aktualisiert: 23.11.2006]. Die beiden Screenshots sind eine Internetseite.

Die aktuelle Seite vermittelt einen zeitgemäßen Eindruck und bietet die Möglichkeit eines schnellen Überblicks über die augenblickliche Tageslage. Gleichzeitig ist die Homepage von „msn" 2006 wesentlich durch Werbung, worüber sie sich größtenteils finanziert, sowie vielen Linkstrukturen geprägt. Somit hat diese Homepage vordergründig die Funktion, neue UserInnen für die weiteren Webseiten des Portals zu interessieren. Das Hauptanliegen bei „msn" ist allerdings meiner Ansicht nach die Nutzung der Kommunikations- und Präsentationsmöglichkeiten.

In den nun folgenden Schritten konzentriere ich mich zum einen auf die Darstellung dieses virtuellen Portals unter Hinzunahme der eben explizierten Strukturmerkmale virtueller Communities. Zum anderen fokussiere ich auf die Elemente dieser Webseiten, die ich für besonders erwähnenswert erachte, um ein Bild dieser virtuellen Plattform zu vermitteln.

Das eigentliche Portal der virtuellen Community findet sich auf den Seiten nach der „msn"-Eröffnungsseite wieder. Bereits der Name „my msn" lässt auf eine mögliche Leitmetapher schließen, wie nachfolgend gezeigt wird.

Infrastruktur

Im Sinne von Marotzkis Strukturmerkmalen lässt sich nur ansatzweise auf den ersten Blick eine *Leitmetapher* bei „my msn" finden. Da keine Festlegung bzw. Fokussierung auf ein spezifisches Leitthema von den Betreibern intendiert ist, bedarf es erst einmal der kurzen Darstellung des Weges, wie sich neue UserInnen diese virtuelle Plattform erschließen können.

Um das Kommunikationsangebot von „my msn" zu nutzen, erfordert es in einem ersten Schritt die Anmeldung der UserInnen. Das Prozedere ist relativ einfach und soll bereits in den ersten Handlungen eine Art Sicherheit vermitteln.

Sollten die an dieser virtuellen Community interessierten zukünftigen UserInnen noch keine E-Mail-Adresse besitzen, können sie hier eine von „msn" erhalten. Dieser oder einer bereits existierenden E-Mail-Adresse weisen die UserInnen ein Kennwort zu. Darüber hinaus bedarf es der Eingabe einer Ziffern- bzw. Buchstabenfolge. Dies soll ausschließen, dass sich automatische Programme anmelden. Nach Ansicht der BetreiberInnen der Community führt dies zu einer Minimierung des Missbrauchs von Anmeldeprozeduren und soll so die Community vor Schaden schützen (wie z.B. dem Versenden von Junk-E-Mails[148]).

---

[148]  „Junk" steht für „wertlosen Mist". Junk-E-Mails sind unerwünschte belästigende Nachrichten mit nur geringem inhaltlichen und ästhetischen Wert.

Haben die UserInnen sich auf diesem Weg angemeldet, erscheint ihre private Eingangsseite zur virtuellen Community „my msn". Betrachtet man diese Seite, gewinnt man schnell den Eindruck der Informationsvielfalt, wenn nicht sogar „Angebotsschwemme".

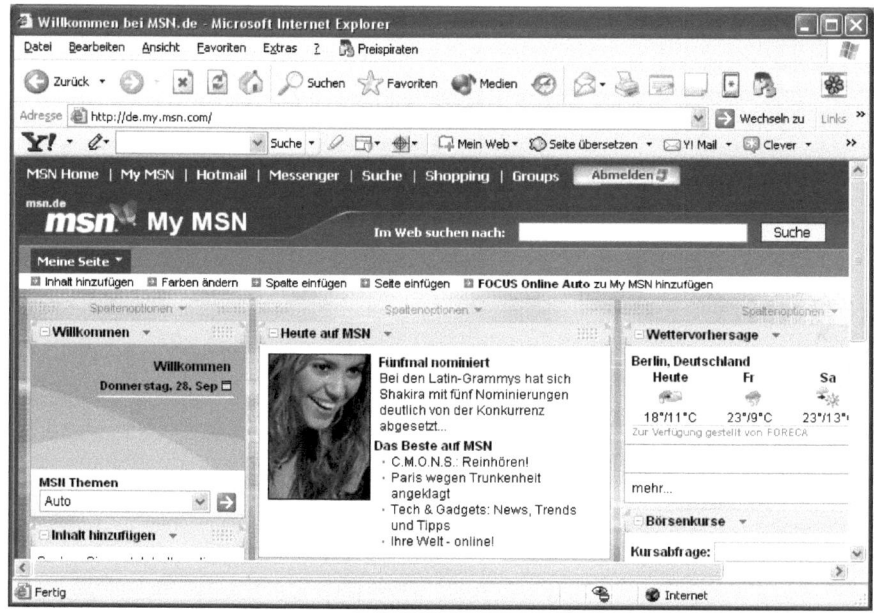

*Abbildung 4:* Die Website[149] der virtuellen Community „my msn"[150]

Wie bereits erwähnt, dominieren auf den ersten Blick die Werbeanzeigen der Seite, meistens ist es Eigenwerbung von „msn". Bezieht man sich auf die Überlegungen von Marotzki könnte man im Sinne einer Leitmetapher von einer „Wohnung" ausgehen, die die UserInnen betreten. So vermittelt „msn" den Eindruck, man sei „zu Hause", in einem virtuellen „zu Hause". Dies zeigt sich an den verschiedensten Punkten auf der ersten Seite von „my msn".

---

149 Unter Website wird ein zusammenhängendes Projekt im World Wide Web bezeichnet, welches meist aus mehreren Dokumenten besteht, die durch eine einheitliche Navigation zusammengefasst und verknüpft werden.

150 Quelle: http://de.my.msn.com/ [aktualisiert: 28.09.2006].

- Die UserInnen können die Seite in einem eher pragmatischen Sinne ihren individuellen Bedürfnissen anpassen. Dazu gehören: die Wahl der Farbe der Seite, die Inhalte der Seite, die Anzahl der Spalten und was in ihnen stehen soll (Links, Newsletter, Nachrichten, Wetter, Börsenkurse etc.).
- Es befindet sich im unteren Bereich der Seite der Posteingang, so dass man seine E-Mails lesen kann (wie eine Art Briefkasten).
- Die Verlinkung zu den Kommunikationsportalen ist bereits vorhanden.
- Die Seite kann als Homepage eingerichtet werden.

Dies alles vermittelt den Eindruck, man betritt eine virtuelle Wohnung, schaut erst einmal, was im Briefkasten ist, liest die Tageszeitung und bewegt sich dann, wenn man das möchte, in die Kommunikationsräume.


Regelwerk und soziographische Struktur

Wie sich das Prozedere der Anmeldung vollzieht, habe ich bereits dargelegt. Zur Anmeldung selbst gehört auch die Akzeptanz der Nutzungs- und Datenschutzbedingungen der „Microsoft® Corporation". Darüber hinaus existieren nur wenige Reglementierungen, eher sind es Empfehlungen (wie beispielsweise: Die UserInnen sollen mindestens 13 Jahre alt sein.). Ein Gratifikationssystem ist nicht vorhanden. „msn" stützt sich auf sein breites Angebot und eine Vielzahl von NutzerInnen.

Für die einzelnen Chats und Groups, auf die ich anschließend näher eingehen werde, wurden Verhaltensregeln formuliert. Vereinfacht zusammengefasst benennt „msn" folgende Regeln:

- Andere respektieren;
- Das Gesetz beachten;
- Verantwortung übernehmen;
- Kinder, Privatleben und Eigentum schützen.

Diese Verhaltensregeln implizieren Sanktionsmaßnahmen, die zur Anwendung kommen, wenn sich die UserInnen nicht an den oben genannten Kodex halten. Dazu gehören beispielsweise: die Entfernung von Diensten und Inhalten, die Beendigung des Zugriffs auf die Kommunikationsplattform und ähnliches. In den Chats und Groups selbst können die UserInnen, die gegen diese Verhaltensregeln verstoßen, von den Kommunikationsportalen ausgeschlossen und somit „verbannt" werden.

All diese Maßnahmen sind in fast jeder virtuellen Community anzutreffen. Teilweise müssen sie formuliert werden, um die BetreiberInnen vor Sanktionen der Legislative zu schützen.


Kommunikationsstruktur


Wie bereits erwähnt, befindet sich auf der Eingangsseite von „my msn" die Linkstruktur zur Kommunikationsebene bei „msn". Um allerdings das Kommunikationsangebot nutzen zu können, bedarf es nicht des Weges über diese Eingangsseite. Die UserInnen können sich direkt in ihren favorisierten kommunikativen Raum begeben. Das bedeutet, die UserInnen können sich eine ganz private virtuelle Seite, wie eine Art private Homepage, einrichten. Allerdings ist dies nicht Vorraussetzung, um an dem Kommunikationspaket von „msn" zu partizipieren. Diesen Weg gehen aber meiner Ansicht nach die meisten UserInnen. Ihr Interesse ist eher fokussiert auf die Nutzung der Kommunikationsräume als auf die eigene private Seite, dafür bieten sich andere virtuelle Möglichkeiten.[151] Es ist anscheinend für die NutzerInnen ab einem bestimmten Zeitpunkt nicht mehr entscheidend[152], wer welche Kommunikationsräume anbietet, sondern welche sozialen Kontakte sich bereits ergeben haben. Ausschlaggebend für die Wahl eines Chats oder anderer virtueller Kommunikationsräume sind auch das Interesse und die Motivation, mit der die UserInnen einen entsprechenden Raum auswählen. Das Kommunikationsangebot selbst ist sehr breit und reicht von absolut öffentlich bis uneingeschränkt privat nutzbar und spricht viele verschiedene Facetten an, die bereits Marotzki in seinen Strukturmerkmalen benennt. Ich werde mich darauf beschränken, verschiedene virtuelle Kommunikationsräume von „msn" zu erwähnen und zu beschreiben.

„msn" subsumiert unter dem Begriff „msn Groups" ein Konglomerat aus verschiedenen virtuellen Kommunikationsräumen und -ebenen. Dazu gehören:

- Private und öffentliche themenfokussierte Interessensgemeinschaften (Groups);
- Diskussionsforen;
- Die zu den Groups dazugehörigen Chats;
- Der „msn Messenger".

---

151  Z.B. eine private Homepage außerhalb der Community.
152  Vgl. hierzu Kim (2000).

143

*Private und öffentliche themenfokussierte Interessensgemeinschaften (Groups)*
*und Diskussionsforen*
Diese virtuellen kommunikativen Räume ermöglichen den UserInnen zum einen
an bereits bestehenden Gruppen zu partizipieren und mit deren Mitgliedern zu
kommunizieren. Dies bedarf einer Anmeldung bei dem jeweiligen „Manager"
einer Gruppe. Zum anderen können die UserInnen einen eigenen Themenchat
eröffnen und sich KommunikationspartnerInnen dazu einladen. An dieser Stelle
überschneidet sich Marotzkis Kommunikationsstruktur mit der Partizipationsstruktur.

Gleichzeitig besteht die Möglichkeit, an öffentlichen Diskussionsforen teilzunehmen. Die Unterscheidung zwischen den Groups und den Diskussionsforen
liegt in ihrer zeitlichen Funktion. Während die Kommunikation in den Groups
synchron abläuft, findet die Verständigung in den Diskussionsforen asynchron
statt.

*Chats*[153]
Innerhalb einer jeden Group finden sich die so genannten Chats wieder. Im Gegensatz zu anderen offenen virtuellen Räumen existieren bei „msn" seit dem
14.10.2003 keine öffentlichen unmoderierten Chats mehr. „msn" begründet dies
mit dem Missbrauch und der unkontrollierten Verbreitung von Bildern und Texten in diesen virtuellen Räumen.

Möchten die UserInnen an einem Chat teilnehmen, müssen sie die jeweilige
Mitgliedschaft erwerben, sich also beim Manager des Chats anmelden. Dies gilt
sowohl für die allgemeinen als auch die Themenchats. Das bedeutet: Im Gegensatz zu anderen öffentlichen virtuellen Plattformen hat „msn" eine Eingangssper-
re vor jeden Chat geschaltet. „microsoft-msn" begründet dies, wie bereits angedeutet, mit der Vermeidung von Spam-Mails[154] und widerrechtlichen Nutzung
der Kommunikationsangebote bzw. Verbreitung rechtswidrigen Datenmaterials
in diesen. Die Manager selbst sind entweder die Gruppengründer oder ein User
des Chats, der das Vertrauen von „msn" besitzt.

An dieser Stelle mag der Eindruck entstehen, dass jede Group eigentlich ein
Chat ist. Es gibt meiner Ansicht nach auch keine inhaltliche Trennung zwischen
diesen beiden Begrifflichkeiten, obwohl „msn" hier unterscheiden möchte. Allerdings könnte argumentiert werden, dass „Group" die Bezeichnung für den
gesamten jeweiligen Kommunikationsraum ist, also die Themenzentrierung[155]

---

153  Wie Kommunikation in einem Textchat stattfindet, werde ich nicht näher beschreiben. Ich verweise an dieser Stelle auf: Bittkau
(2000): 27.

154  Spam ist im weitesten Sinn eine Sammelbezeichnung für unerwünschte Nachrichten in Form von E-Mails (siehe Junk-E-Mails)
oder Beiträgen (Postings), wie beispielsweise in Chats.

155  Jede „Group" weist sich einen Gruppennamen zu, der meist schon eine thematische Fokussierung intendiert (z.B. „Lie-

anspricht. Der Chat ist dann die kommunikative Handlung in den virtuellen Räumen selbst. Diese Art der Unterscheidung habe ich auf keiner anderen virtuellen Plattform wieder finden können. Im weiteren Verlauf werde ich von Chats sprechen, da ich somit die Groups selbst meine als auch die eigentliche Kommunikation in den Räumen. Was ist eine Group, in der nicht gechattet wird?

Bereits aus den beiden oberen Screenshots wird ersichtlich, wie breit das Spektrum an themenfokussierten und halböffentlichen Chats ist. Bei der letzten Zählung, die ich im Januar 2004 vorgenommen habe, waren es insgesamt über 11000 verschiedene Themenchats. Die Mitgliederzahlen bewegen sich in einem Spektrum von 2 Mitgliedern bis über 3000. Darüber hinaus bietet „msn" in einem so genannten „Chatkalender" Themenchats zu festen Zeiten an. Hier haben die UserInnen einerseits die Möglichkeit, einen eigenen Chat unter einer bestimmten Thematik als Themenchat anzubieten bzw. an einem solchem teilzunehmen.

Eine Besonderheit bei „msn" ist, dass sich jeder User einen eigenen Chat einrichten und andere UserInnen zum Chatten einladen kann. Dieses Angebot nutzen nicht nur Einzelpersonen, sondern u.a. auch Schulklassen, LehrerInnen etc. Auf diesen Punkt werde ich später noch näher eingehen.

*msn Messenger*

Ein herausragendes Merkmal im Angebot bei „msn" ist der „msn Messenger". Er funktioniert ähnlich wie „ICQ". Dieser virtuelle Messenger lässt sich ohne viel Aufwand von der Eingangsseite bei „msn" downloaden und ist sofort betriebsbereit. Nach der Anmeldung mit der bereits bei „msn" verwendeten E-Mail-Adresse und dem dazugehörigen Passwort besteht die Möglichkeit, sowohl andere „msn"-UserInnen als auch weitere ausgewählte Personen auf die private „Bodylist"[156] zu setzen. Der „msn Messenger" stellt in diesem Sinne eine Art privates Online-Adressbuch dar. Die UserInnen entscheiden, welchen Status sie haben (anwesend, abwesend, online aber beschäftigt etc.), mit wem sie kommunizieren möchten oder welche AdressatInnen sie ignorieren wollen. Da der „msn Messenger" genau wie „ICQ" von den UserInnen wie ein Chat eingesetzt werden kann, besteht weiterhin die Gelegenheit synchroner Kommunikation. Im Gegensatz zum öffentlichen Chat entfallen allerdings kommunikative Aushandlungsprozesse, man kennt sich und spricht eine gemeinsame Sprache. Gleichzeitig kann eine Offline-Anbindung in den unterschiedlichsten Facetten stattfinden. SMS, Video-Mail, Telefonieren übers Internet etc. sind weitere Ausstattungs-

---

be+Erotik" oder „Kleinanzeigen").

156 Auf diese Liste können die UserInnen alle die Leute setzen, zu denen sie Kontakt haben wollen. Die Liste kann jederzeit erweitert oder verkürzt werden. Sollte einer der UserInnen auf der Liste online sein, so wird dies angezeigt.

elemente. Auch hier gibt es also wieder Überschneidungen zu einigen anderen Strukturmerkmalen, wie beispielsweise der Struktur „Verhältnis Online-Offline" oder der Partizipationsstruktur.

Da der „msn Messenger" unabhängig von der „msn" - Homepage funktioniert, stellt er ein spezielles Instrumentarium dar, mit dem die „Microsoft® Corporation" ihre UserInnen an sich binden kann. Ständige Neuerungen und Downloads verknüpfen den eher privaten virtuellen Bereich des Messengers dauerhaft mit dem virtuellen öffentlichen Raum von „msn".

In den eben dargelegten Beschreibungen der Kommunikationsstruktur bei „msn" habe ich verdichtet die Breite und Vielfalt des Angebots dargestellt. Einzelne Unterpunkte[157], die zum Servicebereich gehören und auch bei anderen virtuellen Plattformen integriert sind, habe ich bewusst nicht angesprochen. Sie stellen meiner Ansicht nach keine spezifischen Elemente dar, da diese Funktionen bei fast jeder größeren virtuellen Community als Ausstattungsmerkmal angeboten werden.

Informationsstruktur

Bereits auf der Eingangsseite von „msn" findet sich ein breites Angebot von Links und Informationen wieder. Mehrmals täglich werden aktuelle Berichte online zur Verfügung gestellt. Das Spektrum der Linkstruktur reicht von „FOCUS ONLINE" bis zu Kontaktanzeigen und „ebay Auktionen". Auf der privaten Seite „my msn" können sich die UserInnen, wie bereits erwähnt, eigene Linksammlungen anlegen. Newsletter von verschiedenen WerbepartnerInnen von „msn" können beispielsweise abonniert werden. Auch ein persönlicher Kalender steht online zur Verfügung, mit der Möglichkeit der Terminerinnerung („alerts"). Diese Alarmfunktion ist auch dann aktiv, wenn sich der User oder die Userin nicht auf den Seiten von „msn" bewegt. Sie müssen nur online sein.

Unter diesem Punkt ist für mich auch die Suchmaschinenfunktion von Bedeutung. Auch sie trägt zur Informationsstruktur bei, obwohl Marotzki diese nicht speziell erwähnt. Allein die Möglichkeit der Nutzung ist meiner Ansicht nach erwähnenswert. Betrachtet man die Nutzerzahlen der „msn"-Suchmaschine, so lässt sich festhalten: „msn" ist weltweit die Nummer drei der weiterleitenden Websites mit Suchservices, in den USA belegt „msn" sogar den zweiten Platz.[158]

---

157  Wie z.B. Newsletter, Suchmaschinenfunktion, SMS etc.
158  Vgl. hierzu http://www.at-web.de/portale/msn-refer.htm [aktualisiert 27.09.2006].

Es bleibt kurz festzuhalten: Das Informationsangebot ist breit, die UserInnen müssen keine anderen Seiten aufsuchen, um sich zu informieren oder informiert zu fühlen.

## Präsentationsstruktur

Wer das Medium Internet nutzen möchte, um neue soziale Kontakte aufzubauen oder einfach zu kommunizieren, für den sind Präsentationsmöglichkeiten innerhalb seiner Community von großer Bedeutung. Dies dient nicht nur dazu, um sich selbst auf eine bestimmte Art und Weise zu präsentieren bzw. eine virtuelle Identität zu kreieren. Es unterstützt außerdem die gezielte Suche nach anderen Userinnen und Usern und deren Präsentation im virtuellen Raum. „msn" bietet dafür verschiedene Features an:

- Homepage bzw. Profil;
- Mitgliederverzeichnis bzw. die Suche nach anderen UserInnen.

*Profilerstellung*
Möchte man von anderen Usern gesucht und gefunden werden, legt man sich bei „msn" ein individuelles Profil[159] an. Nach der Entscheidung für einen Nickname weisen sich die UserInnen bestimmte Attribute[160] zu, die ihrer jeweiligen virtuellen Identität entsprechen sollen. Es besteht die Option, das virtuelle Profil mit einer anderen Homepage zu verlinken und diese dann mit anzeigen zu lassen. Als Suchkriterien definiert „msn" neben dem Geschlecht und Interessen auch individuelle Zuschreibungen, die allerdings, im Gegensatz zu anderen virtuellen Communities, nicht aus einem Pool geschöpft, sondern textlich verbalisiert werden.[161] Zusätzlich besteht für die UserInnen die Möglichkeit, ein Foto oder ein Bild auf ihrer Homepage zu veröffentlichen.

Diese virtuelle Profilgebung ist aber nicht zwingend notwendig, um nach anderen UserInnen zu suchen oder zu chatten. Allerdings ist sie dann von Bedeutung, wenn die UserInnen selbst anhand bestimmter zugeschriebener Merkmalseigenschaften gefunden werden wollen.

---

159 Diese Art der virtuellen Profilgebung ist mit Marotzkis Überlegungen zur Identity-Card gleichzusetzen.

160 Dazu gehören: Persönliche Informationen, Vorlieben, Hobbys und Interessen, Lieblingszitat, Alter, Familienstand etc.

161 Die Betreiber virtueller Communities bieten entweder einen Pool von Eigenschaften an, aus denen die UserInnen ihre individuellen Zuschreibungen für die jeweilige virtuelle Identität auswählen können. Oder den UserInnen wird ein offenes Feld zur Verfügung gestellt (wie bei „msn"), in das sie selbst die jeweiligen Eigenschaften ihrer virtuellen Identität hineinschreiben können.

*Mitgliederverzeichnis*

In diesem Verzeichnis, das wie eine Art interne Suchmaschine funktioniert, können die UserInnen nach anderen virtuellen Profilen fahnden, wobei sie sich an Interessen, Alter, Geschlecht oder am Nickname orientieren können. Bereits der Nickname kann sehr eindrucksvoll über die dahinter liegende virtuelle Identität Auskunft geben. Die Profile im Mitgliederverzeichnis stellen sich folgendermaßen dar:

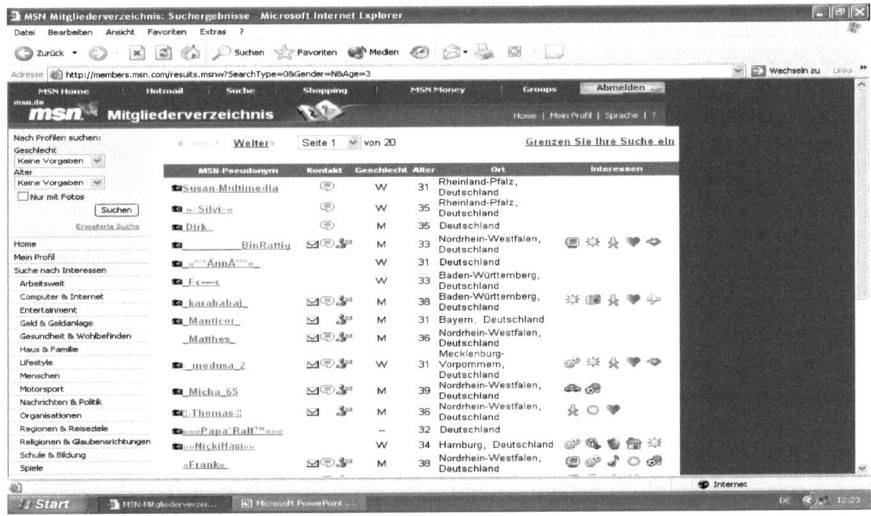

*Abbildung 5:*   Mitgliederverzeichnis bei „my msn"[162]

Neben den Standardangaben[163] können die UserInnen innerhalb ihres Profils bestimmte Icons wählen, um bereits an dieser Stelle ihre Interessen und Neigungen, beispielsweise der Kontaktaufnahme, zu etablieren. Zu diesen Icons zählen z.B. ein Herz (zeigt an, dass man an Beziehungen interessiert ist) oder ein Computer (stellt ein Interesse für Web-Lifestyle, Internet, Programmierung etc. dar).

---

162   Quelle: http://members.msn.com/results.msnw?SearchType=0&Gender=N%Age=3 [aktualisiert September 2004].

163   Dazu zähle ich: Nickname (bzw. „msn-Pseudonym") Alter, Geschlecht und Ort.

Partizipationsstruktur

Bereits mehrmals habe ich in den Beschreibungen zu den vorangegangenen Strukturmerkmalen auf Überlappungen aufmerksam gemacht. Den UserInnen bei „msn" steht, da diese virtuelle Community einen sehr allgemein gehaltenen Charakter hat, nur ein geringes Maß an Partizipation zu. Neben den Möglichkeiten, einen eigenen Chat bzw. ein Diskussionsforum zu eröffnen und zu moderieren, ließen sich keine anderen Partizipationsmöglichkeiten finden. Es sei denn, man betrachtet die Aufforderung von „msn", den Missbrauch von Chats bzw. die Verbreitung rechtswidrigen Materials über die „msn" - Homepage bei den InitiatorInnen dieser virtuellen Community anzuzeigen, als eine Art von Partizipationsmöglichkeit.


Verhältnis Online-Offline

Die virtuelle Community „msn" ist, wie bereits angesprochen, eine Seite, die sehr werbelastig ist. Daraus finanziert sie sich und ihr breites Angebot. Die Anbindung an die Offline-Welt ist meiner Ansicht nach bei „msn" nicht offiziell angedacht. Hier sehe ich eher Verknüpfungsmöglichkeiten innerhalb der Online-Welt. „msn" möchte auch dann bei seinen UserInnen präsent sein, wenn sie sich außerhalb ihrer Seiten in der virtuellen Welt des Internet bewegen. Dazu gehören beispielsweise der „msn Messenger" als auch die Kalender- und Newsletterfunktionen. Wie sich dennoch eine Anbindung an die reale Alltagswelt der UserInnen zeigen lässt, möchte ich kurz an einem Beispiel darstellen.

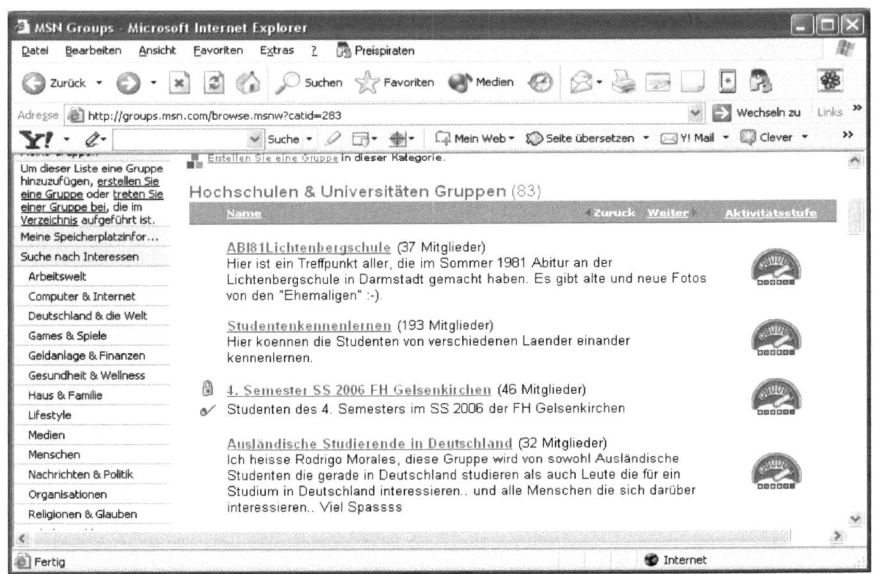

*Abbildung 6:* „msn-Group" Hochschulen und Universitäten[164]

*Beispiel:* Chats der Gruppe „Hochschule & Universitäten"
Unter dem Sammelbegriff „Hochschulen & Universitäten" befinden sich im September 2006 insgesamt 83 verschiedene Gruppen. Am rechten Bildrand des oberen Screenshot ist der Aktivitätsgrad einer jeden Gruppe abgebildet. Dies zeigt, dass die Mitglieder der jeweiligen Gruppen sehr aktiv sind. Das besondere an der ersten Gruppe ist, und dies zeigt sich bei vielen, dass die Mitglieder sich erst Offline kennen lernten und dann Online ihre Gruppe weiter geführt haben. Das Verhältnis Online-Offline ist also durchaus auch in umgekehrter Reihenfolge zu finden. Eine bestehende reale Community, in der obersten Gruppe ist es eine ehemalige Abiturklasse, hat somit ihr Gruppenleben online weitergeführt.

Die „msn-Groups"-Funktion wird darüber hinaus als virtuelles Klassenzimmer genutzt. Es gibt Groups, deren Name darauf schließen lässt, dass ganz reale Klassen im Unterricht oder nach diesem ihre Schultätigkeit bei „msn" fortführen.

---

164 Quelle: http://groups.msn.com/browse.msnw?catid=283 [aktualisiert 28.09.2006]

Relativierend muss allerdings festgehalten werden, dass dies wohl eher ein Ne-
benprodukt der Funktion „msn-groups" ist. Weitaus mehr wird diese Plattform
als Kontaktbörse und Kommunikationsmedium in einem ganz allgemeinen Sinn
genutzt.


Zusammenfassung

Folgendes lässt sich charakteristisch für die virtuelle Community „msn" festhalten:
    „msn" ist eine virtuelle Plattform mit einem vielfältigen Angebot an Kom-
munikationsmöglichkeiten. Die UserInnen partizipieren in einem eher engen
Handlungsspielraum, so dass von einer Mitbestimmungsmöglichkeit eher nicht
gesprochen werden kann. Gleichzeitig favorisiert „msn" deutlich die Kommuni-
kations- und Informationsstruktur. Auch die Anbindung an den Server „msn"
über die eigenen Seiten hinaus ist ein wichtiges Instrumentarium. Dies ist nachvollziehbar, da „msn" eine Tochter von „Microsoft" ist. Wie viele andere virtuelle nicht-themen- und adressatenorientierte Communities funktioniert „msn" also
in einer starken Abhängigkeit zu einem größeren Unternehmen, was sich deutlich in der Werbung auf den virtuellen Seiten zeigt.
Die „msn"-Plattform ist eine Möglichkeit, um schnell und einfach kommunizieren zu können. Sie bindet ihre UserInnen durch die hohe Mitgliederzahl: Die
UserInnen werden immer, zu jeder Zeit, in irgendeinem beliebigen Chat, KommunikationspartnerInnen finden.


### 3.2.3  http://www.kidsville.de

Die Entwicklungsgeschichte von „kidsville" ist eine gänzlich andere als die von
„msn". Zwei Frauen, eine angehende Diplom-Pädagogin und eine zukünftige
Diplom-Medienpädagogin, suchten 1997/1998 nach einer Idee für ihre Diplom-
arbeiten. Es sollte nicht etwa eine sein, die dann in den Regalen der Universität
„rumsteht und einstaubt", sondern etwas wirklich Kreatives, so die Meinung der
beiden Frauen. Sie entwickelten in den Jahren 1998/1999 das Konzept einer
virtuellen Stadt für Kinder. Dafür erhielten sie bereits im Jahr 2000 von der Gesellschaft für Medienpädagogik und Kommunikationskultur und der Freiwilligen
Selbstkontrolle Fernsehen einen Preis, im Jahr 2001 folgte der Grimme Online-
Award für Medienkompetenz. Seit dem Jahr 2000 ist die virtuelle Plattform
„kidsville" online und wird kontinuierlich ausgebaut. Mit einer täglichen Nutzer-
zahl von 500 gilt „kidsville" mittlerweile als etabliert.

Die Gestalterinnen haben sich mit diesem Online-Angebot für Kinder zum Ziel gesetzt, auf spielerische Art und Weise das Internet als Erfahrungsraum mitzugestalten und durch eigene Ideen weiter zu entwickeln. Demzufolge wurde das Konzept dieser Internetstadt mit dem klaren pädagogischen Anspruch verknüpft, Kindern Medien- und Internetkompetenz zu vermitteln. Im Gegensatz zu der virtuellen Plattform „msn" ist die Internetstadt „kidsville" adressaten- und problemspezifisch konzipiert.

Infrastruktur

Wie bereits oben erwähnt, betrachten die Gründerinnen von „kidsville" ihre virtuelle Plattform als eine „virtuelle Stadt". Das zeigt sich bereits in der Gestaltung der Homepage.

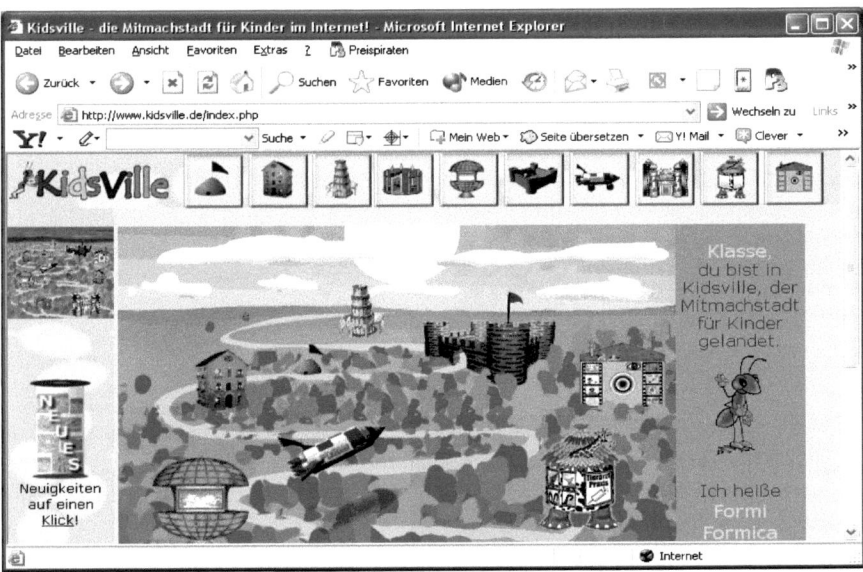

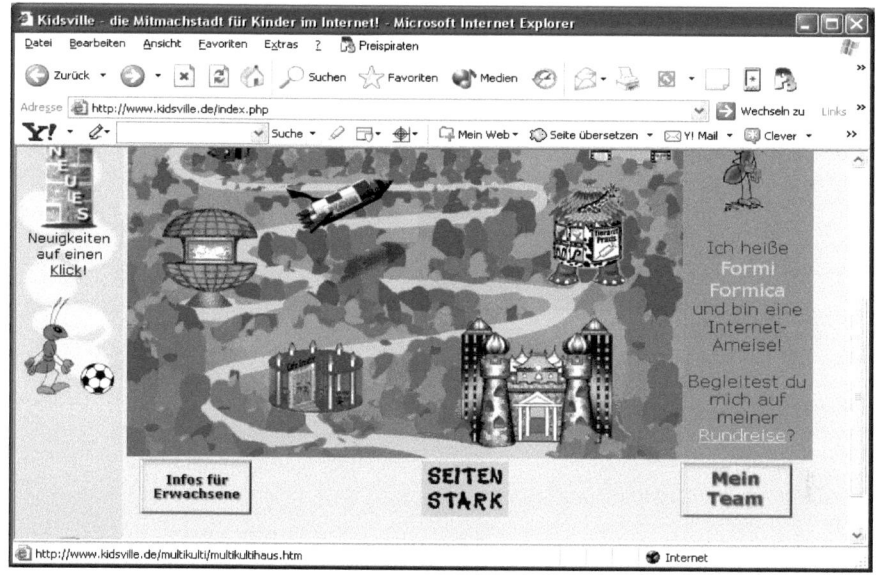

*Abbildung 7:*   Die Internetstadt „Kidsville"[165]

Die Leitmetapher „Stadt", im Besonderen „Mitmachstadt für Kinder", wird durch die verschiedenen Themenhäuser (erster Screenshot, obere Menüleiste) deutlich. Hier gibt es eine „Kidsvilla", einen Postturm, ein Café Creativ, eine Internautenschule, eine Linkrakete etc. Das zentrale Bild einer Landkarte verstärkt die virtuelle Metapher einer Stadt. Die einzelnen Häuser sind durch Wege oder Straßen miteinander verbunden und vermitteln so den Eindruck, die UserInnen können von Haus zu Haus gehen und schauen, was dort angeboten wird.
Gleichzeitig ist „kidsville" von dem pädagogischen Anspruch der beiden Initiatorinnen geprägt. Sie kreierten einen virtuellen Guide[166], der als eine Art Stadtführer und Vermittler für die UserInnen fungiert. Dieser soll helfen, sich die Stadt auf spielerische Art und Weise zu erschließen.

---

165    Quelle: http://www.kidsville.de [aktualisiert am 28.09.2006]. Die beiden Screenshots sind eine Internetseite.

166    Dieser virtuelle Guide ist in „kidsville" eine Ameise und wird „Formi Formica" genannt.

Regelwerk und soziographische Struktur

Das Besondere an der Mitmachstadt „kidsville" stellt in erster Linie deren Klientel dar. Kinder im Alter von ca. fünf Jahren bis etwa zum Ende des Grundschulalters sollen sich angesprochen fühlen, die Stadt zu gestalten und in ihr zu interagieren. Von den Gründerinnen ist es angedacht, dass die Eltern oder LehrerInnen gemeinsam mit den Kindern diese Seiten besuchen und so auf spielerische Art und Weise u.a. Medien- und Internetkompetenz erwerben. Es geht ihnen also nicht in erster Linie, wie in vielen anderen virtuellen Communities, um die Möglichkeit von Rollenspielen, der Gestaltung einer virtuellen Identität oder ähnlichem.

Aus diesen Gründen ist eine besondere Regelung des Zugangs, ein Gratifikations- oder Sanktionssystem nicht notwendig. Eines Regelwerkes bedarf es zum einen nur dann, wenn öffentliche Kommunikationsräume, wie beispielsweise Chats, in die virtuelle Plattform integriert sind. Zum anderen bedarf es einer Reglementierung, beispielsweise einem Gratifikationssystem, wenn die UserInnen dazu animiert werden sollen, schon aus Finanzierungsaspekten der jeweiligen virtuellen Community, wieder zu kommen. „kidsville" ist aber eine Internetstadt, die frei von Werbung funktioniert und von den Gründerinnen ehrenamtlich betreut wird. Wenn von einer Art Reglementierung im Kontext dieser virtuellen Stadt gesprochen werden kann, dann nur auf der „Erwachsenenseite", auf die ich im Unterpunkt Informationsstruktur näher eingehen werde.


Kommunikationsstruktur

Das Kommunikationsangebot von „kidsville" findet sich im „Postturm" wieder. Neben virtuellen Postkarten (mit verschiedenen Motiven, die aus einem breiten Pool gewählt werden können), einem Newsletter und einem Gästebuch bietet „kidsville" seit Juni 2004 eine Chatmöglichkeit für seine UserInnen an. Dabei muss wieder in besonderem Maße die Klientel beachtet werden, welches „kidsville" ansprechen möchte. Zu festen Chatzeiten können die UserInnen in einen moderierten Chat kommen und dort mit anderen kommunizieren. Allerdings wurde diese Kommunikationsplattform mit verschiedenen anderen virtuellen Portalen für Kinder entwickelt. Es ist sozusagen ein Gemeinschaftsprodukt, welches aus einer Verlinkung verschiedener Internetseiten für Kinder entstanden ist und kein communityinterner Kommunikationsraum. Die einzelnen Chats werden von ModeratorInnen betreut, die mit ihren realem Namen, ihrem gewählten Nickname, einem Foto, ihrem Alter und Hobbys der Klientel ein Bild von sich vermitteln. Neben diesen Chats bietet „kidsville" Themenchats zu bestimm-

ten Zeiten an, wozu hin und wieder ExpertInnen eingeladen werden (beispielsweise beim Thema „Achtung Polizei" war eine Polizistin im Chatraum anwesend, die die Fragen der UserInnen beantwortete).

Hauptkommunikationsmittel bei „kidsville" ist die E-Mail. Auf diese Weise
können die UserInnen Kontakt zu den Gründerinnen aufnehmen und beispielsweise ihre Wünsche in Bezug auf die Internetstadt und deren Entwicklung äußern. Eine E-Mail-Kommunikation zwischen den einzelnen UserInnen ist dabei
nicht angedacht.


Informationsstruktur


„kidsville" ist durch ein vielfältiges Informationsangebot auf zwei Ebenen gekennzeichnet. Vor allem die Linksammlung, die sich in der „Linkrakete" wieder
findet, prägt die Informationsstruktur für die primären UserInnen. Dabei besteht
für diese einerseits die Möglichkeit, eine Linksammlung zu nutzen, als auch sie
zu erweitern. Gleichzeitig steht den UserInnen eine Suchmaschine zur Verfügung. Ein Element der Informationsstruktur ist darüber hinaus die „Litfasssäule",
die die UserInnen über Neuigkeiten jeder Art, beispielsweise neue DVDs und
ähnliches, in Kenntnis setzen soll.

Die zweite Ebene spricht die Eltern der primären Zielgruppe an. Ein eigens
dafür eingerichteter „Erwachsenenbereich", der neben Eltern auch PädagogInnen
ansprechen soll, erläutert das Konzept der virtuellen Stadt. Es sind Praxishinwei-
se für die Nutzung und den Umgang mit dieser virtuellen Community genauso
integriert wie Literaturtipps und Links. Hier finden sich darüber hinaus Reglementierungen für die Erwachsenen wieder. Die Internetstadt „kidsville" ist ausschließlich für Kinder und mit Kindern konzipiert, was die Gestalterinnen auf
dieser Ebene nochmals verdeutlichen: „Erwachsene sind nur willkommen, wenn
sie Kidsville.de als Plattform der Kinder akzeptieren und nicht versuchen, das
Team durch Angabe falscher Daten zu täuschen."[167]


Präsentationsstruktur


Den UserInnen steht ein besonderes Feld der (Selbst-)Präsentationen zur Verfügung. Diese Struktur weist viele Verknüpfungen zur Partizipationsstruktur auf
und spiegelt vor allem den „Mitmachcharakter" der virtuellen Stadt wider.

---

167   Quelle: http://www.kidsville.de/elternseite/ewrechtliches.htm [aktualisiert: 28.09.2006]

Die UserInnen haben beispielsweise die Möglichkeit, selbst gemalte Bilder, eigene Geschichten und Gedichte per E-Mail oder auf dem Postweg einzusenden und diese im virtuellen Raum „kidsville" zu veröffentlichen. Neben dieser Gestaltung öffentlicher Räume werden die UserInnen auch dazu aufgefordert, ihr Haus „kidsvilla" einzurichten und zu kreieren. Diese Funktionen verweisen bereits auf eine breit angelegte Partizipationsstruktur.

## Partizipationsstruktur

Direkte und indirekte Aufforderungen zur Partizipation prägen die gesamte virtuelle Stadt „kidsville". Dabei muss wieder beachtet werden, welches Klientel „kidsville" ansprechen möchte.

Neben der Möglichkeit, wie bereits erwähnt, die „Häuser" einzurichten und Bilder und Gedichte einzureichen, haben die UserInnen auch die Gelegenheit, ihre Meinung zu äußern. Im „Postturm" können die UserInnen an Umfragen teilnehmen, beispielsweise zum Thema „Werbung im Internet!?! Was meinst Du dazu". Besonders hervorzuheben ist an dieser Stelle die Teilnehmerzahl. Zum Zeitpunkt der Datenerhebung haben bereits 9159 UserInnen ihre Stimme abgegeben.

Direkte Partizipation findet per E-Mail mit den Gründerinnen von „kidsville" statt. Da die Internetstadt sehr transparent gehalten ist, besteht für die UserInnen somit eine direkte Kommunikationsmöglichkeit mit den Gestalterinnen.

## Verhältnis Online-Offline

Ob die verschiedenen UserInnen Offline-Kontakte untereinander aufbauen, ist mir nicht bekannt. Meiner Ansicht nach gehen Offline-Gruppen eher gemeinsam online zur Internetstadt „kidsville", in dem sie Bilder malen oder die Spiele spielen, die in der „Zauberburg" oder „Toddeltonne" angeboten werden. Im Hinblick auf die gewünschte Klientel ist es wahrscheinlicher, dass sich die UserInnen teilweise Offline kennen und sich dann gemeinsam diese virtuelle Stadt erschließen.

## Zusammenfassung

„kidsville" ist meiner Ansicht nach eine komplexe virtuelle Community für Kinder im Internet. Ihr medienpädagogischer Anspruch spiegelt sich in den verschiedensten Facetten wieder. In diesem Sinn kann sie als maximaler Kontrast zu „msn" betrachtet werden. „kidsville" ist stark themen- und adressatenorientiert, werbefrei und transparent, vor allem was die Gestalterinnen und ModeratorInnen der Chats betrifft. Diese virtuelle Plattform zielt nicht auf Kommunikationsinitiierung ab, sondern auf das Lernen, mit dem Computer und dem Internet umzugehen. Sie entwickelt sich in erster Linie durch Partizipation und Information. Ein besonderes Feature ist der virtuelle Guide, der die medienpädagogische Verankerung manifestiert.

### 3.3 Zusammenfassung

Dass eine virtuelle Community mehr braucht als SoftwareentwicklerInnen und WebdesignerInnen wird aus den vorangestellten Ausführungen deutlich. Sie bedarf darüber hinaus Menschen, die soziale Räume schaffen, in denen sich die UserInnen wohl fühlen und somit wiederkehren. Diese Personen gestalten aus einem HTML-Dokument[168] einen virtuellen sozialen Raum. Für die vorliegende Forschungsarbeit sind diese Personen die von mir befragten PädagogInnen. Empirische Studien zum Verbleib und der Profession von PädagogInnen sind durchaus zu finden, wie in Kapitel 3.1.1 gezeigt werden konnte. Die wenigen qualitativ angelegten Studien arbeiten sich eher an den Fragen ab, was das pädagogisch Spezifische und welches (neue) Bilder und Rollen von PädagogInnen sein können. Mein Forschungsfokus sucht nicht nach einem pädagogisch spezifischen Verständnis des Wissens und Handelns von PädagogInnen, sondern nach einem grundsätzlichen Sichtbarmachen von beruflichen Handlungsoptionen und Entscheidungspositionen von PädagogInnen.

Qualitative Studien, wie sich PädagogInnen diesem neuen kulturellen Raum beruflich nähern und welches ihre Handlungsoptionen sind, eine virtuelle Community im Internet zu etablieren, gibt es nicht, obwohl sie bereits zahlreich an der Entwicklung und Verwirklichung von virtuellen Communities mitarbeiten bzw. diese sogar selbst initiieren.

Die nachfolgende qualitativ-empirische Studie wird einen Beitrag dazu leisten, diese Lücke zu füllen, mit dem Anspruch, die empirischen Ergebnisse aus ihrem Phänomenfeld, den virtuellen Communities, zu lösen und übergreifende Ausblicke eines neuen Verständnisses des Handelns und Wissens von beruflich tätigen PädagogInnen aufzuzeigen.

---

168  HTML steht für Hypertext Markup Language. Es ist eine textbasierte Sprache zur Darstellung von Inhalten (wie beispielsweise Texten, Bildern und Hyperlinks) in Dokumenten. HTML-Dokumente sind die Grundlage des World Wide Web.

# 4 Empirisches Design und Fallrekonstruktionen

In den vorangegangenen Kapiteln habe ich aufgezeigt, in welchem theoretischen Forschungsrahmen und empirischen Forschungsfeld sich die vorliegende Arbeit verankern lässt. In diesem Kapitel wird nun zum einen verdeutlicht, wie sich der Forschungsprozess in Hinblick auf die nachfolgende qualitativ-empirische Studie entwickelt hat. In einem ersten Zugang skizziere ich hierzu die methodische Herangehensweise der Datenerhebung, um dann aufzuzeigen, wie sich mithilfe der Grounded Theory und dem Auswertungsprogramm atlas.ti die Schlüsselkategorien generieren lassen. Die Grounded Theory ist und darauf verweist Legewie (1996) in Deutschland und weltweit eine der verbreitetsten Vorgehensweisen der qualitativen Sozialforschung, die sich zudem im größeren Umfang in praxisrelevanten Forschungsprojekten bewährt hat.

Zum anderen werden die aus dem empirischen Datenmaterial generierten Schlüsselkategorien anhand ausgewählter Interviewbeispiele rekonstruiert, um sie daran anschließend in einem empirischen Modell zu verorten. Im Vorfeld liegt mir aber daran, kurz den Weg aufzuzeigen, den ich gehen musste, um schließlich die vorliegende Forschungsarbeit schreiben zu können.

## Problemmomente und Lösungselemente

In einem ersten Projekt sah mein Forschungsdesign vor, angelehnt an *eine* virtuelle Community, die beruflich Handelnden mit pädagogischem Background zu interviewen und diese berufsbiographisch fokussierten Interviews zu analysieren. Nach der Zusage für mein Stipendium wurde einen Monat später diese virtuelle Community, die ich untersuchen wollte und mir bereits online-ethnographisch erschlossen hatte, vom Server genommen. Das bedeutete, dass jene virtuelle Community nicht mehr existierte, und damit auch die InterviewpartnerInnen, mit denen ich bereits Interviewtermine vereinbart hatte, für mich nicht mehr greifbar waren. Diese Umstände zwangen mich dazu, mein Forschungsdesign fast vollkommen neu zu konzipieren. Die Forschungsfragen und mein Forschungsinteresse blieben ähnlich, mein Forschungsrahmen, die berufsqualifizierenden Hintergründe derer zu erforschen, die in und für diese virtuelle Community agierten, musste überdacht und überarbeitet werden. Da ich möglichst ausschließen wollte, dass mir der Wegfall *einer*, im Zentrum stehenden, virtuellen Community im weiteren Verlauf meiner Forschungstätigkeit in ähnlicher Weise noch einmal das Forschungskonzept nachhaltig beeinflussen könnte, öffnete und erweiterte ich den Forschungsrahmen. Die Konzentration liegt somit nicht mehr nur auf der Analyse *einer* virtuellen Community, sondern nahm die Pädagoginnen und Pädagogen, die in und für virtuelle soziale Räume beruflich tätig sind, stärker in den Blick.

Was mir auf diese Weise gezeigt wurde, war, dass das Internet ein sehr schnelles, fast zeitloses Medium ist, welches ständigen Veränderungen und Entwicklungen unterworfen ist. In den letzten vier Jahren hat es sich so schnell entwickelt, dass die heutigen virtuellen Communities vom Layout her kaum mehr denen gleichen, die ich zu Beginn meiner Untersuchung vorfand. Aber dies betrifft meines Erachtens größtenteils die gestalterischen Elemente und weniger die inhaltlichen Nutzungsmöglichkeiten und Umgangsweisen. Diese reichern sich kontinuierlich an.

So wie ich den Raum der online-ethnographischen Betrachtung öffnete, war dies auch für meinen Fokus auf Pädagoginnen und Pädagogen nötig, um mir möglichst viele Vergleichshorizonte offen zu halten. Daher erweiterte ich mein Sample an InterviewpartnerInnen um die Geistes- und SozialwissenschaftlerInnen. Im Rahmen der Datenerhebung schien mir dies wesentlich zu sein. Innerhalb der Datenauswertungsphase reduzierte ich das Sample wiederum auf die PädagogInnen, da sich herausstellte, dass es zwar bei den Geistes- und SozialwissenschaftlerInnen ähnliche Anknüpfungspunkte gab, die einzelnen Charakteristika aber nur unpräzise von den jeweiligen Fachdisziplinen zu trennen waren. Wichtig war mir zu diesem Zeitpunkt, ein klares und fachspezifisches Bild von *PädagogInnen* in diesem Bereich nach zu zeichnen, vor allem wie sie ihre Tätigkeit ausüben und wie sie sich beruflich etablieren.

Die Frage nach dem WIE des Handelns der PädagogInnen impliziert bereits, dass sich die vorliegende Studie auf ein qualitatives Methodensetting stützt. Qualitative Sozialforschung hat in den letzten Jahrzehnten im wissenschaftlichen Forschungskanon der Erziehungs- und Sozialwissenschaften eine Etablierung erfahren, die durch zahlreiche Zeitschriften und Buchpublikationen belegt ist und zu ihrer Normalisierung und Akzeptanz geführt hat.[169] Das Erlernen von Forschungsmethoden in einer Wissensgesellschaft innerhalb eines erziehungswissenschaftlichen Studiums schätzen Marotzki/Nohl/Ortlepp (2005) als notwendi-

---

169    Vgl. hierzu Marotzki (1996, 1999a). Verwiesen sei auch auf einschlägige Literatur zur Methode und Methodologie erziehungswissenschaftlicher Biographieforschung: Bohnsack (1991), Friebertshäuser/Prengel (1997), Krüger/Marotzki (1996, 1999), Bohnsack/Marotzki (1998) etc.

ger denn je ein. „Denn nicht nur das auf empirischer Forschung basierende (erziehungs)wissenschaftliche Wissen gewinnt an Bedeutung. Auch ist es gerade für pädagogisch Tätige sehr wichtig, sich einen forschenden Zugang zu den Wissenswelten ihres Klientels zu erarbeiten" (ebd.: 173). Dabei weist qualitative Forschung eine Priorität deskriptiver gegenüber explanativer Verfahren auf. Daraus folgt das Bemühen, so Marotzki (1999a), das jeweilige Phänomen, um das es geht, so genau wie möglich in seinem Vollzugscharakter zu beschreiben. Darüber hinaus verbleibt die nun folgende Studie allerdings nicht auf einer beschreibenden Ebene, sondern rekonstruiert Handlungsstrategien der befragten PädagogInnen und verknüpft diese empirischen Ergebnisse mit den theoretischen Vorüberlegungen.

In der vorliegenden Forschungsarbeit geht es darum zu erfahren, WIE PädagogInnen ihren neuen beruflichen Rahmen, virtuelle Communities, erfassen und WIE sie mit ihren Fähigkeiten und Fertigkeiten beruflich handeln. Es interessiert in diesem Kontext demnach nicht das WARUM einer Handlung sondern das WIE ihres Vollzuges.

„Eine Handlung wird also weder im Kontext *Reiz-Reaktion*, noch im Kontext *Erfüllung von Verhaltenserwartungen* gesehen, sondern eine soziale Handlung ist auch immer ein Akt des Hervorbringens" (Hervh. im Original, Marotzki 1999a: 110). Der Durchführung einer Handlung schreibt der Autor also einen generativen Charakter zu. Demnach haben soziale Handlungen eine Struktur, die es zu verstehen gilt. Die Regeln des Vollzugs aus der Perspektive des Handelnden selbst zu verstehen, ist ein Grundanliegen der qualitativen Sozialforschung. Denn durch den Vollzug von Handlungen stellen die Handelnden die soziale Ordnung immer wieder neu her. Auf diese Art und Weise lassen sich Sinn- und Bedeutungszusammenhänge rekonstruieren, was wiederum zu Schlussfolgerungen über bewusste und unbewusste Handlungsweisen im beruflichen Alltag der Befragten führt. Die pädagogisch relevante Frage, an die in der vorliegenden Forschungsarbeit angeknüpft werden kann, lautet dementsprechend, welche Fähigkeiten der Einzelne in einer hochkomplexen Gesellschaft zum Aufbau einer persönlich und sozial verantwortlichen Existenz benötigt.[170] Was moderne Gesellschaften, wie beispielsweise eine Wissensgesellschaft, kennzeichnet, ist eine Ungewissheit und Unbestimmtheit. Das setzt wiederum Bildungschancen frei, wenn Bildung als Fähigkeit, sich immer neues Wissen anzueignen und mit stets neuen Situationen zurecht zu kommen, verstanden wird.[171] In der bildungstheoretischen Debatte wurde dieser Sachverhalt mit dem Begriff der „reflexiven Bildung" bezeichnet. Dies bedeutet, dass elementare Lebensentscheidungen reflexiv

---

170  Vgl. hierzu Marotzki (1988).

171  Vgl. hierzu Marotzki (1998) oder Tiefel (2004).

an die Biographie rückgebunden werden. „Steigerung von Reflexivität und Biographizität sind also zwei Kernmerkmale von Bildung in der Informationsgesellschaft. Ein drittes Merkmal wird in der Flexibilitätssteigerung gesehen" (Kraul/Marotzki 2002: 7f.). Biographische Arbeit verweist in diesem Kontext demnach auf eine zentrale Kategorie pädagogischen Handelns und erziehungswissenschaftlicher Theoriebildung. Methodologisch lässt sich die erziehungswissenschaftliche Biographieforschung auf die geisteswissenschaftlich-hermeneutische und phänomenologische Tradition zurückführen. Methodisch stützt sie sich auf Grundpositionen der Verstehenden Soziologie resp. der Wissenssoziologie.[172] Brüdigam (2002) verweist in diesem Kontext darauf, dass sich das grundsätzliche Forschungsinteresse auf das biographische Gewordensein und die lebensweltlich bedingten Sinnkonstitutionen richtet, die über biographische Materialien, wie Interviewtexte, erhoben werden.

In dem nachfolgenden Abschnitt wird nun aufgezeigt, wie ich Zugang zu potentiellen InterviewpartnerInnen erhalten habe und wie das Datenmaterial methodisch bearbeitet wurde. Die Datenerhebungs- und Datenauswertungsphase orientiert sich, wie bereits angedeutet, an der Grounded Theory, die ein qualitativer Forschungsstil bzw. eine Methodologie ist, welche eine systematische Reihe von Verfahren benutzt, um eine induktiv abgeleitete, gegenstandsverankerte Theorie über ein Phänomen zu entwickeln.[173] Analytisch sollen die ForscherInnen über soziale Phänomene nachdenken.[174] Anselm Strauss (1998) verweist darauf, und daran möchte ich anknüpfen, dass die Grounded Theory keine spezifische Methode oder Technik sondern vielmehr ein Stil ist, nach dem man Daten qualitativ analysiert und der auf eine Reihe von charakteristischen Vorgehensweisen hinweist. Solche Vorgehensweisen sind u.a. das Theoretical sampling oder das kontinuierliche Vergleichen, um die Verdichtung und Entwicklung von Konzepten sicherzustellen.[175] Auf diese Aspekte und auf weitere werde ich nachfolgend noch näher eingehen.

## 4.1 Methodische Vorgehensweise bei der Datenerhebung

Bei den Vorüberlegungen zur Datenerhebungsphase orientierte ich mich an den von Glaser und Strauss formulierten Prinzipien zum *Theoretical sampling*. Dies sollte mir als Grundlage für eine spätere Strukturierung der empirischen Daten dienen. Dabei meinen Glaser und Strauss mit dem *Theoretical sampling* den auf

---

172  Vgl. hierzu Brüdigam (2002).

173  Vgl. hierzu Strauss/Corbin (1996).

174  Vgl. hierzu Legewie/Schervier-Legewie (2004).

175  Vgl. hierzu Strauss 1998: 30.

eine Generierung von Theorie abzielenden Prozess der Datenerhebung, „währenddessen der Forscher seine Daten parallel erhebt, kodiert und analysiert sowie darüber entscheidet, welche Daten erhoben werden sollen und wo sie zu finden sind" (Glaser/Strauss 1998: 53). Hierbei wird dieser Prozess der Datenerhebung durch die im Entstehen begriffene – materiale oder formale – Theorie kontrolliert. Die ForscherInnen entscheiden somit auf einer analytischen Basis, welche Daten als nächstes zu erheben sind und wo diese gefunden werden können. Das Ziel des methodischen Vorgehens nach der Grounded Theory beinhaltet, eine Theorie zu generieren, die ein Verhaltensmuster erklärt, welches für die InterviewpartnerInnen relevant bzw. problematisch sein kann. Darüber hinaus kann das betrachtet werden, was für die InformatInnen nicht problematisch ist, aber den BeobachterInnen auffällig erscheint. Dabei bedient sich diese Methode verschiedener Prämissen. Das *„Prinzip der Offenheit"* impliziert eine Zurückstellung der theoretischen Strukturierung des Forschungsgegenstandes, bis sich diese durch die Analyse des vorliegenden Datenmaterials herausgebildet hat. Dies zeichnet qualitative Methoden grundsätzlich aus. Die Forschenden standardisieren bzw. strukturieren die Äußerungen der Befragten möglichst wenig und geben diesen so die Gelegenheit, ihr Verständnis der ForscherInnenfragen und ihr eigenes Relevanzsystem darzulegen. Methodische Kontrolle bedeutet dann, möglichen KritikerInnen Einblick in den Interpretationsprozess von Interviews bzw. Interviewausschnitten über die einzelnen Interpretationsschritte bis hin zu formulierten Hypothesen bzw. Theorien zu geben. „Auf diese Weise wird nicht nur die Angemessenheit der Interpretation intersubjektiv nachprüfbar, sondern auch die Unterschiedlichkeit der Relevanzrahmen von Forschenden einerseits und Erforschtem andererseits" (Marotzki/Nohl/Ortlepp 1995: 178). Dies vollzog sich im vorliegenden Kontext durch das stete und kontinuierliche Besprechen der Interviewtexte und darüber hinaus der daran anknüpfenden theoretischen Verortungen und Hypothesen in verschiedenen Arbeitsgruppen und –zusammenhängen.[176] Gleichzeitig, und das ist die zweite Prämisse der Grounded Theory, legt diese Vorgehensweise eine *Kontinuität von alltagsweltlichem und wissenschaftlichem Denken* zugrunde. Dies bedeutet wiederum, dass das Alltagswissen für wissenschaftliche Erkenntnisse nutzbar gemacht wird, welches sich in einem Zyklus aus Nachdenken – generative Fragen stellen – vorläufige Antworten finden – Vergleiche anstellen – Nachdenken – usw. bewegt. Dieser Zyklus, den

---

[176] Im Besonderen ist hier zum einen das Forschungskolloquium von Prof. Marotzki zu nennen. In diesem Arbeitszusammenhang wurden meinerseits immer wieder Interviewsequenzen und daraus erarbeitete Interpretationszusammenhänge zur Diskussion gestellt. Zum zweiten gehört dazu die Arbeitsgruppe um Martina Schuegraf, Katja Stoetzer und Anja Kassel, die sowohl als starke Kritikerinnen als auch Motivatorinnen fungierten. Hier wurden die gesamten Interviewtexte interpretiert, theoretische Annahmen kritisch hinterfragt und daraus resultierende Arbeitshypothesen generiert. Ohne diese Arbeitsgruppe wäre ein Schreiben der vorliegenden Forschungsarbeit so kaum denkbar gewesen.

Glaser und Strauss als *Konzept-Indikator-Modell* bezeichnen, stellt das Hauptverfahren dar, was bedeutet, dass der Forscher oder die Forscherin viele Indikatoren fortwährend miteinander vergleicht und untersucht. Dadurch, dass die Indikatoren ständig miteinander verglichen werden, setzen sich die ForscherInnen permanent mit Ähnlichkeiten, Unterschieden und gewissen Sinnkonsistenzen innerhalb der Indikatoren auseinander. Auf diese Art und Weise wird der kleinste gemeinsame Nenner gebildet, der dann zu einer kodierten Kategorie führt. Eine Kategorie bilden zu können gehört allerdings schon in die Phase der Datenauswertung. Auf die Kodierung und Analyse des Datenmaterials gehe ich in den nachfolgenden Abschnitten dieses Kapitels expliziter ein.

Der Ablauf meiner Datenerhebungsphase entspricht in etwas modifizierter Form dem oben beschriebenen Vorgehen. Dafür gibt es verschiedene Gründe und Anknüpfungspunkte. Die Grounded Theory als Methodologie beinhaltet verschiedene Merkmale, die ich für meinen Forschungshintergrund ausgewählt habe, weil es erstens ein exploratives Verfahren ist, welches neue Phänomene durch die Verknüpfung von Datenanalyse und Theoriebildung analysiert. Zweitens hat diese Methodologie eine Zielsetzung, die die Forschungsfragen respektive -gegenstände eingrenzt, und so fokussiert einen Einblick in das Datenmaterial zulässt. Die Fragestellung dieser Arbeit, wie handeln PädagogInnen in neuen beruflichen Handlungsfeldern, mithilfe des methodischen Instrumentariums der Grounded Theory zu analysieren, ist eine Festlegung, die das Phänomen bestimmt, welches untersucht werden soll, nämlich das WIE des Handelns. Sie beinhaltet, was man schwerpunktmäßig erforscht und was man über den Gegenstand, das Wie des Handelns, wissen möchte. Demnach besitzen, und darauf verweisen Strauss/Corbin (1996), Fragestellungen, die mit der Grounded Theory erforscht werden, immer eine Handlungs- und Prozessorientierung. Drittens kam mir die differenzierte und strukturierte Vorgehensweise, die ich in den folgenden Abschnitten näher beschreiben werde, sehr entgegen.

Allerdings war es mir am Anfang der Erhebung des Interviewmaterials kaum möglich zu erfassen, welches die tatsächlich relevanten Kriterien bzw. Kategorien sind, mit denen ich mein Forschungsfeld eröffnen könnte. Sicherlich gab es erste Überlegungen, allerdings nur in einem sehr begrenzten Rahmen, da mein Forschungsgebiet offen für verschiedene theoretische Ansätze ist.

Weiterhin ging es mir in erster Linie um die Erhebung eines Ist-Zustandes. Da die Neuen Medien ein sehr schnelllebiges Medium sind, favorisierte ich möglichst gleiche Ausgangsbedingungen für die InterviewpartnerInnen. Es wäre auch rein zeitlich (Fahrt zu den InterviewpartnerInnen, Transkriptionen etc.) kaum möglich gewesen, so eng im Sinne von Glaser und Strauss vorzugehen. Wie bereits angedeutet, liegt meine Variation des Datenmaterials in der Öffnung der Forscherperspektive auf Geistes-, Erziehungs- und SozialwissenschaftlerInnen.

Kelle und Kluge (1999) bieten als Alternative zu Glaser und Strauss' Methode des Theoretical sampling so genannte *qualitative Stichprobenpläne*[177] an. In diesem Sinne kann eine kriteriengeleitete Fallauswahl über Kenntnisse oder Arbeitshypothesen erfolgen, ebenfalls über relevante Einflussfaktoren, über die die ForscherIn im Vorfeld der Untersuchung verfügt. Durch eine a priori Definition von Auswahlmerkmalen soll so sichergestellt werden, dass TrägerInnen bestimmter theoretisch relevanter Merkmalskombinationen im qualitativen Sample vertreten sind. Hierbei beziehen sich Kelle und Kluge in erster Linie auf soziodemographische Merkmalseigenschaften. Für meine Fragestellung sind Unterscheidungen wie geschlechtsspezifische Ungleichheiten oder differente Herkunftsmilieus in der Planung der Datenerhebung als auch für die Forschungsfrage unerheblich gewesen, so dass diese Überlegungen für mich nicht zum Tragen kamen. Die hier forcierte Forschungsfrage zielt auf das grundsätzliche Verstehen des beruflichen Handelns der Befragten, unabhängig von ihrem Herkunftsmilieu bzw. ihrem Geschlecht.

Aus den genannten Gründen war eine Modifizierung der Datengenerierung nach Glaser und Strauss notwendig, entsprach aber der theoretischen Sensibilität, die Strauss und Corbin (1996) vom Forschenden einfordern. Diese bezieht sich auf die Fähigkeit des Forschenden, u.a. persönliche als auch berufliche Erfahrungen mit dem interessierenden Phänomenbereich selbst in den Forschungsprozess einfließen zu lassen.[178] Mein *Sample* an Interviews erhob ich in einem engen Zeitraum, die Prozesse der Transkription und die der ersten Analysen erfolgten parallel zur Datenerhebung. So griff ich einerseits auf die temporäre Vergleichskomponente zurück und andererseits eröffnete ich mir so die Möglichkeit, meinen Leitfaden während des Prozesses der Datenerhebung zu modifizieren, wenn dies angebracht gewesen wäre. Damit flossen meine Erfahrungen mit dem Medium Internet, die ich oben beschrieben habe, in die Datenerhebungsphase ein.

Auf das methodische Modell von Glaser und Strauss konnte ich während der Auswertungsphase wieder gezielter zurückgreifen. Das modifizierte *Theoretical sampling* ermöglichte mir in dieser Periode eine konkrete Untergliederung in relevante Interviewinhalte und Vergleichshorizonte. So konnte ich im Hinblick auf meine Forschungsfragen mein Datenmaterial fruchtbar machen und eine theoretische Fokussierung vornehmen. Demzufolge war das *Theoretical sampling* weniger für meinen Forschungsbeginn relevant, dafür jedoch umso mehr für die Datenauswertungsphase von Bedeutung.

---

177 Kelle/Kluge (1999: 46ff).

178 Vgl. hierzu Strauss/Corbin (1996: 25f.).

Insgesamt erhob ich in einem Zeitraum von vier Monaten vierzehn Interviews – davon sind acht InterviewpartnerInnen PädagogInnen. Dazu zähle ich sowohl SozialpädagogInnen als auch Diplom-PädagogInnen, Diplom-MedienpädagogInnen und LehrerInnen. Die sechs anderen InterviewpartnerInnen kamen sowohl aus geistes- sowie aus sozialwissenschaftlichen Disziplinen.

### 4.1.1  Erhebungsdesign

Im Hinblick auf meinen Forschungsschwerpunkt Berufsbiographie waren verschiedene Arten von Interviewmaterial denkbar. Problemzentrierte Interviews nach Witzel (2000), ExpertInneninterviews nach Meuser und Nagel (1997) oder themenzentrierte Interviews[179]. Da mein Interesse auf der beruflichen Entwicklung meiner InterviewpartnerInnen und einer Rekonstruktion des Prozesses, wie Wissen und Handlungsfähigkeit in der eigenen Berufsbiographie entstehen, fokussierte, spielten diese methodischen Vorgehensweisen in der Bearbeitung meines Forschungsschwerpunktes eine untergeordnete Rolle. Für mich ist das biographische Gewordensein von Handeln, nicht von Wissen, hierbei von besonderer Bedeutung. Für meine Forschungsfragen war es dementsprechend sinnvoll, einen offenen aber fokussierten Eingangsstimulus zu wählen und gleichzeitig mit einem Leitfaden, welcher themenorientiert angelegt war, die wesentlichsten Interessensschwerpunkte abzudecken. Das von mir verwendete Datenerhebungsinstrument benenne ich:

*Berufsbiographisches Interview mit integriertem Leitfaden*

Den Fokus auf die Berufsbiographie meiner InterviewpartnerInnen zu legen, resultiert aus dem Inhalt meiner beiden Forschungsfragen, nämlich wie arbeiten und handeln PädagogInnen im Bereich virtueller sozialer Welten und welche Gestaltungsspielräume können sie sich eröffnen bzw. zukünftig erschließen.

Die gemeinsamen Themen in allen Interviews sind demnach die *Berufsbiographien* sowie die *Handlungs- und Gestaltungsspielräume* meiner InterviewpartnerInnen. In weiteren Schritten habe ich folgendes erarbeitet:

---

[179] Das themenzentrierte Interview, so wie es Schorn (2000) darstellt, orientiert sich an der von Leithäuser und Volmberg konzipierten Methode der themenzentrierten Gruppendiskussion. Schorn (2000) stellt, in Abgrenzung zu Witzel heraus, dass das themenzentrierte Interview neben manifesten auch abgewehrte und latente Sinngehalte des Kommunizierens entschlüsselt. Die Auswertung des Datenmaterials erfolgt in einer tiefenhermeneutischen Textinterpretation. Da diese Art der Datenerhebung sehr stark psychologisch orientiert ist, kam es für meine Forschungsfrage nicht näher in Betracht. Allerdings war es von Interesse, wie der Titel sagt, themenzentriert vorzugehen.

1.  eine zwar offen gehaltene, aber fokussierte Eingangsfrage;
2.  einen Leitfaden, der mir in einem gewissen Rahmen bestimmte Sachverhalte zum späteren Vergleich sichern sollte.

Im Nachhinein lässt sich festhalten, dass sich diese Kombination für meine Forschungszwecke als fruchtbar erwiesen hat. Wichtig war eine genaue Überlegung, wie die Eingangsfrage zu formulieren ist, um zwar die Richtung Berufsbiographie vorzugeben, jedoch nicht bereits im Vorfeld wichtige andere Elemente auszublenden. Der Leitfaden erforderte keine weitere Überarbeitung. Da ich die Fragen im Leitfaden weder ausformuliert noch in einer Rangliste arrangiert hatte, ergaben sich offene Gespräche, in die ich meine Themen und Nachfragen immer wieder einflechten konnte. Als wenig erfolgreich erwies sich allerdings der Versuch, etwas über den beruflichen Alltag meiner InterviewpartnerInnen zu erfragen. Dieses Thema nahm ich zwar nicht aus dem Leitfaden, allerdings waren die Antworten meist die gleichen (ins Büro kommen, E-Mails lesen und schreiben, telefonieren). Bei den entsprechenden Sequenzen in den einzelnen Interviews stellt sich mir dann die Frage, wie nach etwas gefragt werden kann, was für die InterviewpartnerInnen so in Routinen übergangen ist, dass es nicht mehr erzählt wird. Offensichtlich ist ein routinierter Handlungsablauf so fest im *praktischen* Bewusstsein[180] verankert, dass die im Interviewprozess mitlaufende Reflexion nicht ausreicht, dieses institutionalisierte Handlungswissen in das *diskursive* Bewusstsein zu überführen und es so thematisierbar werden zu lassen. Mit diesem ex post verfügbaren Wissen muss die Frage nicht lauten, wie die Leitfadenfragen so modifiziert werden können, dass routinierte Tages-, Arbeits- und Handlungsabläufe erfasst werden. Für die Beantwortung dieser Frage müsste, da die InterviewpartnerInnen nicht verbal auf diese eingehen können, ein anderes Forschungsdesign gewählt werden. Aufbauend auf die Beobachtung der tatsächlichen Handlungsabläufe (über die Anwesenheit einer ForscherIn oder, wie bei vielen IT-Arbeitsplätzen üblich, mithilfe vorhandener Webcams über eine virtuelle Anwesenheit) kann im Leitfaden auf beobachtetes Verhalten verwiesen werden. Diese Erkenntnis ist ein wichtiges Ergebnis der Befragung und zeigt, dass die täglichen Arbeitsabläufe deutlich institutionalisiert sind und als solche selbst gar nicht mehr wahrgenommen werden. Entsprechende „Allgemeinplätze" werden bei den Antworten der InterviewpartnerInnen gefunden: E-Mails bearbeiten, Internetseiten aufrufen, Telefonieren etc.

---

180    Vgl. hierzu Giddens 1997: 36ff. und 91ff.

## 4.1.2 Kontaktaufnahme und Interviewdurchführung

Durch meine Recherchearbeiten innerhalb vieler virtueller deutschsprachiger Communities[181] entwickelten sich Kontakte zu Erziehungs- und SozialwissenschaftlerInnen, die für diese Communities tätig waren. Zum Zeitpunkt der Datenerhebung im Jahr 2002 war ich zusätzlich in verschiedene Mailinglisten eingeschrieben, die mir Möglichkeiten des Ansprechens potentieller InterviewpartnerInnen boten.

An einzelne Personen, Webmastern von virtuellen Communities und Mailinglisten versendete ich E-Mails mit der Bitte um Kontaktaufnahme für mein Forschungsprojekt. Ich verwies in dieser E-Mail auf mein Interesse, mit PädagogInnen und anderen SozialwissenschaftlerInnen ins Gespräch zu kommen, die im medialen virtuellen Bereich tätig sind und bat um Weiterleitung an mögliche potentielle InterviewpartnerInnen.

Diese Form der Ansprache beinhaltet sowohl Vor- als auch Nachteile, die abgewägt werden mussten. Zum einen bestand die Möglichkeit, dass eine E-Mail mit der Überschrift „Kontaktaufbau" einfach aussortiert wird und im Papierkorb verschwindet, andererseits arbeiteten meine InterviewpartnerInnen fast ausschließlich virtuell, somit entsprach die Form der Anrede ihrem täglichen Arbeitsablauf.

Des Weiteren entschied ich mich für einen eher provokanten Text: Ich unterstellte den jeweiligen Erziehungs- und SozialwissenschaftlerInnen, dass sie in einem beruflichen Feld agieren, wofür sie eventuell nicht ausgebildet sind. Hier wäre es wiederum möglich gewesen, dass potentielle InterviewpartnerInnen das Gespräch gar nicht erst suchen würden. Andererseits bestand so die Chance, ihr Interesse zu wecken. Ich ging davon aus, dass ich eine etwaige Verteidigungshaltung in einem persönlichen oder telefonischen Gespräch bereits abfangen konnte. Dies hat sich dann bestätigt.[182]

Insgesamt schrieb ich verschiedenste virtuelle Communities, Mailinglisten etc.[183] an. Meine E-Mail wurde darüber hinaus von Anderen an Dritte weiter versand, wenn diese als Erziehungs- oder SozialwissenschaftlerIn bekannt waren und angenommen wurde, dass sich diese für ein Interview zur Verfügung stellen

---

181   Hierzu zählen beispielsweise: www.clickcity.de; www.funcity.de; www.geocities.de; www.gmx.de; www.lycos.de; www.metropolis.de; www.msn.de; www.web.de etc.

182   Trotzdem würde ich diese Form der Provokation für einen ersten Zugang zu InterviewpartnerInnen wohl eher nicht mehr wählen. An InterviewpartnerInnen selbst hat es mir nicht gemangelt. Es hat sich auch nicht bestätigt, dass sich InterviewpartnerInnen persönlich angegriffen fühlten, es ist für mich aber nicht abschätzbar, wie viele sich aufgrund dessen vielleicht nicht gemeldet haben.

183   Dazu gehören sowohl die eben angeführten Communities als auch www.clickfisch.de; www.cyberland.de; www.kidsville.de; die gir-l Mailingliste; u.v.m.

würden. So kam es dazu, dass ich zwei Interviews mit MitarbeiterInnen von Universitäten erheben konnte. Die Rücklaufquote war relativ groß[184]. Allerdings erhielt ich auch viele Absagen (gerade die MUDs werden meistens von zwei oder drei Leuten unterhalten, die ehrenamtlich tätig sind und dementsprechend diese Arbeit nicht benötigen, um ihren Lebensunterhalt zu verdienen).

Meine erste zeitliche Planung für die Datenerhebung belief sich auf sechs Monate. In dieser Zeit sollte der Kontakt aufgebaut und die ersten Interviews durchgeführt werden. Gleich zu Beginn führte ich ein erstes „Probeinterview" mit einem Bekannten durch, der in dem zu untersuchenden Bereich tätig war. Ich wollte testen, inwieweit meine Eingangsfrage und mein anschließender Leitfaden für die Forschungsfragen fruchtbar waren. Dieses erste Interview war mit Abstand das längste und verlief so gut, dass ich es mit in mein Sample aufnahm. Allerdings ist, wie bereits angesprochen, das virtuelle Medium ein sehr schnelles. Innerhalb von nur vier Monaten erhob ich weitere dreizehn Interviews.[185] Meine InterviewpartnerInnen waren an einem Gesprächstermin sehr interessiert, so dass ich die einzelnen Termine direkt hintereinander legen konnte. Diese gesamten vier Monate waren allerdings sehr reiseaufwendig. Ich fuhr dafür durch die gesamte Republik, von München bis Berlin. Da ich viele Absagen bzw. Nicht-Reaktionen erhielt, waren vierzehn Termine, auch im Hinblick auf zeitliche Aspekte der Datenauswertung, eine ansprechende und vorläufig ausreichende Anzahl an Interviews.

Die Gespräche fanden meist in den Arbeitsräumen der BiographieträgerInnen statt. Größtenteils wurde mir bereits im Vorfeld ein gewisser zeitlicher Rahmen vorgegeben, in dem das Interview stattfinden konnte (ca. eine Stunde). Interviews, die in privaten oder öffentlichen Räumen stattfanden, waren zeitlich wesentlich länger und gesprächsintensiver (bis zu 2,5 Stunden). Anscheinend öffnen sich Gesprächsräume eher in einem neutralen/öffentlichen oder privat/vertrauten Rahmen.

---

184  Da meine Kontaktmail von vielen Personen weiter versand wurde, konnte ich nicht genau nachvollziehen, wer meine E-Mail tatsächlich erhalten hat, darauf antwortete bzw. sie nicht zur Kenntnis nahm. So kann ich keine Rücklaufquote in statistischen Zahlen angeben.

185  Insgesamt erhob ich also 14 Interviews, von denen ich acht intensiv ausgewertet habe. Diese acht Interviews finden sich auf dem im Inhaltsverzeichnis angeführten Pfad wieder. Nachfolgend habe ich vier Interviews ausgewählt, die für die fallspezifische Rekonstruktion der Schlüsselkategorie herangezogen werden. Bei diesen vier arbeite ich mit Namen, die anonymisiert sind. In den fallübergreifenden Darstellungen der Schlüsselkategorie werden dann die vier weiteren intensiv ausgewerteten Interviews miteinbezogen, wobei ich allerdings hier keine Namen, sondern anonymisierte Abkürzungen verwende.

Das Prozedere des Interviewablaufs behielt ich in allen Fällen bei:

Nach dem ersten E-Mail-Kontakt folgte häufig ein Telefongespräch, in dem ich meinen Wunsch nach einem Interview äußerte. Größtenteils wurde bereits während dieses Gesprächs ein Termin vereinbart. Am Erhebungstag selbst folgte nach einer kurzen Begrüßung zumeist sofort das Interview. Ich eröffnete die Option, nach dem Interview von meinem Dissertationsvorhaben zu berichten, die meisten InterviewpartnerInnen fragten dann intensiver nach. Längere Gespräche entwickelten sich allerdings selten und auch ein späterer Kontakt entstand kaum. Die Interviewsituation gestaltete sich in vielen Fällen relativ locker und professionell. Bei zwei InterviewpartnerInnen fand ein längeres Nachgespräch statt. Carin war am Anfang des Gesprächs von meiner Eingangsfrage überfordert, das Interview ist dementsprechend kurz, das Nachgespräch (ca. eine Stunde) wurde nicht aufgezeichnet. Diese Interviewpartnerin berichtete von innerfamiliären Konflikten während ihrer Kindheit, die sie eigentlich nicht erzählen wollte, was meine Eingangsfrage nach ihrer Schulzeit ihrer Ansicht nach durchaus intendierte. Im Nachgespräch konnte die Situation geklärt werden. Bei T.B. (das Interview fand in einem Café statt) stellte sich während des Gesprächs eine gewisse Therapieerfahrung heraus. Er sagte von sich, dass er momentan emotional nicht stabil sei, da sein „großes Idol Bourdieu" zwei Tage vor dem Interviewtermin verstorben war. Dementsprechend schwierig gestaltete sich die Interviewsituation und das Nachgespräch dauerte ca. zwei Stunden.

Diese zwei Beispiele zeigen, wie wichtig, auch bei nicht-autobiographisch-narrativen Interviews, eine gewisse Sensibilität im Umgang mit den jeweiligen InterviewpartnerInnen ist. Vor allem sollte Zeit für Nachgespräche eingeplant werden.

## 4.2 Datenauswertungsschritte

Wie bereits erwähnt, orientiere ich mich bei der Datenauswertung an dem methodischen Stil der Grounded Theory, die auf einem typenbildenden Verfahren basiert. Kelle und Kluge (1999) weisen darauf hin, dass solchen Verfahren im Forschungsprozess sowohl deskriptive als auch hypothesengenerierende Funktionen zukommen. Diese helfen zunächst bei der Beschreibung sozialer Realität durch eine Strukturierung und Informationsreduktion. Dies soll in einem kurzen Abschnitt dargestellt werden. Als Hilfsmittel für die Datenauswertung zog ich das Auswertungsprogramm *atlas.ti* heran. Der Umgang damit und die Art und Weise der Verwendung fließen in diesen Abschnitt mit ein. Die Erarbeitung und Darstellung der Schlüsselkategorien ist das zentrale Moment dieses Teils des Kapitels. Es soll aufgezeigt werden, wie aus den einzelnen Transkripten vier zentrale Schlüsselkategorien mit ihren jeweiligen Dimensionen analytisch strukturiert herausgearbeitet werden konnten.

### 4.2.1 Kategorienbildung in Ahnlehnung an die Methoden der Grounded Theory

Das vorliegende Datenmaterial ist gesplittet in einen eher narrativen berufsbiographisch-fokussierten Part und einen Leitfadenteil. Aus letzterem ergeben sich bereits erste Vergleichsdimensionen, da die Fragen bzw. Themen aus dem Leitfaden, meist nur in unterschiedlichen Abfolgen, allen InterviewpartnerInnen gestellt wurden. Ausgerichtet an die beiden Forschungsfragestellungen, wie handeln PädagogInnen und welche neuen Gestaltungsspielräume eröffnen sie sich, erfolgt in einem ersten Schritt ein *offenes Kodieren* der Eingangserzählungen und des anschließenden Nachfrageteils. Dieses *offene Kodieren* stellt nach Strauss (1994) den ersten Kodiervorgang dar. Es handelt sich dabei um ein uneingeschränktes, und damit noch wenig auf eine Forschungsintention gelenktes, Kodieren der Daten. So wird das Dokument sehr genau analysiert mit dem Ziel, Konzepte zu entwickeln, die den Daten angemessen erscheinen. Strauss weist darauf hin, dass die ForscherInnen, wenn sie „wirkliche", demnach real im Datenmaterial existierende, Kategorien generieren wollen, ein Stück aus dem Datentext entnehmen und diese in eine kurze Zusammenfassung kleiden. Dies entspricht auch meiner Vorgehensweise. In dem Prozess des *offenen Kodierens* orientiere ich mich sehr eng am Material und kodiere paraphrasierend, um nah am Datenmaterial interpretieren zu können. Diese Art des ersten Vorgehens ist sehr aufwendig und arbeitsintensiv. Allerdings eröffnet sie den Rahmen, um das vorliegende Material in einem späteren Schritt theoretisieren und kategorisieren zu können. Darüber hinaus führte diese Art und Weise eines ersten Erschließens des Interviewtextes dazu, dass dieses „mikroskopische" Vorgehen die Gefahr minimiert, wichtige Kategorien zu übersehen. Es führt so zu einer konzeptuell dichten Theorie und vermittelt den Eindruck, wahrscheinlich nichts von besonderer Bedeutung ausgelassen zu haben. Dies fördert die Verifikation wie auch die Bewertung der Theorie.

Während dieses Prozesses entwickelte ich parallel ein Modell, in dem ich die einzelnen Kodes in dazu passende Themenbereiche bzw. zeitliche Abläufe einordnete. Dies bedeutet einerseits, dass ich den einzelnen Kodes Zahlen zuordnete, die mir eine zeitliche Orientierung ermöglichen sollten: In welchem temporären Kontext befindet sich meine InterviewpartnerIn gerade? Andererseits konkretisierte ich Themenbereiche, die übergreifend über alle Interviews immer wieder angesprochen wurden. Daraus entstand folgende Tabelle:

| Nummerierung | Kategorie |
|---|---|
| *0* | *Frage* |
| 1 | Schulzeit |
| 2 | Zwischenschritte zwischen Schule – Studium – Beruf |
| 3 | Studium |
| 3.1 | Nach dem Studium |
| 4 | Zukunft, Ausblick, Resümee |
| 5 | Selbstbilder, Weltbilder, Allgemeine Bilder, Professions-bilder, etc. |
| 6 | Profession, berufliches Handeln |
| 7 | Sozialisation |
| 8 | Beruf (pädagogischer Bezug) |
| 9 | Gestaltungsspielräume für Erziehungs- und Sozialwissen-schaftler in den Neuen Medien |
| 10 | Allgemeines |
| 11 | Zugang zum Internet |
| 12 | Computer und der Umgang mit diesem |
| 13 | Wissen |

*Abbildung 8:*     Thematische und temporäre Erzählstränge der Interviews

Aus dieser Tabelle wird ersichtlich, dass ich während des Prozesses des *offenen Kodierens* auch alle Fragen kodiert habe. Dies ließ einen schnellen Vergleich der Leitfadenfragen und relevanter Themenhorizonte zwischen allen Interviews zu. Die einzelnen thematischen Stränge und zeitlichen Schienen entwickelten sich permanent bei der Analyse des Datenmaterials und erweiterten sich im Laufe des Auswertungsprozesses. Auf diese Art und Weise ermöglichte mir diese Vorgehensweise, relativ schnell fallübergreifend zu arbeiten und zu interpretieren. Nicht immer lassen sich die einzelnen Kodes trennscharf einem der Themen-stränge zuordnen, was allerdings auch nicht angedacht ist. Die Vergabe von doppelten Nummerierungen, also die Möglichkeit der Zuordnung eines offenen Kodes in verschiedene Themen und Zeitstränge, stellt kein Problem dar, da dieses Vorgehen nur der Orientierung und nicht der thematischen Festsetzung der Kodes gilt. Bereits im Prozess des *offenen Kodierens* wurde so offenkundig, welches relevante Themenbereiche in Bezug auf die Forschungsfrage sein könnten. Das heißt, die Anlehnung an eine erste paraphrasierende Kodierung und der zeitgleiche Aufbau eines Kategorien- respektive Themensystems führt in dieser frühen Phase der Datenanalyse bereits zu ersten möglichen theoretischen Anknüpfungspunkten, wie im vorliegenden Fall eben der Wissenssoziologie. Auch wenn die Entwicklung von Kodes und Kategorien nicht vor der Datenerhebung erfolgt, fließt dennoch theoretisches Vorwissen der ForscherInnen in die Analyse des Datenmaterials mit ein. Strauss bezeichnet dies als „sachlich gegründete theoretische Sensitivität", demnach die Art und Weise, über Daten in theoretischen Begriffen zu reflektieren. Dieses Kontextwissen sollte nicht ausgeblendet, sondern als ein wesentlicher Datenfundus in die Analyse des Datenmaterials integriert werden. Damit erhöht sich nicht nur die Sensitivität bei der Theoriebildung, so Strauss (1994) weiter, sondern es werden auch eine Fülle von Möglichkeiten geliefert, Vergleiche anzustellen, Variationen zu entdecken und das Verfahren des *Theoretical Sampling* anzuwenden.

Dabei möchte ich an dieser Stelle darauf hinweisen, dass ich *jedes* Interview für sich, ohne das zuvor an einem anderen Interview entwickelte Themensystem darauf anzuwenden, analysiert habe, sich aber immer wieder Überschneidungen und ähnliche Thematiken herauskristallisierten, sodass dies, in einem zweiten Überarbeitungsschritt aller Interviews, als festes Modell in die Forschungstätigkeit integriert werden konnte. So folgte ich keiner Subsumtionslogik, sondern den von den InterviewpartnerInnen thematisierten Erzählsträngen.

Bereits in dieser Phase beginnt das Schreiben von *Memos*. Im Sinne der Grounded Theory dient dieser Vorgang mehreren Zwecken. Zum einen kann sich der/die Forscher/Forscherin an ihnen orientieren oder notieren, welche nächsten Schritte nützlich für den Forschungsprozess sein könnten. Weiterhin werden *Memos* im Verlauf der Datenanalyse geschrieben, um mögliche Ideen, Quintessenzen, theoretische Anknüpfungspunkte, neue Kategorien etc. festzuhalten. Im Laufe meiner Dateninterpretation kennzeichnete ich so Stellen besonderer Relevanz oder verknüpfte erste Textstellen miteinander. *Memos* dienten mir als ein Instrumentarium, bedeutende Momente der Textinterpretation festzuhalten, die durchaus fallübergreifend, aber meistens fallimmanent von Bedeutung waren.

Nachdem die Interviews so in einem ersten Analyseschritt bearbeitet wurden, ging ich in die zweite Kodierform innerhalb des Forschungsprozesses über. Das von Glaser und Strauss so genannte *axiale Kodieren* konzentriert sich auf die

Konkretisierung der einzelnen Kodes, so dass sie weniger provisorisch sind und zielt auf eine Verknüpfung der Kodes und deren Hierarchisierung. Gleichzeitig führt das *axiale Kodieren* zu einer Entscheidung, und das in Abhängigkeit zur Forschungsfrage, welche Phänomene relevant sein könnten. An diesem Punkt der Datenanalyse kam für mich das Auswertungsprogramm *atlas.ti* im Besonderen zum Tragen.

Wie bereits Kuckartz (1997)[186] festhält, hilft eine entsprechende Software bei der Analyse qualitativer Daten bei einer Vielzahl von Auswertungsoperationen. Dazu gehören beispielsweise: Die Zusammenstellung von Schlüsselpassagen des Textes, das Kodieren von Textpassagen nach bestimmten Kriterien, das spätere Wiederauffinden von kodierten Textsegmenten, das Auszählen von Wörtern und Wortkombinationen etc. Dabei darf nicht vergessen werden, dass es die ForscherInnen sind, die die Texte kodieren, interpretieren und analysieren und nicht der Computer. Die Nutzung des Softwareprogramms *atlas.ti* ist mittlerweile weit verbreitet. Angelehnt an das methodische Auswertungsinstrumentarium der Grounded Theory, werden Begriffe wie *Code* verwendet, die den Kern der eigenen Vorgehensweise als *Coding Paradigma*[187] bezeichnen. Glaser und Straus differenzieren allerdings zwischen den Begrifflichkeiten Code und Kategorie sehr ungenau, was eine Unterscheidung zwischen diesen relativ schwierig werden lässt. In der vorliegenden Forschungsarbeit stellt ein Kode die erste Ebene der Dateninterpretation dar. Eine Kategorie ist dann bereits die Verknüpfung verschiedener Kodes miteinander, demnach die nächst höhere Abstraktionsebene, und diese findet sich beim *axialen Kodieren* wieder.

Die Vergabe von Kodes erfolgt in *atlas.ti* aufgrund der Interpretation und Zuordnung der Forschenden. Um dieses Vorgehen anschaulicher zu gestalten, werde ich im Folgenden einige Screenshots einfügen, die meinen Umgang mit *atlas.ti* dokumentieren sollen.

---

186  Kuckartz (1997) ist Mitentwickler eines weiteren Datenauswertungsprogramms: Maxqda.

187  Das Coding Paradigma beschreibt ein Hilfsmittel beim Kodiervorgang. In einem ersten Schritt, wie bereits beschrieben, wird ein Kode benannt. Anschließend erfolgt die Nennung von Details, also was waren die Bedingungen, die zur Vergabe dieses Kodes geführt haben, welche Interaktionen zwischen den Akteuren liegen vor, welche Strategien bzw. Techniken wurden verwand und was hatte dies für Konsequenzen. Dies findet sich dann üblicherweise in den Memos wieder.

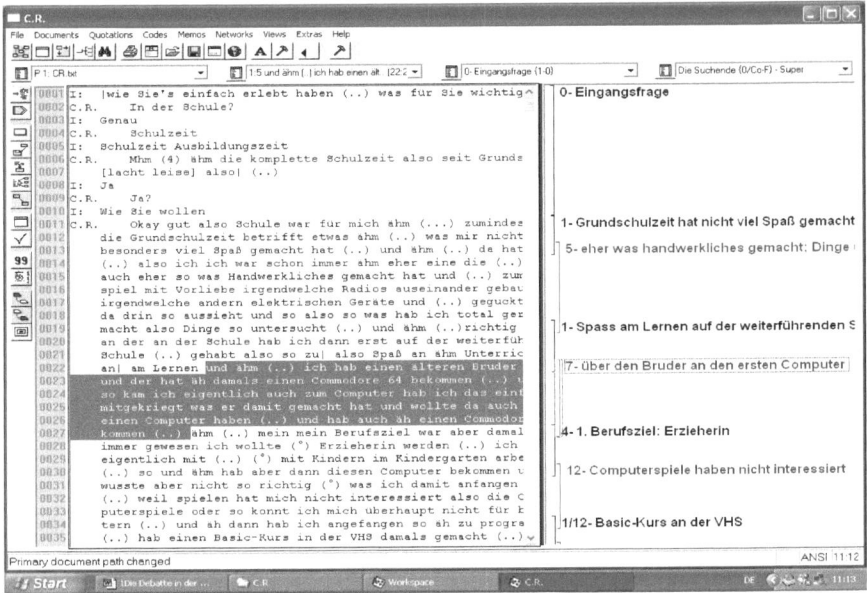

*Abbildung 9:*   Das offene Kodieren mit atlas.ti

Dieser Screenshot zeigt, wie sich mit der Software atlas.ti *offene Kodes* vergeben lassen. In der Mitte befindet sich das Transkript[188].

- Durch Markierung einzelner Segmente können Textstellen kodiert werden. (dunkel hinterlegt)
- Auf der rechten Seite finden sich dann die Kodes wieder. Die unterschiedlichen Farbnuancen, die sich im Original in verschiedenen Farben widerspiegeln, zeigen an, dass sich Kodes innerhalb einer Zeile überschneiden.
- Die Zahlen vor den Kodes sind die oben beschriebenen thematischen und temporären Erzählstränge, die ich bereits in der Tabelle angedeutet habe.
- In der Menüleiste oberhalb des Transkripts finden sich, von links nach rechts betrachtet, eine Auflistung der einzelnen Dokumente, eine Liste der Quotations[189], eine Liste der einzelnen Kodes und die der Memos wieder.

---

188  Zu den verwendeten Transkriptionsregeln siehe Anhang C.

189  Quotations zeigen die jeweiligen Anfänge der Kodes in der Transkriptsprache auf und geben gleichzeitig die Länge (von welcher bis welcher Zeile) wieder.

Durch Markieren der einzelnen Textstellen werden die *offenen Kodes* vergeben, was für das gesamte Interview gemacht wird. Nachdem dies geschehen ist, besteht die Möglichkeit, mithilfe von Netzwerken, die einzelnen Kodes aufzurufen, zu clustern und so auf eine nächst höhere Abstraktionsebene zu führen. Diese Vorgehensweise ist sehr strukturierend und anschaulich. Dies werde ich mit Hilfe des nächsten Screenshots demonstrieren.

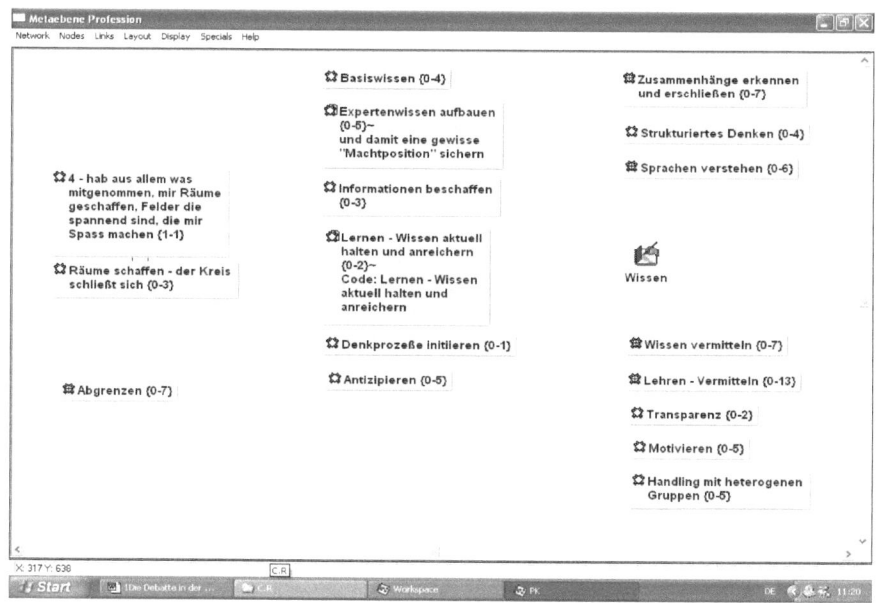

*Abbildung 10:*   Netzwerkbildung mit atlas.ti

Nachdem die Kodierung eines Interviews abgeschlossen war, ging ich dazu über, Netzwerke zu bilden. In einem ersten Schritt sammelte ich alle Kodes eines Interviews in einem Netzwerk und sortierte sie nach thematischen Zusammenhängen. Dies entspricht der Vorgehensweise des *axialen Kodierens*. Hierbei dreht sich die Analyse der einzelnen Kodes um eine imaginäre „Achse", wie Strauss es nennt. Es rückt nach der langen Phase des *offenen Kodierens* dann in den Vordergrund, wenn sich die ForscherInnen zunehmend auf eine Schlüsselkategorie festlegen, und somit auf das *selektive Kodieren*, der dritten Phase des Kodiervorgangs, zusteuern. Darauf werde ich im nachfolgenden Abschnitt des Kapitels eingehen. In dem oben eingefügten Screenshot befindet sich das Datenmaterial

175

bereits auf einer Metaebene. Nach dem Clustern der einzelnen Kodes spezifizierte ich die Cluster und entwickelte eine Kategorie, die ich inhaltlich charakteristisch, meist mit einer prägnanten Überschrift, beschrieb. Daraus entstanden, wie oben ersichtlich wird, verschiedene Kategorien gleichen Abstraktionsgrades. Das bedeutet, dass alle Kategorien hierarchisch auf derselben Ebene stehen. Diese fasste ich dann wieder in einem neuen Netzwerk zusammen und formte so ein oder mehrere Bilder (Selbstbild, Weltbild, pädagogisches Bild etc.) meiner InterviewpartnerInnen. Die Zahlen hinter den einzelnen Kategorien in dem oben aufgezeigten Netzwerk geben an, wie viele Kodes sich darauf beziehen. Diese einzelnen Netzwerke können wiederum angezeigt werden. Durch ein „Spiel" mit den einzelnen Kategorien in den Netzwerken als auch mit den Kodes entstand so ein dichtes inhaltlich charakteristisches Netzwerk der einzelnen Interviews.

Die Vorteile der Verwendung einer solchen Software wie *atlas.ti* scheinen mir damit deutlich zu sein: Das Bilden von Netzwerken, das „Spielen" mit Kodes und Kategorien und das Verzichten auf Papier, Bleistift und Karteikarten sind für mich die wichtigsten Vorteile. Auch das schnelle Wiederfinden, Umschreiben und Kombinieren von Kodes, die identischen Zeilennummerierungen zum WORD-Dokument u.a., sind klare Vorzüge. Allerdings dürfen die Defizite dieser Software nicht unbeachtet bleiben. Übergreifende Nachteile sind sicherlich, dass die Kodes in der jeweiligen Kodeliste alphabetisch sortiert werden und nicht nach der Reihenfolge, wie sie im Interview vergeben werden. Hier kamen mir meine Nummerierungen aus der oben eingefügten Tabelle zu Hilfe. Ein weiterer Nachteil ist meiner Ansicht nach die kaum bearbeitbare Kombination von mehreren Interviews in einer Hermeneutic Unit[190]. Will man zwei oder mehr Interviews miteinander verknüpfen, die bereits im Vorfeld kodiert sind, vermengen sich alle Kodes und es besteht keine Möglichkeit einer Zuordnung der einzelnen Kodes zu dem jeweiligen Interview.

Für mich überwogen aber ganz klar die Vorteile, in erster Linie die Art der Netzwerkbildung, die im Besonderen, wie bereits erwähnt, beim *axialen* und *selektiven Kodieren*, für mich von Bedeutung war. Darauf werde ich nachfolgend expliziter eingehen.

In einem dritten Schritt setzt nun, sowohl fallimmanent (manchmal auch fallübergreifend) anwendbar, das *selektive Kodieren* ein. Hiermit ist gemeint, dass systematisch und konzentriert nach der Schlüsselkategorie eines Interviews, demnach fallimmanent, gesucht wird. „Die anderen Kodes werden dem im Fokus stehenden Kode untergeordnet. Selektiv kodieren heißt also, daß der Forscher den Kodierprozeß auf solche Variablen begrenzt, die einen hinreichend

---

190   Als Hermeneutic Unit wird das gesamte Dokument bezeichnet.

signifikanten Bezug zu den Schlüsselkodes aufweisen, um in einer auf einen spezifischen Bereich bezogenen Theorie verwendet zu werden" (Strauss 1994: 63). In dieser Phase kommt es dementsprechend zu einer Verknüpfung der explorierten Kategorien. Hier werden darüber hinaus die analytischen *Memos* fokussierter und eignen sich nun möglicherweise zur Integration in eine Theorie.

### 4.2.2 Generierung von Schlüsselkategorien

In den oben beschriebenen Ablauf des Kodierens habe ich mich auf einer sehr theoretischen Ebene bewegt. In dem nachfolgenden Abschnitt werde ich nun an exemplarischen Beispielen die Generierung von Schlüsselkategorien des vorliegenden Datenmaterials veranschaulichen. Ich werde zeigen, wie ich aus den einzelnen Kodiervorgängen und der Kategorienbildung Schlüsselkategorien rekonstruiert habe, die sowohl meinen Forschungsfragen als auch dem empirischen Datenmaterial entsprechen.

Eine *Schlüsselkategorie* erklärt, so Strauss (1994), den größten Teil eines Verhaltensmusters, dies bedeutet, sie beschreibt die verschiedenen Erscheinungsweisen unter verschiedenen Bedingungen. Demnach hat sie bei der Generierung einer Theorie mehrere wichtige Funktionen: „Sie ist relevant und funktioniert" (Strauss 1994: 66). Die meisten Kategorien stehen in einem Bezug zu ihr, so dass sie in starkem Maße der Qualifikation und der Modifikation unterliegt. Strauss weist darauf hin, dass die ForscherInnen den Schlüsselkategorien so schnell wie möglich eine „zutreffende Bezeichnung" geben sollten, damit sie einen Ausgangspunkt haben, von dem aus reflektiert werden kann. Folglich müssen die ForscherInnen mit einer vorläufigen Bezeichnung arbeiten, bis eine andere oder bessere gefunden wird. „Nachdem mehrere brauchbar kodierte Kategorien entwickelt worden sind, versucht der Forscher, die Kategorie, die erklärende Kraft zu haben scheint, so gut es geht *theoretisch zu sättigen*" (Strauss 1994: 66). So werden zum einen die Ergebnisse der empirischen Analyse auf die theoretisch-methodologische Ebene der Grounded Theory gehoben. Zum anderen werden auf diese Weise die Zusammenhänge zwischen den Kategorien und ihren Eigenschaften erkennbar und konzeptuell dicht. Dabei muss die Schlüsselkategorie in ihrem vorrangigen Bezug zu anderen Kategorien immer wieder bestätigt werden. Hier kommt das bereits beschriebene *Theoretical sampling* zum Tragen. Je mehr Daten analysiert worden sind, desto sicherer können die ForscherInnen im Hinblick auf die am Ende gewählte Schlüsselkategorie sein. Zur Beurteilung, welche

Kategorie als Schlüsselkategorie dienen sollte, formuliert Strauss[191] mehrere Kriterien. Die Schlüsselkategorie muss demnach:

- *Zentral* sein, also einen Bezug zu möglichst vielen anderen Kategorien aufweisen;
- *Häufig* im Datenmaterial vorkommen, denn wenn diese Kategorie immer wieder in Erscheinung tritt, wird sie allmählich zu einem stabilen Muster;
- *Sich mühelos in Bezug setzen* lassen zu anderen Kategorien;
- *Klare Implikationen im Hinblick auf eine formale Theorie*[192] besitzen;
- *Die Theorie weiterentwickeln*;
- *Maximale Variationen* in die Analyse aufnehmen. So können die ForscherInnen im Rahmen von Dimensionen, Eigenschaften, Bedingungen, Konsequenzen, Strategien etc. kodieren. Diese stehen alle in Zusammenhang mit verschiedenen Submustern des Phänomens, auf das die Schlüsselkategorie hinweist.

Dies sind die theoretischen Überlegungen, wann eine Kategorie als Schlüsselkategorie fungieren kann und wofür sie im Forschungsprozess steht. Doch wie spiegelt sich dies im konkreten Arbeiten wider? Nach der Erhebung des ersten Interviews und deren Kodierung ließen sich Phänomene aufzeigen, die interessant und meines Erachtens nicht erwartbar waren.

---

191  Vgl. hierzu Strauss 1994: 67f.

192  Eine formale Theorie wird für ein formales (oder allgemeines) oder konzeptuelles Forschungsgebiet entwickelt.

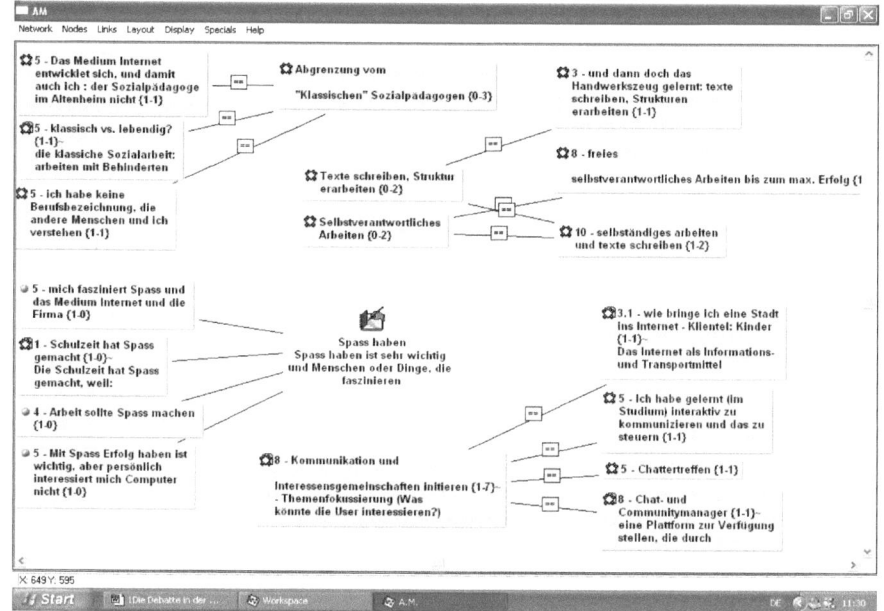

*Abbildung 11:* Netzwerk von Andreas

Wie bereits angedeutet, war meine Vorgehensweise im offenen Kodieren eher paraphrasierend. Diese offenen Kodes finden sich im oberen Screenshot auf der rechten und linken Seite wieder. Nicht alle Kodes spielen eine zentrale Rolle, so dass natürlich nicht alle Kodes des Interviews von Andreas in dem oben dargestellten Netzwerk repräsentiert werden. Dies ist bereits eine Auswahl, die auf die zentralen Kategorien im Interview von Andreas zielt. Demnach sind diese: *Kommunikation und Interessensgemeinschaften initiieren; Selbstverantwortliches Arbeiten; Texte und Struktur erarbeiten; Abgrenzen vom „klassischen" Sozialpädagogen* und *Spaß haben.* Die letzte Kategorie hat einen eigenen Button (der durch ein eigenes Symbol anzeigt, dass dies in einem *Memo* festgehalten wurde (mittig)) und stellt die, zusammen mit *Kommunikation und Interessensgemeinschaften initiieren,* bis zu dieser Auswertungsphase zentrale Kategorie dar. Dies ergab sich unter anderem aus den, auf das Datenmaterial angewendeten, Forschungsfragen und der Anreicherung und Sättigung durch ständiges Vergleichen der einzelnen Kodes. Dieses ständige Vergleichen führt, wie von Glaser und Strauss beschrieben, zur Generierung von theoretischen Eigenschaften der Kategorie. Somit begann der Prozess der Erarbeitung bestimmter Charakteristika

179

der einzelnen Kategorien als auch des Zusammenhangs der Kategorien miteinander. Wie sich dies konkret bei Andreas zeigen lässt, findet sich im nachfolgenden Abschnitt 4.3.2 in der Fallrekonstruktion des Interviews von Andreas wieder. Nachdem diese ersten Kategorien vorläufig feststanden, ging ich dazu über, das zweite Interview zu kodieren und zu analysieren. Im Gegensatz zu den Überlegungen von Strauss zu Schlüsselkategorien war ich mir an diesem Punkt der Datenanalyse nicht darüber im Klaren, ob dies bereits Schlüsselkategorien sein könnten. Erst einmal beließ ich es dabei, sie als zentrale Kategorien eines Falles zu betrachten und sie zu einem späteren Zeitpunkt, wenn ich a) mehr Wissen aus den anderen Interviews in die Analyse mit einfließen lassen und b) mehr über mögliche Fallkontrastive integrieren konnte, wieder zu berücksichtigen. Aus meinem Sample an Interviews wählte ich deshalb ein Interview aus, welches aufgrund demographischer Strukturen und einer ersten sehr oberflächlichen Analyse als maximaler Kontrast zum Interview mit Andreas gelten könnte. Hierbei griff ich auf die Überlegungen von Kelle und Kluge (1999) zurück. Sie erläutern, dass eine Kontrastierung nicht anhand eines Zufallprinzips, sondern systematisch und anhand von Vergleichsdimensionen erfolgen sollte. Eine *Kontrastierung* von einzelnen Fällen erlaubt, so Glaser und Strauss (1998), Differenzen zwischen den Vergleichsfällen entweder zu *minimieren* oder zu *maximieren*. Dabei wird bei einer *minimalen Kontrastierung* die Wahrscheinlichkeit erhöht, dass die ForscherInnen je gegebener Kategorie mehr ähnliche Daten sammeln und zugleich wichtige Unterschiede beleuchtet werden. Die Differenzen zwischen Vergleichsfällen zu minimieren hilft dabei, eine Reihe von eindeutigen Bedingungen zu etablieren. Zu diesen Bedingungen existiert eine Kategorie bis zu einem gewissen Grade oder als Typ. Die Unterschiede zwischen den Einzelfällen zu *maximieren* erhöht dementsprechend die Wahrscheinlichkeit, dass unterschiedliche Daten zu einer Kategorie gesammelt werden, während sich zugleich strategische Ähnlichkeiten zwischen den Einzelfällen entwickeln lassen. Im Regelfall beginnt man mit einer maximalen Kontrastierung. Dies hat den Zweck, schon sehr früh im Forschungsprozess unterschiedliche Dimensionen zu eröffnen bzw. zu einer Stabilisierung der bereits analysierten Kategorien beizutragen.

Diese Fallvergleiche, minimaler und maximaler Art, vollzogen sich in meinen Interviewanalysen permanent. Jedes der acht intensiv ausgewerteten Interviews zeigte dabei recht schnell sowohl Parallelen als auch Unterschiede auf. Die differenten Dimensionen bezogen sich hierbei auf die biographischen Zugangskomponenten zum Computer und den beruflichen Werdegang. Relativ schnell wurde allerdings deutlich, dass sich die einzelnen Kategorien, wie sie aus dem ersten Interview bereits sichtbar wurden, bestätigten und erweitern ließen. Die einzelnen Dimensionen der Schlüsselkategorien spiegelten sich in allen acht intensiv ausgewerteten Interviews in unterschiedlicher Ausprägung wider. Auf diese Art und Weise der analytischen Betrachtung des Datenmaterials generierte ich folgende vier fallübergreifende Schlüsselkategorien:

- Wissen distribuieren;
- Soziale Welten gestalten und initiieren;
- Wissen generieren;
- Wissen antizipieren.

Diese Schlüsselkategorien stellen ein zentrales Ergebnis der Analyse des empirischen Datenmaterials dar. In diesem Sinne angewandt führte die Grounded Theory bei meinem Datenmaterial nicht zu einer Typenbildung, was auch nicht zwingend notwendig ist, sondern zu einer explorativen Darstellung von charakteristischen Merkmalen des beruflichen Handelns der befragten Pädagoginnen und Pädagogen. Der Weg vom offenen über das axiale zum selektiven Kodieren führte somit über eine deskriptive Auseinandersetzung mit den Interviewtranskripten zu abstrahierenden Kategorien, die wiederum Schlüsselkategorien generierten. Diese repräsentieren einen Fall im Besonderen und alle Fälle im Gemeinsamen. Die einzelnen Schlüsselkategorien kommen dabei in verschiedenen Handlungssituationen der befragten PädagogInnen zum Tragen, die aber nicht als alternierend zu verstehen sind, sondern im jeweiligen Kontext des beruflichen Handelns latent oder bewusst von den PädagogInnen in Erscheinung treten. Die einzelnen Dimensionen der Schlüsselkategorien sind Handlungsstrategien, die bei manchen Schlüsselkategorien als dominierend auftreten können. In diesem Sinn beschreiben die Schlüsselkategorien die Art und Weise des beruflichen Handelns meiner InterviewpartnerInnen. Das bedeutet, dass für die Beantwortung der Forschungsfrage, wie PädagogInnen in neuen beruflichen Handlungsfeldern agieren, die einzelnen Dimensionen der Fallanalyse analytisch zu den fallübergreifenden Schlüsselkategorien zugeordnet wurden. Dies spiegelt sich in einem empirischen Modell wider, welches in Abschnitt 4.4 dieses Kapitels dargestellt wird.

Die nun anschließenden vier Fallporträts und Fallrekonstruktionen werden verdeutlichen, was unter diesen Schlüsselkategorien inhaltlich verstanden wird und wie sie sich im empirischen Material zeigen lassen. Anschließend folgt die Darstellung, wie sich diese in einem empirischen Modell verknüpfen und mit den theoretischen Überlegungen von Schütz in Beziehung setzen lassen (Kapitel 5). Die Einzelfälle werden nach Einzelkategorien aufgezeigt – jeder Einzelfall repräsentiert symbolisch eine Schlüsselkategorie und die Verzahnungen dieser mit den weiteren Schlüsselkategorien. In der zusammenfassenden Darstellung der empirischen Ergebnisse werden dann die weiteren vier Interviews, die in der einzelfallrekonstruktiven Darstellung der Schlüsselkategorie noch nicht hinzugezogen wurden, zur Verdeutlichung integriert.

## 4.3 Fallrekonstruktive Darstellung der fallübergreifenden Schlüsselkategorien

Fallbeschreibungen als auch Fallrekonstruktionen haben eine bestimmte Zeitspanne oder eine Periode in einem sozialen Leben als wesentliches Merkmal. Die Fallbeschreibung beinhaltet dabei eine Geschichte über eine soziale Einheit, eine Person, Gruppe, Organisation oder Beziehung. Folgt man den Überlegungen von Strauss (1994) erscheint es zweckmäßig, zwischen einer Fallbeschreibung und einer Fallrekonstruktion zu unterscheiden. „Beim Aufbau einer Fallrekonstruktion konzentriert sich der Forscher auf analytische Abstraktionen, um auf der einen oder der anderen Ebene der Abstraktion eine Theorie zu formulieren" (Strauss 1994: 278). Eine Fallbeschreibung ist nützlich, wenn sie mit der Theorie verknüpft und entlang einer zeitlichen Linie präsentiert wird, um folglich auf den Fall angewandt zu werden. „Mit dieser Methode kann der Forscher einen Typus, ein Mittelmaß, ein Extrem oder einen exemplarischen Fall darstellen" (Strauss 1994: 281). Angelehnt an diese Überlegungen werde ich in einem ersten Schritt einer Einzelfalldarstellung den vorliegenden Fall chronologisch berufsbiographisch beschreiben und somit die InterviewpartnerInnen in ihrer spezifischen biographischen Einzigartigkeit erfassen. Daran anschließend folgt die jeweilige Fallrekonstruktion, die im Besonderen auf die jeweilig inhaltlich zu zeigende Schlüsselkategorie zielt. Diese zwei Dimensionen der Falldarstellung und die Komplexitätssteigerung durch das Zusammenfassen aller Fälle bei der inhaltlichen Darstellung der Schlüsselkategorien führen schließlich zu einem empirischen Modell, welches im letzten Abschnitt dieses Kapitels rekonstruiert werden soll.

### 4.3.1  Die Reflektierte: Carin

> „hab dann aber gemerkt nee also irgendwie äh wenn ich Erzieherin werden will dann (..) passt das irgendwie gar nicht überein"

Zum Zeitpunkt des Interviews ist Carin 30 Jahre alt und arbeitet im universitären Bereich als wissenschaftliche Mitarbeiterin. Sie schrieb mich per E-Mail an, nachdem ihr ein Freund mitteilte, dass Erziehungs- und SozialwissenschaftlerInnen im Bereich der Neuen Medien für ein Forschungsprojekt gesucht werden.

Carin zeigte sich sehr interessiert und es kam schnell zu einer Terminvereinbarung für ein Interview. Trotz meines Hinweises bei einem ersten Telefonat, dass ich an Berufsbiographien interessiert bin, verwirrte sie meine Eingangsfrage. Sie konnte sich nicht darauf einlassen und das Interview gestaltete sich recht schwierig, was sich nicht nur in der Eingangspassage des Transkripts widerspiegelt. Mit 35 Minuten ist es daher auch ein eher kurzes Interview. Das Interview selbst wurde in einem Besprechungsraum ihres Instituts erhoben. Es gab keine externen Störfaktoren. Nachdem das Aufnahmegerät ausgeschaltet war, gab es ein etwa 45-minütiges Nachgespräch. Hier erklärte mir Carin, dass sie insbesondere ihre Schulzeit als eine sehr schwierige und emotionale Zeit in Erinnerung hat. Demnach gab es in ihrem primären Sozialisationsfeld viele Probleme und sie musste für den Weg, den sie dann letztendlich gegangen ist, hart kämpfen. Sie versuchte zu begründen, wieso sie die von mir gewählte Eingangsformulierung konzeptuell durcheinander brachte. Demnach gab es einen zu großen Kontrast zwischen ihrer Erwartungshaltung an das von mir arrangierte Interview selbst und meinen Intentionen. Da sie selbst bereits mehrfach Interviews, in erster Linie biographisch narrativer Art, gegeben und erhoben hatte, war es anscheinend für sie disparat, ihren beruflichen Werdegang mit ihrer Schulzeit zu verknüpfen. Ihre Unsicherheit zeigte sich auch im Nachhinein. Nur durch mein Versprechen, ihr das transkribierte Interview zum Lesen zuzusenden, erklärte sich Carin bereit, das Interview überhaupt durchzuführen. Nachdem sie es dann gelesen hatte, äußerte sie starke Zweifel, ob es überhaupt verwendbar sei. Erst nach weiteren Kontakten per E-Mail konnte ich Carin eine gewisse Sicherheit vermitteln, so dass ich das Interview verwenden durfte. Diese komplexe Ausgangssituation stellt in meinem Sample einen Einzelfall dar.

Trotz dieser eher schwierigen Anfangsbedingungen steht das Interview mit Carin exemplarisch für die PädagogInnen, die ihr frühes Interesse für den Computer und ihre pädagogischen Ambitionen ursprünglich als unvereinbar betrachteten. Gleichzeitig dient die Rekonstruktion dieses Interviews zur Darstellung der Schlüsselkategorie „Wissen distribuieren" und ihrer Dimensionen.

### 4.3.1.1 Fallbeschreibung: Berufsbiographisches Porträt

Die folgende Fallbeschreibung orientiert sich an den thematischen Erzählsträngen, die Carin im Laufe des Interviews entwickelt hat. Dabei orientiere ich mich in der Darstellung sowohl an der von Carin gesetzten inhaltlichen Chronologie als auch an übergreifenden Dimensionen mit besonderer Relevanz.

## Schulzeit

Die Anfangsschwierigkeiten von Carin zeigen sich in ihrem Versuch, einen Er-zählstrang zu entwickeln, an dem sie sich abarbeiten kann. Möglicherweise liegt das daran, dass ihre Erinnerungen an die Schulzeit selbst eher negativ belegt waren, vor allem was die Grundschulzeit betrifft. Auch ihre sehr knappe und wenig narrative Elemente enthaltende Erzählung zur Schulzeit selbst, lassen darauf schließen. Erst auf einer weiterführenden Institution macht ihr die Schule und das Lernen Spaß.

## Mediensozialisation

Bereits am Anfang des Interviews betont sie, dass sie gern handwerklich arbeitet bzw. gearbeitet hat. Carin baut mit Vorliebe Geräte auseinander um zu sehen, was sich dahinter verbirgt.

Ihren ersten Kontakt mit einem Computer erhielt sie über ihren älteren Bru-der. Dieser bekam als erstes der Geschwister einen Commodore 64, wenig später bekam dann auch Carin ihren ersten eigenen Rechner. Im Gegensatz zu ihrem Bruder interessierte sich Carin allerdings weniger für Computerspiele, sondern eher für die Programmierung eines Computers und belegte aus diesem Grund einen Basic-Kurs an einer Volkshochschule. Ihre Herangehensweise an dieses neue Medium kann zwar als spielerisch betrachtet werden. Doch ihr Engage-ment, sich hinsichtlich dieses neuen Mediums aus einem Interesse heraus Wissen darüber auf einer eher technischen Ebene anzueignen, lässt bereits in dieser frü-hen Phase ihrer Erzählung auf eine besondere Faszination für dieses neue Medi-um schließen.

## Berufswunsch vs. Computer

Schon früh stand für Carin fest, dass sie Erzieherin werden möchte. Dieser Be-rufswunsch, mit Kindern im Kindergarten zu arbeiten, und ihr Interesse für die Programmierung eines Computers kollidieren in dem Maße miteinander, dass sie ihr Interesse für Computer in den Hintergrund drängt. Sie sieht zu diesem Zeit-punkt keine Möglichkeit, beide Interessensschwerpunkte miteinander zu ver-knüpfen. Dieses Dilemma ist immer wieder Schwerpunkt innerhalb des ersten Abschnittes des Interviews. Carin sieht eher eine Verbindung zwischen den Computerspielen ihres Bruders und ihrem eigenem Berufswunsch, Erzieherin zu werden, als zwischen ihrem Anspruch an dieses Medium und Pädagogik. Carin möchte mit Menschen arbeiten und zu diesem Zeitpunkt hat der Computer für sie wenig menschliche Einsatzmöglichkeiten.

Parallel zu ihrer Berufsausbildung als Erzieherin absolviert Carin die Abiturprüfungen und strebt hinterher ein Studium an: *„ja wollte einfach noch mehr wissen noch mehr lernen" (Carin: 51f.).* Auch hier versucht sie wieder eine Verbindung zwischen Computer und Pädagogik herzustellen. Carin definiert zu diesem Zeitpunkt den Computer als Hilfswerkzeug, der sie dabei unterstützen soll, bestimmte Arbeiten zu erledigen. Daran anschließend entdeckt sie das Medium Internet. Jetzt findet sie auch einen für sie wesentlichen Zusammenhang zwischen dem Computer und ihrem pädagogischen Anspruch – die soziale Kommunikation. Mit der sich ihr bietenden Möglichkeit, sowohl offline als auch online zu kommunizieren, gelingt es Carin, ihr pädagogisches und technisch-mediales Interesse zu verknüpfen und beides für sich fruchtbar zu machen.

Studienzeit

Nach ihrer Ausbildung zur Erzieherin mit Abitur bewirbt sich Carin um einen Psychologiestudienplatz, den sie allerdings nicht erhält. An dieser Stelle spricht sie an, dass sie eigentlich von keiner Seite wirklich Förderung und Information bekommen hat. In ihrem näheren Umfeld, also auch ihrer Familie, scheint es niemanden zu geben, der bereits studiert hat oder diesen Wunsch von ihr unterstützt. Die einzige Ausnahme scheint ihr Bruder zu sein, den sie mehrere Male erwähnt. Dieser rät ihr auch in dieser Situation, aufgrund ihres Backgrounds als Erzieherin, Sozialpädagogik als nahe stehende Disziplin zu studieren. Gerade ihr Hintergrundwissen als Erzieherin gestaltet diese weiterführende Qualifikation für Carin allerdings als wenig interessant. Vieles ist ihr bereits bekannt, so dass sie sich selbst als „unbefriedigt" beschreibt. Auch die beruflichen Alternativen nach dem Studium sind für Carin nicht mehr von wesentlichem Interesse.

Aufgrund dieser Erfahrung wendet sich Carin u.a. an das Arbeitsamt, um sich beraten zu lassen. Diese Institution legt ihr nahe, eine weitere Berufsausbildung (zur Logopädin) zu absolvieren, weil sie Carin für studienungeeignet hält. Dies widerspricht allerdings in jeder Hinsicht ihren Interessen. In letzter Konsequenz beendet Carin das Studium der Sozialpädagogik innerhalb eines eher kurzen Zeitrahmens (5-6 Semester), betont aber gleichzeitig, dass sie nie in diesem Beruf gearbeitet hat. Das war aber auch nicht ihr Ziel.

Bereits während des Studiums entscheidet sich Carin für die Schwerpunkte Sozialmanagement und Medienpädagogik. Ihr Diplomarbeitsthema zielt auf die Konzeption einer sozialen Einrichtung.

Was Carin unter klassischer Pädagogik versteht, und woran sie sich das gesamte Interview hindurch abarbeitet, resultiert aus ihrem professionell vermittelten Bild von Sozialpädagogik: Pädagogik umfasst demnach für sie, und das größtenteils, den helfenden Bereich, in dem sie sich selbst nicht wieder finden kann. Diese Diskrepanz zwischen dem professionellen Verständnis in der Sozialpädagogik und ihrem eigenem Anspruch an eine professionelle Tätigkeit, nach der sie noch immer sucht, eröffnet ihr keine adäquate Berufsperspektive nach dem Studium. Aus diesem Grund lässt sich Carin wiederum vom Arbeitsamt beraten. Auf Empfehlung dieser Institution „schnuppert" sie in verschiedene Bereiche und Fakultäten der Universität hinein und entscheidet sich dann, Diplompädagogik zu studieren. Carin spricht auch hier wieder an, dass sie noch etwas anderes lernen will, und das scheint ihrer Ansicht nach nur innerhalb von Institutionen gegeben zu sein. Die Entscheidung, Diplompädagogik zu studieren, stellt sich für sie eher pragmatisch. Das Grundstudium wird ihr bereits angerechnet, so dass sie eine gewisse Zeitersparnis hat und gleichzeitig ist sie in der Lage, durch Nebenjobs ihr Hauptstudium zu finanzieren. An dieser Stelle wird deutlich, in welchen Schleifen sich Carin bewegt. Immer wieder greift sie auf das gleiche Muster innerhalb ihres Bildungsweges zurück. Sie baut auf bereits vorhandenes Wissen auf, ohne sich direkt aus dem Kreis ihres professionellen Wissens hinaus zu begeben. Funktionieren ihre Wege nicht mehr, nimmt sie Beratungsstellen in Anspruch. In einem eher kurzen Nachsatz klingt an, dass Carin auch überlegt hatte, Betriebswirtschaftslehre zu studieren. Sie wollte sich ganz aus den für sie „pädagogisch helfenden" Bereich hinaus begeben.

Ihr Schwerpunkt während des Zweitstudiums ist ganz klar die Informatik im Bildungs- und Sozialwesen. Sie ist fasziniert von den Möglichkeiten des Internets, vor allem den neuen Lernmöglichkeiten und deren mediale Gestaltung. Auf diese Art und Weise hat Carin endlich eine Richtung gefunden, die ihre beiden Interessen, sich mit Menschen zu beschäftigen und neue Medien zu nutzen, bedient.

Neben dem eigentlichen Studium arbeitet Carin als wissenschaftliche Hilfskraft und auch als Tutorin in der Arbeits- und Organisationspsychologie. Sie studiert ihr eigentliches Nebenfach Psychologie sehr intensiv, was wohl u.a. ihrem ersten Studienwunsch Psychologie zuzuschreiben ist. Auch hier erzählt sie wieder von ihrer Begeisterung, welche Möglichkeiten sich mit den neuen Medien eröffnen. Sie scheint ihr Ziel erreicht zu haben.

Ihre Diplomarbeit fertigt Carin dann innerhalb eines Unternehmens an. Sie bewirbt sich als Diplomandin in einem Luftfahrtunternehmen und konzeptioniert dort ihre Diplomarbeit mit dem Arbeitstitel: Mediale Lernumgebungen und deren Gestaltung. Innerhalb dieses Praktikums, welches ein halbes Jahr dauert, arbeitet sie an der Gestaltung einer virtuellen unternehmensinternen Lernumgebung mit.

## Aktuelle Tätigkeit zum Zeitpunkt des Interviews

Zum Zeitpunkt des Interviews ist Carin wissenschaftliche Mitarbeiterin an einer Universität. Sie arbeitet an einem Projekt an der Erstellung eines virtuellen Hochschulstudienangebots mit. Ihre Kernaufgaben umfassen die komplette mediendidaktische Konzeption, die Beratungsebene der UserInnen (angehende InformatikerInnen) für diese virtuelle Lernumgebung (Aufbau, mediendidaktische Sicht aus der Lernperspektive) sowie die Contenterstellung. Parallel dazu schult und berät sie die KursbetreuerInnen und AutorInnen, die innerhalb dieser virtuellen Lernumgebung Seminare anbieten.

Carin bewegt sich somit sowohl auf einer online- als auch offline-Ebene des Lernens, sowie innerhalb einer Lernenden- und Lehrendenperspektive. Dies beinhaltet für sie mehrere Perspektivenwechsel: von einer face-to-face Situation zu online-Präsentationen, von der Perspektive der Wahrnehmung einer Lernumgebung durch die Lernenden selbst als auch die Gestaltung und inhaltliche Er- und Bearbeitung einer solchen.

Auf meine Nachfrage hin, was sie denn aus dem Studium für ihre momentane Tätigkeit nutzen könne, folgt ein spontanes: *„alles" (Carin: 255)*. Innerhalb der Konkretisierung von Carin betont sie zum einen ihr erworbenes Wissen aus ihren Nebentätigkeiten (wie die Trainingsplanung innerhalb der Psychologie) als auch Grundkompetenzen aus ihrem Studium (wie schule ich Leute, wie plane ich ein Seminar etc.). Gleichzeitig weist sie zum wiederholten Male darauf hin, dass sie eben nicht in dem für sie definierten „klassisch-pädagogisch", somit helfenden Bereich, arbeitet. Aber sie ist in der Lage, ihr Wissen zielgruppenorientiert zu präsentieren und zu vermitteln:

„einfach Leute da abzuholen wo sie grade sind (..) einfach auch äh vielleicht manchmal komplexe Wissensinhalte so äh runterzuschrauben und und äh (..) zielgruppenspezifisch denen auch nahe zu bringen (..) ich glaube das kann ich sehr gut" (Carin: 296ff.)

Chronologie

1. Schulzeit, weiterführende Schule
2. Berufsausbildung zur Erzieherin mit Abitur
3. Fachhochschulstudium Sozialpädagogik (Schwerpunkte: Sozialmanagement und Medienpädagogik)
4. Universitätsstudium Diplompädagogik (Schwerpunkte: Bildungsplanung, Bildungsökonomie, Erwachsenenbildung, Informatik im Bildungs- und Sozialwesen)
   - Wissenschaftliche Hilfskraft in der Arbeits- und Organisationspsychologie
   - Tutorin
   - ½ Jahr Praktikum mit Diplomarbeit in einem Luftfahrtunternehmen, Thema der Diplomarbeit: Mediale Lernumgebungen und deren Gestaltung
5. Wissenschaftliche Mitarbeiterin an einer Hochschule


Resümee

Carin scheint ihrer Zeit voraus gewesen zu sein. Sie hat vor allem in den ersten Jahren ihrer Berufsausbildung und des ersten Studiums Probleme, ihr Interesse für den pädagogischen Bereich und ihre Wissbegierde für die Neuen Medien und neuer Technologien miteinander zu verknüpfen. Das Interview selbst wird immer wieder geprägt von Sätzen wie:

„wo ich einfach mehr | äh also (..) mehr darüber wissen wollte und das auch kennen lernen wollte" (Carin: 225f.)

Das Besondere an Carin ist die Tatsache, dass sie sowohl online lehrt und lernt als auch innerhalb von face-to-face-Situationen. Sie kann ihr Wissen in beiden Bereichen anwenden, es zielgruppenspezifisch vermitteln und sich gleichzeitig auch wieder Wissen aus beiden Ebenen aneignen und dieses reflektieren.

## 4.3.1.2 Rekonstruktion der fallimmanenten Charakteristika

Konflikt: Computer vs. Pädagogik

Auf meine Eingangsfrage, wie Carin ihre Schulzeit erlebt hat, hält sie als Resümee fest, dass ihr die Grundschulzeit eigentlich nie viel Spaß bereitet hat. Sie wollte eher, wie bereits angedeutet, etwas Handwerkliches tun. Bereits hier zeigt sich ihr technisch ausgeprägtes Interesse an Dingen. Spaß am Unterricht bzw. am Lernen verbindet Carin erst mit dem Wechsel auf die nächst höhere schulische Institution. Nach dieser kurzen Einlassung zu ihrer Schulzeit wechselt sie ansatzweise die Thematik in Richtung Familie, die aber im weiteren Verlauf des Interviews nicht wieder thematisiert wird.

Bereits sehr früh entwickelt Carin einen Erzählstrang, den sie kontinuierlich durch die gesamte erste Erzählsequenz bis hinein in den Leitfaden entwickelt: Ihren Konflikt zwischen ihrem technischen Interesse und dem Berufswunsch Erzieherin. Dieser Berufswunsch scheint sich schon sehr früh manifestiert zu haben, so dass sie bei einer neuen Entwicklung ihres Erkenntnisinteresses nicht flexibel reagieren kann und sich somit auch keine neuen Handlungsoptionen für sie ergeben. An den Computer selbst wurde sie über ihren Bruder herangeführt, wie bereits oben beschrieben. Auch im weiteren Verlauf scheint der Bruder ein wichtiger und einflussnehmender Part in der Berufsfindung von Carin zu sein. Dessen Interesse lag allerdings mehr bei den Computerspielen und nicht in einer beruflich professionellen Anwendung. Wie bereits im Fallporträt erwähnt, kann sich Carin überhaupt nicht für Computerspiele begeistern. Allerdings sieht sie in einem Interesse für Computerspiele noch eher eine pädagogische Verknüpfung zwischen ihrem Berufswunsch und dem Computer, da dieser eine spielerische Komponente im Umgang mit dem Computer anspricht.

Dieser Konflikt zwischen ihrem Interesse für Computer und dem Berufswunsch Erzieherin spiegelt auch ihr vorrangiges Bild von Pädagogik und pädagogisch tätig sein wider. Parallel zum Erzählstrang dieser misslingenden Verknüpfung liegt somit auch ihr Bild vom „klassischen Pädagogin sein" und der permanenten Abgrenzung davon. Dies zeigt sich an mehreren Textstellen:

„weil ich einfach ganz weg wollte von diesem (..) pädagogischen (..) helfenden (..) Bereich und das Gefühl hatte ich möchte gern mit Menschen weiterhin zu tun haben aber halt einfach nicht auf dieser helfenden Ebene" (Carin: 197ff.)

„im Bereich des des Helfenden (..) pädagogisch Helfenden äh da sieht was was die Sozialpädagogik sich eigentlich als erstes so auf ihre Fahnen geschrieben hatte das zu machen ähm (..) das hab ich jetzt nicht unbedingt" (Carin: 278ff.)

Pädagogisch tätig sein bezieht Carin zu diesem Zeitpunkt ausschließlich auf den so genannten „helfenden Bereich". Stellt sich die Frage, was diesen Bereich tatsächlich prägt. Was bedeutet es für Carin, pädagogisch helfend tätig zu sein und genau dies nicht zu wollen? Angekoppelt an die Ausbildungsinhalte der Sozialpädagogik kann „helfend tätig sein" ähnlich wie Betreuen als Hilfe zum Leben, praktische Lebenshilfe, somit körperlich fassbare Hilfe betrachtet werden. Wie sich nachfolgend zeigen wird, ist sie durchaus innerhalb ihrer aktuellen Tätigkeit als wissenschaftliche Mitarbeiterin pädagogisch tätig, so wie sie diesen Bereich versteht. Sie hilft Menschen, mit dem Medium Internet zu agieren als auch zu interagieren und dies auf den unterschiedlichsten Lern- und Lehrebenen. Wie es Carin gelingt, einen Weg zur Konfliktlösung zu finden, rekonstruiere ich im nun folgenden Abschnitt.


Konfliktlösung: Pädagogik und das Neue Medium Internet – soziale Kommunikation

Nach dem Fachhochschulstudium befindet sich Carin in einer kurzen Phase der Orientierungslosigkeit:

> „und (..) ja ich hab dann halt nie als Sozialpädagogin gear| äh als Sozialpädagogin gearbeitet und hab dann ähm (...) ja so eine Phase gehabt wo ich gar nicht wusste was (.) was soll ich jetzt machen ne?" (Carin: 154ff.)

Dies ist eine entscheidende Weichenstellung für ihren weiteren Werdegang. Sie hat in ihrem erlernten Beruf der Sozialpädagogin nie gearbeitet und kann sich in dessen Berufsbild auch nicht wieder finden. In dieser Zeit der Orientierung sucht sie Beratung und Unterstützung bei staatlichen Institutionen, die allerdings nicht wirklich hilfreich für sie sind. Da Carin noch keine andere Perspektive für ihre weitere pädagogische Tätigkeit entwickeln konnte, begibt sie sich erneut auf die Suche, „schnuppert" in universitäre Vorlesungen und Seminare hinein und entwickelt auf diese Art und Weise ein konkreteres Bild von ihren Wünschen und Interessen hinsichtlich ihres beruflichen Weges. In dieser Zeit greift auch ihr eingangs beschriebenes Verlangen nach Lernen und Wissen:

> „und hab dann gemerkt so (°) ja also das| äh (..) irgendwie muss äh irgendwie muss| ne? (..) will ich auch noch was anderes lernen" (Carin: 175f.)

Ihre Betonung liegt hier ganz deutlich auf den Wörtern „muss" und „will". Sie will nicht nur was anderes lernen, anscheinend muss sie es auch. Ihre inneres Unbefriedigt sein mit dem, was sie sich als Wissen bereits angeeignet hat und der Suche nach einer Verbindung zwischen Computer und ihrem Anspruch, mit Menschen arbeiten zu wollen, treibt sie voran.

Das zeigt sich dann in der sehr konkreten (teilweise auch pragmatischen) Planung ihres zweiten Studiums:

> „hab halt gemerkt äh (..) so Bereich Informatik im Bildungs- und Sozialwesen ist das was mich ähm (...) sehr interessiert (..) mich hatte halt auch (..) von Anfang an das Internet sehr fasziniert und äh (..) die Lernmöglichkeiten die es dort gibt und (..) die auch mit zu gestalten" (Carin: 206ff.)

Spätestens an dieser Stelle vereinigt Carin den Computer mit ihrem Bild von Pädagogik. Die Schnittstelle ist nicht mehr das Handwerkszeug Computer, sondern das Medium Internet. Es wandelt sich ihre Perspektive. Der Computer ist nicht mehr nur Hardware und Software, er ermöglicht ihr den Zugang zum Medium Internet mit seinen virtuellen Kommunikations- und Lernmöglichkeiten. Der Computer als solcher war Konfliktauslöser, der neue virtuelle Raum mit seinen Interaktionsmöglichkeiten eröffnet für Carin die Chance, dass Interesse für Menschen und ihren Faible für den Computer miteinander zu verknüpfen:

> „Verbindung aber mit den neuen Medien und wie man (..) solche (..) äh also Lernmöglichkeiten sozusagen im Netz realisieren kann das ähm war schon immer etwas was mich halt sehr (..) begeistert hat (..) und äh (..) wo ich einfach mehr| äh also (..) mehr drüber wissen wollte und das auch kennen lernen wollte (..)" (Carin: 221ff.)

Carin ist nun in der Lage ihren pädagogischen Anspruch, Lernräume zu schaffen, mit dem Computer in Einklang zu bringen.

Auf meine Nachfrage hin, wo es Unterschiede und Gemeinsamkeiten im offline- und online-Lehren gibt, liegt die Bedeutungszuweisung von Carin ganz klar bei den Gemeinsamkeiten:

> „Ähm (..) also Gemeinsamkeiten ist ich hab's nach wie vor mit Menschen zu tun ne?" (Carin: 311f.)

Das ist die elementare Sinngebung bei ihrer Suche. Sie hat es in beiden Bereichen mit Menschen zu tun, darin sieht sie ihre pädagogische Brücke. Gleichzeitig eruiert sie, wie sie ihre Abgrenzung von dem so genannten „klassischpädagogischen" Bereich umgehen kann:

> „in Präsenzkontexten wo es halt oftmals die| äh so ist dass ich ja die Rolle der Lehrenden habe klassisch ne? vorne stehe und äh was berichte oder erzähle (..) das ist halt einfach aufgehoben im Netz" (Carin: 328ff.)

Das Lehren mithilfe des neuen Mediums Internet ermöglicht es Carin somit, ihr Bild von sich als Pädagogin zu modifizieren und neu zu definieren. Wie sie sich selbst als Pädagogin sieht, ist das Thema im nachfolgenden Abschnitt.

Carins Selbstbild als Pädagogin – die Reflektierte

Auf meine Nachfrage hin, was Carin im Studium fehlte, erhielt ich folgende Antwort:

> „was mir (°) fehlt (..) ist oder was mir fehlte besser gesagt ist ähm (...) eine Profilgebung" (Carin: 345f.)

Die Berichtigung von „fehlt" auf „fehlte" deutet auf eine nun vollzogene Identifizierung hin zu: „Ich bin Pädagogin und arbeite mit und in den Neuen Medien".

Ihr erstes Studium wurde bestimmt durch die Suche nach einer pädagogischen und beruflichen Profilgebung:

> „was mach ich damit überhaupt was kann ich damit machen was macht eigentlich meine Profession die pädagogische Profession was ist daran eigentlich das Besondere Besondere (..) warum| wie| äh worin unterscheidet die sich (..) zu der äh äh (..) psychologischen oder soziologischen Profession was ist das das Besondere was die Pädagoginnen und Pädagogen können oder was ist das was sie einbringen (..) weil das ist etwas äh was mich ja natürlich auch prägt was ich ja auch dann nach außen hin trage und äh wie ich mich auch sehen kann (...)" (Carin: 361ff.)

Ihr fehlt im Studium eine klarere Darstellung des Berufsbildes der PädagogInnen an sich und im Besonderen. Sie stellt sich die Frage, was macht Pädagoge oder Pädagogin sein aus, in Kontrastierung zu anderen (anerkannten) Professionen. Da sie selbst noch nicht genau weiß, was sie eigentlich möchte und in welche Richtung sie sich orientieren kann, versucht sie sich das Bild von einer pädagogischen Profession im Rahmen ihres Studiums der Sozialpädagogik begreiflich zu machen. Dies lässt als eine Möglichkeit folgende Einschätzung zu:

> „äh also ich mein die Pädagogik ist ja die (..) ähm (..) äh Profession die sich also zur Aufgabe gemacht hat äh Lebensprobleme von Menschen zu helfen zu lösen" (Carin: 381ff.)

In einem weiteren Nachsatz weist Carin darauf hin, dass Lebensprobleme von Menschen auch Lernprobleme sein können. Hier schließt sich der Kreis. Ihr Blick auf die pädagogische Profession ist geprägt von der Einstellung, dass zum

Leben das Lernen gehört. Diese Ansicht betrifft sowohl ihren eigenen Lebensweg als auch den anderer Menschen:

> „Also mittlerweile weiß ich ja einfach auch äh was möglich ist und ich weiß halt auch etwas mehr über mich" (Carin: 405f.)

Die Formung ihres beruflichen Bildes, was eine Pädagogin ist, als auch des Bildes von sich selbst, lässt sich nicht voneinander entkoppeln. Für Carin ist es bedeutsam, von beiden Lebensbereichen eine relativ genaue Vorstellung zu haben und die auch nach Außen tragen zu können. Der Konflikt, was kennzeichnet eine pädagogische Profession und wer bin ich, hat sich mit dem Aufbau von Wissen und der Findung eines beruflichen Weges langsam gelöst. Diese beiden Konflikte resp. Erzählstränge, was heißt es eigentlich, PädagogIn zu sein und wie wird ein Interesse für Computer mit dem eigenem pädagogischen Anspruch verknüpft, durchziehen das gesamte Interview wie ein roter Faden, an dem sich Carin permanent abarbeitet.

### 4.3.1.3 Rekonstruktion der Schlüsselkategorie: Wissen distribuieren

Das Aufgabengebiet von Carin umfasst zum Zeitpunkt der Datenerhebung folgende Kernbereiche:

In erster Linie ist sie verantwortlich für die *mediendidaktische Konzeption eines virtuellen Hochschulstudienangebotes*. Dazu zählt einerseits die Contenterstellung als auch die didaktische Aufbereitung von Texten und die technische Realisierbarkeit einer virtuellen Lernumgebung. Hierbei lautet die zentrale Frage, wie Inhalte aufbereitet werden sollen, um sie den UserInnen adressatenspezifisch zur Verfügung zu stellen.

Ein zweiter zentraler Punkt innerhalb ihres beruflichen Radius ist die *Beratung* von InformatikerInnen, wie eine virtuelle Lernumgebung aus mediendidaktischer Sicht aufgebaut sein sollte. Da dieses virtuelle Studienangebot auf InformatikstudentInnen zielt, erschließt sich daraus die pädagogische Fragestellung, wie InformatikerInnen, die später als virtuell Lehrende tätig sein werden, ein mediendidaktisches Konzept näher gebracht werden kann. Die Aufgabe liegt hier darin, einen Perspektivwechsel vorzunehmen, der es den DozentInnen ermöglicht, ihre Texte aus der Lernendenperspektive zu verstehen.

Drittens beinhaltet Carins Arbeitsfeld die Beratung und *Schulung* von AutorInnen und KursbetreuerInnen, die virtuelle Lehrveranstaltungen anbieten sollen. Hierbei sensibilisiert sie die jeweiligen DozentInnen für ein neues Verständnis von dem Aufbau und dem Ablauf von online-Lehrveranstaltungen im Vergleich zu Präsenzveranstaltungen.

Auf meine Aufforderung hin, ihren Arbeitsbereich beschreibend darzustellen, fallen zusätzliche Schlagworte wie Online-Kommunikation und Online-Kooperation.

Zusammenfassend hält Carin fest, dass ihre Hauptaufgabengebiete die Beratung, Unterstützung und Qualifizierung von Menschen sind.

Auf einer sehr klaren und strukturierten Ebene rekurriert Carin, was für sie prägnante pädagogische Kompetenzen sind, die sie sowohl in ihren unterschiedlichen Studienschwerpunkten gelernt als auch sich selbst angeeignet hat. Demnach bezieht sie beim Schulen von Personen ihr erlerntes Fachwissen aus den Bereichen Pädagogik und Psychologie in ihre täglichen Berufsroutinen mit ein. Neu ist hier die Verknüpfung von virtueller und realer Schulung:

> „Kombination aus äh Präsenz und äh Onlineschulung (..) überhaupt äh wie <u>schul</u> ich Leute und äh wie plane ich so ein Seminar so ein Training" (Carin: 266ff.)

Ihr Wissen über das Trainieren und Lernen von Menschen ist dabei von grundlegender Natur. Wie sie es sowohl in virtuellen Lernszenarien als auch in „klassischen" Präsenzveranstaltungen adäquat anwenden und für den jeweiligen Lernraum verständlich vermitteln kann, ist dabei die entscheidende Komponente ihres beruflichen Handelns.

Aus dem Studienschwerpunkt Informatik im Bildungs- und Sozialwesen fließt in ihr berufliches Handeln sowohl das Wissen über das Internet als Lehr- und Lernmedium als auch der sozialen Kommunikation ein.

> „<u>Um</u>gang (..) mit dem äh Medium <u>In</u>ternet dem Computer für Lehr-<u>Lern</u>zwecke äh (..) und die Kommunikation in diesen Medien (..) im (..) Kontext von äh von Lehren und <u>Ler</u>nen (..)" (Carin: 272ff.)

Wie bereits in den vorherigen Abschnitten angedeutet, nahm Carin eine Modifizierung ihrer Bedeutungszuweisung eines Computers vor. Nachdem der Computer nun nicht mehr reine Hardware und somit ein Instrument für sie ist, rückt dieser als Medium und Zugang zum Internet für sie ins Zentrum ihres Interessensschwerpunktes. Dementsprechend ist sie nun in der Lage, mit ihm und dem Internet zu agieren und zu interagieren und dies auch beruflich zu nutzen. Dabei ist für Carin nicht vorrangig von Interesse, welche Software wie funktioniert und wie sie einzusetzen ist, dafür hat sie ja die InformatikerInnen und WebdesignerInnen in ihrem Team. Entscheidend ist für Carin an dieser Stelle die Nutzbarmachung für virtuelle Lehr-Lernzwecke und einer Gestaltung von virtuellen Lehr-Lernarrangements.

In diesem Sinne erzählt Carin sehr explizit, was ihren eigenen Wissensstand und ihre Erfahrung betrifft. Sie kann auch, als eine der wenigen meiner InterviewpartnerInnen, ihren einzelnen Studienschwerpunkten Merkmale zuordnen, die in ihrer jetzigen Position von Bedeutung für sie sind.

Die eben angeführten Punkte bezogen sich in erster Linie auf den Zweitstudiengang von Carin. Aus ihrem Erststudium, der Sozialpädagogik, thematisiert sie als erlerntes Wissen die:

> „Sensibilität mit unterschiedlichen Menschen (..) zurechtzukommen (..) auch im Netz zurechtzukommen ähm (..) und ähm auch also äh unterschiedliche Menschen (..) erkennen zu können und und und ähm (..) da einfach eine eine äh Sensibilität für zu haben wie (..) ich kann mich halt auf verschiedenste Menschen einstellen" (Carin: 283ff.).

Carin sieht sich in die Lage versetzt, mit unterschiedlichen Zielgruppen adäquat umgehen zu können. Sie weiß um soziale Interaktionen in Gruppen und fasst resümierend zusammen, dass sie „Leute da abholen kann, wo sie gerade sind".

Dies bezieht Carin nicht nur auf reale Gruppen sondern auch auf virtuelle Interaktionsmöglichkeiten. Ihr erlerntes Wissen über Gruppenabläufe und Kommunikation in realen Situationen kann sie somit auf den virtuellen Raum übertragen und anwenden.

Eine übergreifende Dimension im Denken und Handeln von Carin ist somit die Aneignung und Reflexion von Wissen. Bereits auf meine erste Nachfrage, was in ihrer Schulzeit für sie wichtig war, folgt die Sequenz:

> „Ähm (...) für mich war immer wichtig ähm (..) so viel zu wissen wie es geht (..) also einfach zu| (...) mir Sachen erklären zu können (..) Dinge zu verstehen (5) ich glaub das war (..) mir sehr wichtig" (Carin: 84ff.)

Dies ist sozusagen der Ausgangspunkt für ihren weiteren beruflichen Werdegang. Man könnte sie fast als „Getriebene" bezeichnen. Carin zeichnet aus, dass sie sowohl auf der Suche, wenn auch latent, nach einer Verknüpfung zwischen Computer und Pädagogik war bzw. ist als auch die Tatsache, dass ihr das dargebotene Wissen in den einzelnen Studiengängen nicht ausreicht. Dazu zählt sowohl ihr „Hunger" nach Wissen als auch ihr Wunsch, dauerhaft up to date zu sein:

> „ich möchte gern lieber dabei sein zu gucken okay in welche Richtung wird es weiterhin gehen wo kann| können wir jetzt Einfluss nehmen oder was was ist wichtig zu wissen" (Carin: 465ff.)

Das ist die zentrale Fragestellung von Carin: Was ist wichtig zu wissen. Dies beinhaltet zum einen eine klare Einschätzung vom eigenen aktuellen Wissensstand als auch zum anderen eine antizipative Grundeinstellung zu dem, was in nächster Zeit an Wissen wichtig sein könnte. Um dies zu eruieren, greift Carin sowohl auf ihr vorhandenes Wissen, sie versteht sich ja bereits als Expertin beispielsweise auf dem Gebiet der Pädagogik, als auch auf weitere Mittel (wie beispielsweise der Nutzung des Internet zur Informationsbeschaffung u.a.), die ihr zur Verfügung stehen, zurück. Sie sieht sich in der Lage, aktuelles Wissen aufzubauen, dieses in ihren Wissensstand zu übertragen, möglicherweise zu modifizieren, es anzuwenden und zu vermitteln. Gleichzeitig entwickelt sie neue Wissensinhalte und testet diese aus.

Ihre pädagogischen Kompetenzen kommen dabei in mehreren Handlungsebenen zum Tragen:

1.  Innerhalb der *Wissensvermittlung* – Carin präsentiert sich als eine Person, die komplexe Wissensinhalte verstehen und diese vermitteln und zielgruppenspezifisch einsetzen kann:

    „einfach auch äh vielleicht manchmal komplexe Wissensinhalte so äh runterzuschrauben und und äh (..) zielgruppenspezifisch denen auch nahe zu bringen (..) ich glaube das kann ich sehr gut (...)" (Carin: 297ff.)

2.  Im Hinblick auf *Erfahrungs- resp. Anwendungswissen* – Carin konzipiert virtuelle Lernumgebungen und muss dementsprechend vorausschauend wissen, wie Lernumgebungen für die Lernenden und Lehrenden gestaltet und inhaltlich gefüllt werden müssen, damit sowohl die Lernenden als auch die Lehrenden damit umgehen können. Sie sieht sich dazu befähigt, differente Perspektiven einnehmen und sich und ihre Arbeit demzufolge strukturieren zu können. Das bedeutet u.a. das sie im

    „Netz äh die Lernumgebung ähm (..) sehr (..) von vorneherein sehr äh (..) äh gut planen muss (..) und sehr gut äh (..) also dafür alles zur Verfügung stellen muss dass (..) dort äh Lernende auch ohne mich sich zurechtfinden und dort lernen können mit den Inhalten (..) äh die ich dort bereitstelle (..) ähm (..) das ist ja eher ein äh ähm in in dem Sinne ein sehr viel| äh äh ja eher ein aktiver Prozess" (Carin: 321ff.)

Hierbei ist demnach ein Erfahrungswissen für verschiedene Situationen als ein aktiver Prozess, der auf konkret-fassbare Situationen zielt, zu verstehen.

3. Durch *Reflexion und Interpretation* – Carin präsentiert sich als eine Pädagogin, die Fähigkeiten und Fertigkeiten anderer einschätzen kann. Somit nutzt sie deren Wissen, ohne alles im Detail verstehen zu müssen. Sie greift demnach auf das ExpertInnenwissen anderer zurück und eignet es sich in Grundzügen selbst an. Gleichzeitig sieht sie klare Grenzen anderer bei der pädagogischen Umsetzung von Arbeitsanforderungen:

„ich merk das zum Beispiel im ähm Vergleich äh zu äh (..) meiner Kollegin die Informatikerin ist (..) oder auch zu meiner äh andern Kollegin die ähm (..) Webdesignerin ist die ähm (..) häufig ähm (..) nicht äh (..) die Fähigkeit haben (..) ihr Wissen ähm an andere weiterzugeben" oder zu vermitteln" (Carin: 413ff.)

Dies ist ein wesentliches Element für Carins berufliches Verständnis und meines Erachtens eine wesentliche Kompetenz, die PädagogInnen auszeichnet: die Verfügbarmachung, das Verstehen und eine Verknüpfung von ExpertInnenwissen aus anderen Fachdisziplinen mit dem individuellen Wissen und dessen Einbindung in den eigenen beruflichen Kontext.

Somit hat die berufliche Position von Carin eine Schnittstellenfunktion zwischen verschiedenen professions- und adressatenspezifischen Ansprüchen und Wissenshorizonten. An einer anderen Stelle im Interview spricht sie in diesem Zusammenhang von einer Vielfältigkeit des Wissens, mit dem sie agiert:

„mit dieser Vielfältigkeit (..) meines Wissens also es ist ja nicht so dass ich mich jetzt irgendwie| äh (..) ähm (..) also ich| äh (..) ich verschließ mich ja auch nicht der Informatik oder so was sondern ich versuch ja auch mich weiterhin zu qualifizieren auch mehr äh im Bereich äh (..) ähm Programmisierung zum Beispiel (..) (den) mehr kennen zu lernen mehr im Bereich Webdesign kennen zu lernen und halt auch äh in dem Bereich noch mehr (..) äh mich fit zu machen und ähm (...) ich glaub das ist sehr (°) wichtig" (Carin: 475ff.)

Fasst man die eben genannten Punkte zusammen, lässt sich die Art und Weise von Carin, mit ihrem Wissen umzugehen, es sich anzueignen und permanent ihren und den Wissensbestand anderer zu reflektieren, wie ein roter Faden oder auch eine Orientierung in ihrem Leben bezeichnen. Mit dem Wissen darum, dass sie etwas weiß, was auch beruflich wertvoll ist und ihr Bild als Pädagogin nach außen und zu sich selbst prägt, dient es ihr, sich in ihrer beruflichen Welt zu etablieren.

Elementar ist für Carin dabei, dass sie es grundsätzlich, unabhängig vom jeweiligen beruflichen Rahmen in dem sie sich bewegt, mit Menschen und deren sozialen Beziehungen zueinander zu tun hat. Das Wissen, wie soziale Beziehungen sich gegenseitig beeinflussen, fehlt ihrer Ansicht nach ihren KollegInnen. Meiner Ansicht nach ist dies ein entscheidender Vorteil für die PädagogInnen.

Fasst man das Profil von Carin charakterisierend zusammen, sind folgende Punkte von besonderer Bedeutung. Die Berufsbiographie von Carin lässt sich durch folgende berufliche Handlungsdimensionen charakterisieren, sie:

- eignet sich Wissen an, um auf konkret-fassbare Situationen dieses Wissen anwenden zu können. Dies dient ihr sowohl als Orientierung für ihren individuellen und beruflichen Lebensweg als auch für die Etablierung eines pädagogischen Selbstbildes;
- präsentiert sich als Expertin in den Bereichen der Wissensvermittlung und Wissensreflexion und macht sich auf diese Weise das ExpertInnenwissen anderer für ihr berufliches Handeln nutzbar;
- stellt ihr eigenes Wissen als auch das Dritter aus den unterschiedlichsten Bereichen als Arbeitsgrundlage für Andere zur Verfügung;
- denkt und handelt zielgruppen- und problemorientiert.

Darüber hinaus ist sie in der Lage, ihre pädagogischen Kompetenzen strukturiert darzustellen und Bereiche aufzuzeigen, aus denen sie diese entwickelt hat.

Bedeutsam ist ihre stete Suche nach einem pädagogischen Selbst- und Weltbild. Dabei steht die Abgrenzung von bereits manifestierten Bildern im Vordergrund. Dieses Wechselspiel zwischen der Reflexion auf Selbst- und Weltbezüge und ihre Anreicherung und Verteilung von Wissen charakterisiert Carin im Besonderen.

Carin bedient in erster Linie die berufliche Ebene der Erstellung von Lehr-Lernräumen und deren Gestaltungsmöglichkeiten, aber immer aus der Perspektive der Reflexion: Wie agieren die Lehrenden, die Lernenden und welche Situation könnte es zukünftig geben. Dabei bewegt sie sich beruflich sowohl in einer virtuellen als auch in einer realen Dimension, was die Bereitstellung von Inhalten, die Vermittlung und Präsentation von Wissensmerkmalen und die Beratung und Schulung von weiteren Akteuren betrifft.

Zusammenfassend lässt sich demnach festhalten, dass die Schlüsselkategorie „Wissen distribuieren" im Besonderen durch zwei inhaltliche Bereiche dimensioniert wird: *Wissen vermitteln* und *Wissen reflektieren*. Diese Schlüsselkategorie lässt sich demnach als eine genuin-pädagogische erfassen. So wie Carin beruflich agiert, wenn die Analyse ihres Interviews auf diese Dimensionen spezifiziert wird, erfolgt dies auf einer Basis an pädagogischen Kompetenzen, die sie im Studium erlernt hat.

## 4.3.2 Der „nicht-sozial" Pädagoge: Andreas

> „wenn ich den Drang hätte was zu machen würd ich vielleicht Zimmermann werden oder neulich bin ich spazieren gegangen hab mir gedacht Förster ist eigentlich auch nen schöner Beruf"

Andreas, der zum Zeitpunkt der Datenerhebung als Chat- und Communitymanager bei einem großen Unternehmen tätig ist, reagiert auf eine E-Mail, die ich dem Webmaster seines Unternehmens zugesandt habe. Er ist Sozialpädagoge und dient auch aufgrund seines Berufsprofils als maximale Kontrastierung zu allen anderen Fällen. Eine terminliche Vereinbarung zum Interview gestaltete sich als unproblematisch. Das Interview selbst fand in einem relativ großen Konferenzraum seines Unternehmens statt, wir wurden auch nicht gestört oder unterbrochen.

Auf meine Eingangsfrage antwortet Andreas sehr kurz gefasst:

> „ok Schulzeit ja ich bin halt eigentlich immer sehr sehr gern zur Schule gegangen mir hat das Spass gemacht ich hatte auch immer ähm Gott sei Dank sehr sehr gute Lehrer (°) ähm die mich fasziniert haben oder mich für die Gruppe recht einfach fasziniert haben ich war da nie der beste Schüler (°)" (Andreas: 6ff.)

Diese erste Einlassung spiegelt bereits in seiner ganzen Fülle Andreas dominanten Erzählstrang und seinen Erzählstil wider. Zum einen verwendet er im gesamten Interview immer wieder Dopplungen in der Erzählweise wie „sehr sehr". Dies dient ihm einerseits zur Erhöhung des eben Gesagten, da er diese Art der Darstellung meist als positiven Verstärker einsetzt. Andererseits sind es manchmal Lückenfüller, sie stellen eine einfache dialektische Veranlagung dar (insgesamt achtunddreißig Mal taucht die Kombination „sehr sehr" im Interview auf, dies findet sich in keinem meiner anderen Interviews so wieder). Ein zweites Charakteristikum für Andreas stellt die Fokussierung auf „Spaß haben" oder „Spaß machen" dar. Er muss sich für eine Person, Gruppe oder Idee begeistern oder begeistern lassen können, um sich für sie zu interessieren. Auf diesen Punkt gehe ich im Unterpunkt *Selbstbild* noch näher ein. An dieser Stelle ist meiner Ansicht nach der Hinweis von Bedeutung, dass sich bereits in der ersten Eingangssequenz das Spektrum an besonderen Erzählweisen bzw. typischen Darstellungsarten des jeweiligen Biographieträgers zuordnen lassen kann.

## 4.3.2.1 Fallbeschreibung: Berufsbiographisches Porträt

### Schul- und Studienzeit

Beleuchtet man die Schul- und Studienzeit von Andreas näher, findet sich der Leser immer auf so genannten Nebenschauplätzen wieder, die für ihn bedeutenden Raum einnehmen und wegweisend sind. Bereits in Bezug auf seine Schulzeit ist es für ihn wichtig, von seinen Freizeitaktivitäten und den dazugehörigen Akteuren zu berichten. Neben der Schulzeit organisiert er Konzerte für Jugendliche und etabliert einen eigenen Jugendclub. Das bedeutet nicht, dass er einen eigenen Jugendclub gründet, sondern:

„was eigentlich als Jugendzentrum geplant war aber dann eigentlich von dem eigentlichen Nutzen des Jugendzentrums schnell schnell wegkam weil wir da als Gruppe irgendwie uns festgesetzt haben und eigentlich so als 16 17 jährige eben so den eigenen Stempel aufgedrückt" (Andreas: 23ff.)

Die Peer Group, in der sich Andreas zu diesem Zeitpunkt hauptsächlich bewegt, nimmt sich also den Raum den sie braucht, um sich selbst zu verwirklichen, eigene Ideen auszuleben und durch diese dann dem Jugendzentrum das Image einer offizielle anerkannten Kultureinrichtung zu geben. Dabei ist es für Andreas von Bedeutung, dass diese Einrichtung erfolgreich ist. Nicht in Bezug auf materiellen Erfolg, wie er mehrmals betont, sondern hinsichtlich der Akzeptanz bei den Jugendlichen. Dies spiegelt sich auch in seiner aktuellen Tätigkeit und innerhalb seines Studiums wider. Darauf werde ich in der Darstellung seines Selbstbildes näher eingehen.

In dieser Phase entscheidet er sich auch für den Studiengang der Sozialpädagogik. Prägend war hier der Leiter dieser Jugendkultureinrichtung, welcher selbst Sozialpädagoge ist:

„hab halt deshalb angefangen auch Sozialpädagogik zu studieren weil der Leiter der F. halt Sozialpädagoge war (°) und der dann eigentlich sehr sehr froh war das er plötzlich nicht mehr im Jugendzentrum steht und und irgendwelche Kiddies beim Kickern beobachten muss und schauen muss das sie kein Bier trinken sondern der hatte plötzlich ne Jugendeinrichtung wo wo Bier trinken kein Umsatz [lachen] war und ähm er eigentlich da mit ner Gruppe von 16 17 Leuten zu tun hatte die sehr sehr schnell was auf die Beine gestellt haben und das ziemlich autark (°) und das halt ihm sehr sehr viel Spass gemacht  und da hab ich gesagt ok das ist auch ein Modell wo ich vielleicht dann später mal beruflich was arbeiten will" (Andreas: 50ff.)

Hier sind zwei Punkte wesentlich. Einerseits das Bild vom Sozialpädagogen F. Dieser scheint froh zu sein, dass er sich nicht mehr seinen eigentlichen Aufgaben als Sozialpädagoge widmen muss, da er Jugendliche hat, die diesen Part für ihn übernehmen. Dies zeigt bereits an dieser Stelle Andreas Abgrenzung vom „klassischen Pädagogen", wie nachfolgend noch ausgeführt wird. Andererseits definiert Andreas seine Gruppe als autark. Und genauso möchte er später mal arbeiten, nämlich unabhängig und mit viel Spaß. Intensiviert wird diese Interpretation durch den Übergang in die wörtliche Rede im letzten Teil der oben zitierten Sequenz.

Im Studium selbst wählt er, resultierend aus seinen eben dargestellten Erfahrungen, den Schwerpunkt Jugendkultur. Ohne näher auf Inhalte seines Studiums einzugehen, grenzt er sich hier sofort vom „klassischen Sozialarbeiter" ab, wie noch zu zeigen sein wird.

Das Studium selbst war nicht weiter Thema, erst auf meine Nachfragen hin, kam er nochmals darauf zu sprechen und fasst zusammen, dass sein Studium alt und praxisfern war. Dies begründet er unter anderem mit den jeweiligen DozentInnen seines Studiengangs, die er als „wenig engagiert" und „immer dasselbe Prüfungsprocedere abspielend" beschreibt. Er orientiert sich eher wieder an anderen Personen, die er als kompetent einschätzt und die er selbst als agil auf dem Gebiet der Jugend- und Kulturarbeit beurteilt, wie z.B. ProfessorInnen, die ihn im besonderen Maße durch ihre Nebentätigkeiten faszinieren.

Nach dem Studium plant Andreas zunächst ein Aufbaustudium in Richtung Kulturmanagement in S. Ohne näher darauf einzugehen und mit der Begründung, er hätte damals erst einmal eine Auszeit gebraucht, entschließt er sich ins Ausland nach Mexiko zu gehen. Initiiert durch einen Professor erhält er an einer Universität in Mexiko für ein Jahr eine Stelle als Lehrassistent an einem lateinamerikanischen Institut für bildende Kommunikation.


Zugang zum Internet und virtuellen Welten

Die Zeit in Mexiko prägt im Wesentlichen den beruflichen Werdegang von Andreas. Er ist fasziniert, mit welchem Elan und welcher Begeisterung die ProfessorInnen an der dortigen Universität ihr Projekt vorstellen und dafür werben. Allerdings war die Entscheidung, nach Mexiko zu gehen und dort als Lehrassistent zu arbeiten, nicht von ihm selbst motiviert, wie er berichtet. Andreas beschreibt diesen Weg als „mitgeschleift" worden sein von seinem Professor. Aber die Professorin am Institut in Mexiko fesselt Andreas zusätzlich, so dass er sich animiert sieht, dort zu bleiben und für das Projekt selbst tätig zu werden. Es ist also nicht nur die inhaltliche Komponente, die Andreas interessiert, sondern es sind vor allem die Menschen, die dahinter stehen und mit denen er zusammenarbeiten möchte. Dies zeigt sich auch wiederholt in seiner jetzigen Tätigkeit.

Das Projekt in Mexiko mit dem Titel „retrescular" (in Ansätzen vergleichbar mit dem deutschen Projekt „Schulen ans Netz"), für das er schließlich als Lehrassistent tätig wird, zielt auf das Klientel Kinder und Jugendliche. Diese sollen nicht nur ihre Stadt, sondern auch ihre Kultur virtuell darstellen. Da Andreas weder in der Haupterzählung noch im Nachfrageteil ausführlicher darauf eingeht, wie er sich das Medium Internet erschlossen hat, scheint dies sein beruflicher Eintritt gewesen zu sein. Er weist an einer Stelle im Interview kurz darauf hin, dass er bereits seit 1995 einen Internetzugang und auch während des Studiums viel mit dem Internet gearbeitet hat, führt dies allerdings nicht näher aus. Seine Zeit im Studium und was er dort konkret gemacht hat, ist kein Thema im Interview.

Im Gegensatz zu Carin, die vorhergehend näher dargestellt wurde, thematisiert er weder Brüche noch Probleme beim Zusammenspiel seiner pädagogischen Ausbildung und dem Umgang mit dem Computer oder virtueller Interaktionen. Andererseits sieht er sich eher nicht als Pädagoge, demnach ist dies für ihn auch kein Thema. Die Brücke zwischen seinen pädagogischen Interessen bzw. Ansprüchen und dem Umgang mit dem Medium Internet liegt klar in seinem Schwerpunkt Jugendkultur. Allerdings kann ihm durchaus eine Affinität zum Medium Internet und Computer unterstellt werden. Das zeigt sich unter anderem darin, dass er keine Anpassungsschwierigkeiten während seiner Tätigkeit in Mexiko thematisiert.

Nach seiner Zeit in Mexiko bewirbt sich Andreas bei einem großen Unternehmen (U.). Motiviert durch seine Erfahrungen in Mexiko möchte er gern weiter virtuell und im Bereich Jugendkultur arbeiten. Diese Bewerbung selbst beschreibt er eher als Zufall. Ein Freund arbeitet bei U. und empfiehlt ihm, sich doch einfach mal zu bewerben:

„und da hab ich halt dann aus der Situation oder Motivation heraus einfach beworben vielleicht auch mit dem Gedanken das in so Wirtschaftsunternehmen vielleicht auch mal andere Leute drin sein sollten außer Betriebswissenschaftler oder Betriebswirtschaftler [ …] und Leuten die Marketing machen oder so sollen in so´n Unternehmen dann vielleicht auch mal soziale Aspekte fließen" (Andreas: 333ff.)

Seine Erfahrungen aus Mexiko und die Motivation, soziale Aspekte bzw. pädagogisches Wissen in ein Wirtschaftsunternehmen einbringen zu können, bewegen Andreas außerdem zu diesem Schritt einer Initiativbewerbung. Seine Bewerbung war erfolgreich und Andreas ist zum Zeitpunkt des Interviews für dieses Unternehmen tätig.

## Aktuelle Tätigkeit zum Zeitpunkt des Interviews

Wie bereits erwähnt, ist Andreas in einem großen Unternehmen als Chat- und Communitymanager tätig. Dies bedeutet, dass das Unternehmen eine virtuelle Plattform zur Verfügung stellt, in der UserInnen u.a. virtuell miteinander kommunizieren können. Der Part von Andreas bezieht sich dabei auf die Betreuung der Chats bzw. der UserInnen, der Erstellung von Inhalten für diese virtuelle Plattform, dem Informieren der UserInnen und das Arbeiten im Team. Dies spiegelt sozusagen das Komplettpaket, wenn es um die Initiierung von virtueller Kommunikation und Interaktion geht, wider. Zur Unterstützung dieses Aufgabenspektrums dienen ihm externe Vendoren[193]. Um zusammenfassend darzustellen, wie er sich und seine aktuelle Tätigkeit sieht, verwendet Andreas folgende Metapher:

„ich vergleich das immer mit nem Wirt in ner Kneipe der schaut das die Gäste sich wohl fühlen das sie nen guten Service haben mit dem Hintergedanken natürlich das sie immer wieder kommen und die Leute die immer wieder kommen und bei mir in der Kneipe hocken ähm trinken und essen auch und dann mach ich meinen Umsatz" (Andreas: 410ff.)

Andreas selbst ist der Wirt und versucht, seine UserInnen für das Produkt zu begeistern. An dieser Stelle wandelt sich auch sein Anspruch. Er ist an einem Produkt interessiert, dem er zum maximalen und demnach auch wirtschaftlichen Erfolg verhelfen will. Dies ist ganz eindeutig eine Unternehmensphilosophie und hat sich in seinem beruflichen Handeln manifestiert.

## Chronologie

1. Schulzeit – Fachabitur
2. Studium der Diplom-Sozialpädagogik; Schwerpunkt: Jugendkultur
3. Lehrassistent an der Universität in Mexiko am lateinamerikanischen Institut für bildende Kommunikation
4. Chat- und Communitymanager in einem großen Unternehmen

---

193  Als Vendoren bezeichnet dieses Unternehmen externe MitarbeiterInnen, die zur Informationsbeschaffung, Betreuung der Chats und Foren und ähnlichem herangezogen werden. Diese arbeiten dann ihrem jeweiligen internen Mitarbeiter zu.

Andreas ist schnell begeisterungsfähig, benötigt allerdings Personen, die dies in ihm auslösen. Er definiert sich und sein berufliches Handeln stark über das Unternehmen, für das er momentan tätig ist.

In seiner Arbeit selbst sieht er wenig pädagogische Elemente und hat auch sichtlich Probleme, sich eine Berufsbezeichnung zu geben oder seine jeweiligen Fähigkeiten und Fertigkeiten zu beschreiben. An dieser Stelle folgt immer der „Spaß haben"-Faktor. Dies zeigt meiner Ansicht nach, dass er sich selbst nicht als Pädagoge sehen und im Gegensatz zu Carin auch kein adäquates Gegenbild zu einem „klassischen Pädagogen" entwickeln kann. Andererseits ist die Konfliktpräsentation von Carin, Pädagogik vs. Computer, für ihn nicht mal ansatzweise ein thematischer Schwerpunkt. Brücke in seinem Denken und Handeln ist die Klientel bzw. sind die UserInnen – Jugendliche und junge Erwachsene.


4.3.2.2   Rekonstruktion der fallimanenten Charakteristika

Berufliches Selbstbild – Nicht-Pädagoge sein

Schon sehr früh lässt sich im Interview eine Facette des Selbst von Andreas rekurrieren. Wie bereits beschrieben, eröffnet er in der Eingangssequenz das Thema Schulzeit über seine Einbindung in Peer Groups und der Etablierung einer Jugendkultureinrichtung. Hierbei verbalisiert er sein Verhältnis zu Anerkennung und Status. Diese Aspekte setzen sich in den Segmenten zu seinem beruflichen Handeln und seiner Zeit in Mexiko fort. Immer wieder thematisiert Andreas, dass ihm Erfolg und Akzeptanz wichtig sind:

> „ah ich glaub das war so mit 16 haben wir angefangen neben der Schule so Konzerte zu veranstalten in so ein Art Jugendzentrum ähm [gedehnt] was dann relativ schnell erfolgreich war (°)" (Andreas: 16ff.)

Hier erfährt Andreas Anerkennung von Seiten der Jugendlichen, die zu seinen selbst organisierten Konzerten erscheinen. Andererseits, wie bereits im vorhergehenden Abschnitt dargelegt, ermöglicht ihm bzw. seiner Gruppe der Leiter dieser Einrichtung in Hinsicht auf Freiräume Bestätigung in seinem Handeln. Beruflich wandelt sich diese Facette etwas. Ging es ihm während der Schulzeit noch um die moralischen Aspekte (Konzerte organisieren ohne materielle Bereicherung), ist er nun für ein Unternehmen tätig, das sich ausschließlich an wirtschaftlichen Zahlen orientiert. Demnach muss er ein Produkt zur Verfügung stellen, welches erfolgreich am Wettbewerbsmarkt bestehen kann:

> „ich kann nur versuchen das Produkt so gut wie möglich zu gestalten das möglichst alle Bundesbürger mal ne eigene Community auf U1.[194] haben das wär natürlich der maximale Erfolg" (Andreas: 580 ff.)

Hierbei bedarf es einer genaueren Analyse, woraus sich die Begrifflichkeit „Erfolg" für Andreas speist. Zum einen ist es sicherlich, wie auch von diesem Unternehmen erwartet, der finanzielle Erfolg. Allerdings weisen mehrere Sequenzen darauf hin, dass es Andreas um die Akzeptanz innerhalb seines Teams und den Erfolg seines Produkts geht. Dass dies wiederum auch noch wirtschaftlich sein soll, ist eher eine Nebenmotivation:

> „ja (13) ich glaub das wichtigste ist das es das es mir in erster Linie Spaß macht und ähm ich merke das ich mit dem was mir Spaß macht ich auch Erfolg hab ich kann jetzt nicht nicht sagen was was da genau ähm (..) das Ausschlaggebende ist an an dem Erfolg oder dem Spaß den ich" (Andreas: 705ff.)

Eine Interpretationsmöglichkeit wäre: Würde Andreas die Arbeit keinen Spaß machen, hängt dies mit seinem Empfinden von Erfolg zusammen. Beide Komponenten kann er nicht voneinander trennen.

Ein weiterer Aspekt, der dem pädagogischen Selbstbild von Andreas zuzuschreiben ist, ist die Generierung desselben über Abgrenzung. Ähnlich wie Carin definiert er „Pädagoge sein" über die Demarkation zum Bild des „klassischen" Pädagogen:

> „das Studium angefangen (°) hab dann auch gleich gewusst das ich eher den Schwerpunkt Jugendkultur ar | machen willen als jetzt die klassische Sozialarbeit wie mans halt (..) so kennt also ich wollt nicht mit Behinderten zusammen arbeiten ich wollt nicht mit mit älteren Menschen oder Lernbehinderten zusammen arbeiten sondern ich hab so sehr sehr stark den Fokus an (..) auf Jugendkultur auf irgendwas lebendiges und ich wollt auch nicht irgendwo ähm ja ich hab immer gesagt Klempner für irgend jemanden sein sondern [...] ich will irgendwie eher Animateur sein" (Andreas: 66ff.)

Im Gegensatz zu Carin, die den klassisch-pädagogischen Bereich als „helfend" beschreibt, bezieht Andreas seine Abgrenzung auf ein „lebendiges" Arbeiten. Das Arbeiten mit Behinderten oder Älteren bedeutet für ihn Stagnation. Es gibt in diesen Bereichen keine Entwicklung für ihn, vielleicht auch keine Zukunft. Er

---

194   U1. ist ein hundertprozentiges Tochterunternehmen von U.

verankert sich ganz klar im Zweig der Jugendarbeit und sieht dort seine Perspektive für Pädagogik, auch wenn er dies nicht so thematisiert. Diese Abgrenzung zum „klassischen Sozialpädagoge sein" konstituiert sein Bild von Pädagogik. Der Schwerpunkt Jugendkultur gehört ganz „klassisch", um im Vokabular von Andreas zu bleiben, zum Berufsprofil eines Sozialpädagogen, wenn diese Richtung gewählt wird. Die Blickrichtung hier zielt demnach eher auf den helfenden betreuenden Bereich. Fasst man diese beiden Punkte zusammen, beinhalten sie ähnliche Momente wie bei Carin. Sowohl Carin als auch Andreas distanzieren sich vom Bild der Sozialpädagogen, wie es ihrer Ansicht nach in der allgemeinen Öffentlichkeit aufgefasst und an Hochschulen vermittelt wird. Damit übernehmen aber auch beide dieses professionelle Selbstverständnis, um es für sich neu zu modulieren. Dabei geht Andreas einen anderen, vielleicht sogar einfacheren, Weg als Carin. Er setzt sich mit dieser Debatte nicht auseinander sondern formuliert:

> „ich mag das jetzt nicht anderen so unterstellen aber vielleicht so wie mans von einem Großteil der Jobs halt kennt die man halt machen könnte vor allem als Sozialpädagoge wenn ich jetzt mal Sozialpädagoge im Altenheim bin da hab ich's ähm nichts mit nem Medium zu tun was sich noch entwickelt da begleit ich irgendwelche Leute aber es ist ähm ich glaub nicht so ich glaub nicht das ich da allzu viel dazulernen könnte" (Andreas: 519ff.)

Ähnlich wir Carin reflektiert Andreas sein berufliches Verständnis über Entwicklung in Abgrenzung zu Begleitung und über Lernen in Abgrenzung zu Stagnation.

Dies wird noch unterzeichnet durch meine Nachfrage nach einer Berufsbezeichnung:

> „na ja es ist sicherlich der Sozialpädagoge ähm da tu ich mich viel | auch sehr sehr schwer ähm ne Berufsbezeichnung zu geben also ähm (...) ne Berufsbezeichnung bedeutet ja auch das ich etwas bezeichne was andere Leute kapieren (°) ähm wenn ich jetzt sag ich bin Producer dann kapieren das meine Eltern wahrscheinlich schon nicht mehr meine Freundin auch nicht ähm eh insofern fällts mir sehr sehr schwer mir ne Berufsbezeichnung zu geben" (Andreas: 679ff.)

In dieser kurzen Sequenz spiegelt sich zum einen sein Wunsch nach Verständnis im Sinne von Verstehen, wer bin ich, wider. Dies sowohl extern, gegenüber seinen Eltern und seiner Freundin, als auch intern zu sich selbst. Da er sich über diese Abgrenzung selbst definiert, kann er sich dem beruflichen Bild eines Sozialpädagogen nicht zuordnen. Er sieht allerdings auch keine Alternative dazu. Geht man von seiner bereits angesprochenen Motivation aus, in dieses Unternehmen zu gehen, da es mal Anderer als BetriebswirtschaftlerInnen bedarf, ist es ihm nicht gelungen, sowohl ein Bild von sich als Pädagogen zu entwerfen, noch die pädagogischen Aspekte, die ihm von Bedeutung sind, für diesen Tätigkeitsbereich zu seinem momentanen Job in Beziehung zu setzen, als pädagogische Kompetenzen zu klassifizieren und nach außen hin zu vertreten.

Würde man Andreas in diesen Entwurf von „Nicht-Pädagoge sein" in eine maximale Kontrastierung zu Carin setzen, reflektiert sie in einem stringentem Rahmen ihr Verhältnis zum „Pädagogin sein" und findet sowohl eine Brücke, wie bereits dargestellt, als auch ihr pädagogisches Selbstbild. Andreas gelingt dies unter anderem deswegen nicht, weil er diesen Konflikt ausschließlich über Abgrenzungen und nicht über Analogien thematisiert.


Berufliche Verortung

Zum Zeitpunkt des Interviews bezieht sich das Hauptaufgabengebiet von Andreas auf die *Betreuung und Initiierung von Interessensgemeinschaften*.

Das bedeutet, Andreas ist u.a. dafür verantwortlich, eine virtuelle (Sozialisations-)Plattform zur Verfügung zu stellen, die dann von den UserInnen auch genutzt wird. Diese Plattform beinhaltet so genannte Chats und Channels. Er selbst beschreibt sein Aufgabenfeld folgendermaßen:

> „wir stellen ne Plattform zur Verfügung ähm die eigentlich nur durch die User oder die | unsere Kunden die zahlen ja nix dafür zu Leben erweckt wird äh das ganze drum herum wie das abläuft wie die Texte lokalisiert werden ähm das mach halt ich" (Andreas: 352ff.)

Wichtig für ihn ist an dieser Stelle wieder die Betonung des Lebendigen. Er definiert sich als Animateur, der die UserInnen dazu bewegen soll, die Plattform zu nutzen, sich auf dieser selbst zu präsentieren und zu kommunizieren.

Darüber hinaus entscheidet Andreas, was auf diesem Feld der Plattform an Information zur Verfügung gestellt werden soll und entwirft die dafür notwendigen Texte.

Außerdem beinhaltet die Betreuung einer solchen Plattform durch Andreas das Informieren der UserInnen, beispielsweise über neue Softwareversionen. Er fungiert als Moderator für die Chats und Chanels, hat in dem Sinne Entscheidungskompetenz, wie er erzählt. Er geht darauf ein, dass in den Chats und Chanels sehr viel Unfug getrieben wird, z.B. durch die Verbreitung von rechtsradikalem Gedankengut oder pornographischem Material, so dass er in der Lage sein muss, aufgrund seines moralischen Empfindens und des seines Unternehmens, dies einzugrenzen. Gleichzeitig ist er Ansprechpartner für die UserInnen und muss deren Wünsche und Bedürfnisse abschätzen. Zusammenfassend hält Andreas fest:

> „also ich habs nicht | (..) bei ner Softwarecompany zwar mit nem technischen Produkt zu tun für dis | das ich erst mal verantwortlich bin aber sehr viel mit Kommunikation (°) ähm und sozialen Gruppen jeglicher Coleur (°) oder Interessensgemeinschaften möchte ich sie mal nennen (...)" (Andreas: 424ff.)

Andreas ist demnach in dieser Position, weil er um Gruppenzusammenhänge und deren soziale Interaktionsmuster weiß. Das zeichnet ihn meines Erachtens durchaus als Pädagogen aus.

Des Weiteren ist Andreas verantwortlich für andere MitarbeiterInnen, wie beispielsweise den externen Vendoren. Auch diese werden durch ihn betreut und er weist ihnen Aufgabenbereiche zu.

Ein weiterer Bereich stellt das Arbeiten im Team dar. Andreas ist integriert in eine Arbeitsgruppe, die sich regelmäßig trifft und bespricht.

Für all diese Arbeitsbereiche ist für Andreas bedeutend, dass er selbstverantwortlich Arbeiten kann und dementsprechend Verantwortung für ein Produkt hat, welches erfolgreich sein soll.

Eine Frage in meinem Leitfaden zielt auf die Fähigkeiten und Fertigkeiten, die sich meine InterviewpartnerInnen für ihr Berufsfeld selbst zuschreiben sollen. Diese Frage kann Andreas kaum beantworten. Das hat sicherlich mehrere Ursachen. Eine davon ist, dass ich ihn als Pädagogen anspreche und er sich gar nicht selbst als Pädagoge bezeichnen würde, wie bereits ausgeführt wurde. Eine andere Möglichkeit ist das nicht formulieren können von erlernten pädagogischen Kompetenzen. Darauf weist unter anderem Andreas Antwort auf meine Frage hin, was er im Studium gelernt hat. Wie bereits kurz im berufsbiographischen Porträt erwähnt, betitelt er sein Studium als alt und praxisfern[195]. Andererseits, und das harmoniert mit vielen Studien über die Theorie-Praxis-Debatte, verbalisiert er sehr wohl erlernte pädagogische Kompetenzen. Dazu gehört beispielsweise:

> „ja und dann glaub ich hab ich damals sehr sehr wenig gelernt also ich hab allgemein natürlich an der Universität gelernt das ich halt (..) wenn ich irgend ne Seminararbeit Hausarbeit oder ne Diplomarbeit schreiben muss das ich halt erst mal also ne Struktur in meine Arbeits | ähm (..) abläufe reinbringen muss also eher das Handwerkszeug zum Arbeiten so mir Themen selber ähm zusammen zu stellen oder zu ja zu gewinnen das ich halt das erlernt hab" (Andreas: 487ff.)

---

195 Andreas eröffnet hier kurz die Debatte über das Theorie-Praxis-Problem in den Erziehungs- und Sozialwissenschaften.

Reflektiert man diese Sequenz näher, lässt sich festhalten, dass sich die pädagogischen Kompetenzen von Andreas u.a. auf Folgendes beziehen lassen:

- die Fähigkeit, Arbeitsabläufe zu strukturieren und dementsprechend darzustellen;
- Ideen zu entwickeln und adäquat umzusetzen.

Dies setzt voraus, dass Andreas in der Lage ist, zu verschiedenen inhaltlichen Aufgabenbereichen Informationen zu sammeln, diese zu recherchieren bzw. zu kontextualisieren und adressatenspezifisch zu vermitteln. Hierbei muss er sich nicht nur auf die von anderen gestellten Aufgaben beziehen, sondern auch auf Themen und Interessenlagen, die er selbst artikuliert.

Diese Art des Umgangs mit Themen und Wissen beinhaltet für Andreas eine grundsätzliche pädagogische Kompetenz – die des Lernens. Wie bereits bei Carin dargelegt, scheint auch bei ihm ein Grundbedürfnis an „mehr Wissen wollen" manifestiert zu sein. Sowohl in seiner Argumentation, was ihn nicht zum „klassischen" Pädagogen macht, als auch in seiner steten Begründung, dass ihn der Spaß an den Neuen Medien, die Arbeit im Unternehmen und sein beruflicher Erfolg animieren, lässt sich festhalten, dass das Lernen und sich Entwickeln eine wichtige Komponente in seinem beruflichen Handeln und Denken darstellt:

> „Internet gemacht das das halt glaub ich einem Medium ist was mir sehr sehr nahe liegt ähm was mir einfach Spaß macht was mich fasziniert wo ich immer dazulernen kann also ist nicht was wo ich immer stehen bleib sondern das Internet entwickelt sich halt rasant und mit ihm dann wiederum auch die Qualifikation die man braucht und insofern bleibt man nie stehen" (Andreas: 534ff.)

Demnach wäre eine weitere pädagogische Kompetenz von Andreas, dass er in der Lage ist, inhaltliche Tendenzen seines beruflichen Umfeldes zu antizipieren und sich darüber hinaus so zu qualifizieren, dass er diesen neuen Entwicklungen gewachsen ist. Dies setzt unter anderem eine Flexibilität gegenüber unterschiedlichen Wissensgebieten und die Bereitschaft, sich dort einzuarbeiten und einzudenken, voraus.

Wie bereits erwähnt, schätzt Andreas seine Eigenverantwortlichkeit. Er führt dies mit der Bemerkung ein, dass er sehr intuitiv arbeitet, da er diesen Job, den er jetzt macht, eigentlich nie richtig gelernt hat. Dies stützt die Annahme, dass die Möglichkeit des flexiblen Umgangs mit Wissen ihn dafür besonders prädestiniert. Da sein Produkt und somit sein Aufgabenfeld seiner Ansicht nach nie wirklich planbar ist, würde das eher für ein offenes Bild von Pädagogik und pädagogischem Selbstverständnis sprechen. Von besonderem Interesse ist hier seine Formulierung:

„wie gesagt man hatts mit Menschen immer noch zu( immer noch zu tun das jetzt
was anderes wie wenn ich jetzt sag ma mal nen Channel hab und Inhalte reinstelle
entweder lesen sich die Leute das durch oder nicht da kann ich den Erfolg messen äh
wenn ich jetzt sag ich hab ne Plattform wo ich rein theoretisch jeder bundesdeutsche
Bürger ne eigene Homepage haben könnte und sich mit anderen unterhalten könnte
dann ist das nicht messbar [...] aber der Weg dahin das sie das machen und das sie
sich da auch wohl fühlen ist halt sag ma mal mein Job und das kann man nicht lernen ähm wie man das dann macht wie man das den Leuten vermittelt" (Andreas:
571ff.)

Mal davon abgesehen, dass an dieser Stelle wieder ein Verweis darauf zu finden
ist, dass er der Meinung ist, im Studium nichts oder nicht wirklich viel für seinen
jetzigen Beruf gelernt zu haben, steht dem Folgendes gegenüber: Andreas muss
für sein berufliches Handeln:

- wissen, wie Gruppen sozial interagieren und kommunizieren;
- wissen, wie Inhalte erstellt und im Internet gelesen werden;
- antizipieren, wie auf bestimmte Formate resp. Inhalte seitens der UserInnen
  reagiert wird;
- wissen, wie Inhalte und Ideen adressatenspezifisch vermittelt werden können;
- virtuelle Umgebungen für kommunikative und interaktive Zwecke gestalten
  können.

Dies alles sind durchaus pädagogische Kompetenzen, die er wahrscheinlich im
Studium vermittelt bekommen als auch sich selbst angeeignet hat. Allerdings
nicht mit konkreter Perspektive für diesen Job. Jedoch soll ein Pädagogikstudium
ja u.a. genau dazu befähigen, dass PädagogInnen in den unterschiedlichsten
beruflichen Bezügen handlungsfähig sind.

### 4.3.2.3 Rekonstruktion der Schlüsselkategorie: Soziale Welten gestalten und initiieren

Fasst man die eben analysierten Aspekte im beruflichen Handeln von Andreas
zusammen, lässt sich insbesondere Folgendes festhalten:
Andreas beruflicher Alltag ist geprägt von einer steten Entwicklung und
Anreicherung von Wissen. Dies dient ihm einerseits für sein individuelles Bild –
Lernen ist ihm ein Grundbedürfnis. Andererseits ist es eine Notwendigkeit. Wer
in einem Feld tätig ist, dass sich bereits aus sich selbst heraus ständig erweitert

und entwickelt, muss dies selbst auch tun, um beruflich handlungsfähig bleiben zu können.

Die Gestaltung virtueller Vergemeinschaftungen stellt das Hauptaufgabengebiet von Andreas dar. Dazu gehört die Antizipation von NutzerInnenverhalten und NutzerInnenbedürfnissen ebenso wie das Wissen um soziale Gruppenaktivitäten, wie soziale Interaktion und Kommunikation. Gleichzeitig benötigt Andreas ein Wissen darüber, was eine virtuelle Vergemeinschaftung prägt und attraktiv für die Nutzer macht, damit sie dorthin zurückkehren.

Zu einer virtuellen Vergemeinschaftung zählen auch Individuen. Das bedeutet: Andreas benötigt Wissen nicht nur über Gruppen, sondern auch über individuelle Grundbedürfnisse für eine gemeinschaftsstiftende Motivation.

Aus diesen kurzen Einführungen resultieren zwei Schlüsselfragen, die im beruflichen Handeln von Andreas von besonderer Bedeutung sind:

a.  Wie funktionieren kommunikative Abläufe in Gruppen?
b.  Welche Gestaltungselemente von kommunikativen Räumen sind relevant?

Um diese Fragen näher zu beleuchten, gehe ich im weiteren Verlauf expliziter auf beide Schwerpunktsetzungen bei Andreas ein.


Wie funktionieren kommunikative Abläufe in Gruppen?

Im beruflichen Alltag von Andreas geht es hauptsächlich um kommunikative und interaktive Prozesse, deren Gestaltung und Steuerung. Und dies, so führt er aus, hat er während seines Studiums gelernt.

> „ich habs während meinem Studium und so immer gelernt also interaktiv mit/zu kommunizieren was anderes ähm machen wir hier auch nicht wir haben/mein Produkt ist ne Plattform Chat oder Communities wo Leute interaktiv kommunizieren (..) und ähm (..) das hab ich halt das gelernt" (Andreas: 721ff.)

Andreas hat sich also während seines Studiums Wissen zu Kommunikation und Interaktion in Gruppen angeeignet. Dieses Wissen gehört demnach zu einem Pool, aus dem er schöpfen kann. Sein Wissen in diesem Kontext bezieht sich dabei erst einmal auf reale Interaktionsprozesse. Dies deutet der Nachsatz *„was anderes ähm machen wir hier auch nicht"* an. In seinem beruflichen Umfeld ist er nun mit virtuellen kommunikativen Abläufen konfrontiert. Interessant sind demzufolge auch seine Ausführungen zu Differenzen zwischen virtueller und realer Kommunikation. Für ihn existieren keine signifikanten Unterschiede zwischen beiden Kommunikationsarten. Was für ihn an dieser Stelle von Bedeutung ist, ist die Ernsthaftigkeit der UserInnen an einer virtuellen Kommunikation und Interaktion. Er sieht zwar einen Vorteil darin, dass Äußerlichkeiten in der Chatkommunikation keine Rolle spielen, setzt dabei allerdings voraus, dass eine ernsthafte Motivation an einer Kommunikation bei den UserInnen vorhanden ist. Dies stellt für ihn den Idealfall dar:

> „also wenn ich meine Person dann wirklich auch einbringe und der Partner macht das auch das ist durchaus auch ne von der Qualität her ne ne hochwertige Kommunikation sein kann weil ich erst mal nicht vom von dem visuellen beeinflusst bin […] und (...) ich glaub halt (..) also deshalb würd ich sagen es ist nicht klar so zu trennen was mitt/oder mittlerweile zu trennen was virtuell und was reell ist ähm" (Andreas: 777ff.)

Mit Blick auf die im vorangegangenen Kapitel dargestellte Kernstruktur von Marotzki (2003), was eine virtuelle Community aus sozialwissenschaftlicher Perspektive beinhalten kann oder sollte, bedient Andreas hier mehrere Strukturmerkmale. Zum einen setzt Andreas voraus, dass die UserInnen kommunikative Fähigkeiten (sowohl virtuelle als auch reale) besitzen. Zum anderen geht er davon aus, dass die UserInnen durchaus zielgerichtet an einer Gemeinschaftsbildung interessiert sind (und damit sowohl partizipieren als auch ihre virtuelle Community mit gestalten) und dementsprechend glaubwürdig im Chat auftreten. Dies trägt er zwar nicht an jede/n UserIn heran, symbolisiert allerdings sein Ideal von einem/r UserIn, welche/r seine Plattform nutzt.

Somit lässt sich zusammenfassend festhalten: Andreas hat die Motivation, sein Bild – sein Ideal – von sozialer Interaktion im Internet in die von ihm betreuten Chats übertragen. Ausschlaggebendes Moment bei der Initiierung und Gestaltung virtueller sozialer Welten ist die Motivation für eine tatsächlich stattfindende Kommunikation. Virtuelle Identitäten spielen für ihn dann eine Rolle, wenn sie glaubwürdig auftreten. Dabei ist es für ihn unerheblich, ob die reale Identität der virtuellen entspricht. Vertieft wird diese Feststellung durch seine Aussage: *„es gibt nichts schlimmeres als jemand der nicht mehr kommuniziert"* (Andreas: 742f.). Da, mit Blick auf Strauss (1968), Gruppenleben um Kommunikation organisiert ist (ebd.: 161), ist es für Andreas nicht denkbar, dass jemand nicht kommunizieren kann. Dies muss in Relation zu seinen idealistischen Vorstellungen betrachtet werden. Die Chatsprache ist eine sehr schnelle Form der Kommunikation und jeder, der schon einmal versucht hat, kommunikativen Interaktionen in einem Chat mit mehr als zehn UserInnen zu folgen, weiß das. Von Bedeutung ist an dieser Stelle, dass für Andreas Kommunikation und die Steuerung derselben das entscheidende Element bei der Gestaltung von virtuellen Räumen ist.

Welche Gestaltungselemente von kommunikativen Räumen sind relevant?

Beschäftigt man sich, wie Andreas, mit verschiedenen Gruppen, so bedarf es Wissen darüber, wie eine virtuelle Plattform adressatenspezifisch aufbereitet wird. Andreas hat es, wie er selbst sagt, mit den unterschiedlichsten Gruppen jeder Couleur zu tun, die er als Interessensgemeinschaften bezeichnet. Das bedeutet, er geht davon aus, dass sich die UserInnen aufgrund eines gemeinsam geteilten Interesses in einem Chat zusammenfinden. Dies stellt somit den kleinsten gemeinsamen Nenner an Berührungspunkten dar. Seine Aufgabe ist es nun, diese Gruppen nicht nur zu lokalisieren und zu binden, sondern auch zu bedenken, was ein Interessensschwerpunkt für eine Gruppe sein könnte. Das beinhaltet u.a. die Lokalisierung und Aufbereitung von Texten bzw. eine übergreifende thematische Schwerpunktsetzung für einen Chat.

> „das Produkt ist Community oder Chat das kann man vergleichen mit (..) ähm ja also das ist das Produkt also wir stellen ne Plattform zur Verfügung ähm die eigentlich nur durch die User oder die/unsere Kunden die zahlen ja nix dafür zu Leben erweckt wird äh das ganze drum herum wie das abläuft wie die Texte lokalisiert werden ähm das mach halt ich" (Andreas: 349ff.)

Die gestalterische Komponente liegt hier in einer Strukturierung und thematischen Fokussierung von Interessensschwerpunkten. Gleichzeitig sieht sich Andreas als Vertreter und Sprecher „seiner" virtuellen Gruppen. Dies zeigt sich in folgender Sequenz:

> „ja also ein so einen Punkt ist halt dann auch die Amerikaner wollen das jetzt alles groups nennen dass heißt nicht mehr U1-communities sondern U1-groups [...] ich bolz halt dann dagegen und sag groups ist in Deutschland einen verstiegtes Teillager [...] vor 3 Jahren hätt ich vielleicht niemanden gesagt hä Community was ist'n das [...] aber mittlerweile ist Community bei den meisten Menschen die im Internet aktiv sind ist es ein gängiger Begriff (°)[...] das ist halt auch nen Job/mein Job dann halt zu schauen das das nicht ähm (..) geschehen wird" (Andreas: 443ff.)

Zusammenfassend kann somit festgehalten werden: Andreas berufliches Handeln bezieht sich u.a. auf eine adressatenspezifische Gestaltung virtueller Kommunikationsräume und hierfür bedarf es für ihn eines Wissens über kommunikative Abläufe in sozialen Gruppen, eines Wissens für eine adäquate Strukturierung von Texten als auch möglicher Gestaltungselemente (Content, Layout, technische Realisierung). Somit verknüpft er seine *Handlungsstrategischen Überlegungen* mit einer sowohl praktischen als auch technischen *Umsetzung* und darüber hinaus auch einer weiterführenden *Betreuung* „seiner" virtuellen Communities.

Diese beiden Setzungen, *Handlungsstrategische Überlegungen* und *Umsetzung und Betreuung*, bei der Fallrekonstruktion des Interviews mit Andreas dimensionieren die Schlüsselkategorie „Soziale Welten gestalten und initiieren". Grafisch lässt sich dies folgendermaßen zusammenfassen:

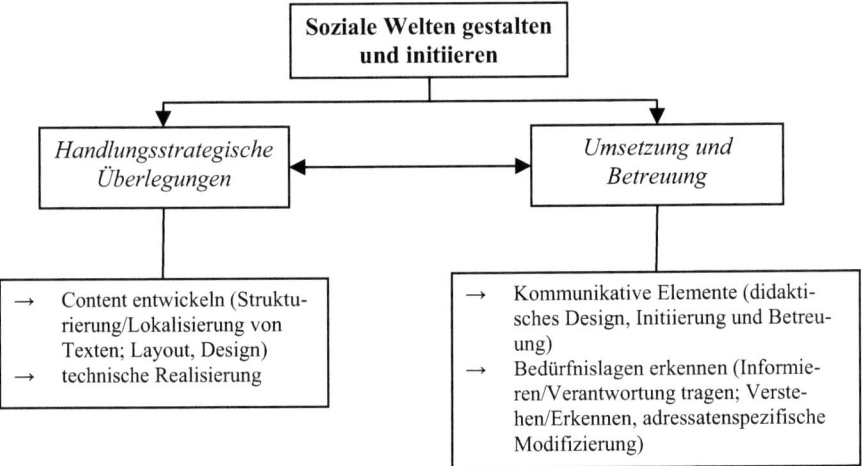

*Abbildung 12:* Schlüsselkategorie: Soziale Welten gestalten und initiieren

Ähnlich wie bei der Schlüsselkategorie „Wissen distribuieren" geht es demnach um einen Praxistransfer. Das bedeutet, bereits vorhandenes Wissen, welches erlernt und vermittelt bekommen wurde, wird eingesetzt, um beruflich handlungsfähig zu sein. Wissen wird in diesem Sinne nicht neu generiert, sondern situationsspezifisch eingesetzt.


Zusammenführung der ersten zwei Fallrekonstruktionen und Ausblick

Verknüpft man in einem ersten Schritt die Schlüsselkategorien „Soziale Welten gestalten und initiieren" und „Wissen distribuieren" miteinander, erhält man genau jenes Bild von PädagogInnen, die in den unterschiedlichsten Teildisziplinen der Erziehungswissenschaft zu finden sind.[196] Kerres, de Witt und Schweer (2003) gehen beispielsweise davon aus, dass medienpädagogisches Handeln mit der Hinwendung zu einer lebenslangen Perspektive nicht *nur* auf die Vermittlung von Medienkompetenz und Medienbildung bei einzelnen MediennutzerInnen zielt, sondern vielmehr nach der Gestaltung *medialer Lebenswelten*, in der Menschen leben, arbeiten und lernen, fragt (Hervh. im Original). Dies würde dann den beiden Schlüsselkategorien „Wissen distribuieren" und „Soziale Welten gestalten und initiieren" entsprechen, mit dem Unterschied, dass die bisher vorgestellten InterviewpartnerInnen SozialpädagogInnen resp. Diplom-Pädagogin und keine MedienpädagogInnen sind. Auch aus diesem Grund habe ich die einzelnen Dimensionen nicht mit medienpädagogischen Begrifflichkeiten gefasst.

Es stellt sich meiner Ansicht nach darüber hinaus die Frage, ob das für eine berufliche Profilierung und Etablierung von PädagogInnen, die für und in neuen kulturellen Räumen agieren, tatsächlich ausreicht. Alle von mir befragten PädagogInnen sind durch diese oben genannten zwei Schlüsselkategorien charakterisiert. Das spezifisch Neue sind allerdings die zwei weiteren Schlüsselkategorien: „Wissen generieren" und „Wissen antizipieren". An dieser Stelle werde ich demzufolge mit einer Fallrekonstruktion näher auf die Schlüsselkategorie „Wissen generieren" eingehen. Im Unterschied zu den vorangegangenen Schlüsselkategorien geht es nun nicht um einen Einsatz bereits vorhandenen Wissens für ein berufliches Handeln der PädagogInnen, sondern um die Generierung neuen Wissens, um handlungsfähig zu sein und zu werden. Diese analytische Trennung zwischen den einzelnen Schlüsselkategorien dient demnach zur Darstellung, wie Wissen von den befragten PädagogInnen generiert wird.

### 4.3.3 Der interessengeleitete Erzähler: Axel

„da war ich (.) eigentlich (..) für die Entwicklung relativ (..) nah am Fortschritt dran immer (..) geguckt was es neu gab (..) (°) es hat mich interessiert da war ich halt ähm (...) [schmunzelnd:] am Puls der Zeit"

Das Interview mit Axel entfaltet bei seiner Initiierung seine ganz eigene Charakteristik. Wie bereits beschrieben, kontaktierte ich die frequentiertesten deutschen Websites jeweils über den Webmaster, der meine E-Mail dann meist an die einzelnen Abteilungen weitersandte. So erhielt auch Axel meine E-Mail. Er bot sich gleich selbst als Interviewpartner an und verwies auf, seiner Ansicht nach, weitere potentielle AnsprechpartnerInnen. Das Interview fand in den Räumlichkeiten seines Unternehmens statt, wo er mir in einem ersten Zugang die einzelnen Bü-

---

196   Vgl. hierzu u.a. Neuß (2003).

ros und deren MitarbeiterInnen kurz vorstellte, immer mit dem Hinweis auf mögliche InterviewpartnerInnen. Er demonstrierte mir, meiner Ansicht nach, somit bereits in der ersten Kennenlernphase, dass er nicht der Einzige ist, der sich als etwas deplaziert und nicht seinem eigenem Anspruch auf einen pädagogischen Beruf ausübend sieht. Darüber hinaus präsentiert Axel im Interview selbst eine Entwicklung, die ihm wohl bis zum Zeitpunkt des Interviews nicht so bewusst geworden ist. Meine Eingangsfrage nach seiner Schul- und Berufsbiographie scheint ihn zu verwirren bzw. zu unkonkret zu sein. Er kann sich kaum darauf einlassen und fragt nach fassbareren Anweisungen für das Interview. Schon hier zeigt sich, dass Axel Strukturierung braucht, die er anscheinend für seine eigene Biographie nur schwer finden kann. Gleichzeitig ist er ein sehr realitätsnaher Erzähler, der sich nur wenig auf Zukunftsfragen einlassen kann bzw. möchte. Primäre biographische Elemente, wie beispielsweise Familie oder Freunde, werden im Interview nur in einer sehr kurzen Passage von ihm thematisiert. Das Interview findet in einem Konferenzraum statt, der sehr groß ist und anfangs bereitet es ihm dementsprechend Schwierigkeiten, ein adäquates Interviewarrangement (wer sitzt wo) zu finden. Axel achtet zu Beginn des Interviews sehr auf räumliche Distanz mir gegenüber (ein freier Stuhl steht am Tisch zwischen uns) und sucht auch dieselbe, indem er sich noch einmal umsetzt, als das Interview beginnen soll. Dies ändert sich erst im Laufe des Gesprächs, als er beginnt, sich mir gegenüber zu öffnen, sehr detailreich zu erzählen und sich zu mir zu beugen, damit ich ihn besser verstehen kann. Diese Entwicklung zeigt sich auch im Transkript. Sucht Axel nach meiner Eingangsfrage noch nach einem Leitfaden für seine Erzählung, lässt sich später, bei den Fragen nach seinen pädagogischen und beruflichen Kompetenzen, feststellen, dass dies Themengebiete sind, in denen sich Axel wieder findet und dementsprechend sehr reflektiert erzählen kann.

Für das Interview räumte mir Axel ein Zeitfenster von ca. einer Stunde ein, das wir auch in Anspruch nahmen.

Axel repräsentiert in der Darstellung meiner fallspezifischen Schlüsselkategorien den Typen, der sich in einem für ihn völlig neuen beruflichen Kontext wieder findet und damit beginnt, sich Wissen darüber anzueignen und Wissen für seine beruflichen Aufgaben zu generieren. Er befindet sich somit auf dem Weg zu einem Experten für sein berufliches Handlungsfeld.

Im nachfolgenden Fallporträt erfolgt eine deskriptive Darstellung seiner thematischen Schwerpunktsetzungen, um in der anschließenden Fallrekonstruktion die Schlüsselkategorie „Wissen generieren" fallspezifisch zu explizieren.

### 4.3.3.1 Fallbeschreibung: Berufsbiographisches Porträt

Wie bereits angedeutet, zeigt Axel Schwierigkeiten, auf meine Eingangsfrage einen Erzählstrang zu entwickeln, den er durchgehend beibehalten kann. Er berichtet sehr bruchstückhaft von seinem schulischen Werdegang. Dies gleicht mehr einer Aufzählung:

> „Ja (...) weiß ich jetzt gar nicht [lacht leise auf] (..) ähm (...) geht das nicht (°) spezieller (..) also ähm (..) ich hab| (...) (1-2 Wörter?) zur Schule (...) ähm (...) ja (..) also (..) ich weiß nicht alles ganz normal" (Axel: 7ff.)

Mit dem Hinweis darauf, dass alles ganz normal war, zeigt Axel seine Normalitätsfolie eines schulischen Werdegangs. Dazu gehört für ihn der Besuch einer Grundschule, der Wechsel auf die Orientierungsstufe, das Gymnasium und mehrere Umzüge während der Schulzeit. Dies schätzt Axel als „eigentlich ziemlich zielstrebig" ein. Dass doch nicht alles so einfach war, zeigt sich, als Axel berichtet, dass er durch die Umzüge eigentlich den Anschluss an das Niveau des Gymnasiums verpasst, obwohl er sich selbst als ziemlich guten Schüler in Erinnerung hat. Der Umzug während seiner Zeit auf dem Gymnasium hat dann wohl zur Folge, dass er sich im letzten Zeitfenster des Gymnasiums eher an „der Kante des Sitzenbleibens" sieht. Trotzdem legt Axel das Abitur ab, ohne, wie er betont, irgendwelche außerschulischen und somit freiwilligen Praktika, Auslandsaufenthalte oder Wiederholungen einer Klassenstufe zu durchlaufen. Nach diesen ersten einführenden Bemerkungen fragt Axel nach Möglichkeiten der Detaillierung. Scheinbar war ihm nicht bewusst, obwohl ich im Vorgespräch darauf verwiesen habe, was meine Eingangsfrage intendiert und ich einfach nur zuhören werde. Schon hier lässt sich festhalten, was Axel im Besonderen charakterisiert: Er erzählt gern, wenn er gefragt wird, aber die Fragen müssen konkret sein und er muss die Antwort wissen. Biographische Interviews tendieren aber zum Erzählen von Facetten, die den InterviewpartnerInnen nicht immer bewusst sind, so dass auch die Antwort auf eine Frage nicht bereits im Vorfeld gewusst werden kann. Jedenfalls war dies bei Axel so, was sich auch in den sehr großen Pausen und Phasen des Nachdenkens zeigt. Meine Antwort auf seine Nachfrage nach Detaillierungen, dass er sich selbst Schwerpunkte seiner Erzählung setzen soll, zieht dann eine längere Passage nach sich, in der Axel auf seine schulischen Interessen fokussieren kann. Er öffnet sich und arrangiert sich mit dem von mir vorgegebenen Interviewsetting.

## Schulzeit

Schon während der Schulzeit hegt Axel eine Affinität für den musischen Bereich. Er beschreibt sich selbst als sehr musikalisch und bezieht dies u.a. auf sein Interesse für Instrumente. Dieser rote Faden zieht sich bis in den universitären Bereich hinein, dort entscheidet sich Axel für den pädagogischen Studiengang des Lehramts mit dem Hauptfach Musik. Während seiner Schulzeit absolviert er mehrere Praktika, wenn sie denn von der Schule vorgegeben wurden und somit verpflichtenden Charakter hatten.

## Mediensozialisation

Seine ersten Erfahrungen mit dem Medium Computer macht Axel während der Studienzeit. Bis zu diesem Zeitpunkt arbeitet Axel mit der Schreibmaschine, die er aber als uninteressant betitelt. Seiner Ansicht nach war jetzt der Computer das neue Medium, welches ihn begeistert *„da geht noch mehr"* (Axel: 239f.). Er interessiert sich, animiert durch andere, für die technischen Tools des Computers und verwendet in diesem Kontext häufig das Wort „plötzlich". Für ihn kam das Internet „plötzlich", wie auch der Computer und sein Ehrgeiz *„immer dabei zu sein"* (Axel: 247f.). Von besonderem Interesse sind für ihn die Möglichkeiten, den Computer und das Internet für seine Vorlieben zur Musik fruchtbar zu machen. Angefangen beim Brennen von Musik-CDs als auch beim selbständigen Erstellen von Musik mit der dementsprechend geeigneten Software.

Während seiner Studienzeit an der Universität beginnt er dann, nach eigener Einschätzung recht früh (1996), Projekte zum Thema Schule und Internet zu bearbeiten. Hier beschäftigt ihn die Frage, wie der Computer und das Internet für die Schule, für LehrerInnen und SchülerInnen nutzbar gemacht werden kann. Innerhalb eines Seminars erarbeitet er, zusammen mit KommilitonInnen, Grundsätze pädagogischer Arbeit mit dem Internet.

## Studienzeit

Wie bereits angedeutet ist Axel Lehrer, mit den Fächern Musik, Deutsch und Gesellschaftswissenschaften und hat das erste Staatsexamen abgelegt. Viel mehr erzählt Axel aus seiner Zeit während des Studiums nicht. Weder thematisiert er, wie er die Studienzeit als solche empfunden, noch, was er vielleicht zusätzlich (wie beispielsweise Freizeitaktivitäten u.a.) unternommen hat. Im Resümee hält er fest, dass er sein Studium eigentlich nicht missen möchte, es aber auch nicht unbedingt wieder studieren würde. Hier bleibt er sehr oberflächlich. Probleme bereiten ihm eher die Anschlussmöglichkeiten. Mehrere Bewerbungen für ein Referendariat werden, trotz eines, seiner Einschätzung nach, guten Abschlusses, abgelehnt, so dass er sich anders orientiert bzw. demzufolge orientieren muss.

Spätestens bei meiner Frage, was er studieren würde, wenn er denn noch mal die Wahl hätte, wird deutlich, dass Axel wenig Interesse an diesen Fragen hat. Findet er eingangs diese Frage noch interessant, ist sie ihm dann doch zu passiv. Hier zeigt sich sein aktuelles, in der momentanen Realität verhaftetes Bild von Beruf und Leben, aus dem er nicht ausbrechen kann oder will. Narrationen, die auf die Bereiche Familie oder Freunde zielen, zeigen sich nur in einer sehr kurzen Sequenz im Interview, als Axel versucht, seine Interessen für betriebswirtschaftliche Zusammenhänge und Unternehmensphilosophien mit seinem Vater, der aus diesem Bereich kommt, zu erklären. Allerdings hat sein Vater, so hält er fest, wenig Interesse für seine berufliche Entwicklung gezeigt.

> „aber ähm (..) hat ziemlich wenig (..) dort (..) mitgegeben (..) beziehungsweise hab ich auch nicht im Geringsten da nachgefragt und mich dafür interessiert" (Axel: 205ff.)

Dies lässt auf ein eher gespaltenes Verhältnis zu seiner Familie bzw. seinem Vater schließen. Da es allerdings in diesem Kontext bei dieser einen Äußerung bleibt, kann eine weitere Interpretation der familiären Konstellationen von Axel nur sehr wage bleiben.


Aktuelle Tätigkeit zum Zeitpunkt des Interviews

Axel betitelt sich in einer ersten Berufsbezeichnung als Contentmanager, um sich daran anschließend als Organisator zu beschreiben. Er ist für mehrere Projekte verantwortlich, die er betreut und begleitet und die seiner Aussage nach alle zwei Wochen anders aussehen. Diese Projekte beziehen sich auf einen Musikchannel einer großen deutschsprachigen Website. Er baut dieses Internetmagazin, wie er es bezeichnet, auf und betreut es gleichzeitig. Hierfür bedarf es seiner Aussage nach eines ständigen Informierens, Recherchierens, Inhalte Erstellens und Aktualisierens. Axel handelt Verträge aus, hält Kundenkontakte und ist bemüht, die Konkurrenz einzuschätzen. Er selbst bezeichnet diese beruflichen Tätigkeiten als sehr unkonkret und fasst zusammen:

> „bestimmte Umstände in <u>Gang</u> bringen dass irgendwelche Sachen funktionieren und (vor allem) gemacht werden" (Axel: 429ff.)

Inhaltlich angereicherter werden seine Erzählungen zu seiner aktuellen Tätigkeit erst, wenn er sich auf pädagogische Kompetenzen beziehen kann, die in den nachfolgenden Ausführungen näher beleuchtet werden.

Chronologie

1. Grundschule
2. Orientierungsstufe
3. Gymnasium
4. Lehramt für Gymnasien: Musik, Deutsch, Gesellschaftswissenschaften
5. Contentmanager für ein großes deutsches virtuelles Portal (Betreuung des Musikchannelbereichs)

Resümee

Axel präsentiert sich im Interview als ein sehr unkonkreter und oberflächlicher Erzähler, so denn es nicht um pädagogische Inhalte geht. Er ist sehr realitätsnah und verhaftet im Hier und Jetzt, was sich auch in der sehr konkreten Darstellung seiner pädagogischen Kompetenzen, die nun nachfolgend rekonstruiert werden, zeigt.

4.3.3.2   Rekonstruktion der fallimmanenten Charakteristika

Das pädagogische Bild von Axel – Interessenorientiertes Erzählen

Axel ist studierter Lehrer und hat dementsprechend ein anderes Verständnis von Pädagogik als Andreas bzw. Carin, die in erster Linie sozialpädagogisch ausgebildet sind. Beziehen sich deren Aussagen darauf, dass Pädagogik „helfen und betreuen" bedeutet, versteht Axel idealerweise unter pädagogisch tätig sein:

> „(...) pädagogisch tätig zu sein (was) mich interessiert zu erzählen was zu erzählen zu einem Thema was mich interessiert ähm wäre eigentlich (..) in letzter Instanz ähm (..) fast ähm (...) das Highlight" (Axel: 1053ff.)

Axel ist demnach daran interessiert, dann pädagogisch tätig zu werden, wenn ihn die thematische Richtung anspricht und er dazu etwas erzählen kann. Aus diesem Grund hat er, so wie er erzählt, auch Lehramt studiert. Verfolgt man diesen Ansatz weiter, bezieht sich dies bei Axel allerdings nicht nur auf die Bereiche Musik und Deutsch, sondern ist durchaus verallgemeinerungsfähig. Auch im Interview erzählt er eigentlich nur das, was ihn tatsächlich interessiert. Werden Bereiche angesprochen, die für ihn nicht von Interesse sind, versteht er dies als müßig und schwenkt in thematische Bezüge, in denen er sich eher verorten kann. In einer ersten Analyse könnte demnach interpretiert werden, dass Axel Lehrer geworden ist, um sich in einem Rahmen zu bewegen, der ihn selbst anspricht, aber:

> „darum wollte ich Lehrer werden aber das Problem ist halt (..) (.) die Schüler wollen's eigentlich gar nicht wissen (..) die sitzen aus anderen Gründen dort" (Axel: 988ff.)

Aus welchen Gründen Schüler eigentlich nach Ansicht von Axel in der Schule sind, benennt er nicht weiter. Allerdings wird hier eine Dichotomie deutlich, die sich wie ein roter Faden durch das Interview zieht. Mit einem kurzen Blick auf Carin, die Probleme in der Zusammenführung ihres Interesses für Computer und Pädagogik aufzeigt, scheint hier die Auseinandersetzung eines eigenen pädagogischen Anspruchs und der Findung einer beruflichen Anbindung anders gelagert zu sein. Nachdem das Studium beendet ist, bewirbt sich Axel, wie bereits angesprochen, auf mehrere Referendariatsstellen und wird abgelehnt. Aus dieser Erfahrung des Scheiterns heraus konstruiert Axel scheinbar ein Bild von Schule, mit dem er sich arrangieren kann. SchülerInnen sind demnach gar nicht an dem interessiert, was er zu erzählen hat und deswegen kommt der berufliche Werdegang Schule für ihn auch nicht mehr zum Tragen. Diese sehr nüchterne Aussage, das SchülerInnen eigentlich aus ganz anderen Gründen in der Schule sind, als den von ihm dargebotenen Unterrichtsstoff zu lernen, zeigt eine deutliche Resignation. Eigentlich dürfte Axel gar kein Interesse mehr für die Institution Schule aufbringen. Dass dem nicht so ist, zeigt sich in mehreren Sequenzen. Verdeutlichen werde ich dies mit dem nachfolgenden Screenshot, welcher einzelne Kodes aus dem Interview mit Axel aufzeigt.

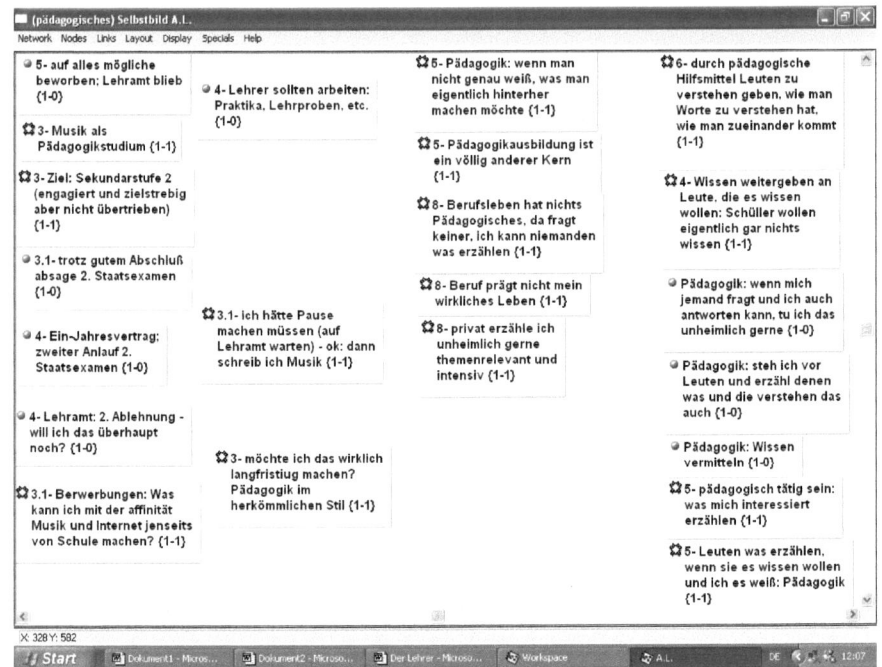

*Abbildung 13:* Pädagogisches Selbstbild von Axel

Auf der linken Seite oben findet sich der bereits beschriebene Werdegang von Axel wieder. Daraus wird ersichtlich, in Zusammenhang mit seinen Aussagen, dass er eigentlich sehr zielstrebig ist ohne besonders engagiert zu sein und das sein Ziel darin bestand bzw. immer noch besteht, Lehrer zu werden. Seiner Ansicht nach studiert man meist Pädagogik, wenn man nicht genau weiß, was man eigentlich machen möchte. Ein Pädagogikstudium bietet für Axel die Möglichkeit, Grundlagenwissen zu bilden, um nach dem Studium relativ offen für einen beruflichen Einstieg zu sein. Die Wahl des Lehramts lässt diese Option allerdings nur bedingt zu. Eine Ausbildung dieser Art zielt schon auf eine berufliche Verankerung in der Institution Schule, was ja auch von Axel intendiert war und ist. Nach dem Studium folgten die Absagen, die ihn dazu zwangen, sich neu zu orientieren. Er musste überlegen, was er mit seiner Affinität zu Musik und Medien außerhalb des schulischen Kontextes anfangen kann. Die Bewerbung in dem Unternehmen L., bei dem er auch zum Zeitpunkt des Interviews tätig ist, bietet ihm die Möglichkeit, seine Interessen miteinander zu verknüpfen. Aller-

222

dings hält er in einem ersten Resümee fest, dass dieser Beruf des Contentmanagers nichts Pädagogisches in sich trägt. Betrachtet man genauer, welches pädagogische Selbstverständnis Axel hat und was er in seinem Unternehmen beruflich-inhaltlich ausübt, wird schnell deutlich, dass er durchaus pädagogisch tätig ist. Auf der rechten Seiten des Screenshot finden sich die Interviewsequenzen des offenen Kodierens wieder, in denen Axel darüber spricht, was er unter „pädagogisch tätig sein" versteht. Demnach sind nachfolgende Punkte Kernbereiche des pädagogischen Verständnisses von Axel:

- *Kommunikationsfähigkeit herbeiführen*: Dies bezieht sich bei Axel auf zwei Bereiche. Zum einen versteht er darunter, Personen durch die Vermittlung von Sprache ein Verständnis für ihr Gegenüber zu verdeutlichen, um sie zusammen zu bringen. Auf der zweiten Ebene soll das Gegenüber die Sprache von Axel verstehen. Dafür bedarf es einer gewissen Eloquenz und eines emphatischen Verständnisses für die verschiedenen Personen und Situationen. Dies zielt auf die Dimension *Wissen reflektieren*, die in der Fallrekonstruktion von Carin analytisch dargelegt wurde.
- *Wissen vermitteln*: Ist die kommunikative Ebene erreicht, besteht für Axel die Möglichkeit, sein Wissen weiterzugeben. PädagogInnen sind somit aus der Sicht von Axel Vermittler zwischen verschiedenen Personen und Vermittler von Wissenshorizonten. Auch diese pädagogische Kompetenz ließ sich bereits mit der Fallrekonstruktion des Interviews von Carin darstellen.

Diese zwei pädagogischen Kernkompetenzen spricht Axel in diesem Erzählkontext, im Gegensatz zu Carin, seinem aktuellen beruflichen Dasein ab. Dies wird im unteren Teil des Screenshot deutlich. Seine klare Aussage ist: Mein Beruf hat nichts Pädagogisches, da mich niemand fragt und ich dementsprechend auch nichts erzählen kann. Diese starke Fokussierung auf inhaltliche Aspekte und der Anspruch, Wissen vermitteln zu wollen, rekurriert sich aus seiner pädagogischen Ausbildung, in der ihm wohl ein anderes Bild von Pädagogik vermittelt wurde als Carin oder Andreas. Spiegelt man dies auf Axels Aussagen, was seine berufliche Tätigkeit in seinem Unternehmen beinhaltet, lässt sich folgendes zeigen.


Die berufliche Verortung – der Organisator

Als Contentmanager ist Axel einerseits verantwortlich für die inhaltliche Präsentation als auch das gestalterische Bild des virtuellen Musikangebots einer Website. Auf einer zweiten Ebene organisiert er verschiedene Projekte und ist kommunikatives Bindeglied zwischen einzelnen Abteilungen des Unternehmens, für das er tätig ist. Diese Tätigkeiten lassen sich aus der Perspektive von Axel mit folgenden Schlagworten zusammenfassend darstellen. Axel:

- organisiert und koordiniert verschiedene Projekte und die inhaltliche Zusammenführung des virtuellen Content;
- recherchiert und sammelt Informationen;
- erstellt Inhalte und präsentiert diese (sowohl online als auch für das Team).

Dies bedeutet für ihn ein hohes Maß an Kommunikationsfähigkeit und Flexibilität. Um genauer rekonstruieren zu können, was Axel inhaltlich darunter versteht, sind einige Textsequenzen nötig.

Was er an seiner Aufgabe im Unternehmen spannend findet, ist das relativ freie Arbeiten und die Möglichkeit, etwas Neues zu schaffen. Das Vertrauen, dies auch bewerkstelligen zu können, kommt dabei nicht von ihm selbst, sondern von der Unternehmensseite:

> „ähm (...) haben geglaubt dass ich das <u>kann</u> (..) und ich habe es nicht ge<u>wusst</u> ob ich's kann (..) hab's einfach pro<u>biert</u> (..) und ähm fand mich da ziemlich gut zurecht und hab (..) (.) <u>Spaß</u> daran gefunden an (...) dieser (..) inhaltlichen| (..) an musikinhaltlicher Projektarbeit (...) und <u>so</u> bin ich da eigentlich dann dran gewachsen (...) (an den) zusätzlichen <u>An</u>forderungen (...)" ( Axel: 126ff.)

Spaß an der Arbeit zu haben, ist für Axel ein ausschlaggebender Motivationsfaktor, ähnlich wie bei Andreas. Darüber hinaus sind es die immer neuen Anforderungen und Projekte, die für ihn interessant sind, zumal er sich innerhalb seines bevorzugten Gebiets, der Musik, bewegen kann. Das stellt er immer wieder dar, in dem er beschreibt, dass er nicht berufsorientiert, sondern themenorientiert nach beruflichen Herausforderungen sucht. Es geht ihm also nicht um eine Position, einen Titel, sondern um die inhaltlichen Ansprüche seiner beruflichen Tätigkeit.

Neben diesem Spaßmoment erwähnt Axel viele inhaltliche Dimensionen, die seine Arbeit für ihn spannend werden lassen. Zum *Recherchieren und Informationen sammeln*, was u.a. den ersten Schritt im Arbeitsalltag von Axel darstellt, gehört neben dem E-Mail lesen und bearbeiten auch die Qualitätssicherung der eigenen Webseiten.

„pro Tag sind's bestimmt <u>100</u> (..) wenn man morgens kommt ähm (..) kann man also mit Sicherheit mindestens 10 rechnen die man vielleicht bis abends erhalten hat (..) die müssen (..) gelesen werden (..) eingeschätzt werden (ob und) wie man die bearbeitet (..) und dann werden die bestimmten Projekte an denen man (..) arbeitet äh (...) be<u>han</u>delt (...) ähm (..) ja (..) das sind (..) tatsächliche Projekte an den man arbeitet" (Axel: 395ff.)

Das bedeutet, er liest die eigenen Webseiten und kontrolliert, ob sie inhaltlich aktuell sind. Zu dieser Tätigkeit gehört für Axel auch, zu schauen, wie die Konkurrenz arbeitet und was diese online präsentiert. Hier begibt er sich also auf weitere Webseiten und recherchiert, was die Konkurrenz macht und gibt diese Informationen an seine Mitarbeiter weiter. Parallel zu dieser Aufgabe erstellt Axel fortdauernd *Inhalte* zu unterschiedlichsten Zwecken, um diese zu *präsentieren*. Hierbei handelt es sich sowohl um Zwischenergebnisse, die Initiierung neuer Projekte als auch die Präsentation von Projekten vor einer bestimmten Klientel, u.a. zur Refinanzierung seiner Arbeit. Demnach steht Axel in einem permanenten Austausch mit seinen MitarbeiterInnen, was bedeutet, da diese auf den unterschiedlichsten fachspezifischen Ebenen agieren, dass er deren Sprache verstehen können muss und sein Vokabular so wählt, dass er verstanden wird. Darüber hinaus bedarf es eines bestimmten fachspezifischen Wissens, um kommunizieren zu können und damit handlungsfähig zu werden. Gleichzeitig ist Axel sehr daran interessiert, Projekte, die er initiiert, auch „durchzubringen", was Überzeugungs- und Argumentationsarbeit bedeutet.

Die Organisations- und Koordinierungsaufgaben beziehen sich auf übergreifende Elemente der einzelnen eben dargestellten Tätigkeiten. Auf meine Frage hin, welche Berufsbezeichnung er sich geben würde, folgt: *„In meinem (..) Arbeitsvertrag steht <u>Content-Manager</u>"* (Axel: 1129f.). Der Bezug auf das, was in einem Arbeitsvertrag steht, wird von meinen InterviewpartnerInnen sehr häufig hergestellt. Im Gegensatz zu Andreas, der davon ausgeht, dass er sich keine Berufsbezeichnung geben kann, da diese sowieso niemand verstehen würde, schwenkt Axel auf die Frage ein und versucht, diese anhand der oben genannten Tätigkeitsbereiche zu beschreiben. Er formuliert weiter:

„ich meine meine Berufsbezeichnung (4) ja ich würd's tatsächlich mit Organi<u>sa</u>tor überschreiben (..) ich organisier den ganzen Blödsinn" (Axel: 1133ff.)

Axel sieht sich also als Organisator, um im gleichen Moment mit dem Wort „Blödsinn" dies und seine Arbeit zu relativieren, als etwas, was nicht ganz ernst genommen werden kann. Dies spiegelt sein dichotomes Verhältnis zu seinem jetzigen Beruf und der beruflichen Tätigkeit, welche er wohl immer noch gern ausüben würde, nämlich Lehrer sein, erneut wider. Es stellt sich mir hier die

Frage, wieso er so denkt. Dies lässt sich u.a. mit seinem pädagogischen Anspruch (siehe oben) erklären. Anderseits folgt diesen Sequenzen die Aussage, dass sein momentaner Beruf nichts mit seinem wirklichen Leben zu tun hat, in dem er gern und intensiv erzählt. Er trennt demnach in drei Bereiche: seinem wirklichen Leben, seine derzeitige berufliche Tätigkeit und seinem Wunsch, Lehrer zu sein. Diese Bereiche scheinen für ihn derzeit disharmonisch zu fungieren.

Resümee

Axel scheint sich mit seiner Arbeit, die ihm allerdings Spaß macht, nur arrangiert zu haben, was eine Dichotomie noch verstärkt. Er ist auf der Suche und möchte sich eher nicht verorten, obwohl er sehr realitätsnah und detailliert von seiner (pädagogischen) beruflichen Tätigkeit berichtet. Fasst man die Interpretation des Interviews zusammen, entwickelt Axel zwei Erzählstränge. Klar und sachlich präsentiert er sein berufliches Feld, latent berichtet er von seinem Wunsch, vielleicht doch wieder wissenschaftlich tätig zu sein. Das zeigt sich anhand der Zukunftsfrage im Leitfaden. Auf meine Frage nach seiner beruflichen Zukunft, räumt er ein:

> „aber (..) ähm (...) nicht abgeneigt (..) bin ich auch (...) immer noch ähm von dieser (..) wissenschaftlichen Arbeit (..) ähm (...) früher hab ich immer davon mal geträumt (..) mit meinen Themen die mich interessieren an die Uni zu gehen und (vielleicht) Professor oder so ein Blödsinn zu werden" (Axel: 974ff.)

Auch hier folgt einer konkreten Überlegung die Relativierung. Eigentlich wäre dies wiederum seine Idealvorstellung: Als Professor an einer Universität arbeiten, in einem Bereich, der ihn interessiert und hierbei von seinen Themen erzählen.

Betrachtet man nun, was Axel unter Pädagogik versteht und was sein berufliches Feld prägt, lassen sich durchaus Überschneidungen finden, um sagen zu können: Axel ist pädagogisch tätig, allerdings nicht in der Institution, für die er sich das erwünscht hat. Pädagogisch tätig sein bedeutete für ihn, Kommunikation zu ermöglichen und Wissen zu vermitteln. Dies tut er auch in seinem derzeitigen beruflichen Rahmen. Allerdings ist das Klientel nicht identisch, außerdem muss er wirtschaftlich denken und handeln. Gezeigt werden konnte darüber hinaus, was somit seine pädagogischen Kernkompetenzen sind, die bereits mit der Fallrekonstruktion von Carin näher ausgeführt werden konnten.

### 4.3.3.3 Rekonstruktion der Schlüsselkategorie: Wissen generieren

Wie oben angedeutet, repräsentiert Axel in meinem Sample den Interviewpartner, der exemplarisch für die Schlüsselkategorie „Wissen generieren" fallrekonstruktiv steht. Nachfolgend wird nun expliziert, wie sich diese Schlüsselkategorie bei Axel widerspiegelt, inhaltlich verdeutlicht und somit einen Definitionsansatz für die in Kapitel 5 folgende theoretische Anbindung liefert.

Axel befindet sich am Anfang seines beruflichen Einstiegs in einer für ihn neuen Situation und greift auf Handlungsmuster und Wissensbestände zurück, die er entweder im Studium erlernt hat oder sich selbst beibrachte. Dabei ist ihm nicht wirklich bewusst, welche professionellen und/oder pädagogischen Elemente zum Erfolg seines beruflichen Handelns beitragen und wie diese in seinen Entscheidungsprozeß für den Aufbau eines virtuellen Portals mit einfließen. Er geht von einem intuitiven Handeln aus, welches sich zu einem wichtigen Erfahrungsraum anreichert und nutzt diesen nun für ein betriebswirtschaftlich sinnvolles Arbeiten. Axel baut sich somit aus Teilen seines bereits vorhandenen Wissensvorrats neue Wissenselemente auf, um „sein" virtuelles Portal zu etablieren. Somit lässt sich die Generierung von Wissen bei Axel aus nachfolgenden Facetten darstellen:

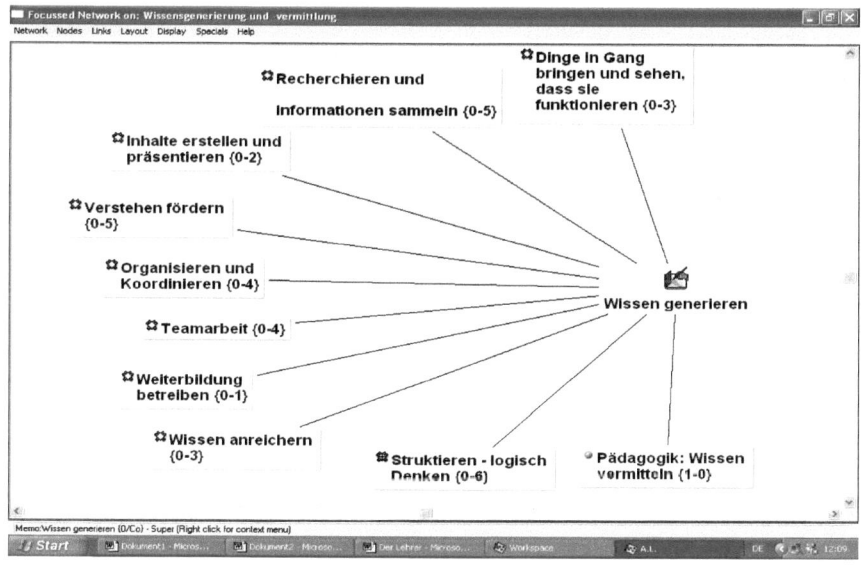

*Abbildung 14:* Wissen generieren bei Axel

Nicht alle Kategorien in dem gezeigten Screenshot spiegeln Elemente wider, die fallübergreifend die Schlüsselkategorie „Wissen generieren" repräsentieren. Die Kategorie „Verstehen fördern" stellt eine fallspezifische Sequenz des Interviews mit Axel dar. Diese bezieht sich inhaltlich auf das pädagogische Selbstverständnis von Axel, welches sich mit seiner primären Ausbildung als Lehrer begründen lässt. Die Kategorie „Weiterbildung betreiben" lässt sich zum einen auf Axels Wunsch beziehen, einmal mit seinem eigenen Wissen Weiterbildungsmöglichkeiten für andere zu erarbeiten. Andererseits ist ihm selbst daran gelegen, sich ständig weiterzubilden und sich somit Wissenselemente für zukünftige Situationen zu eröffnen. Dies ist u.a. ein Charakteristikum für die Schlüsselkategorie „Wissen antizipieren" und wird aus diesem Grund hier nicht weiter ausgeführt.

Werden die weiteren fallimmanenten Kategorien spezifisch zusammengefasst, zeigt sich, auf welchem Weg Axel neues Wissen generiert, um beruflich handlungsfähig zu sein. Analytisch habe ich diese einzelnen Kategorien in die Dimensionen *Problem- und Zielgruppenorientierung* sowie *Intersubjektive Konstitution von ExpertInnenwissen* getrennt. Auf beide Dimensionen werde ich nun nachfolgend näher eingehen.

In Anlehnung an den eben deskriptiv dargestellten Zugang von Axel zu seinem derzeitigen beruflichen Umfeld, ist es eher das Unternehmen L., welches davon ausgeht, dass Axel für diese Tätigkeit geeignet ist. Er selbst kann nicht einschätzen, ob dem tatsächlich so ist. Von der Unternehmensseite her erhält er einen klaren Auftrag:

„mir war da eigentlich nicht wirklich klar (°) was L. ist (...) (klar) kannte ich Suchmaschinen (irgendwie) so ein bisschen aber was kann man da machen (..) war mir nicht klar (...) das hat ähm (..) die Kollegen B. nicht gestört (..) wir haben uns unterhalten (...) und äh mir angeboten (...) den (..) Music-Channel aufzubauen und (..) ja (...) ein Internetmagazin für Musik" (Axel: 118ff.)

Da Axel zu diesem Zeitpunkt keine andere Option für einen Berufseinstieg hat, nimmt er also das Angebot an, obwohl er gar nicht genau weiß, was ihn eigentlich erwartet bzw. was von ihm gefordert wird. Nur seine Affinität zu den Neuen Medien und sein Interesse an Musik führen ihn zu diesem Schritt. Er sieht dieses Jobangebot als Übergangslösung, bis er dann vielleicht doch eine Referendariatsstelle bekommen kann.

Sehr konkret und detailliert erzählt Axel über seine erste Zeit und die einzelnen Entwicklungsschritte, die er zum einen selbst durchlaufen hat und die andererseits das Unternehmen betreffen. Mehrmals betont er seine Unwissenheit darüber, dass es so etwas wie die virtuelle Community L. überhaupt gibt, obwohl er sich während seines Studiums bereits mit den Neuen Medien beschäftigt hat:

„ja und dann ähm (..) das Angebot (..) von L. was wirklich (..) ähm unerwartet und geplant kam (...) (.) ich wusste gar nicht dass es so was gibt (..) (.) dass man so was machen kann (..) bloß dann hieß es Okay (..) überleg dir (..) was im Internet zum Thema Musik spannend ist (...) bau es nicht selber sondern such Leute die es im Internet anbringen| äh anbieten und bring es ähm (...) (.) bei L. zusammen (..) mach dort eine| (...) eine (..) Anlaufstelle für Musikinteressierte die| (..) ja und dann überleg dir was (..) interessiert die (..) bring das zusammen sind es (..) ähm die Charts oder sind es ähm (...) Musiktools oder ist es MP3 was auch immer (...) also egal das muss du dir überlegen guck dir den Markt an (..) guck was im Internet| was da ist was äh (..) interessant ist und (...) (.) mach da ein (..) kleines eigenes Portal (..) zu auf (..) so das dann herausbuddeln das war spannend" (Axel: 272ff.)

Axel zeigt hier explizit, was von ihm erwartet wird und welche Überlegungen in der Anfangszeit wichtig sind:

- *Themenfokussierung* – Seine Vorgehensweise bei der Bearbeitung einer Problematik ist zum einen fokussiert (Thema Musik) und gleichzeitig offen (*was könnte im Internet beim Thema Musik spannend sein*).
- *Teamaufbau und ExpertInneneinbindung* – Axels Aufgabe besteht nicht darin, dieses Portal ausschließlich selbst zu realisieren, sondern andere durch die Bildung eines Teams daran zu beteiligen (*bau es nicht selber, sondern such Dir Leute die dies bereits im Internet anbringen*).
- *UserInnenfindung und Interesseneinschätzung* – Neben der Themenfokussierung werden von Axel die AdressatInnen des Musikportals in seine Vorüberlegungen mit einbezogen (*mach eine Anlaufstelle für Musikinteressierte, was interessiert die*).
- *Recherche und Information* – Parallel zu den eben genannten Punkten eröffnet sich Axel die Angebotsstruktur anderer Anbieter und schärft seinen Blick für die Elemente, die er auf „seinem" Musikportal anbieten möchte (*was macht der Markt, was wird bereits angeboten*).
- *Contenterstellung* – Nach diesen Überlegungen folgen konkrete inhaltliche Überlegungen, was innerhalb des Musikportals angeboten werden soll (*Charts, Musiktools, MP3 oder ähnliches*).
- *Produktbereitstellung* – Zum Schluss erfolgt die technische Realisierung (*mach ein kleines eigenes Portal*).

Dies fasst er mit der Metapher „herausbuddeln" zusammen. Damit ist der Tätigkeitsbereich von Axel zu Beginn seiner beruflichen Entwicklung schnell deutlich geworden. Es wurde vorausgesetzt, dass Axel eine gewisse Fachaffinität und damit spezielle Wissenselemente, die Musik betreffend, mit einbringen kann: Was könnte für die UserInnen bei einem Musikchannel interessant sein? Das

Wissen über Musik stellt damit sein geistiges Grundkapital dar, aus dem er schöpfen kann. Des Weiteren ist Axel relativ schnell in der Lage einzuschätzen, dass es weiterer MitarbeiterInnen bedarf, die mit anderen Wissenshorizonten, wie beispielsweise dem Wissen, wie ein virtuelles Portal technisch realisiert werden kann, dessen Aufbau unterstützen müssen. Dies zeigt, dass er sehr genau weiß, was er leisten kann und was nicht und welche Qualifikationen Anderer notwendig sein könnten. Er muss somit in der Lage sein, seine MitarbeiterInnen zu verstehen und deren Kompetenzen und beruflichen Einsatzmöglichkeiten abzuschätzen. Darüber hinaus bedarf es für Axel eines gewissen Weitblicks, was bedeutet, dass er sich auch bei anderen Anbietern virtueller Musikportale informieren muss, um Entwicklungen und Tendenzen einschätzen und Marktentwicklungen erkennen zu können.

Betrachtet man sein Resümee dieser Zeit wird deutlich, dass er sich in dieser Phase wie viele andere neu orientieren und seinen Platz finden musste. Zusätzlich kam hinzu, dass sich sein Aufgabengebiet veränderte:

> „(...) da hab ich mich am Anfang eigentlich auch ein bisschen unwohl gefühlt weil es völlig neu war (..) aber (...) da eigentlich alle meine Kollegen (..) neu (..) und ähm (..) unerfahren in dem Bereich waren (..) hat es keinen gestört (..) man hat sich eingearbeitet (..) und hat (..) eigentlich intuitiv (..) ja (...) das Richtige gemacht weil's eigentlich auch nichts Falsches gab zu dem Zeitpunkt (..) erst im| (..) in der Entwicklung im Wachsen des Unternehmens (..) und in der| als es dann klar wurde womit man im Internet wirklich Geld verdienen kann und womit dann doch nicht (..) als das (Wort?) so ein bisschen (..) zurückging konnte man aber auf viel Erfahrung gucken (..) okay was nimmt jetzt um (...) profitabel die Sache zu (Wort?) um nicht nur (..) just for fun zu arbeiten" (Axel: 291ff.)

Am Anfang, so schätzt Axel ein, war er demnach also eher intuitiv tätig und hat damit tatsächlich „das Richtige" getan. Erst als die ersten Erfolge verzeichnet wurden, deutlicher wurde, wie man mit diesem virtuellen Portal auch noch betriebswirtschaftlich sinnvoll arbeiten konnte und ein gewisses Erfahrungsspektrum vorhanden war, gesteht sich Axel zu, professionell zu agieren und nicht „just for fun".

Was Axel bis zu diesem Zeitpunkt kontinuierlich ausblendet ist sein Wissen über pädagogische Zusammenhänge und das, was er im Studium gelernt hat. Erst im späteren Verlauf klingt kurz an, dass seine derzeitige Tätigkeit durchaus pädagogische Verankerungen aufweisen kann:

> „ähm (...) ich mein in| in| in der Pädagogik ist das eher Unterrichtsplanung (2 Wörter?) das ähm (..) ähnlich von den Elementen eventuell weil man sich auch überlegt (..) was will ich was kommt wann und ähm (...) wie reagier ich auf welche Problematiken" (Axel: 696ff.)

Ähnlich verhält es sich auch mit einzelnen Elementen seiner beruflichen Tätigkeit. Im Studium hat er gelernt, wie er selbst einschätzt, wissenschaftlich zu denken, strukturiert zu arbeiten und Wichtiges von Dringlichem zu unterscheiden. Darüber hinaus stellt Axel dar, dass er, ähnlich wie in seinem Job, sich auch während des Studiums selbst organisiert hat und sich von seinen Interessen und Intuitionen leiten ließ.

Bereits ausführlich wurde dargestellt, worauf sich die Kategorie „Recherchieren und Informationen sammeln" bei Axel bezieht. Diese hat für Axel zwei Funktionen. Zum einen dient sie ihm für die permanente Aktualisierung seines Berufsfeldes und verschafft ihm dementsprechend einen Überblick über Entwicklungen, Tendenzen etc. Zum anderen zieht er sie heran, um sich bei der Anbahnung neuer Projekte Wissen anzueignen, welches ihm bei der Realisierung dieser Projekte nützlich sein könnte. Hier ist er noch ganz offen in seinem Handeln, was somit den Ausgangspunkt einer *Problem- und Zielgruppenorientierung* symbolisiert. Projektkoordination und -organisation sind weitere zentrale Elemente seines täglichen Handelns. Die Kategorie „Inhalte erstellen und präsentieren" scheint ebenfalls eine pädagogische Kernkompetenz darzustellen. Sie bezieht sich auf die Präsentation von Projekten und Projektzusammenhängen, für die sich Axel verantwortlich zeigt. Dazu gehört sowohl das Erstellen von Inhalten und die Verschriftlichung derselben als auch die Contenterstellung, und somit die Überlegungen, welche Inhalte für welches Klientel angemessen sind (auf der online- und der offline-Ebene, wie mit der Fallrekonstruktion des Interviews von Carin aufgezeigt werden konnte) und wie es sich so darstellen lässt, dass die präsentierten Inhalte auch verstanden werden. Hierunter wird demnach erfasst, dass Axel in der Lage sein muss, sich (neues) Wissen anzueignen sowie es anderen zur Verfügung zu stellen. Es bedarf demnach der Fähigkeit, die Fülle von recherchierten Informationen dazu zu nutzen, relevante Entscheidungen zu treffen und zu erkennen, welche dieser Informationen nötig und notwendig sind, um das virtuelle Portal sowie die aktuellen und zukünftigen Projekte adressatenspezifisch auf- und vorzubereiten.

Die Dimension *Intersubjektive Konstitution von ExpertInnenwissen* repräsentiert Axels Wissen für übergreifende Zusammenhänge. Diese Dimension bezieht sich demnach zum einen auf das Erkennen anderer als ExpertInnen und deren Integration in den Kontext des „Wissen generieren" und zum anderen auf den Prozess des „selbst zur/m ExpertIn werden".

Die Zusammenführung von verschiedenen Wissensbereichen in einem Team, welches eine weitere Kategorie in diesem Kontext ist, stellt hierbei ein Charakteristikum dar. Dieses zeigt die übergreifenden Verbindungen von Axel zu den einzelnen MitarbeiterInnen auf. Wie bereits beschrieben, bedarf es hierfür im Sinne von Axel eines Verstehens der Sprache der einzelnen Teammitglieder und somit kommunikativer Kompetenzen, die Axel im Studium erlernt hat. Axel fasst dies folgendermaßen zusammen:

> „und das heißt| und das aber dann (doch) tatsächlich auch mit allen pädagogischen (..) ähm Regeln der Kunst (..) dass ich wirklich ähm (...) Sachen mir so (..) überlege und so weitergebe (..) dass ich ähm überlege wie| (..) welche Informationen wann an welcher Stelle die richtigen sind und nicht (..) über(..)lauf und einfach alles quer Beet durcheinander erzähle sondern dass ich überlege (°) okay (..) mein Gegenüber weiß das und weiß das darauf kann ich bauen das und das weiß er nicht darum werde ich das (auch) so erzählen und dann Sachen (2-3 Wörter?) also da bin ich schon sehr analytisch oder (..) effektiv unterwegs" (Axel: 1097ff.)

Hier spiegelt sich sowohl die Reflexionsfähigkeit von Axel über sein jeweiliges Klientel als auch seine Entscheidungskraft wider. Er muss sich genau überlegen, welche Informationen in einen Wissensbestand eingehen, somit nach Wichtigem und weniger Wichtigem unterscheiden, als auch diesen mit seinem bisherigen Wissen abgleichen, um handlungsfähig zu sein. Dazu bedarf es eines strukturierten und logischen Denkens, einer weiteren Kategorie in diesem Kontext. Dies expliziert Axel anhand seines wissenschaftlichen Studiums, wo er dies gelernt hat. Strukturiertes Denken setzt sich inhaltlich für ihn aus der analytischen Erfassung eines Themas zusammen, welches er in übergreifende Zusammenhänge einbetten kann. Diese Zusammenhänge zu begreifen und die einzelnen Aspekte eines Themas wiederum miteinander zu verknüpfen, stellt er als ein Wissen dar, welches er u.a. im Studium erlernt hat.

Dieses Interesse an verschiedenen Facetten des Wissens, die sich Axel im Studium angeeignet und im beruflichen Feld spezialisiert hat, dienen ihm als Orientierung für seinen beruflichen Werdegang und seine Fokussierung auf für ihn relevante Themenbereiche und Interessensgebiete.


Zusammenfassung

Betrachtet man die eben genannten Dimensionen, konnte fallspezifisch rekonstruiert werden, was unter der Schlüsselkategorie „Wissen generieren" innerhalb der vorliegenden Forschungsarbeit verstanden wird. Das nachfolgende Modell ist einem sehr dynamischen Prozess unterworfen, der zeigt, dass die einzelnen Kategorien nicht statisch aufeinander aufbauen, sondern in einem permanenten Austauschprozess verankert sind.

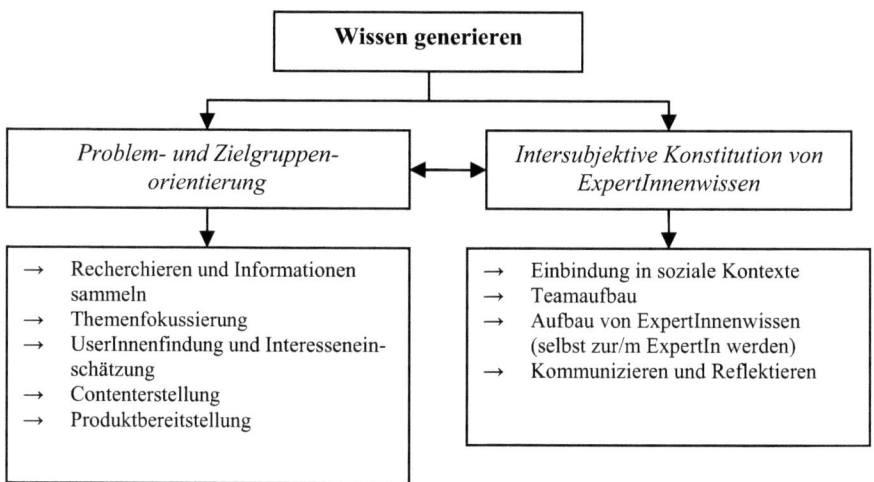

*Abbildung 15:* Schlüsselkategorie: Wissen generieren

Beide Dimensionen stehen in einem ständigen Wechselverhältnis zueinander und bedingen sich gegenseitig. Das bedeutet: Durch ein ständiges aneignen von Wissen bzw. dessen Modifizierung kommt es zu einer (Neu-)Orientierung an diesem Wissen, was wiederum neue Horizonte eröffnen kann. Gleichzeitig wird, bedingt durch das ständige Präsentieren von Wissensinhalten sowohl online als auch offline, dieses neu erworbene bzw. modifizierte Wissen permanent einer Reflexionsebene ausgesetzt, die wiederum zu Veränderung von Wissensinhalten beiträgt. Dieser dynamische Austausch erlaubt somit, sich selbst und andere an neuem Wissen teilhaben zu lassen und mit Veränderungen und Modifizierungen flexibel umgehen zu können.

Bei dieser Schlüsselkategorie geht es in erster Linie um Wissenserzeugung, anders als bei den beiden vorangegangen explizierten Schlüsselkategorien. Es konnte fallspezifisch gezeigt werden, wie Axel neues Wissen generiert, um handlungsfähig zu werden. Gleichzeitig wird dieses neue Wissen intersubjektiv konstituiert. Das bedeutet, er eignet sich das Wissen anderer an und spezifiziert dementsprechend sein eigenes Wissen. Dies spiegelt ein situiertes Lernen wider, weshalb Axel demzufolge selbst zum Experten wird. Dieser selbstgesteuerte Lernprozess trägt wiederum zu einer Reflexion über das eigene Wissen und über das Wissen anderer bei. „Wissen generieren" könnte demnach als problembezogene Wissensarbeit betrachtet werden.

Konnte also mit den zwei vorherigen Schlüsselkategorien darauf verwiesen werden, dass die von mir befragten PädagogInnen mit dem Wissen handeln, welches sie im Vorfeld ihrer beruflichen Tätigkeit erlernt haben, zielt diese Schlüsselkategorie auf die Generierung neuen Wissens, um handlungsfähig zu sein und zu werden.

### 4.3.4 Die praxisorientierte Pädagogin: Claudia

„Was willst du denn damit mal machen (..) Medienpädagogik was willst du damit denn machen ähm (..) wirst du dann hinterher Friseurin"

Claudia hat eine virtuelle Stadt entworfen, die ich bei meiner Recherche im Internet gefunden habe. Bei einem ersten ethnografischen Zugang entdeckte ich den medienpädagogischen Anspruch, den Claudia mit „ihrer" virtuellen Stadt vermitteln möchte. Aufmerksam geworden, schrieb ich sie per E-Mail an und bekam auch relativ schnell eine Rückmeldung. Da Claudia diese virtuelle Stadt nicht allein konzipiert und betreut, kam es auch gleich noch zu einem zweiten anschließenden Interviewtermin mit ihrer Partnerin.

Bereits bei der Kontaktaufnahme wurde schnell deutlich, dass Claudia sowohl Interviewerfahrung als auch wenig Zeit hat. Einen Gesprächstermin zu erhalten war eher schwierig und die Erhebung des Interviews wurde auch mehrmals verschoben. Schließlich fand das Interview in einer sehr angenehmen Atmosphäre in ihrem Büro statt und wir kamen schnell ins Gespräch. Claudia ist zu diesem Zeitpunkt 29 Jahre alt und beruflich selbstständig. Sie arbeitet mit ihrer Kollegin in einem Büro unter dem Dach eines Geschäfts- und Wohnhauses. Das Büro selbst ist sehr gemütlich eingerichtet und zur Begrüßung tranken wir erst einmal einen Tee. Das lockerte die Atmosphäre auf. Im Gegensatz zu ihrer Kollegin präsentiert sich Claudia sehr selbstbewusst und beantwortet die Fragen zielstrebig und ohne Unterbrechung. Sie braucht wenig Raum zum Nachdenken, man merkt ihr eine gewisse Routine im Umgang mit solchen Situationen an. Vergleicht man Claudia mit Carin, was die Findung eines Erzählstrangs und die Erfahrung mit Interviewsituationen angeht, die sie ja beide haben, werden doch deutliche Unterschiede sichtbar. Beide InterviewpartnerInnen kennen solche Situationen, Carin sogar aus beiden Perspektiven, sowohl der der Interviewten als auch der der Interviewenden. Trotzdem fällt es Carin sichtlich schwerer, eine Erzählchronologie zu finden, an der sie sich abarbeiten kann. Für mich lässt dies die Schlussfolgerung zu, dass es nicht wirklich von Bedeutung ist, wie viel Interviewerfahrung innerhalb beider Perspektiven man selbst bereits gemacht hat, sondern tatsächlich, was inhaltlich angesprochen wird. Die Art und Weise, wie reflektiert man mit seiner eigenen biographischen Situation umgehen kann oder möchte, zeigt sich meiner Ansicht nach in den ersten Erzählsequenzen nach der Eingangsfrage.

Claudia ließ sich auf meine Fragen und mein Interesse ein und ich hatte nicht den Eindruck, dass sie ein routinemäßiges Interview gegeben hat. Mit einer guten dreiviertel Stunde ist es aber doch ein eher kurzes Interview, was offensichtlich u.a. von der Zeitknappheit meiner Interviewpartnerin beeinflusst war.

### 4.3.4.1 Fallbeschreibung: Berufsbiographisches Porträt

Schulzeit und erste berufliche Orientierung

Claudia beginnt ihre Ausführungen mit der Grundschulzeit. Obwohl sie thematisiert, dass sie die Einzige aus ihrer Schulklasse war, die zum Gymnasium ging, ist der Beginn des Interviews geprägt durch eine Erzählstrukturfindung. Das Thema Grundschule wird nicht weiter erörtert, sondern gleich die Problematik des Schulwechsels angesprochen. Sie fand relativ schnell neue Freunde und scheint auch sonst keine größeren Schwierigkeiten bei der Eingliederung in die neue Schule erlebt zu haben. Augenscheinlich legt Claudia bereits am Anfang des Interviews Wert darauf, ihre besondere Neigung zur Pädagogik zu artikulieren. Sie belegt auf dem Gymnasium die Leistungskurse Deutsch und Pädagogik, wobei Pädagogik von ihr präferiert wird. Ein Grund hierfür könnte die Pädagogik-Lehrerin sein, die es schafft, ihre SchülerInnen zu begeistern und anzuregen. Es zeigt sich bei Claudia also schon sehr früh ein klares Berufswunschziel – Pädagogin. Dagegen ist nicht klar erkennbar, woraus ihr Interesse für Medien resultiert. Nur ansatzweise beschreibt Claudia ihre eigene Mediensozialisation. Für sie sind technische Geräte wie Kassettenrecorder, Videorecorder und Fernseher in ihrem privaten als auch schulischen Lebensbereich Normalität. Allerdings sieht sie diese Selbstverständlichkeit in einem eher konträren Kontext. LehrerInnen erlebt sie in ihrem schulischen Alltag technikfeindlich, was sie in ihrem Wunsch, Pädagogik mit Schwerpunkt Medien zu studieren allerdings eher zu bestärken scheint. Nicht ganz klar ist ihr, wie sie dieses Ziel erreichen kann, zumal ihr die nötigen Informationen, was Studien- bzw. Berufsmöglichkeiten angeht, fehlen. Dass sie den Schwerpunkt Medienpädagogik wählt, basiert wohl u.a. auf einem Zeitungsartikel, in dem allerdings der Beruf der Fernsehjournalistin beschrieben wird.

Nach dem Gymnasium verbringt Claudia ein halbes Jahr als Aupair-Mädchen in den USA und betreut dort ein Kind. Sie selbst sieht sich in einer Art „Mutterrolle", die sie nach ihrer eigenen Definition aber nicht ausfüllen kann. Obwohl sie nach dem Abitur „Fernweh" hat, bricht sie die Aupair-Stelle ab, um wieder zu ihrem Freund nach Deutschland zurückzukehren. Es ist nicht ganz eindeutig, was nun tatsächlich der Auslöser für diesen Abbruch ist: a) die „Mutterrolle", für die sie sich noch nicht reif genug fühlt oder b) die Sehnsucht nach ihrem Freund und Deutschland als Heimatland.

Wieder zurückgekehrt, besucht Claudia zusammen mit einer Freundin, welche Medizin studiert, einige Vorlesungen und bewirbt sich an verschiedenen Universitäten um ein Pädagogikstudium. Sie erhält unter anderem eine Zusage aus B. und schreibt sich dort für den Studiengang Medienpädagogik ein. Nach dieser Wahl sieht sie sich konfrontiert mit der Sicht ihres Umfeldes. Das Feedback aus ihrem Verwandten- und Bekanntenkreis beschreibt sie selbst als „merkwürdig". Bis zu dieser Entscheidung, den Studiengang Medienpädagogik zu wählen, war *Interesse* das handlungsleitende Motiv im Werdegang von Claudia. Nun sieht sie sich konfrontiert mit längerfristigen Optionen, was ihre berufliche Entwicklung angeht. Auch sie selbst scheint kein klares Bild zu haben, was man eigentlich als Medienpädagogin nach dem Studium machen könnte und wechselt zum Lehramtsstudium mit den Fächern Englisch und Pädagogik. Das Handlungsmotiv wechselt an dieser Stelle von *Interesse* zu *Perspektive*. Obwohl sich Claudia schon sehr früh im Klaren darüber war, welchen Beruf sie einmal ausüben möchte, ließ sie sich doch relativ schnell und unvermittelt dahingehend beeinflussen, diese Entscheidung zu überdenken. Dieser Wechsel resp. Bruch im Handlungsmotiv zieht sich durch ihre gesamte Erstsemesterzeit. Sie fühlt sich unwohl, sieht sich konfrontiert mit Bereichen, die sie nicht begeistern. Obwohl sie sich von außen leiten ließ, ihr Studienfach zu wechseln, scheint sie zum damaligen Zeitpunkt nicht zu wissen, wieso sie sich für den Studiengang des Lehramts nicht erwärmen kann. An dieser Stelle übernimmt ein Pädagoge, der Vater ihres damaligen Freundes, eine beratende Funktion. Er bestärkt sie in ihrem Wunsch, Medienpädagogik zu studieren und führt sie zu ihrem eigentlichen Studienmotiv – *Interesse* – zurück. Die Pädagogik und auch PädagogInnen selbst spielen anscheinend eine maßgebliche Rolle im berufsbiographischen Verlauf von Claudia.

Nach dieser Rückbesinnung schreibt sich Claudia bereits im ersten Semester nochmals für Pädagogik mit dem Schwerpunkt Medienpädagogik ein und bleibt diesem Studiengang auch treu. Sogleich scheint sich ihr Bild vom Studium selbst zu ändern. Sie findet sofort Anschluss an andere KommilitonInnen und belegt vor allem medienpädagogische Veranstaltungen. An dieser Stelle im Interview definiert Claudia zum ersten Mal, was ihrer Ansicht nach unter einem erziehungswissenschaftlichen Studium verstanden werden sollte. Dass sie fast ausschließlich medienpädagogische Veranstaltungen besucht, wird wohl nicht so gern gesehen: „man soll so breit gefächert wie möglich ausgebildet werden", was ihrer Ansicht nach dem „klassischen" Anspruch pädagogischer Ausbildung widerspiegelt. Ihre enge Fokussierung auf Medien sieht sie für sich selbst allerdings als Vorteil, was sich auch in ihren vielen Praktika (z.B. bei einem Kinderradiosender, in einer Multimediaagentur etc.) und ihrer Diplomarbeit manifestiert. Ihre leidenschaftliche Begeisterung für Pädagogik und speziell Medienpädagogik zieht sich wie ein roter Faden durch das gesamte Interview. Ihr erstes Praktikum absolviert Claudia in einer Multimediaagentur, welche u.a. auch Fernsehproduktionen herstellt sowie CD-ROMs und Computerspiele für Kinder testet. Auch ein Spielfest soll sie für Kinder organisieren und Testkriterien für CD-ROMs erarbeiten. Der Anspruch des Studiums Pädagogik sieht allerdings ein Praktikum vor, welches nicht thematisch, wie hier bei ihr auf Medien, spezialisiert ist, sondern allgemein an die pädagogischen Inhalte aus dem Studium anknüpft. Claudia setzt sich mit dem Praktikumsamt auseinander und absolviert letztlich dieses Praktikum. Auch hier lässt sich wieder das Motiv *Interesse* festhalten. Claudia weiß was sie will und setzt es auch durch, wenn sie eine kleine Chance dafür sieht. Auch ihr Anspruch, keine Diplomarbeit zu schreiben, die dann „im Regal verstaubt" sondern bleibenden Effekt erzielt, resultiert aus ihrem besonderen Interesse für Medien. Ihre Abschlussarbeit soll, wie sie erzählt, praxisnah und nicht wissenschaftlich orientiert sein.

Zu diesem Zeitpunkt trifft sie A., die ähnlich wie Claudia, Pädagogik studiert und auf der Suche nach einem ansprechenden Diplomarbeitsthema ist. Durch ein weiteres Praktikum ist Claudia auf das Thema Kinder und Jugendliche im Internet aufmerksam geworden. Bis zu diesem Zeitpunkt existieren nur sehr wenig Literatur und Informationen zu diesem Thema, woraufhin ihr Interesse geweckt wird. Hier zeigt sich wieder Claudias Neugier, medial Neues in Verbindung mit Pädagogik zu setzen. Sehr detailgenau beschreibt sie, wie sie ihr Thema gefunden, recherchiert und konkretisiert hat. Claudia hat also zusammen mit A. ein praxisnahes Thema entwickelt, resultierend aus ihrem Interesse für Medien, hier speziell für die Neuen Medien, und ihrem Anspruch, etwas zu Schaffen, was in ihrem Sinne Wertbeständigkeit hat.

Als problematisch schildert sie die Tatsache, dass ihr Betreuer vier Wochen vor dem Abgabetermin ihrer Diplomarbeit verstorben ist. Auch in ihren weiteren Ausführungen glorifiziert sie Professor G., der ihrer Ansicht nach die Verbindung zwischen theoretischen Medienbegriffen und realem Praxisbezug vollzogen hat. Anscheinend prägte er ihr Bild von einem universitären Studium und verkörpert gleichzeitig ihre eigene Sicht auf wissenschaftliches Arbeiten in größerem Maße.

Nach ihrem Studium ging Claudia, zusammen mit A., den Schritt in die selbstständige Berufstätigkeit. Noch immer betreut sie ihre virtuelle Stadt, baut sie aus und erreicht eine hohe UserInnenfrequenz. Gleichzeitig übernimmt sie verschiedene Projekte und finanziert sich mittlerweile dadurch.

Chronologie

1. Schulzeit: Grundschule, Gymnasium (Leistungsfächer: Deutsch, Pädagogik)
2. Aupair-Mädchen in Amerika (1/2 Jahr)
3. Lehramtsstudium Sekundarstufe 2 (Englisch, Pädagogik), Wechsel noch im ersten Semester zu:
4. Studium Medienpädagogik in B. – Diplomarbeit: Kinder und Jugendliche im Internet: Eine virtuelle Stadt für Kinder
   Praktikum in einer Multimediaagentur – Organisation eines Spielfestes für Kinder, erste Einblicke in die Testung von Computerspielen für Kinder
   Hauptstudium: Praktikum bei der Gesellschaft für Medienpädagogik – Redaktionelles Arbeiten, Organisation von Messeauftritten, Textbearbeitung
   Praktikum im Ministerium – u.a. Bestandsaufnahme von Internetangeboten für Kinder- und Jugendliche
   Projektarbeit beim Kinderradio, Organisation eines Filmfestes für Kinder, Interviews mit Kindern zum Thema Kinder und Werbung, Entwicklung eines virtuellen Kinder- und Jugendstadtplans mit Kindern und Jugendlichen in B.
5. Selbstständige Berufstätigkeit – Projektbetreuung, Etablierung einer virtuellen Stadt für Kinder, u.a.

Aktuelle Tätigkeit zum Zeitpunkt des Interviews

Zum Zeitpunkt des Interviews arbeitet Claudia vorwiegend im redaktionellen Bereich. Sie betreut sowohl ihre eigene virtuelle Stadt als auch eine Webseite für junge Frauen, die vor ihrer Berufswahlentscheidung stehen und möglicherweise einen IT-Beruf erlernen möchten. Ihr Tagesgeschäft besteht also überwiegend aus Information, Beratung, Kontaktknüpfung und Contenterstellung. Erste Priorität hat ihre virtuelle Stadt, welche sie selbst als ihr „Kind" bezeichnet. Inhalte für Kinder zu erstellen, die diese verstehen, charakterisiert sie selbst als ihre herausragendste Fähigkeit.

Resümee

Claudia ist überzeugte Pädagogin und lebt diesen Bereich ihres beruflichen Daseins auch dementsprechend aus. Sie handelt größtenteils interessengeleitet und zielorientiert. In ihrem schulischen und beruflichen Werdegang begleiten sie PädagogInnen, die meistens einen bedeutenden Raum in ihrem Handeln und Entscheiden einnehmen. Claudia wendet das, was sie sich an Wissen in ihrem Studium angeeignet hat, an und verbalisiert dies auch. Ihre Arbeitsweise zeigt eine klare Struktur. Schwerpunkt ihrer Tätigkeit ist die Erstellung von Inhalten und Texten. Der Umgang mit Wissen, das bedeutet bei ihr aus Informationen ein komplexes Bild zu schaffen und zielgruppenspezifisch aufzuarbeiten, ist ein Charakteristikum des beruflichen Handelns von Claudia.

### 4.3.4.2 Rekonstruktion der fallimmanenten Charakteristika

Das (medien-)pädagogische Selbstbild von Claudia

Geprägt durch LehrerInnen, die sie für Pädagogik begeistern, und den inhaltlichen Schwerpunkten in ihrem Leistungsfach Pädagogik am Gymnasium, steht für Claudia schon relativ früh fest, dass sie diese Richtung einmal studieren möchte. Auch ihre Vertiefungsrichtung Medienpädagogik hat sie bereits gewählt. Das zeigt bereits in dieser frühen Phase eine Identifizierung und ein Wiederfinden in Profilen, was Pädagogik ist und was pädagogisch tätig sein in ihrem Verständnis bedeuten kann.

> „der Pädagogikunterricht hat mir auf jeden Fall so gut gefallen [räuspert sich] während der Schule (..) dass ich gedacht hab da möcht ich mal hin (..) (.) das möcht ich

machen (...) bin ziemlich| (...) ziemlich (°) früh (...) ja mit| mit 17 oder 18 mal bei einer Freundin gewesen (..) und hab mal in einer Für Sie geblättert (..) und da gab's so Berufsvorstellungen Berufsbilder wurden vorgestellt und (..) dann hab ich ähm das Berufsprofil einer Medienpädagogin (..) gelesen (..) (.) und fand das total spannend und hab gedacht so (..) das mach ich das werd ich irgendwie schaff ich das schon" (Claudia: 23ff.)

Wie bereits in ihrem berufsbiographischen Profil angedeutet, ist Claudia sehr interessengeleitet und zielorientiert. Sowohl das Ziel als auch eine klare Definition des Ziels standen hiermit fest. Sie präsentiert sich als jemand der weiß, was Pädagogik ausmacht und worauf sich pädagogische Inhalte beziehen. Als sie sich dann tatsächlich für diesen Studiengang entscheidet, sich sogar die Universität, an der sie dies studieren möchte danach aussucht, kollidiert ihr Bild von Pädagogik mit der externen Einstellung zur Pädagogik von Dritten. Claudia musste sich nun damit auseinandersetzen, dass andere von Pädagogik, speziell dann auch noch Medienpädagogik, überhaupt nichts halten.

„und dann ist was ganz ähm (..) ja äh Merkwürdiges passiert da sind (...) aus meinem ganzen Bekanntenkreis und Freundeskreis [räuspert sich] aus auch dem Verwandtenkreis (..) ganz merkwürdige| (..) ganz merkwürdi| (.) merkwürdiges Feedback ist da gekommen (...) man hat mir erzählt ähm (..) (.) damit würd ich nichts werden (..) (:) wie ich denn so was Komisches ähm (..) studieren wollen| (..) wollen könnte" (Claudia: 70ff.)

Obwohl ihr Ziel klar ist, scheint sie sich doch nicht so orientieren zu können, dass sie dies gegenüber Anderen auch vertreten kann. Claudia spricht zwar in keiner Weise, wie die beiden vorhergehenden InterviewpartnerInnen Carin und Andreas, von der „klassischen" Pädagogik, wird aber mit einem weiteren Bild – der klassische Pädagoge ist Lehrer – konfrontiert. Des Weiteren, und auch an diesem Punkt unterscheidet sich die Etablierung ihres pädagogischen Selbstverständnisses von den der beiden anderen, definiert sie ihre Rolle als Pädagogin nicht über Abgrenzung sondern ausschließlich über das pädagogische Bild anderer. Sie grenzt sich somit nicht innerhalb ihrer Profession ab, sondern immer in Auseinandersetzung zu Dritten.

Animiert durch diese Konfrontation wechselt sie, wie erwähnt, ihre Zielorientierung zu: Welche Perspektive habe ich eigentlich mit dieser Studienrichtung Medienpädagogik? Da ein genaues Verständnis darüber bei ihr nicht entwickelt ist, diese Studienrichtung war 1992 sehr neu und kaum bekannt, lässt sie sich von Dritten zu einem Studienwechsel animieren, was sie allerdings schnell bereut. Bereits im ersten Semester kehrt sie sozusagen zu ihren Wurzeln zurück.

Dies beeinflusst in einem ganz entscheidenden Masse ein anderer Pädagoge, der sie darin bestärkt, ihren Weg zu gehen:

„ich wollte (..) doch immer Medienpädagogik machen und da meinte er (..) er möchte mich darin bestärken dass ich das mache (..) ich soll mein Weg gehen man kann immer noch sehen wenn's nach 2 3 Jahren nichts ist ich bin jung es ist egal ich (..) soll's ausprobieren (..)" (Claudia: 110ff.)

Ganz sicher greift hier auch noch das Bild der Medienpädagogin aus der Zeitschrift. Im Nachhinein stellt sich auf meine Nachfrage heraus, dass eher das Bild einer Fernsehjournalistin beschrieben wurde. Das zeigt, wie sehr Claudia an den Inhalten und pädagogischen Verknüpfungen zu eher nicht-pädagogischen Berufszweigen interessiert ist.

Geprägt von diesen Anfangserfahrungen und dem eben beschriebenen Bruch, etabliert sich umso fester ihre Fokussierung auf Medienpädagogik. An dieser Stelle zeigt sich die nächste Hürde. Das erziehungswissenschaftliche Studium ist ausgelegt auf eine breite Grundlagenausbildung und einen entsprechenden Fächerkanon, den sich die Studieren aneignen sollen. Da sich Claudia aber bereits im Grundstudium für ihre Vertiefungsrichtung Medienpädagogik entschieden hat, kollidiert dies mit den Ansprüchen der DozentInnen:

„hab (...) sehr viel (..) medienpädagogische Veranstaltungen belegt also das ganze Studium hindurch (..) das war nicht gerne gesehen weil das eben (..) ein Wahlpflichtfach war und kein (..) ähm (..) wirklicher Studiengang es war ja eben Erziehungswissenschaften (°) man soll so breitgefächert wie möglich ausgebildet werden (..) und ich fand aber Medienpädagogik so toll dass ich mich| (..) dass ich gedacht hab ich such mir eine Nische und ähm (..) (.) da mach ich was draus" (Claudia: 131ff.)

Diese Sequenz zeigt sehr deutlich, dass sich Claudia nicht mehr von anderen dahingehend beeinflussen lassen wird, in welche Richtung es bei ihr gehen soll. Das wiederholt sich noch einmal, als es um die Praktika geht, die sie während des Studiums absolviert:

„hab ich sehr viele Projekte mitgemacht und (..) um auch schon mal die Praxis kennen zu lernen es waren (..) 3 Praktika dabei (..) ich bei der ähm (..) Gesellschaft für Medienpädagogik ein Praktikum gemacht (..) ein halbes Jahr lang (..) dann bei einer kleinen Multimedia-Agentur beim (..) Ministerium und (..) das waren| (..) beim Familienministerium in [räuspert sich] Nordrhein-Westfalen und das waren alles (..) total gute (..) Einblicke in das was später (..) mal sein könnte"(Claudia: 141ff.)

Ihre Fokussierung auf ausschließlich medienpädagogische Praktika kann sie nur mit großem Aufwand gegen andere durchsetzen. Aber es gelingt ihr. Das bedeutet: bereits während des Studiums hat sie sich als Pädagogin und im speziellen Medienpädagogin identifiziert und zieht die Argumentation dafür auch stringent durch. Gleichzeitig kann sie sich während des Studiums mit den verschiedensten Praktika ein Profil zuschreiben und sich beruflich verorten. Auf meine Nachfrage hin, was für sie PädagogInnen resp. MedienpädagogInnen sind, differenziert sie nur in Nuancen. MedienpädagogInnen unterstellt sie eine gewisse Affinität zu den Neuen Medien bzw. zum Umgang mit dem Computer und damit auch zu programmtechnischen Dingen. Anderen PädagogInnen, sie bezieht sich im Besonderen auf SozialpädagogInnen, spricht sie dies eher ab. Mit denen könne sie im Moment nichts anfangen.

Des Weiteren, und das in Anlehnung an Andreas, definiert sich Claudia auch über Erfolg. Es ist ihr wichtig zu sehen, wie ihr Produkt und ihre Arbeit bei ihrer Zielgruppe, den Kindern, aufgenommen werden. Dafür bedarf es für sie nicht ausschließlich der virtuellen Kommunikationsmöglichkeiten, sondern eines face-to-face Feedbacks:

> „ich glaube dass das mehr| (...) grade auch dieser Kontakt zu den Kindern dass ich das brauche (..) dass man sieht das kommt an was man macht oder (..)es kommt eben nicht an (.) das ist ja auch ganz wichtig dass Kinder einem (...) Rückmeldung geben und (..) ähm (...) vor Ort ist es dann immer noch mal ein Stück spannender wenn man mit den Kindern nicht nur per E-Mail kommuniziert sondern (wenn man) (...) sieht äh was machen die eigentlich mit dem was ich (..) geleistet habe oder was ich ins Internet gestellt habe (...) und wie kommt das dann (..) bei den (Kindern überhaupt an) (5)" (Claudia: 390ff.)

Dabei muss festgehalten werden, dass es Claudia nicht nur um ein positives Feedback, sondern auch um den persönlichen Kontakt mit ihrer Klientel geht. Es ist ihr wichtig, sich auch real als Pädagogin zu erleben und wiederzufinden.


Pädagogische Kompetenzen – Verstehen fördern und Wissen vermitteln

Wie bereits beschrieben war Claudia sehr früh an pädagogischen Inhalten und Berufsrichtungen interessiert. Dies rekurriert sie einerseits aus einem Zeitungsartikel und andererseits durch verschiedene PädagogInnen, die sie für diese Studienrichtung begeistern können und ihren beruflichen Weg begleiten.

Wissen innerhalb eines Mediums und über das Medium, hier speziell des Internets, aufzuarbeiten, verständlich zu machen und zu vermitteln beschreibt Claudia als berufliche Kompetenz, die sie im Studium erlernt hat:

„ich glaube (..) ich (..) schaff es (...) rüberzubringen (...) wie man mit dem Internet umgeht das merk ich halt in den Kursen mit den Kindern (..) die Kinder| ich schaff es die Kinder zu begeistern und ähm (..) ihnen (..) das Verständnis für den Computer (..) näher zu bringen. (Claudia: 1004ff.)

Claudia ist demnach in der Lage, Wissen adressatenspezifisch weiterzugeben, auszubauen und inhaltlich anzureichern. Dabei ist für Claudia von Bedeutung, ihr Klientel nicht nur einmalig zu begeistern, sondern langfristig zu binden. Den Computer und das Internet definiert sie dabei als ein Werkzeug, welches den Kindern einfach den Alltag erleichtern kann. Das heißt, sie hat den Anspruch, Kindern den Umgang mit dem Computer und den Neuen Medien als etwas Selbstverständliches näher zu bringen, damit diese ihn zielorientiert einzusetzen verstehen.

Darüber hinaus sieht Claudia es als einen sehr großen Vorteil ihres Berufsfelds an, dass sie ihre pädagogischen Kompetenzen mit technischem Wissen verknüpfen kann, bspw. der Programmierung oder Bildbearbeitung:

„ich äh lern jetzt mal kurz HTML so schnell geht das auch nicht (..) und einen Kurs wollten wir auch nicht machen und haben uns dann halt mit Learning by Doing (...) ähm den Webeditor dreamweaver angeeignet den Umgang damit (..) und ich denke das ist so die Verknüpfung ich kann (..) nicht nur Inhalte erstellen und weiß ähm (..) wie ich theoretisch pädagogisch medienpädagogisch (..) ähm (..) verantwortlich (..) arbeite und handle" (Claudia: 966ff.)

Durch die Aneignung von Wissen über das Medium auf einer programmtechnischen Ebene macht sie sich sozusagen auf diesem Gebiet selbst zur Expertin. Für Claudia ist es demnach wichtig, sich Backgroundwissen anzueignen, um beispielsweise unabhängiger arbeiten und Leistungen anderer besser einschätzen zu können.

Als eine weitere pädagogische Kompetenz spricht Claudia die Fähigkeit an, Texte zu lesen, zu verstehen und selbst zu verfassen. Hierbei sind wiederum, wie bei Carin, zwei Perspektiven zu betrachten. Einen Text für das Internet so zu verfassen, dass er dort auch gelesen und verstanden wird, ist dabei die eine Perspektive. Gleichzeitig, und das bringt ihre redaktionelle Arbeit mit sich, entwickelt sie adressatenspezifische Texte für das Internet. Auch sie muss also, wie die drei vorangegangenen Fallanalysen gezeigt haben, die reale Perspektive ihres beruflichen Handelns und Wissens, welches sie u.a. im Studium erlernt hat, in die virtuelle Ebene übertragen und modifizieren können. Dies zeugt für eine hohe Reflexionsfähigkeit.

Neben diesen Elementen ihres pädagogischen Handelns bedarf es folglich, wenn man sich ihr Aufgabenspektrum ansieht, Wissen darüber, wie Kinder und Jugendliche im Internet und der realen Welt agieren und soziale Interaktionen anregen. Dies thematisiert sie im Interview wiederum über zwei verschiedene Projekte, die sie beruflich initiiert hat. Eines dieser Projekte bezieht sich auf einen virtuellen Stadtplan für Kinder. Claudia hat sich dabei nicht mit den Kindern vor den Computer gesetzt und eine Website erstellt. Erst einmal ist sie in das Feld, die Stadt, mit den Kindern gegangen, um nachvollziehen zu können, was den Kindern tatsächlich an ihrer Stadt wichtig ist. Anschließend haben sie gemeinsam ihren Stadtplan online erstellt. Das zeigt wiederum, um mit Aufenanger (2003) zu argumentieren, dass PädagogInnen, wenn sie beruflich in diesem Handlungs- und Gestaltungsspielraum tätig sein wollen, die Lebensräume ihrer Klientel kennen sollten.

Berufliche Handlungsebenen – Handeln mit erlerntem und selbst angeeignetem Wissen

Zum Zeitpunkt des Interviews bezieht sich das berufliche Handeln von Claudia hauptsächlich auf eine redaktionelle Betreuung und dem Ausbau der virtuellen Stadt für Kinder. Darüber hinaus ist sie in verschiedene Projekte involviert, aus denen sie sich finanziert. Ihr Aufgabenspektrum umfasst dabei:

- die redaktionelle Betreuung und die Entwicklung von Inhalten für verschiedene Websites;
- Einführungskurse zum Thema Internet für Kinder;
- Beratung (von Kindern, Eltern, LehrerInnen, ErzieherInnen) zum Thema Medien und zum Umgang mit Medien (dazu zählt nicht nur das Internet, sondern auch Spiele-CD-Roms u.a.);
- Informationsaustausch und Kooperation mit anderen ExpertInnen von weiteren Websites (meist für die Zielgruppe Kinder);
- Verwaltungsarbeit (Rechnungen schreiben etc.);
- Programmierung und Websiteerstellung.

Diese einzelnen Punkte deuten auf ein breites Spektrum an Wissensgebieten hin, die sich Claudia entweder während ihres Studiums, im Rahmen ihrer Praktika, oder durch learning by doing angeeignet hat. Insbesondere ihr programmtechnisches Wissen und ihr Programmierwissen hat sie sich im Rahmen ihrer Diplomarbeit und durch die weitere Betreuung und den Ausbau der virtuellen Stadt für Kinder selbst angeeignet. Das bedeutet u.a.: Claudia macht sich, um beruflich handlungsfähig zu sein, selbst auf einem Gebiet zur Expertin, welches sie im Studium so nicht erfahren hat und was auch nicht zu den Studienschwerpunkten zählt. Dies zeigt die Nähe zur Schlüsselkategorie „Wissen generieren" insbesondere zu der Dimension *Intersubjektive Konstitution von ExpertInnenwissen*.


### 4.3.4.3  Rekonstruktion der Schlüsselkategorie: Wissen antizipieren

Die vierte und letzte Schlüsselkategorie habe ich übergreifend „Wissen antizipieren" benannt. Ihre Dimensionen, „Wissen für zukünftige Adressaten, Situationen und Entwicklungen" implizieren eine spezifische Art von Einschätzungswissen. Wie dies fallspezifisch mit dem Interview von Claudia zu verstehen ist, wird nachfolgend aufgezeigt.

Die Entwicklung ihrer virtuellen Stadt und ihr berufliches Engagement thematisiert Claudia wiederholt während des Interviews. Es war immer das Ziel von Claudia, von ihrer virtuellen Stadt sowie deren Entstehung und Etablierung zu berichten. Hierbei zeigt sich in besonderer Weise, welche pädagogischen Gestaltungsspielräume es mit und in dem neuen Medium Internet gibt und welche pädagogischen Kompetenzen dabei u.a. zum Tragen kommen können.

Betrachtet man die Mediensozialisation von Claudia, resümiert sie im Interview, dass sie sich der „Generation vor dem Fernseher" zuordnen würde. Auch Kassetten, Radio u.a. werden von ihr als Medien angesprochen, die ihren Weg begleitet haben. Ihre ersten beruflichen Erfahrungen mit Medien hat sie in diversen Praktika neben ihrem Studium erworben (siehe dazu auch Berufsbiographisches Porträt). Richtungweisend für ihre mediale Vertiefung war allerdings ein Praktikum beim Ministerium, bei dem sie über das Thema Kinder und Jugendliche im Internet recherchieren sollte. Sie fand damals nicht viele Informationen die Thematik betreffend, aber die Aufgabe hat sie begeistert, so dass sie dann ihre Diplomarbeit in Kooperation mit einer weiteren Studentin, die heute ihre berufliche Partnerin ist, dahingehend fokussiert hat. Wie sie sich dem Thema näherte und es umsetzte, bedarf einer präziseren Darstellung.

Animiert durch das bereits angesprochene Praktikum und die Erkenntnis, dass es für Kinder im Internet zu diesem Zeitpunkt eigentlich kein wirkliches Angebot, schon gar nicht mit pädagogischem Anspruch, gab, konzipiert Claudia mit ihrer Studienkollegin A. ein virtuelles Angebot für diese Zielgruppe. Die dazu nötigen vorausschauenden Planungen und Überlegungen unterbreitet Claudia u.a. mithilfe einer bildlichen Metapher im Interview sehr dezidiert:

„und dann haben wir uns überlegt (..) (.) was kann man machen (...) dann ging es um (...) die Zielgruppen machen wir was für Kinder oder (..) suchen wir erst mal (..) Seiten die es für Kinder gibt (...) für Jugendliche (..) und dann hat sich relativ schnell herausgestellt dass wir (...) gerne was für Kinder (..) machen würden beziehungsweise erst mal das Angebot für Kinder durchforsten möchten (..) das haben wir dann auch getan (...) und gemerkt es gibt wirklich| (...) zu dem Zeitpunkt gab's (..) 3 (..) 4 Seiten die (...) eigentlich nichtssagend waren (..) man merkte da ist ein bisschen Engagement dahinter aber (..) so recht weiß niemand mit dem Medium Internet umzugehen" (Claudia: 184ff.)

„wir hatten so die Idee (..) man könnte ein <u>Haus</u> (..) bauen mit ganz verschiedenen (...) Bereichen in dem Haus mit <u>Dach</u>boden mit <u>Zimmern</u> (...) und <u>Keller</u>raum und (..) da wollten wir dann (..) bestimmte (..) Inhalte pädagogisch <u>auf</u>bereiten für Kinder (..) ja und aus diesem (..) kleinen Haus ist dann (..) irgendwann hatten wir auch so viele (..) ver<u>schie</u>dene Ideen (..) das (..) hat den ganzen Rahmen gesprengt das hätte einfach nicht in ein <u>Haus</u> gepasst und dann haben wir vers| versucht verschiedene <u>Themen</u>häuser aufzustellen (..) ja und dann ist irgendwann (..) diese kleine Stadt entstanden (..) die es auch heute noch im Internet gibt und" (Claudia: 201ff.)

Diese Sequenzen zeigen, welche Schritte Claudia unternommen hat, um ein Produkt von der Idee bis zur Verwirklichung zu kreieren. Folgendermaßen ist Claudia dabei vorgegangen:

1. Idee – Diese Idee, ein virtuelles Haus zu bauen, war der Ausgangspunkt ihrer Überlegungen. Sie wollte etwas Neues schaffen, in einem neuen Medium, aber von vornherein mit einem pädagogischen Anspruch.
2. Recherche – Auf diese Weise verschafft sich Claudia einen Überblick über das derzeitige Angebot für Kinder und Jugendliche im Internet. Sie muss resümierend feststellen, dass es noch nicht so viel Angebote für diese Zielgruppe gibt.
3. Zielgruppe – Sie hat sich dann auf die Klientel Kinder konzentriert, um ihre virtuelle Stadt adressatenspezifisch aufbauen und gestalten zu können.
4. Gestaltung der Idee – Am Anfang war ein virtuelles Haus angedacht, mit verschiedenen Zimmern, die die Kinder erforschen können. Dies alles immer wieder mit dem Anspruch, das virtuelle Haus mit pädagogischen Mitteln aufzubereiten.
5. Ideenfokussierung – Ihre vielen Ideen in einem „Haus" unterzubringen, erschien Claudia nicht umsetzbar. Aus diesem Grund entschied sie sich dafür, eine „Stadt" zu kreieren und diese mit verschiedenen Themenhäusern zu gestalten.
6. Umsetzung der Idee und Etablierung der virtuellen Stadt.

Ausgangspunkt der Überlegungen war für Claudia immer, etwas Neues zu schaffen, dass „nicht im Regal steht und verstaubt", sondern praktisch genutzt werden kann und dies im Bereich der Neuen Medien. Wie sie dabei vorgegangen ist, zeigt ihr berufliches Selbstverständnis. Sie hat nie in Frage gestellt, ganz im Gegensatz zu Carin, dass das Internet für pädagogische Zwecke genutzt werden kann, sondern dies immer als gegeben vorausgesetzt. Darüber hinaus ist deutlich geworden, wie eng die einzelnen Schlüsselkategorien miteinander verwoben sind, wie beispielsweise die Verzahnung zur Schlüsselkategorie „Wissen distribuieren": Um eine virtuelle Stadt für Kinder gestalten zu können, bedarf es auch einer Reflexion über das jeweilig zukünftige Klientel, in diesem Fall die Kindern. Was könnte für Kinder im Medium Internet interessant sein? Es erfordert ein Wissen, wie eine virtuelle Stadt technisch realisiert werden kann, dieses Wissen hat sich Claudia selbst beigebracht, was bereits mit der Schlüsselkategorie „Wissen generieren" ausführlich dargelegt werden konnte. Ihr pädagogischer Anspruch an diese virtuelle Stadt bedarf ebenso der Kompetenz, Wissen an eine Klientel vermitteln zu können.

Dabei ist es für Claudia ganz selbstverständlich, dass virtuelle und reale Lebenswelten nur dann pädagogisch eruiert werden können, wenn man diese versteht und erlebt hat. Dies zeigt sich in folgender Sequenz.

> „Hm (...) das Pädagogische für mich ist ähm (..) Kinder (..) zu sehen als (...) eigenständige (...) verantwortungs(..)(°)volle verantwortungsbewusste (...) Subjekte eigentlich dass (..) ein Kind ähm nur weil's klein ist nicht ähm (..) weniger wert ist (..) Kinder haben Wünsche (..) und (...) für mich sind Kinder (°) total wichtig und ähm (..) ich finde es unheimlich (..) spannend und toll Kinder zu (..) beobachten und zu sehen wie Kinder (...) mit (...) (.) Realität umgehen (..) die gehen teilweise ganz anders mit (..) Realität um als| (..) als Erwachsene (..) sind unvoreingenommen haben wenig Berührungsängste sind ähm (...) offen fröhlich und das fehlt den Erwachsenen (..) und deswegen arbeite ich so gerne mit Kindern zusammen" (Claudia: 663ff.)

Kinder zu beobachten und zu sehen, wie diese mit Realität umgehen, ist für Claudia ein ganz wesentliches Element, um beruflich handlungsfähig zu sein und ihre virtuelle Stadt weiterhin auszubauen und den Ansprüchen der Klientel gerecht zu werden.

Gleichzeitig ist es für Claudia wichtig, zukünftige Entwicklungen des Mediums Internet abschätzen zu können:

> „ähm (...) ich glaube in dem ganzen (..) Bereich der mit Sicherheit noch ausge(..)weitet werden kann im Internet (..) sind Pädagogen (..) einfach wichtig die sind dabei die könnten (...) Beratungen mitmachen (..) Projekte mit veranstalten oder Veranstaltungen (..) organisieren (..) Projekte gründen (..) und es gibt ähm (..) Netzwerke (..) im Internet auch (..) in denen| (..) in denen man sich trifft also es gibt ein

medienpädagogisches Netzwerk und (..) da tauscht man sich aus über (..) (.) das was neu ist in der Szene oder was man unbedingt haben muss (...) an Medien an (..) Multimedia-Geräten (...) ich glaub die| also der| die| der Einsatz oder die Einsatzfelder| ähm (...) es gibt alles und nichts" (Claudia: 1059ff.)

Claudia ist eingebunden in ein Netzwerk aus PädagogInnen und MedienpädagogInnen, in dem sie sich Informationen über neue Technologien oder einen Überblick über neue Angebote und Internetpräsenzen verschafft. Sie ist ständig bemüht einzuschätzen, was zukünftig wichtig sein könnte, um beruflich handlungsfähig zu bleiben. Nur so sieht sie sich in die Lage versetzt, ihrer Klientel, wozu auch Eltern, ErzieherInnen, LehrerInnen etc. gehören, gerecht zu werden und sich neues Wissen anzueignen, um dieses wiederum vermitteln und präsentieren zu können.

Die Schlüsselkategorie „Wissen antizipieren" generiert sich somit aus zwei Dimensionen:

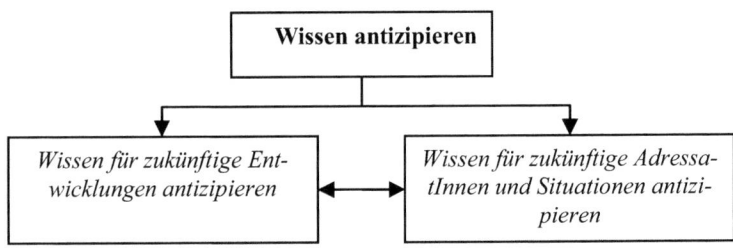

*Abbildung 16:* Schlüsselkategorie: Wissen antizipieren

Die Dimension *Wissen für zukünftige AdressatInnen und Situationen antizipieren* impliziert, wie bereits angedeutet, eine Art Einschätzungswissen. Dabei kann immer wieder gefragt werden, und dies macht Claudia mit ihrem beruflichen Handeln permanent:

- Welche zukünftigen Situationen wird es für die AdressatInnen geben? (u.a. zählt dazu: Welche neuen Technologien stehen eventuell zur Verfügung? [Handy, UMTS etc.])
- Welches sind konkrete zukünftige NutzerInnensituationen?
- Was könnte zukünftig die UserInnen binden?

Wissen zu antizipieren bezieht sich demnach auf die Bedürfnisse der UserInnen und dementsprechend auf die Gestaltung virtueller sozialer Welten. Gleichzeitig weist Wissensantizipation in die Zukunft. Wissen für zukünftige Entwicklungen zu antizipieren dient dabei sowohl als spezifisch-individueller Orientierungsrahmen der befragten PädagogInnen, um sich zukünftig beruflich handlungsfähig zu halten, als auch für die virtuellen Communities, für die sie verantwortlich sind. Diese Überlegungen stehen für eine Art Trendsensibilität, sowohl für die NutzerInnen als auch für die PädagogInnen, wie fallübergreifend in Kapitel 4.4 noch deutlicher gezeigt werden wird.

## 4.3.5 Resümee

Die eben vorgestellten Fallrekonstruktionen zeigen auf, wie sich die vier Schlüsselkategorien fallspezifisch generieren. Somit kann folgendes vorläufig festgehalten werden:

Der Ausgangspunkt des beruflichen Handelns der PädagogInnen ist grundsätzlich die Gestaltung und Initiierung virtueller sozialer Welten. Dafür bedarf es, wie dezidiert festgehalten werden konnte, um handlungsfähig zu sein, eines Basiswissens, welches meine InterviewpartnerInnen meiner Ansicht nach im Studium erlernt haben (Texte strukturieren, Bedürfnislagen von Gruppen erkennen, Wissen über kommunikative Abläufe in Gruppen etc.). Darüber hinaus sind Wissensräume gefragt, die sich die PädagogInnen über den Prozess einer Generierung von Wissen eröffnen, um dieses Wissen wiederum zu distribuieren. Gleichzeitig spezialisieren sie diese neuen Wissenshorizonte in dem Sinne, dass sie zu ExpertInnen werden, was sie für das Unternehmen, für welches sie tätig sind bzw. für „ihre" virtuelle Community im Besonderen qualifiziert. Zugleich eröffnen sie sich zukünftige Handlungsräume, indem sie Wissen für zukünftige Entwicklungen und Situationen antizipieren, um „am Puls der Zeit" zu sein und zu bleiben.

Der nachfolgende Abschnitt dient dazu, die Verknüpfung der einzelnen Schlüsselkategorien explizit aufzuzeigen. Gleichzeitig verweist dieses Unterkapitel darauf, wie sich die einzelnen Schlüsselkategorien fallübergreifend generieren, dies konnte bereits in den Einzelfallrekonstruktionen immer wieder angedeutet werden, da sich diese auch in einem sehr dynamischen Prozess befinden. Sie bedingen sich gegenseitig und beziehen sich permanent aufeinander.

## 4.4 Fallübergreifende Darstellung der Schlüsselkategorien – Ein empirisches Modell

Die aus den Fallrekonstruktionen generierten vier Schlüsselkategorien zeigen deutlich, wie die von mir interviewten Pädagoginnen und Pädagogen *Soziale Welten gestalten und initiieren* sowie pädagogisches Handlungsvermögen aktivieren indem sie *Wissen distribuieren.* Darüber hinaus *generieren* sie *Wissen*, um handlungsfähig zu sein bzw. zu werden und *antizipieren Wissen*, um sich somit Wissenshorizonte für zukünftige Entwicklungen, Situationen und AdressatInnen zu erschließen. Auf diese Art und Weise sollte gezeigt werden, wie Pädagoginnen und Pädagogen in neuen kulturellen Räumen agieren und welche Handlungs- und Gestaltungsspielräume sie sich eröffnen.

In einem ersten Zugang werden noch einmal die in Kapitel 3 ausgearbeiteten Überlegungen kurz reflektiert, um daran anschließend auf der Grundlage der vier Schlüsselkategorien und ihrer jeweiligen Dimensionen und unter Hinzunahme von Interviewsequenzen aus weiteren Interviews, ein empirisches Modell zu entwickeln. Diese Vorgehensweise bricht zum einen die fallspezifische Rekonstruktion der Schlüsselkategorien auf. Zum anderen soll gezeigt werden, dass sich die einzelnen Schlüsselkategorien fallübergreifend wiederfinden lassen.

Wie in Kapitel 3 ausführlicher dargestellt, geht ein medienpädagogischer Ansatz davon aus, dass das Verhältnis des Menschen zur Welt größtenteils durch Medien vermittelt ist und pädagogisches Handeln nur als ein Handeln in einer durch Medien geprägten Welt verstanden werden kann.[197] Dabei teilt sich die erziehungswissenschaftliche Teildisziplin Medienpädagogik in unterschiedliche Bereiche, wie beispielsweise Mediendidaktik, Medienkunde und Medienethik. Mediendidaktik fragt hierbei nach dem pädagogisch-didaktisch sinnvollen Einsatz von Medien in Lehr- und Lernprozessen, Medienkunde dient der Vermittlung von Wissen über Medien und Mediensysteme sowie ihrer Handhabung und schließlich beinhaltet die Medienethik den verantwortungsvollen Umgang mit Medien durch Menschen.[198] Kerres/de Witt und Schweer (2003) halten darüber hinaus fest, wie in der kurzen Zusammenfassung der ersten zwei Schlüsselkategorien angedeutet, dass medienpädagogisches Handeln nicht *nur* auf die Vermittlung von Medienkompetenz und Medienbildung zielt, sondern vielmehr nach der Gestaltung medialer Lebenswelten fragt, in der Menschen leben, arbeiten und lernen. Daran anknüpfend werde ich nun nachfolgend auf die von mir generierte

---

197  Vgl. Aufenanger (2004).

198  Vgl. ebd.

Schlüsselkategorie „Soziale Welten gestalten und initiieren" fallübergreifend eingehen.

Diese Schlüsselkategorie wird, wie in Abschnitt 4.3.2 fallrekonstruktiv entwickelt, von zwei Dimensionen gerahmt, die zum einen auf die *handlungsstrategischen Überlegungen* meiner InterviewpartnerInnen zur Gestaltung sozialer Welten verweist und zum anderen die *Umsetzung und Betreuung* derselben aufzeigt. Von entscheidender Bedeutung für die *handlungsstrategischen Überlegungen* ist hierbei die Entwicklung eines Content, wozu die Strukturierung und Lokalisierung von Texten als auch das Layout und Design einer virtuellen Community gehört. Besonders deutlich fasst dies R.M. nochmals zusammen. Sie ist Diplom-Pädagogin und arbeitet in einem großen Unternehmen an dem Aufbau eines Intranets für Auszubildende mit und würde sich selbst als Contentmanagerin bezeichnen.

> „und (..) ähm (..) ja da bin ich eben jetzt dabei (...) ähm (..) die Contents zu entwickeln mit (...) und (..) aber (..) auch ähm natürlich insgesamt das didaktische (G| Design) so von wegen was (..) muss drauf mit Kommunikation und dem ganzen Kram" (R.M.: 545ff.)

> „und ähm (..) da wurden dann eben noch (..) Pädagogen für gebraucht also (..) wie gesagt mein Chef jetzt (..) eben auch (..) seit (..) jetzt einem Jahr Diplom-Päda| nee 2 Jahre sind es jetzt schon Diplom-Pädagog(e) er hat das im 2. Bildungsweg gemacht und wollte eben gerne da Pädagogen jetzt mit drin haben die eben auch (..) da das unterstützen können weil von der technischen Seite her ist das hier sowieso mit (grad) Informatik (..) ganz gut abgesch| -sichert (..) und wollte dann eben für die didaktischen Sachen und so (..) da jetzt (..) jemanden haben" (R.M.: 451ff.)

Content, didaktisches Design und Kommunikation sind demnach zentrale Elemente bei der Initiierung und Gestaltung virtueller sozialer Welten. Die Dimension *handlungsstrategische Überlegungen* zielt somit in erster Linie auf die Konzeptionierung der virtuellen Community. Dies stellt u.a. A.H. konkret dar. Sie ist Medienpädagogin und entwickelte mit ihrer Kollegin eine eigene Internetplattform.

> „(°) ja und daraufhin haben wir (..) uns hingesetzt und die Theorie (°) verfasst und ein Konzept überlegt und Inhalte erstellt und dann sollte es halt munter losgehen dass ähm diese Agentur das für uns (°) umsetzt (..) und das ist total nach hinten losgegangen weil die überhaupt keine Zeit für uns hatten (..) und dann haben C. und ich uns überlegt ähm was machen wir und dann haben wir uns selbst hingesetzt (..) (und haben) (..) gebastelt und getan und probiert und (..) weiter den Leuten über die Schulter geguckt und dann danach aber auch (°) selbst gemacht und| (..) ja und irgendwann (..) waren wir dann soweit dass wir unsere Inhalte genommen haben und

251

einfach (..) die| versucht haben die Inhalte selbst umzusetzen (...) das war erst mal so der erste große Schritt in Richtung (.) Praxis" (A.H.: 282ff.)

Erst einmal geht es somit um theoretische Vorüberlegungen, wie eine virtuelle Community aussehen könnte und welche Inhalte bereitgestellt werden sollen. Den „großen Schritt in Richtung Praxis" sieht A.H. in der technischen Realisierung. Im Gegensatz zu R.M. (siehe oben) stehen ihr keine InformatikerInnen zur Seite, sondern sie musste gemeinsam mit ihrer Kollegin „basteln" und „probieren". Die Informationen zur technischen Realisierung ihrer virtuellen Community erarbeitet sie sich durch Zuschauen und Ratschläge sammeln. Ist eine virtuelle Community konzeptioniert und soll diese technisch realisiert werden, erfolgt der Übergang in die Dimension *Umsetzung und Betreuung*. Diese Dimension der Schlüsselkategorie „Soziale Welten gestalten und initiieren" hat die Zielgruppe, demnach die Userinnen und User, die angesprochen werden sollen, im Blickwinkel ihrer Betrachtung und fokussiert demnach zielgerichteter auf die Bedürfnisse und konkreten kommunikativen Elemente (somit die Angebote) innerhalb der Community. Zu den adressatenspezifischen Bedürfnislagen gehören ebenso das Informieren und das Tragen von Verantwortung gegenüber den UserInnen. Bereits in der Fallanalyse von Andreas[199], dessen Interview für diese Schlüsselkategorie ausführlich rekonstruiert wurde, konnte dies aufgezeigt werden. A.H. erweitert das um den Aspekt der Modifikation. Ist eine Basis, ein Konzept, für eine virtuelle Community erstellt, kann dieses für andere AdressatInnen jederzeit modifiziert werden.

„kam der Auftrag für diese Versicherung (..) ähm und zwar ging es da um die Entwicklung einer (...) Lern- ähm (..) ja - umgebung will ich gar nicht sagen (...) also es| es wurde ins| ins Intranet (..) gestellt insofern kann ich auch nicht sagen CD-Rom aber so eine Art (°) multimediale Lernumgebung nennen wir es einfach mal so für die Versicherungsagenten und zwar sollten die (..) ähm in das Internet eingeführt werden (..) und K. hat nun als einen Bestandteil die Internautenschule wo halt ähm Inhalte zum Internet (°) erklärt werden und (..) ja darauf basierend haben wir dann halt (°) geguckt Mensch wie macht man das für Erwachsene wie macht das spezifisch für Versicherungsagenten" (A.H.: 367ff.)

Ein Element der virtuellen Community von A.H. ist die so genannte Internautenschule. Dieses kann sie nutzen, um für andere AdressatInnen, hier einer Versicherungsagentur, in modifizierter Art und Weise eine virtuelle Plattform zu entwickeln. Sie kann demnach auf ein bereits funktionierendes Konzept zurückgreifen und dieses adressatenspezifisch modifizieren. Um dies wiederum realisieren

---

199   Vgl. hierzu Abschnitt 4.3.2.3.

zu können, bedarf es Informationen sowohl über die jeweiligen AdressatInnen als auch deren Bedürfnisse. P.K. bezeichnet dies als „klassisches Programm". Er ist Lehrer und arbeitet für ein großes Unternehmen (V.[200]). Sein Aufgabenbereich ist etwas anders gelagert, als die der bereits genannten InterviewpartnerInnen. P.K. ist verantwortlich für die Entwicklung und technische Realisierung eines virtuellen Guides, also eines virtuellen Avatars, der die UserInnen durch bestimmte Programme führt, begleitet und Fragen beantwortet. Im Auftrag seines Unternehmens entwickelt er je nach Auftraggeber diesen virtuellen Guide und schreibt dessen Wissen, wie er erzählt. Dazu gehört für ihn:

„aber trotzdem (..) lebt (1-2 Wörter?) so ein Bot| muss er einfach| muss sehr kontinu-ierlich das Wissen geprüft werden und (..) ähm (...) das war nun eine Sache die die V. eben auch weitergeben wollte da an| an| (..) an bekannten s| also (..) unsere Idee war wir bauen so was auf wir liefern auch einen Grundstock (..) äh äh einer Know-ledge-base mit einer  Wissensbasis (..) aber die| das ist eben so (Wort) dass man immer noch Sachen ranhängen kann also wenn ein neues Thema kommt (..) sollen (..) die Leute in die Lage versetzt werden das Wissen ihres eigenen Bots das eine Company hat zu pflegen aktuell zu halten und möglicherweise auch zu erweitern" (P.K.: 1670ff.)

„da bist du auch in einem Beratungsprozess wir| (..) wie kann man jetzt unsere Fra-gestellungen umsetzen also X-Strom wollte so was machen da war die Frage Wie können wir| (..) äh wenn wir jetzt unsere eigenen (1-2 Wörter) wie| (..) wie können wir das machen (..) da muss man sehr genau hinhören (..) können (..) ja? (..) Zuhören nichtich bin ja| ich bin ja kein| kein| (..) kein Therapeut aber ich muss ja genau hin-hören können um zu gucken ähm was| (..) was sind die Bedürfnisse das ist sicherlich eine (..) Auf(..)gabe die man hat" (P.K.: 3586ff.)

Mit der ersten Interviewsequenz wird deutlich, dass zunächst ein virtueller Guide konzipiert werden soll (dies wäre dann innerhalb der Dimension *Handlungsstra-tegische Überlegungen* zu verorten). Ist eine Grundbasis, „knowledge-base" wie P.K. es nennt, entwickelt, besteht sein berufliches Handeln darin, diese erweite-rungsfähig zu gestalten und den Userinnen und Usern zu vermitteln, wie sie selbst mit so einem virtuellen Guide arbeiten und handeln können (hier kann eine Verknüpfung zur Schlüsselkategorie „Wissen distribuieren" gesehen werden). Steht ein einmal realisiertes virtuelles Konzept zur Verfügung, und das wird aus der zweiten Interviewsequenz deutlich, kann dieses jederzeit für spezifische Kunden, in diesem Fall der Firma X-Strom[201], modifiziert werden. Dies ist eine ähnliche Handlungsweise wie in der oben präsentierten Sequenz von A.H. Be-

---

200    Das Unternehmen, für welches P.K. tätig ist, wird im Transkript mit V. anonymisiert.

201    Der Name der Firma ist mit X anonymisiert.

deutsam ist für P.K. das genaue Hinhören und somit das Erkennen der Bedürfnislagen der AdressatInnen.

In erster Linie geht es innerhalb dieser Schlüsselkategorie demnach um einen Praxistransfer. Der vorhandene Wissensvorrat, so wie Schütz es nennt, somit
in erster Linie das Wissen, welches im Verlaufe des Studiums erworben wurde,
kommt hier zum Tragen. Wissen selbst erhält an dieser Stelle eine weitere Kon-
turierung. Zu dem vorhandenen Wissensvorrat werden weitere Informationen
hinzugezogen, wenn es etwa um die adressatenspezifischen Modalitäten geht. In
meinem Verständnis, was Wissen ist und wie sich Wissen von Information spezifizieren lassen kann, agieren die PädagogInnen hier auf der Ebene der Prob-
lem- und Handlungsrelevanz, die in Kapitel 1.4 näher ausgeführt wurde. Sind die
PädagogInnen in der Lage, mit diesem informationsangereicherten verfügbaren
Wissensvorrat zu agieren, verbleiben sie in dieser Wissensdimension. Nochmals
verdeutlicht werden sollte die Nähe dieser Schlüsselkategorie zu medienpädagogischen Überlegungen. Gezeigt werden konnte, was Kerres/de Witt und Schweer
angedeutet haben: (medien-) pädagogisches Handeln zielt nicht mehr nur auf die
Vermittlung von Wissen, sondern auch auf die Gestaltung medialer Lebenswelten. Dass u.a. Wissensvermittlung eine Kernaktivität pädagogischen Handelns
und auch eng mit der Gestaltung virtueller sozialer Welten verknüpft ist, soll
nachfolgend expliziter ausgeführt werden.

„Wissen distribuieren", eine weitere Schlüsselkategorie, wird inhaltlich
durch die Dimensionen *Wissensvermittlung* und *Wissensreflexion* spezifiziert.
Innerhalb dieser Dimensionen wird die Positionierung zu erziehungswissenschaftlichen Kernaktivitäten – wie beispielsweise Unterrichten, Lehren und Lernen – vollzogen, die in Kapitel 3.1 näher ausgeführt wurden. Darüber hinaus
beschreibt Aufenanger (2003a) neue Trends in einer „Mediengesellschaft". Wissen stellt für ihn in diesem Kontext u.a. einen Produktionsfaktor dar, wobei der
Autor die technischen Komponenten und die Orientierung an der Zukunft durch
technischen Fortschritt sowie die Bewertung der Technologie in diesem Sinne
als entscheidendes Moment sieht. Gleichzeitig argumentiert er, dass mit der
Globalisierung des Wissens durch die Neuen Medien das Privileg der Wissensvermittlung aufgebrochen wurde und diese durch mediale Kommunikation stattfinden kann. Aufenanger (2003a) betrachtet diesen Aspekt durchaus kritisch und
fragt, „ob durch die Betonung des Wissens nicht der Bildungsbegriff aufgelöst
wird. Bildung als Reflexionsfähigkeit könnte in die Gefahr geraten, durch Qualifikation, die sich durch Wissen über und für eine bestimmte Sache auszeichnet,
verdrängt zu werden" (Aufenanger 2003a: 164). Gleichzeitig relativiert er diese
Aussage indem er spezifiziert, dass eher Informationen als Wissen global zur
Verfügung stehen. So unterscheidet Aufenanger (2003a) durchaus zwischen den
Begrifflichkeiten Information und Wissen. Diese Differenzierung zwischen In-

formation und Wissen lässt den Schluss zu, dass um so mehr Bildung als Reflexionsfähigkeit in den Vordergrund gerät, gilt es doch die Kompetenz zu erwerben, zwischen Informationen und Wissen zu unterscheiden, Informationen als auch Wissen zu reflektieren, aber Wissen zu vermitteln. In Bezug auf die Ausführungen von Kade und Seitter (2004) in Kapitel 3.1, die ihre Ergebnisse, wie bereits dargestellt, auf die Analyse von ExpertInneninterviews beziehen, lässt sich darüber hinaus dezidierter festhalten, dass pädagogisches Handeln und somit pädagogische Kommunikation in erster Linie auf Wissen und damit im Besonderen auf pädagogisches Wissen verweist. Pädagogisches Wissen wird von den Autoren als Zusammenhang von Vermittlungswissen (Wissen über Vermittlung), aneignungsbezogenem Vermittlungswissen (Wissen über aneignungsbezogene Wissensvermittlung) und Überprüfungswissen (Wissen über Wissensüberprüfung) definiert. *Wissensvermittlung* ist auch eine Dimension der Schlüsselkategorie „Wissen distribuieren". Diese tritt aber stets in Verbindung mit der Dimension *Wissensreflexion* in Erscheinung. Bereits ausführlich wurde dies in der Fallanalyse des Interviews mit Carin rekonstruiert. Beide Dimensionen können meiner Ansicht nach nicht unabhängig voneinander betrachtet werden, so wie es auch Kade/Seitter (2004) in ihren Überlegungen mit einfließen lassen. *Wissensvermittlung*, im Kontext der vorliegenden Forschungsarbeit, bezieht sich dabei zum einen auf den Aspekt der Offline-Wissensvermittlung. Es bedarf für die Gestaltung sozialer Welten einer Vermittlungskompetenz zum Klientel. Deutlich beschreibt dies Claudia, die bereits innerhalb einer Fallrekonstruktion in Kapitel 4.3.4 vorgestellt wurde.

> „und (...) ja ich glaube (..) ich (..) schaff es (...) rüberzubringen (...) wie man mit dem Internet umgeht das merk ich halt in den Kursen mit den Kindern (..) die Kinder| ich schaff es die Kinder zu begeistern und ähm (..) ihnen (..) das Verständnis für den Computer (..) näher zu bringen und (..) ich glaube wir schaffen es auch durch unsere Seite (..) die Kinder dabei zu halten dass ähm (..) man einfach merkt das ist jetzt nicht (..) so ein riesensupertolles Medium und ähm (...) das ist einfach ein| (..) ein Werkzeug das man benutzen kann und das einem den Alltag erleichtert (..) und (..) da wollen wir eigentlich hin (..) die Kinder (..) zu einem Umgang| (..) zu einem selbstverständlichen Umgang mit (..) Internet (..) und Computer zu (bringen) (...)" (Claudia: 1004ff.)

*Wissensvermittlung* zielt hier auf eine pädagogische Kompetenz, so wie es Claudia erzahlt, den Kindern das Medium Internet näher zu bringen und es als Werkzeug zu betrachten, welches einem den Alltag erleichtern kann. So eröffnet sie ihren UserInnen die Option, das Internet und den Umgang damit zu nutzen. Gleichzeitig ist sie diejenige, die diese Nutzung begleitet und dementsprechend ihr Wissen der Nutzung an die Kinder vermittelt. Dieser Prozess findet innerhalb einer face-to-face-Situation statt und wurde aus diesem Grund von mir als Offline-Wissensvermittlung bezeichnet. In einem weiteren Beispiel beschreibt Claudia diesen Punkt noch konkreter:

> „das sind hier auch jetzt (..) einzelne Projekte gewesen (...) und Sommerferienspiele haben wir gemacht im vergangenen Jahr 2 Wochen lang (..) auch mit Kindern und (..) da hieß das Thema ähm (..) (°) eine Internetstadt wird lebendig (..) da ging's eben auch darum (..) dass die Kinder (..) nicht nur draußen spielen konnten (..) und pädagogische Aktionen mitgemacht haben sondern auch (..) das Internet mit (..) involviert war (..) da konnten die Kinder dann (..) mit am Internet| ähm (..) mit uns Sachen ins Internet stellen die wir am Tag (..) erlebt haben wie| (..) war so ein bisschen dokumentarisch gearbeitet (..) wenn wir ein Picknick gemacht haben oder (..) ähm den Tierpark besucht da gab's so eine (Tiere)(Wortteil oder 1-2 Wörter?) und das hab ich mit den Kinder dokumentiert und (..) danach (..) ins Internet gestellt so dass die Kinder immer verstehen (..) was passiert dahinter und wie (..) geschieht das überhaupt wie kommt so eine Seite ins Netz und (..) wie| so ganz (..) schwierig wie| beim Fernsehen ist das ja nun doch nicht da kann man die Kinder als (..) Mitproduzenten gut gebrauchen" (Claudia: 628ff.)

Mit dieser Sequenz wird zum anderen die Verknüpfung zwischen Offline-Wissensvermittlung und Online-Wissensvermittlung deutlich. Claudia soll einen virtuellen Stadtplan für Kinder erstellen. Zu diesem Zweck geht sie mit dem Klientel durch die Stadt und lässt die Kinder Orte auswählen, welche deren Meinung nach relevant sein sollten. Daran anknüpfend begibt sie sich mit den Kindern gemeinsam vor den Computer, um ihre Offline-Dokumentation online umzusetzen. Wichtig ist für Claudia an dieser Stelle der Aspekt, dass die Kinder immer verstehen, was jetzt genau passiert. Sie sieht sie als „Mitproduzenten". *Wissensvermittlung* findet hier also online als auch offline statt. Aufenanger (2003) zielt bei seinem Ansatz, wie Wissen durch mediale Kommunikation vermittelt werden kann auf die Beispiele online-Lernen, Telelearning etc. Er verweist in diesem Kontext auf das Projekt „Schulen ans Netz". Für Andreas hat dieses Projekt nur indirekt etwas mit der Vermittlung von Wissen zu tun.

> „Schulen ans Netz und da hab ich dann halt auch mehr oder weniger nen tiefen Einblick darüber gekriegt wie eigentlich in Deutschland da das Thema abläuft und da muss ich schon wirklich sagen das diese Ein?diese Ausgangsthese dass ich gesagt hab ich geh nach Mexiko oder in nen ärmeres Land um zu sehen wie man mit weniger mehr machen kann sich bewahrheitet hat weil in Deutschland hat man die Schulen ähm wesentlich mehr aber haben sehr sehr viel weniger gemacht ähm war denn Großteil der Projekte die wir auch dann von U. eh U. gerichtet wurden ob wir Schulen unterstützen so war halt ne eigene Homepage machen wo sie halt dann ihre (..) Links machen zum naturwissenschaftlichen Museum oder Geschichtsmuseum aber die Schüler nie aufgefordert wurden jetzt im Bereich in der in der Gruppe Geschich-

te jetzt mal das selber zu arbeiten selber Texte zu schreiben selber Bilder zu malen und eigentlich dann am Schluss ähm das ins Internet stellen die die Beendigung des Projektes war oder so ähm nur nen minimaler Teilaspekt" (Andreas: 297ff.)

Andreas beschreibt, wie er die Realisierung und Umsetzung des Projektes „Schulen ans Netz" erlebt hat. Demnach ging es in erster Linie um die technischen Nutzungsmöglichkeiten und nur in Ansätzen um das Einbringen von gestalterischen Elementen, wie eine Vernetzungsstruktur anlegen oder eine Homepage erstellen. *Wissensvermittlung*, und dazugehörig *Wissensreflexion*, findet für Andreas allerdings auf einer aktiveren Ebene statt, nämlich durch das selbstständige Erarbeiten von Texten oder das Malen von Bildern und die Verknüpfung bzw. der Bereitstellung dieses Materials im Internet. Somit spricht er ähnliche Aspekte an wie Claudia (siehe oben). Pädagogische Kernkompetenzen, wozu das Lehren, Unterrichten, demnach Wissen vermitteln zählt, beruhen somit nicht auf einer einfachen Präsentation von Informationen, sondern werden von meinen InterviewpartnerInnen konsequent eingebettet in die Bereitstellung von Informationen, der Vermittlung spezieller Wissensinhalte, der Selbstreflexion über die eigene Art und Weise des pädagogischen Handelns, der Umsetzung und Darstellung spezifischer Ergebnisse und damit einhergehend, der Selbstpräsentation des erarbeiteten Materials für ihr Klientel in virtuellen Räumen. Hier wird die enge Verzahnung von *Wissensvermittlung* und *Wissensreflexion* deutlich. Ausschließlich den Part der Wissensvermittlung zu betrachten, ist somit für ein berufliches Handeln der von mir befragten Pädagoginnen und Pädagogen nicht ausreichend. Wissen zu reflektieren, das eigene wie auch das der weiteren Beteiligten, stellt eine zentrale berufliche Facette dar. Deutlich beschreibt dies auch Axel, der bereits für die fallanalytische Darstellung der Schlüsselkategorie „Wissen generieren" näher vorgestellt wurde:

„ähm das ist auch so das ist eine (..) andere (..) (Wenig)keit oder Schwäche von mir (..) dass dann (..) viele Leute (..) mich auch nicht verstehen oder ein paar Leute mich auch mal nicht verstehen (..) ähm (..) aber auch dann weiß ich ganz schnell das durch pädagogische Hilfsmittel (..) deutlich zu machen ähm wie man da zueinander kommt wie man (..) Wörter zu verstehen hat (..) und so weiter um dann (..) eben (..) die Bedeutung" (Axel: 1116ff.)

Mit allen pädagogischen Hilfsmitteln deutlich machen, wie man zueinander kommt, wie man Sprache und Worte zu verstehen hat, sieht er als eine seiner Aufgaben in seinem beruflichen Handeln. In Bezug zu den adressatenspezifischen Modalitäten, wo es um ein Erkennen der Bedürfnisse der NutzerInnen ging, ist hier das Verstehen und Vermitteln von vordergründigem Interesse. Auch P.K. spricht diesen Aspekt an:

„(...) ähm es lag sicherlich (..) auch daran (einfach) (1-2 Wörter?) die Position die ich dort (..) ähm innehatte und aufgebaut hatte nämlich als derjenige der das Wissen distribuiert nach (draußen) (..) also das war einfach mein Job eben die| (..) ähm diese Schnittstelle die Kommunikationsschnittstelle zu sein zwischen Entwickler wir hatten dann keine Entwickler mehr aber zwischen der äh Technologie (..) und die zu übersetzen in eine Sprache (..) ähm (..) so dass andere damit umgehen können und (sie) anwenden können das| das war (..) primär mein Job das war mein Job bei| (..) äh beim Training (...) das war mein Job beim äh Produktmanagementsupport" (P.K.: 2531ff.)

Wissen distribuiert nach außen tragen, Kommunikationsschnittstelle sein zwischen Entwickler und Technologie, die Sprache der Techniker zu übersetzen, so dass andere sie verstehen, sind somit zentrale Elemente des beruflichen Agierens von P.K. Dieser dynamische Prozess zwischen Wissen vermitteln und Wissen permanent in unterschiedlichsten Kontexten reflektieren, beschreibt sehr deutlich die Schlüsselkategorie „Wissen distribuieren". Pädagogisches Wissen wird somit zielgruppenspezifisch angewandt, verteilt und kontextualisiert. Dies haben die von mir befragten Pädagoginnen und Pädagogen im Studium gelernt und setzen es nun handlungspraktisch um, wie bereits mit der Fallanalyse des Interviews von Carin, siehe in diesem Kapitel Abschnitt 4.3.1, rekonstruiert werden konnte.

Betrachtet man nun ausschließlich diese beiden Schlüsselkategorien wird schnell deutlich, dass sie den Überlegungen aus medienpädagogischer sowie pädagogischer Perspektive entsprechen, die ausführlich in Kapitel 3 und am Beginn dieses Abschnitts ausgeführt wurden. Die Ergebnisse und Überlegungen aus den dort exzerpierten Studien verweisen darauf, dass es für PädagogInnen genau dieser Schlüsselkategorien und Dimensionen bedarf, um beruflich handlungsfähig zu sein. Dass die von mir befragten PädagogInnen schnell an ihre handlungspraktischen Grenzen stoßen und demnach nicht dabei verbleiben können, ausschließlich auf ihren informationsangereicherten vorhandenen Wissensvorrat zurückzugreifen, soll nachfolgend anhand der zwei weiteren generierten Schlüsselkategorien ausgeführt werden. Bleibt ein erstes Resümee:

Selbst neuere Entwicklungen und Überlegungen der Erziehungswissenschaft und im Besonderen der Medienpädagogik zu ihren Konzepten, inhaltlichen Ansprüchen und theoretischen Verankerungen lassen den Schluss zu, dass sich diese in erster Linie auf die Vermittlung von Wissenskomponenten, die Gestaltung multimedialer Lernumgebungen und die Reflexion derer beziehen wird. Bleibt die Frage, ob dies in der heutigen „Medien- und Wissensgesellschaft", wie Kerres et.al. (2003) folgerichtig formulieren, ausreicht, um erstens beruflich erfolgreich Handeln zu können und zweitens sich u.a. in einem Unternehmen zu profilieren und anerkannt zu werden. Erste Ansätze, dass es weitere, neue Dimensionen pädagogischen Agierens geben könnte, deutet Aufenanger (2003a) mit seinen Trends an, die allerdings sehr technisch orientiert sind. Die nachfolgenden zwei Schlüsselkategorien erweitern somit das Bild des pädagogisch Handelnden, so wie es eingangs und in Kapitel 3 näher ausgeführt wurde.

Die Schlüsselkategorie „Wissen generieren" wird fallübergreifend durch zwei Dimensionen repräsentiert. Diese sind, wie mit der Fallanalyse des Interviews von Axel bereits rekonstruiert werden konnte, eine *Problem- und Zielgruppenorientierung* und eine *intersubjektive Konstitution von ExpertInnenwissen*. Hier geht es nun nicht mehr darum, mit einem vorhandenen Wissensvorrat zu agieren und diesen „nur" durch weitere Informationen anzureichern, sondern um die Generierung neuen Wissens, somit um Wissenserzeugung. Konnte in den eben dargestellten Schlüsselkategorien noch nicht auf ein tatsächliches Arbeiten mit neuem Wissen verwiesen werden, ist dies innerhalb dieser Schlüsselkategorie der entscheidende Prozess, um problembezogen auf neue, ungewisse Situationen zu reagieren, um schließlich wieder handlungsfähig zu sein. Mit der Fallrekonstruktion des Interviews von Axel konnte bereits aufgezeigt werden, wie sich die Dimension *Problem- und Zielgruppenorientierung* inhaltlich füllt. Sehr komprimiert erzählte Axel von seinen ersten Handlungsweisen in einem für ihn neuen beruflichen Umfeld. Übergreifend lässt sich dies auch noch einmal mit einer Sequenz aus dem Interview von S.W. verdeutlichen. S.W. (Diplom-Sozialwissenschaftler) ist zum Zeitpunkt des Interviews wissenschaftlicher Mitarbeiter an einer Universität und konzipiert und erforscht Zugangs- und Lernorte für Jugendliche[202]. Er nimmt an:

> „dass wir einfach in einer äh äh stark äh äh mediatisierten äh Gesellschaft leben in der man einfach ja (..) äh große Teile aus seiner eigenen (..) Wirklichkeits-Realitätskonstruktion unter Nutzung von Medien äh (..) äh vollzieht dann ist es natürlich gerade am Anfang gut welche Informationen (..) hat man dort und wer äh kommt zu Gehör und wer nicht" (S.W.: 335ff.)

S.W. spricht hier zum einen an, dass sich Realitätskonstruktionen durch die Nutzung neuer Medien vollziehen, als auch, dass man wissen sollte, wo welche Informationen eruiert werden können und welche Zielgruppe demnach angesprochen werden kann. UserInnen in virtuellen sozialen Welten konstruieren dort eine ihrer medialen Wirklichkeiten. Die beruflich Handelnden sollten demnach in der Lage sein, einerseits diese Zielgruppe zu lokalisieren und die Konzeptionierung einer virtuellen Community an einer Zielgruppe zu orientieren. Anderer-

---

202  Für S.W. sind Zugangs- und Lernorte Räumlichkeiten, die den UserInnen die Möglichkeit geben, digitale Medien, insbesondere das Internet, kennenzulernen, auszuprobieren und auch dauerhaft zu nutzen. (vgl. S.W.: 831ff.)

seits, und dies zielt auf die Problemorientierung, sollten sie dazu fähig sein, bei neuen Relevanzstrukturen zu wissen, a) welche Informationen werden benötigt und wo könnten sie sein, b) wie sollten diese Informationen kontextualisiert werden, um handlungsfähig zu werden und schließlich c) wie setze ich dieses neue Wissen ein, um u.a. Inhalte zu erstellen und zu präsentieren und somit wiederum handlungsfähig zu sein. An diesen Aspekt schließt die zweite Dimension *intersubjektive Konstitution von ExpertInnenwissen* an. Wie bereits mit der Fallanalyse des Interviews von Axel rekonstruiert werden konnte, bezieht sich diese Dimension auf zwei wesentliche Ebenen. Zum einen geht es um die soziale Situierung von ExpertInnen und zum anderen um den individuellen ExpertInnenstatus der von mir befragten Pädagoginnen und Pädagogen. Das bedeutet: Die PädagogInnen binden sowohl andere in dieses Gefüge des „Wissen generieren" ein, da sie sich bewusst sind, dass sie nicht alles wissen können und auch nicht wissen müssen, um problemorientiert handlungsfähig zu werden. Andererseits befinden sie sich in einem Prozess des „selbst ExpertIn werden". An weiteren Interviewsequenzen soll dies nachfolgend verdeutlicht werden. Auf meine Frage hin, wo A.H. Gestaltungsspielräume für PädagogInnen in den Neuen Medien sieht, resümiert sie:

> „es nützt ja nichts wenn man (..)(im) Internet(Wortteil?) (..) wenn ein Informatiker der sich (..) äh bles| bestens und blendend mit dem Internet und mit dem Computer auskennt wenn der Kindern versucht das zu vermitteln vor den Kindern steht und überhaupt keine pädagogischen Kenntnisse hat und überhaupt kein (..) Gefühl dafür hat wie vermittel ich denn jetzt überhaupt den Stoff den ich im Kopf hab es muss ja dann auch irgendwo rüberkommen und ankommen (..) da ist auch viel Spielraum für Pädagogen die sich einfach trauen müssen (...) selbst wenn sie nicht jedes kleinste bisschen Computer (..) kennen und wissen das ist ja überhaupt nicht schlimm man muss sich sowieso| das wissen Informatiker auch nicht also ich meine (..) Mut zur Lücke ne? Man muss einfach zusehen dass man dranbleibt und sich dann auch selbst weiter (kundig) machen (..) und die Kompetenz dass der Zielgruppe zu vermitteln (.) Inhalte also die schreib ich doch nach wie vor ganz stark den Pädagogen zu (..) selbst wenn die (..) nicht bis ins letzte Detail die Inhalte (..) kennen oder wissen die sie vermitteln (..) weil das ist gar nicht so das Wichtigste man kann sich ja auch gemeinsam mit der Zielgruppe Inhalte (..) erarbeiten" (A.H.: 699ff.)

In dieser Interviewsequenz schreibt sie sich wesentliche Eigenschaften ihres eigenen ExpertInnenseins zu und deutet weitere ExpertInnen an, die sie in ihrem beruflichen Handeln als solche sieht. Pädagogisches Handeln ist für sie demnach eine Zielgruppenorientierung, in ihrem Kontext sind dies Kinder. Sie ist in der Lage, sich auf ihre Klientel einzustellen, deren Bedürfnisse zu erkennen und dementsprechend Inhalte zu erstellen. Hier wird die Verknüpfung zu den bereits dargestellten Schlüsselkategorien deutlich. In ihrem Verständnis ist es allerdings nicht notwendig, dass PädagogInnen bis ins letzte Detail die Inhalte kennen, die sie vermitteln wollen. Wichtiger ist es für A.H. einerseits, die Zielgruppe selbst als ExpertInnen wahrzunehmen und mit dieser gemeinsam Inhalte zu erstellen und andererseits die Forderung an sich selbst, dass *„man dranbleibt und sich dann auch selbst weiter (kundig) mach[t]"*[203]. Die zweite Ebene ist die der weiteren ExpertInnen, wie hier beispielsweise die der InformatikerInnen. InformatikerInnen bringen ein spezifisches Wissen mit, welches A.H. für ihre eigene Handlungsfähigkeit nutzt und deren Wissen sie in ihren Handlungskontext integriert. Das bewusste Wahrnehmen der eigenen Kompetenz und der Fähigkeiten Anderer stellen somit wesentliche Komponenten der Dimension *intersubjektive Konstitution von ExpertInnenwissen* dar und zeigen gleichzeitig die Verknüpfung zu einer *Problem- und Zielgruppenorientierung*, welche bei der Generierung neuen Wissens in meiner Analyse des Datenmaterials zentral ist. Diese Schlüsselkategorie verweist in dem Kontext der vorliegenden Forschungsarbeit somit auf eine Form problemorientierter Wissensarbeit hin. Wie in Kapitel 1.4 dargelegt, kann neues Wissen im Diskurs generiert werden. Diesen Diskurs sehe ich hier innerhalb der Dimension *Intersubjektive Konstitution von ExpertInnenwissen*. Dritte werden als ExpertInnen oder, wie Stehr sagen würde, als RatgeberInnen konsultiert, um zu neuem Wissen zu gelangen. Dies ist die eine Perspektive. Schütz verweist in diesem Kontext auf die Fähigkeit des Handelnden, neues Wissen aus Entscheidungen zu generieren: Welches Wissen könnte relevant sein, wie werden Informationen dafür zur Verfügung gebracht, wie werden neue Informationen kontextualisiert und situiert etc.? Auf diese Weise, und dies ließ sich mit den beiden Dimensionen der Schlüsselkategorie „Wissen generieren" aufzeigen, wird neues Wissen generiert und der beruflich Tätige wiederum handlungsfähig.

Die Schlüsselkategorie „Wissen antizipieren" symbolisiert eine Zukunftskategorie. Ihre Dimensionen, *Wissen für zukünftige Entwicklungen, AdressatInnen und Situationen zu antizipieren*, implementiert eine spezifische Art und Weise von Einschätzungswissen, wie bereits mit der Fallrekonstruktion des Interviews von Claudia gezeigt werden konnte. Die Dimension *Wissen für zukünftige Entwicklungen antizipieren* verweist hierbei auf den Anspruch meiner InterviewpartnerInnen, u.a. zukünftige Trends als auch technische Neuerungen zu erkennen, zu verstehen und in ihrem beruflichen Handeln mitzudenken. Die Dimension *Wissen für zukünftige AdressatInnen und Situationen antizipieren* schließt wiedrum die UserInnen in das Denken der von mir befragten PädagogInnen ein, also wel-

---

203   Dies stellt A.H. in einer weiteren Interviewsequenz noch deutlicher dar: „und dass ich so oft vor dem Computer sitze und aus dem Internet so viele Informationen heraussaugen kann und (..) dass man auch aus Aufträgen lernt und (..) muss| man muss sich halt einfach ständig weiterentwickeln und dranbleiben (...)" (A.H.: 618ff.). Dieses ständige Weiterentwickeln und Dranbleiben verweist gleichzeitig auf die nachfolgende Schlüsselkategorie „Wissen antizipieren".

che zukünftigen Bedürfnisse des Klientel könnte es geben, als auch, welche Situationen für die Gestaltung virtueller Communities sind zukünftig denkbar. Dabei sind diese zwei Dimensionen sehr eng miteinander verwoben. Neue Technologien führen möglicherweise zu neuen kommunikativen Elementen, die in einer virtuellen Community integriert werden können. Dadurch verändern sich möglicherweise die sozialen Interaktionen der Userinnen und User. A.H. fasst diesen Prozess deutlich zusammen:

> „die Computer- Internet- Multimediawelt (..) ändert sich sowieso ständig und ähm selbst wenn ich jetzt vor fünf Jahren in meinem Studium das alles gelernt hätte wäre das heute völlig überaltert (..) insofern (..) ist diese Basiskompetenz die die Universität mir (..) mitgegeben hat viel wichtiger (..) weil ich sowieso versuchen muss dranzubleiben an den Inhalten (..) und| und an den Entwicklungen und (...) ja das| das muss jeder selber tun grade in der Multimediabranche (..) ähm (..) ist das noch mal auch potenziert also (..) das ist einfach so" (A.H.: 605ff.)

Durch die schnelllebige Welt des Internets bedingt, bedarf es eines kreativen, innovativen Denkens. A.H. erwähnt in der obigen Sequenz Basiskompetenzen, die ihr im Studium vermittelt wurden. Dazu zählt sicherlich ihr pädagogisches Handlungsvermögen. Aufbauend auf diesen Grundstock hält sie sich nun offen für neue Entwicklungen, welche sie auch auf inhaltliche Elemente einer virtuellen Community bezieht. Das lässt sich auch in einer weiteren Sequenz des Interviews mit A.H. wieder finden:

> „ähm was ich vorhin schon mehrfach so betont hab (..) am Ball bleiben (..) also wenn jetzt (..) neue Techniken aufkommen alles spricht im Moment von| von (..) UMTS und von neuen Handys und so weiter gehört auch zu den Medien also da möchte ich auf jeden Fall (..) weitermachen und mich in meinem (..) Beruf als Medienpädagogin auch weiter mitentwickeln und ähm (..) (.) das macht ja auch Spaß wenn man nicht (..) auf einer Stellen stehen bleibt sondern einfach mitgeht mit der Entwicklung" (A.H.: 785ff.)

„Wissen antizipieren", auch dies wird nochmals mit dieser Interviewsequenz deutlich, bezieht sich demnach sowohl auf mögliche neue Technologien, wie hier UMTS[204] oder neue Handys, als auch auf das berufliche Selbstverständnis, sich mit zu entwickeln, weiter zu entwickeln etc. Die befragten Pädagoginnen und Pädagogen, um diesem Bild vorzubeugen, sind demnach nicht dazu gezwungen, diese Entwicklungen von Technologien und adressatenspezifischen Bedürfnislagen in ihrem beruflichen Handeln mitzudenken, wie es bei einer

---

204  UMTS ist die Abkürzung für Universal Mobile Telecommunications System. Es ist ein Mobilfunknetz, das aufgrund hoher Übertragungsraten neben Sprachkommunikation auch Multimedia-Anwendungen (Bild- und Videoübertragung) erlaubt.

Verortung in den Kontext der Neuen Medien durchaus nahe liegen würde. Es ist ihre eigene Motivation, entspricht ihrem individuellen Selbstverständnis, diese Dimensionen in ihr Denken mit einfließen zu lassen. Verdeutlichen lässt sich dies mit einer Interviewsequenz aus dem Interview von P.K.:

> „aber eben auch selber immer Trainings gemacht hab (muss man dazu sagen) um (..) wirklich auch noch dranzubleiben (...) äh (..) ähm also| (..) also um einfach zu wissen was| was| was geht dort ab mit dieser (..) neuen Technologie wie (..) funktioniert das wie ist das| äh sehen auch die konkreten Bedürfnisse aus wie ändern sich die dann ne?" (P.K.: 1950ff.)

P.K. besucht selbst Seminare, um zum einen neue Technologien zu verstehen und zum anderen, um daran anknüpfend wiederum veränderte Bedürfnislagen erkennen zu können.

Interessant erscheint mir in diesem Kontext die Art und Weise des Erzählens meiner InterviewpartnerInnen. Sehr häufig werden Metaphern artikuliert, die diese Schlüsselkategorie zusätzlich hervorheben:

> „ich glaub das ist (Wort?) ähm (..) äh die so diese Taktik des Eishockeyspielers haben es geht nicht darum dem äh (..) Puck hinterher zu laufen sondern dahin zu laufen wo der Puck (.) sein wird" (P.K.: 3785ff.) oder

> „für die Entwicklung relativ (..) nah am Fortschritt dran immer (..) geguckt was es neu gab (..) (°) es hat mich interessiert da war ich halt ähm (...) [schmunzelnd:] am Puls der Zeit" (Axel: 254ff)

Diese Metaphern, wie „am Ball bleiben, „am Puls der Zeit" sein oder auch das Bild „dahin zu laufen, wo der Puck sein wird", verstärken noch einmal die hohe Eigenmotivation und das besondere Interesse daran, für und mit den Neuen Medien beruflich handeln zu können. Die interviewten PädagogInnen zeigen eine deutliche Offenheit gegenüber einerseits technischen Innovationen als auch andererseits Entwicklungen und Veränderungen ihrer Klientel. Sie zeigen sich dazu bereit, sich zukünftig, wenn es sich als nützlich erweisen sollte oder ihrem persönlichem Interesse entspricht, in andere oder auch für sie neue Gebiete einzuarbeiten, um sich auf diese Weise Optionen für die Zukunft zu eröffnen und auch handlungsfähig zu bleiben. Dies fasst Carin nochmals konkret zusammen:

> „dass ich also im Bereich der (..) äh (..) der Forschung auch bleiben kann (..) weil ich schon merke dass mich das sehr ähm (...) fasziniert und das ist auch mein Interesse äh jetzt ähm (..) an innovativen Projekten mitzuarbeiten und zu forschen (..) ähm nicht an einer Stelle wo ich äh (..) ja versuchen muss mit den Gegebenheiten (..) ja (zum Beispiel was weiß ich) im Bereich äh (..) mittelständischen Unternehmen

oder so da zum Beispiel (Inan) oder so was äh einzuführen zu implementieren (..) dass ist äh nicht unbedingt das was mich reizt (..) ich möchte gern lieber dabei sein zu gucken okay in welche Richtung wird es weiterhin gehen wo kann| können wir jetzt Einfluss nehmen oder was was ist wichtig zu wissen" (Carin: 457ff.)

An innovativen Projekten mitarbeiten, zu schauen, wohin es weitergehen könnte, wo Einfluss genommen werden könnte, ist der Motor für das berufliche Denken und Handeln von Carin. Besonders wichtig ist es für sie, zukünftige Wissensinhalte oder auch -ansprüche zu eruieren und sich diese dann konsequenterweise anzueignen, sich auf jeden Fall die Option dafür zu eröffnen.

Betrachtet man nun alle vier Schlüsselkategorien übergreifend in einem empirischen Modell, lässt sich das berufliche Agieren der von mir befragten Pädagoginnen und Pädagogen folgendermaßen grafisch darstellen:

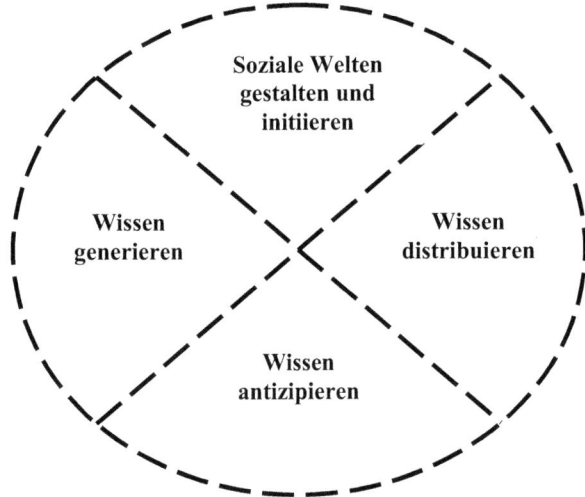

*Abbildung 17:* Ein empirisches Modell der vier Schlüsselkategorien

Im oberen Bereich dieses Modells ist das berufliche Handlungsfeld, virtuelle soziale Welten, der PädagogInnen verortet. Sie sind in der Lage, mit ihrem erlernten (pädagogischen) Wissen diese zu initiieren, zu gestalten und zu betreuen. Sie distribuieren Wissen, indem sie ihr Wissen an die Userinnen und User „ihrer" virtuellen Community vermitteln und sehen sich gleichzeitig als Kommunikationsschnittstelle zu anderen Beteiligten an „ihrer" virtuellen Plattform. Dieses pädagogische Handeln findet permanent statt. Befinden sich die von mir befragten PädagogInnen in diesen Bereichen, dann sind sie mit ihrem erlernten Wissen durchaus handlungsfähig, indem sie auf ihr im Studium erlerntes Basiswissen zurückgreifen. Dieses Basiswissen hat durchaus universalen Charakter, so dass sich die von mir befragten PädagogInnen relativ schnell in neuen beruflichen Kontexten orientieren können. Kommen sie an ihre handlungspraktischen Grenzen, aktivieren sie darüber hinaus Handlungsvermögen, indem sie systematisch neues Wissen generieren und zukünftige Trends und Entwicklungen sowohl technologischer Art als auch adressatenspezifischer Bedürfnislagen eruieren. Auch in anderer Reihenfolge ist dieses Modell denkbar. Sind die beruflich Handelnden vor die Aufgabe gestellt oder selbstmotiviert, eine virtuelle Community zu gestalten respektive zu initiieren, entwickeln sie zukünftige Szenarien, wie eine solche aussehen könnte und erarbeiten sich das dazugehörige Wissen, um diese umzusetzen.

Alle vier Schlüsselkategorien sind eng miteinander verknüpft und unterliegen einem sehr dynamischen Prozess, ohne von einer hierarchischen Ordnung abhängig zu sein. Das berufliche Handeln der von mir befragten Pädagoginnen und Pädagogen ist in diesem Prozess zu sehen: Sie gestalten und initiieren virtuelle soziale Welten indem sie Wissen distribuieren, Wissen generieren und Wissen antizipieren. Sie antizipieren Wissen, um virtuelle soziale Welten gestalten und initiieren zu können, wozu sie sich neues Wissen aneignen, um dieses Wissen wiederum zu distribuieren. Von Bedeutung scheint immer wieder die Fokussierung auf die Klientel zu sein. Erstens bei der Gestaltung virtueller sozialer Welten im Sinne adressatenspezifischer Überlegungen und Modifikationen, zweitens bei einer Fokussierung der Vermittlung und Reflexion von Wissensinhalten, drittens bei der Zielgruppenorientierung bezüglich des Generierens von Wissen und schließlich viertens bei den Überlegungen zu zukünftigen AdressatInnen und deren (veränderter) Bedürfnislagen.

Im nachfolgenden Kapitel geht es um eine Verknüpfung der theoretischen Überlegungen mit den nun vorliegenden qualitativ-empirischen Ergebnissen.

# 5 Die empirischen Ergebnisse und theoretischen Vorüberlegungen – eine Verknüpfung

Die empirischen Ergebnisse der vorliegenden berufsbiographischen Studie verweisen mithilfe des methodischen Instrumentariums der Grounded Theory auf vier fallübergreifende Schlüsselkategorien beruflichen Handelns und Gestaltens von PädagogInnen in und für virtuelle soziale Welten, die sich folgendermaßen darstellen:

- Wissen distribuieren;
- Soziale Welten gestalten und initiieren;
- Wissen generieren;
- Wissen antizipieren.

Ein berufliches Handlungsfeld von PädagogInnen lässt sich sowohl durch den Umgang mit Wissen, die Generierung von Wissen als auch einem antizipierenden Denken für zukünftiges situations- und adressatenspezifisches Wissen charakterisieren. Darüber hinaus lassen die empirischen Ergebnisse den Schluss zu, dass das berufliche Handeln ohne die dazugehörige Thematisierung der Begrifflichkeit Wissen für diesen Kontext nicht möglich ist, denn Wissen und Handeln bedingen einander.

Wie bereits in Kapitel 1.1 dargelegt, geht Schütz von der Existenz eines bestimmten Wissensvorrats aus, der theoretisch jedem zugänglich ist und der sich aus praktischer Erfahrung, Wissenschaft und Technologie aufbaut, soweit diese gesicherte Einsichten liefern. Diesen subjektiven Wissensvorrat gliedert er in drei Grundelemente, die sich aus Erfahrungen, spezifischen Wissensbeständen und Routinewissen zusammensetzen. Erfahrungen bestehen in diesem Kontext aus räumlichen, zeitlichen und sozialen Strukturen von Lebenswelt. Spezifische Wissensbestände, welche sich u.a. aus Wissenschaft und Technologie ergeben, kommen in Einzelsituationen zum Tragen. Ein Routinewissen verweist auf Fähigkeiten und somit auf ein Gewohnheits- und Rezeptwissen. Dies bedeutet, dass der lebensweltliche Wissensvorrat in vielfacher Hinsicht auf die Situation des Handelnden bezogen ist, sich aus Sedimentierungen ehemals aktueller, situationsgebundener Erfahrungen aufbaut und sich jede neue Erfahrung je nach ihrer im Wissensvorrat angelegten Typik und Relevanz in die Biographie einfügt, was zu einer Definition und Bewältigung der Situation mit Hilfe des Wissensvorrats führt. Bezogen auf die vier empirisch generierten Schlüsselkategorien kann erst einmal Folgendes resümiert werden:

Die Betrachtung der virtuellen sozialen Welten als neuen beruflichen Handlungs- und Gestaltungsspielraum von PädagogInnen zielt im Speziellen auf den Untersuchungsgegenstand virtuelle Communities. Das bedeutet: Wie PädagogInnen virtuelle soziale Welten gestalten, verweist auf ein spezielles fachspezifisches Wissen der PädagogInnen, welches sie im Laufe ihrer biographischen Entwicklung vermittelt bekommen haben. Dieses Wissen und die Art und Weise, wie sie mit diesem Wissen handeln, lässt sich dann auf spezifische Wissensbestände im Sinne von Schütz beziehen. Auch die Schlüsselkategorie „Wissen distribuieren" ist in diesem Kontext denkbar, wird sie doch durch *Wissensvermittlung* und *Wissensreflexion* dimensioniert, die innerhalb der berufsbiographischen Studie pädagogische Kernkompetenzen darstellen.

Die Schlüsselkategorie „Wissen generieren" resp. „Neues Wissen generieren" lässt sich nur bedingt mit spezifischen Wissensbeständen verknüpfen. Hier erfolgen eine Verortung und ein Rückgriff auf Erfahrungen und Routinewissen, welches sich dann letztendlich zu einem spezifischen Wissen entwickelt und es ermöglicht, beispielsweise unbekannte in bekannte Situationen zu überführen. Denn Schütz verweist darauf, dass bei einer Dominanz praktischer Interessen, wie in diesem Forschungskontext die Initiierung und Gestaltung sozialer Welten, ein Wissen genügt, dass bestimmte Mittel und Prozeduren tatsächlich gewünschte Resultate erbringen. Das bedeutet, die befragten PädagogInnen generieren neues Wissen sowohl auf der Grundlage ihres Interesses als auch ihrer Intuition. Dies konnte mit der Fallrekonstruktion des Interviews von Axel verdeutlicht werden.

„Wissen antizipieren", sowohl für zukünftige Entwicklungen als auch zukünftige AdressatInnen und Situationen, lässt sich im Sinne von Schütz auf Erfahrungen zurückführen. Hier spiegeln sich die Erfahrungen wider, welche die PädagogInnen sowohl in ihrer privaten als auch in ihrer beruflichen Lebenswelt erlebt haben. Sie haben gelernt, dass die Medien Computer und Internet sehr schnelllebig sind und sie sich dementsprechend zukünftige Handlungsoptionen entfalten müssen und auch möchten, auch um beruflich handlungsfähig zu bleiben und dereinst zu sein.

Diese erste Verknüpfung zwischen den empirischen Ergebnissen und den theoretischen Vorannahmen wird in den nachfolgenden Abschnitten detailliert erläutert. Es soll gezeigt werden, wie sich die Schlüsselkategorien theoretisch fassen lassen und, aus ihrem Phänomenfeld virtuelle Communities gelöst, betrachtet werden können.

## 5.1  Wissen distribuieren als eine pädagogische Kernkompetenz

Diese Schlüsselkategorie wird, wie bei der Fallrekonstruktion des Interviews mit Carin analysiert, von zwei Dimensionen empirisch charakterisiert: *Wissensvermittlung* und *Wissensreflexion*.

Wie bereits in Kapitel 1.1 ausführlich expliziert, stellen die Wissens- und Erfahrungsbestände, die in einem Beruf weitergegeben werden, im Sinne von Schütz ein „sozial abgeleitetes Wissen" dar.[205] Dies bedeutet für die vorliegende Forschungsarbeit: Das Wissen, welches sich die PädagogInnen zum einen über virtuelle soziale Welten und zum anderen über ihre Handlungsoptionen und ihre berufliche Ausbildung angeeignet haben, geben sie nun weiter an andere (sowohl an die UserInnen als auch an die jeweiligen Mitarbeiterinnen und Mitarbeiter). Auf diese Weise führen sie neue Wissensbestände den ihren zu. Auf diesen Kontext verweist auch Höhne (vgl. Kapitel 1.4), wenn er argumentiert, dass Wissen sozial geteilt ist. Für ihn ist dieses sozial geteilte Wissen durch individuelles Erfahrungswissen dimensioniert, welches sich u.a. aus spezifisch biographischen Erinnerungen und bestimmten Sozialerfahrungen speist. Bedeutsam ist für eine theoretische Kontextualisierung dieser Schlüsselkategorie, dass Höhne hier auf eine Umstellung des sozial geteilten Wissens auf eine Handlungspraxis verweist. Das bedeutet, die PädagogInnen distribuieren Wissen aus einer handlungspraktischen Perspektive und mit einem ihnen bereits zur Verfügung stehenden Wissensvorrat.

Gleichzeitig impliziert dies, wenn „Wissen reflektieren" und „Wissen vermitteln" userspezifisch gedacht wird, ein Verstehen, wie soziale Welten funktionieren können. Wissen ist in diesem Sinne und im Kontext dieser Schlüsselkategorie erst einmal nichts anderes als die Gewissheit, dass Phänomene wirklich sind und bestimmbare Eigenschaften haben. Die empirischen fallübergreifenden Ergebnisse, dargelegt in Kapitel 4.4, haben gezeigt, dass sich diese Schlüsselkategorie „Wissen distribuieren" den pädagogischen Kernkompetenzen wie Unterrichten und Lehren deutlich zuordnen lassen, zumal Höhne resümiert, dass Wissensvermittlung eine zentrale pädagogische Aufgabe ist (vgl. Kapitel 1.3). Darüber hinaus beinhaltet diese Schlüsselkategorie ein Reflektieren von eigenen Wissensbeständen und denen anderer. Bereits diese kurzen Ausführungen verweisen darauf, dass sich diese Schlüsselkategorie insbesondere in der beruflichen Alltagswelt der PädagogInnen und ihrem pädagogischen Wissen verorten lässt. Hier werden ihre pädagogischen Kompetenzen im besonderen Maße angesprochen und eingebracht. Wissensvermittlung, und ich verweise auf Stehr (1994)[206],

---

205   Vgl. Marotzki 2004.

206   Vgl. hierzu Kapitel 1.2.

stellt in diesem Kontext einen Kernpunkt sozialen Handelns dar und zielt auf die Schaffung von Zugängen zu Wissen und Wissensinhalten. Stehr fokussiert hier auf die Rolle der ExpertInnen, die gewisse Gemeinsamkeiten mit ihrer Klientel aufweisen. Wissensvermittlung findet hierbei adressatenspezifisch statt, wobei sich die ExpertInnen partiell einen gemeinsamen Wissenshorizont mit der Klientel teilen. Betrachtet man den oben genannten Aspekt im Sinne der vorliegenden Forschungsergebnisse, bedeutet dies, dass die befragten PädagogInnen sich einen partiellen gemeinsamen Wissensvorrat mit den UserInnen und den weiteren MitarbeiterInnen teilen müssen, um beruflich handlungsfähig zu sein. Das erreichen sie durch eine Verteilung resp. Zuteilung von Wissen und der Reflexion der jeweiligen Situation und der Wissensbestände. Besonders deutlich konnte dies mit der Fallrekonstruktion des Interviews mit Carin gezeigt werden (Kapitel 4.3.1). Durch Reflexion und Interpretation ist sie in der Lage, Fähigkeiten und Fertigkeiten Dritter, den Lehrenden und Lernenden, die ihre Zielgruppe sind, einzuschätzen und in die jeweilig zu lösende berufliche Situation zu integrieren. Darüber hinaus thematisiert sie, dass sie Situationen durch ein Kontingent an Erfahrungswissen spezifizieren und analysieren kann. Dieses erworbene Wissen verortet sie deutlich in ihrer pädagogischen Ausbildung.

Hier sind die befragten PädagogInnen als ExpertInnen anzusehen, aber nicht in einem so idealtypischen Verständnis, wie Schütz es darlegt. Schütz argumentiert, dass das Wissen der ExpertInnen auf ein bestimmtes Gebiet begrenzt ist. Dieses Wissen ist klar und gründet sich auf gesicherte Behauptungen. Ganz sicher kann aufgrund der Forschungsergebnisse behauptet werden, dass die befragten PädagogInnen innerhalb dieser Schlüsselkategorie „Wissen distribuieren" am ehesten als ExpertInnen zu sehen sind. Wie in Kapitel 3.1 bereits ausführlich dargestellt, verweisen Kade und Seitter (2004) auf eben jenen Kontext, wenn sie pädagogisches Wissen, und damit das ExpertInnenwissen der von mir befragten PädagogInnen, u.a. als spezifisches Vermittlungswissen definieren. Die Autoren unterscheiden darüber hinaus zwischen einem aneignungsbezogenem Wissen und Überprüfungswissen. Vermittlungswissen im Kontext der Studie von Kade und Seitter beinhaltet dabei eine explizite Verfügbarkeit, welche adressatenspezifisch beschrieben wird. Wie in Kapitel 4.4 fallübergreifend dargestellt, findet Wissensvermittlung innerhalb der vorliegenden berufsbiographischen Studie zwischen zwei Ebenen statt. Wissensvermittlung kann sowohl online als auch offline praktiziert werden. Der Unterschied besteht darin, dass in der einen Situation eine face-to-face-Beziehung gegeben ist und in der anderen die Partizipierenden anonym bleiben können. Weiterhin wird Wissensvermittlung innerhalb der Studie von Kade und Seitter (2004) in Bezug auf Kontexte thematisiert. Dazu gehören systematische Prozesse innerhalb organisationsbezogener Kommunikationsroutinen. Die Autoren meinen hiermit die Vermittlung von Wissen zwischen Personen und Gruppen auf einer offline-Ebene. Hier decken sich also meine empirischen Ergebnisse mit denen von Kade und Seitter. Die von mir befragten PädagogInnen erzeugen eine Nähe zu ihrer Klientel als auch den MitarbeiterInnen und schaffen kommunikative Räume auf der Basis einer face-to-face-Situation. Besonders Claudia thematisiert diesen Aspekt, wenn sie davon spricht, mit ihrer Klientel gemeinsam die Nutzung des Mediums Internet und des Computers aus deren Perspektive zu betrachten. Diese Beziehung spricht auch Schütz an (vgl. hierzu Kapitel 2.1.3). Für ihn ist dies die einzige soziale Situation, die durch zeitliche und räumliche Unmittelbarkeit gekennzeichnet ist. In einer face-to-face-Situation stehend bedeutet dann, dass dieser gemeinsame Rahmen den jeweilig Beteiligten die Möglichkeit gibt, Gegenstände gemeinsamen Interesses und gemeinsamer Relevanzstrukturen zu erkennen. Bezogen auf meine empirischen Ergebnisse sagt dies aus, dass die PädagogInnen so in der Lage sind, sowohl den Wissenshorizont ihrer Klientel als auch den Wissensvorrat der MitarbeiterInnen zu erkennen. Sie können Bedürfnislagen einschätzen und dementsprechend agieren, was wiederum auf die Gestaltung und Initiierung sozialer Welten Einfluss nimmt. In dieser Situation teilen sie sich, so Schütz, eine gemeinsame Zeit. Der schrittweise Gedankenaufbau des Anderen kann erkannt und nachvollzogen werden, was sowohl den Stil als auch die Struktur der sozialen Beziehungen und der Handlungen wesentlich bestimmt. Wissensvermittlung, um wieder auf Kade und Seitter zurückzukommen, thematisiert sich darüber hinaus über technisch-mediale Arrangements, womit an die von mir so genannte Online-Wissensvermittlung angeknüpft werden kann. Die Autoren beziehen sich hier auf computergestützte Formen der Wissensvermittlung über Internet/Intranet, welche nicht näher ausformuliert werden. Es kann darauf geschlossen werden, dass es sich „nur" um eine Erweiterung der Vermittlung von Wissen durch das Hinzunehmen eines medialen Mittels handelt. Allerdings ist dies im Kontext der vorliegenden Forschungsarbeit ein entscheidendes Kriterium, da die eigentliche Klientel größtenteils online erreicht werden muss. Kommunikation in modernen Unternehmen findet online statt, was Kade und Seitter in ihren Ergebnissen festhalten. Das ist bei den von mir befragten PädagogInnen ebenso. Online-Wissensvermittlung zielt bei meinen Forschungsergebnissen allerdings ausschließlich auf die Klientel, was ja bereits durch den Forschungsgegenstand virtuelle Communities zu erwarten war. Allerdings resümiert Andreas, dass er keine wesentlichen Unterschiede von einer Online-Wissensvermittlung zu einer Wissensvermittlung in einer face-to-face Situation sieht. Er hat mit Gruppen zu tun, die miteinander kommunizieren, und die Fähigkeit, interaktive Prozesse zu steuern, hat er im Studium erlernt. Hieraus wird nochmals ersichtlich, dass die PädagogInnen innerhalb dieser Schlüsselkategorie „Wissen distribuieren" als ExpertInnen anzusehen sind. Sie sehen sich als Kommunikationsschnittstelle, was eine permanente Reflexion des eigenen Wissens und des Wissens der Anderen beinhaltet.

Unter Bezugnahme auf Berger und Luckmann (2003), deren Überlegungen auf Schütz basieren, begegnet man Wissen distribuiert. Das Wissen wird nicht mit allen Individuen einer sozialen Welt zu gleichen Teilen geteilt. Es existieren auch Wissenselemente, die mit niemandem geteilt werden können. Die gesellschaftliche Distribution von Wissen beginnt, so Berger und Luckmann weiter, mit der Tatsache, dass nicht alles gewusst werden kann, was die Mitmenschen wissen. So wird die Expertenschaft kulminiert. Wenigstens in groben Zügen zu wissen, wie der gesellschaftliche Wissensvorrat verteilt ist, gehört zu den wichtigsten Bestandteilen eben dieses Wissensvorrats. Was bedeutet das für meine empirischen Ergebnisse? Zwei Dimensionen von Wissensdistribution eröffnen Berger und Luckmann. Zum einen bedarf es des Bewusstseins, dass nicht alles gewusst werden kann und dementsprechend Aktivitäten, um handlungsfähig zu werden bzw. zu sein. Zum anderen bedarf es eines grundsätzlichen Wissens über das Wissen anderer, deren Einordnung, Zuordnung, Einbindung von Wissen und des Verstehens, um wiederum beruflich handlungsfähig zu sein. Fasst man diese Aspekte kurz zusammen ist offensichtlich, dass die PädagogInnen beruflich dazu fähig sind, Wissen zu verteilen, zu reflektieren und zu vermitteln. Genau dies thematisieren die befragten PädagogInnen, wie in Kapitel 4.4 fallübergreifend expliziert wurde. Sie sehen sich als Kommunikationsschnittstelle zwischen verschiedenen spezifisch anderen Professionen, verstehen deren Sprache und können in den unterschiedlichsten Kontexten situations- und adressatenspezifisch agieren. Das beschreibt sehr deutlich die Schlüsselkategorie „Wissen distribuieren".

Die empirischen Ergebnisse, in Verknüpfung mit den theoretischen Vorüberlegungen, lassen den Schluss zu, dass PädagogInnen in diesem Kontext als ExpertInnen anzusehen sind. Sie agieren mit dem Handlungssystem, welches sie im Studium erlernt haben und sind in der Lage, das erlernte Wissen situations- und adressatenspezifisch einzusetzen und zu handeln. Kommt man nun auf die in Kapitel 1.1 dargelegten drei Idealtypen des Handelns zurück, unterscheidet Schütz diese aufgrund der Bereitschaft, Dinge als fraglos gegeben anzunehmen. Die agierenden PädagogInnen stellen ihr Wissen, und damit ihre Handlungs- und Relevanzsetzungsstruktur innerhalb ihres beruflichen Rahmens, nicht in Frage. Sie wissen, dass sie in diesem Kontext beruflich handeln können, da sie dies u.a. im Studium gelernt haben. Schütz nennt diesen Sektor von Welt „Zone der fraglos gegebenen Dinge". Hier kann sich der Handelnde orientieren. Von dieser Zone geht aber auch jede Analyse aus, wie eine unbestimmte in eine bestimmte Situation verwandelt werden kann. Insbesondere hierfür steht die Schlüsselkategorie „Wissen generieren", worauf nachfolgend näher eingegangen werden soll.

Das ist die eine Ebene, wie ein ExpertInnenbegriff gefasst werden kann. Stehr, und das ist eine weitere Ebene, welche in Kapitel 1.3 aufgezeigt wurde, versteht unter ExpertInnen diejenige Berufsgruppe, deren Kernpunkt sozialen Handelns die Wissensvermittlung ist. Wissensvermittlung ist in diesem Kontext ein aktiver Vorgang, den die von mir befragten PädagogInnen auch als einen solchen beschreiben. Stehr argumentiert, dass hier Wissen reproduziert wird, was mit einer Produktion von Wissen durchaus einhergehen kann. In erster Linie, und darauf konnte ich bereits mit den theoretischen Überlegungen von Schütz hinweisen, geht es um ein Handeln mit Wissen, welches bereits zur Verfügung steht und nicht erst neu geschaffen werden muss. In Kapitel 1.2 wurden zwei Handlungstypen aufgezeigt, die die Ausführungen von Stehr durchaus zulassen. Aus dieser Perspektive gibt es eine Berufsgruppe, die sich damit beschäftigt, *Wissen über Wissen zu erlangen* und es zu vermitteln. Traditionellere Berufsgruppen lassen *Wissen an ihrem Platz*, es wird durch Beobachten, Partizipieren und Ausprobieren erlangt. In Verknüpfung der theoretischen Überlegungen mit den empirischen Ergebnissen sind beide Handlungstypen dieser Schlüsselkategorie mit Einschränkungen implizit. Innerhalb dieser Schlüsselkategorie handeln die PädagogInnen mit einem Wissen, welches ihnen zur Verfügung steht. Im Sinne von Stehr befinden sie sich also hier ihrer Profession am nächsten, nämlich pädagogisch tätig zu sein. Das einmal erlernte Wissen, ihr vorhandener Wissensvorrat, wird eingesetzt und sie sind damit handlungsfähig. Dieses Wissen steht den PädagogInnen zur Verfügung, wird rekonstruiert, reflektiert sowie situations- und adressatenspezifisch eingesetzt und verteilt. Der zweite Handlungstyp bei Stehr, bei dem es um die Erlangung von Wissen über Wissen geht, ist eher der Schlüsselkategorie „Wissen generieren" zuzuordnen. Das (neue) Wissen ist dann für die PädagogInnen unmittelbare Produktivkraft, die sie selbst erzeugt haben. Diese Verbindung bei Stehr zu rekonstruieren, in einer Verknüpfung mit meinen empirischen Ergebnissen, gestaltet sich durchaus schwierig. Er sieht die wissensfundierten Berufe, unter die er alle subsumiert, die grundsätzlich mit Wissen zu tun haben, nicht als „Schöpfer" neuen Wissens. Für ihn sind diese ExpertInnen, RatgeberInnen und BeraterInnen VermittlerInnen zwischen Wissensproduzent und Wissensempfänger, somit Schnittstelle zwischen dem Erzeuger der Fähigkeit zum Handeln als auch dem Handelnden selbst. Die vorliegenden empirischen Ergebnisse zeigen hingegen deutlich, dass die PädagogInnen sowohl VermittlerInnen als auch Erschaffer von (neuem) Wissen sind. Darauf lässt die Definition von Wissen, so wie Stehr sie formuliert, nur bedingt schließen. Er betrachtet Wissen als die Fähigkeit zum Handeln, somit ist dies die Möglichkeit, etwas in Gang zu setzen. Die Generierung oder Schöpfung neuen Wissens ist als Fähigkeit zum Handeln zu sehen. Darüber hinaus weist Stehr dem mündlichen Diskurs bei der Vermittlung von Wissen eine entscheidende Bedeutung zu. Meine Ergebnisse verweisen darauf, dass Wissensvermittlung und -verteilung sowohl online als auch offline stattfinden, dass zum mündlichen Diskurs ein textlicher hinzukommt. Das mag nun in dem Untersuchungsfeld virtuelle soziale Welten begründet sein. Doch in der modernen Gesellschaft, und Stehr spricht ja von der Wissensgesellschaft, ist die Distribution von Wissen nicht mehr nur face-to-face denkbar. Unternehmerische Kommunikation sowie die Kommunikation mit der jeweiligen Klientel, seien es nun UserInnen oder andere, finden mehr und mehr online statt. Dies bedeutet allerdings nicht, dass der mündliche Diskurs verdrängt wird. Besonders deutlich konnte diese Erkenntnis mit Sequenzen und den daraus abgeleiteten Interpretationen aus dem Interview von Claudia herausgearbeitet werden (vgl. hierzu Kapitel 4.3.4). Für sie ist es wichtig, den Prozess der Wissensvermittlung zur Klientel genau verfolgen zu können. Sie begleitet die UserInnen sowohl offline als auch in ihrer virtuellen sozialen Welt.

Resümierend kann für die Schlüsselkategorie „Wissen distribuieren" festgehalten werden:

Die befragten PädagogInnen agieren in diesem Kontext mit einem Wissen, welches sie aus Erfahrungen anderer sowie eigener Erfahrung aufgebaut haben. Dieses Wissen steht ihnen explizit zur Verfügung und sie sind damit handlungsfähig. Sie können dieses Wissen situativ einsetzen und adressatenspezifisch modifizieren. In der Schützschen Terminologie würde dies heißen, dass sie hier mit einem Routinewissen agieren. Dies ist eine berufliche Handlungsstrategie, die die befragten PädagogInnen als eine pädagogisch-genuine definieren.


## 5.2 Soziale Lebenswelten gestalten als ein beruflicher Handlungsspielraum von PädagogInnen

Bei dem Versuch, sich dem Terminus „soziale Welten" inhaltlich zu nähern, trifft man auf verschiedene theoretische Überlegungen unterschiedlichster Autoren. Bourdieu[207] spricht von „sozialen Feldern", Goffman von „Rahmen"[208]. Anselm Strauss (1982) bezieht den Terminus „soziale Welten" auf ein Bündel von gemeinsamen oder verbundenen Aktivitäten oder Interessen, die untereinander durch ein Netzwerk von Kommunikation miteinander verwoben sind. Er spricht in diesem Kontext bereits wesentliche Elemente sozialer Lebenswelten an, die sich in der Schlüsselkategorie „Soziale Welten gestalten und initiieren" widerspiegeln. In diesem Abschnitt geht es darum, Schütz' Überlegungen zur Konstruktion einer sozialen Welt mit eben dieser Schlüsselkategorie zu verknüp-

---

207   Vgl. hierzu Bourdieu 1993 oder Schwingel 2003.
208   Vgl. hierzu Goffman 1971, 1977.

fen. Hierbei werden die theoretischen Überlegungen aus Kapitel 2.1 zu einer Konstruktion sozialer Welt herangezogen und mit den empirischen Ergebnissen jener Schlüsselkategorie verglichen.

Wie bereits in Kapitel 4.2.1 fallspezifisch rekonstruiert und in Kapitel 4.4 fallübergreifend generiert, wird die Schlüsselkategorie „Soziale Welten gestalten und initiieren" durch zwei wesentliche Dimensionen inhaltlich charakterisiert. Die Dimension *Handlungsstrategische Überlegungen* zielt auf die Konzeptionierung virtueller sozialer Welten, wobei die befragten PädagogInnen im Besonderen die Entwicklung eines Content, eines didaktischen Designs und kommunikativer Elemente virtueller sozialer Welten in den Interviews thematisieren. Dies sind Elemente innerhalb hypothetischer Überlegungen, die die befragten PädagogInnen bei der Initiierung und Gestaltung sozialer Welten bedenken, um sie in einem nachfolgenden Schritt umzusetzen, was die zweite Dimension *Umsetzung und Betreuung* beinhaltet. Diese Dimension zielt dementsprechend enger auf die eigentliche Zielgruppe, den UserInnen, und deren Bedürfnisse. Die handlungsstrategischen Überlegungen, wie die virtuelle soziale Welt didaktisch gestaltet bzw. welche gestalterischen Elemente integriert werden sollen, werden demnach handlungspraktisch umgesetzt.

Wie sich soziale Welt auf einer theoretischen Ebene im Sinne von Schütz konstruiert, um dann wiederum rekonstruiert werden zu können, wurde in Kapitel 2.1 ausführlich dargestellt. Zwei Betrachtungslinien sollen nachfolgend expliziert und mit den empirischen Ergebnissen verknüpft werden. Zum einen geht es um die Darstellung, wie sich ein individuelles Wissen in einer sozialen Welt aufbauen kann. Dies stellt die Grundlage für die Überlegung dar, auf welchen Wissensvorrat die von mir befragten PädagogInnen aus einer theoretischen Perspektive zurückgreifen können, um beruflich handlungsfähig zu sein. Darüber hinaus erfolgt eine Verknüpfung zu den in Kapitel 1 ausgeführten Ansätzen, wie sich Wissen und ein Handeln mit Wissen für eine berufliche Tätigkeit fassen lässt. Zum anderen ist es in diesem Zusammenhang wesentlich, die Konstruktionen zweiter Ordnung nochmals zu betrachten. Denn die PädagogInnen erfahren, in Bezug auf die Schlüsselkategorie „Soziale Welten gestalten und initiieren", die virtuelle soziale Welt der UserInnen bereits als eine durch diese vorkonstruierte. Es soll aufgezeigt werden, wie sich die PädagogInnen ein Wissen über ihre Klientel, die UserInnen, aneignen, um adressatenspezifisch soziale Welten gestalten zu können. Gleichzeitig wird in diesem Sinne beleuchtet, wie eng die einzelnen Schlüsselkategorien miteinander verzahnt sind resp. welchen dynamischen Prozessen sie unterliegen.

Der verfügbare Wissensvorrat der PädagogInnen für eine Gestaltung sozialer Welten

Das Wissen, auf welches die befragten PädagogInnen zurückgreifen, um beruflich handlungsfähig zu sein, gründet sich innerhalb dieser Schlüsselkategorie im Sinne von Schütz u.a. auf ein Wissen, welches sie in ihrer eigenen privaten Welt vermittelt bekommen haben. Dieser „verfügbare Wissensvorrat" ist durch die in einer sozialen Welt bereits lebenden Menschen vorkonstruiert und vorinterpretiert. Ein Vorrat an Wissen baut sich in diesem Zusammenhang aus eigenen und vermittelten Erfahrungen auf. Bei der Gestaltung sozialer Welten in ihrem beruflichen Kontext bringen die PädagogInnen ihre ganz eigenen biographischen und vermittelten Erfahrungen mit ein. Der verfügbare Wissensvorrat, mit dem die PädagogInnen agieren, ist somit biographisch orientiert aufgebaut und sedimentiert, worauf sich die Handlungsstrategien der PädagogInnen begründen lassen. Dazu gehört zum einen ein Wissensvorrat, der sich durch primäre Sozialisationserfahrungen entwickelte, durch ein vermitteltes Wissen und vermittelte Erfahrungen der Eltern, Geschwister etc. Zum anderen lässt sich der verfügbare Wissensvorrat sekundär auf ein vermitteltes Wissen aus Studium, Praktika, LehrerInnen und Medien zurückführen. Dieses bereits „verfügbare Wissen" bildet diesbezüglich ein Bezugsschema, in das Menschen hineinwachsen.[209] In ihre primäre soziale Welt sind die PädagogInnen hineingeboren, erlernen dort die vorherrschende und allgemein anerkannte Sprache und Syntax, sowie das Handlungs- und Relevanzsetzungssystem ihrer sozialen Welt. Diese soziale Welt erfahren die PädagogInnen im Sinne von Schütz als eine geordnete und bereits gedeutete Welt, womit sich die Interpretation dieser Welt auf einen Vorrat eigener und vermittelter Welterfahrungen gründet. Den verfügbaren Wissensvorrat einer primären sozialen Welt nehmen die PädagogInnen erst einmal als fraglos gegeben hin. Aufgrund des dort erlernten Relevanzsetzungs- und Handlungssystems treffen sie Entscheidungen, beispielsweise was ihre berufliche Entwicklung betrifft. Schütz verweist allerdings darauf, dass dieses Handlungs- und Relevanzsetzungssystem jederzeit fragwürdig werden kann, was wiederum zu Brüchen, gerade bei solchen Statuspassagenwechseln wie Berufsfindung und -einmündung führen kann. In der Fallrekonstruktion des Interviews mit Carin konnte deutlich ein solcher Bruch im Handlungs- und Relevanzsystem aufgezeigt werden. Ihr biographischer Widerspruch liegt in ihrem Interesse für das Medium Computer und ihrem primären Berufsziel Erzieherin (vgl. hierzu Kapitel 4.3.1). Sie ist in einer bestimmten biographischen Situation, ausgestattet mit einem Relevanzsetzungssystem ihrer primären sozialen Welt, aufgrund dessen sie bestimmten

---

209    Vgl. hierzu auch Marotzki/Nohl (2004).

Handlungsstrategien folgt. Diese führen dazu, dass sie sich erst einmal nicht ihrem Interesse entsprechend für das Medium Computer entscheidet, sondern den Beruf der Erzieherin erlernt. Schütz nennt das „verfügbare Ziele". Ihr verfügbarer Wissensvorrat erschließt ihr Möglichkeiten praktischer und theoretischer Tätigkeiten. Darüber hinaus wird definiert, welche Elemente für dieses Ziel als relevant zu erachten sind, welche als kennzeichnend typisch erscheinen und welche als einzigartig individuell ausgewählt werden. Ihr Interesse für das Medium Computer ist in dieser Logik ein einzigartiges individuelles Element, welches in der momentanen Entscheidungssituation Berufsfindung den typischen Handlungsstrategien untergeordnet wird. Erst mit einem größeren Erfahrungsraum und dementsprechend weiteren Handlungsstrategien ist Carin in der Lage, ihr Faible für Computer mit ihrer beruflichen Entwicklung zu vereinbaren. Sie orientiert sich demnach an einem gewachsenen Wissensvorrat, resultierend aus Erfahrungen, der ihr mehr Handlungsräume eröffnet. Dieses Erfahrungswissen ist ein Charakteristikum, welches in den empirischen Ergebnissen immer wieder thematisiert wird, wie mit der Fallrekonstruktion von Carins Interview aufgezeigt werden konnte. Es beleuchtet, wie erlernte und vorinterpretierte Handlungs- und Relevanzsetzungssysteme von den befragten PädagogInnen immer wieder in Frage gestellt werden.

Handeln die PädagogInnen in diesem Sinne beruflich, greifen sie dementsprechend auf die in ihrer sozialen primären und/oder sekundären Welt erlernten Handlungsstrategien zurück. Diesen Weg verfolgen sie solange, bis ein definiertes Ziel nicht mit dem typischen Handlungs- und Relevanzsetzungssystem erreicht werden kann. Auf welche Möglichkeiten sie dann zurückgreifen und wie sie in einer solchen Situation beruflich agieren, wird in Kapitel 5.3 thematisiert. Nachfolgend wird nun dargelegt, wie sich die PädagogInnen die virtuelle soziale Welt der UserInnen erschließen.


Mit einem verfügbaren Wissensvorrat intersubjektive Welten gestalten und initiieren

Ausgestattet mit einem verfügbaren Wissensvorrat, also einem Wissen, welches sie sich im Laufe ihrer biografischen Entwicklung angeeignet haben, betrachten die befragten PädagogInnen die virtuelle soziale Welt der UserInnen. Sie greifen auf ein ihnen vermitteltes Wissen zurück, welches sie u.a. im Studium erlernt haben. Das bedeutet, sie wissen sowohl, wie kommunikative Abläufe in Gruppen funktionieren als auch welche kommunikativen Elemente zur Gestaltung von virtuellen sozialen Räumen relevant sind. Dies zeigte sich besonders deutlich in der Fallrekonstruktion des Interviews mit Andreas. Im Sinne von Schütz müssen sie, um beruflich handlungsfähig zu sein, diese soziale Welt verstehen. Das bedeutet, sie schaffen sich einen Wissensvorrat, den sie mit ihrer Klientel teilen. Diesen Wissensvorrat bringen sie durchaus aus dem Studium mit, wie in den Fallrekonstruktionen gezeigt werden konnte. In den Sequenzen von Andreas, dessen Interview fallrekonstruktiv für diese Schlüsselkategorie exploriert wurde, zeigt sich sein Wissensvorrat, wenn er davon spricht, dass er im Studium gelernt hat, interaktiv zu kommunizieren und diese Prozesse auch zu steuern. Dies zeichnet übergreifend meine InterviewpartnerInnen aus. Von den PädagogInnen wird thematisiert, dass dies grundlegende pädagogische Elemente ihrer Ausbildung waren. Dass ein Wissen über kommunikative Abläufe in Gruppen ein zentrales Element bei der Gestaltung virtueller sozialer Räume ist, konnte in der online-ethnographischen Darstellung in Kapitel 3.2 aufgezeigt werden. Dies ist im Sinne von Marotzki ein wesentliches Strukturmerkmal virtueller Communities. Darüber hinaus bedarf es u.a. eines Wissens über Reglements, textlicher Repräsentationen (vgl. hierzu Informations- und Kommunikationsstruktur) und einer Beantwortung der Frage: „Von wem werden welche Informationen für wen in welcher Form zur Verfügung gestellt?" (vgl. hierzu Informationsstruktur der Strukturmerkmale von Kapitel 3.2).

In Bezug auf Schütz zählt zu diesem „verfügbaren Wissensvorrat", den die PädagogInnen im Studium erlernt haben, unter anderem ein Wissen von den Gegenständen der virtuellen sozialen Welt, wobei diese Gegenstände nicht isoliert voneinander betrachtet werden. Zu den Gegenständen einer virtuellen sozialen Welt gehören u.a. kommunikative und gestalterische Elemente. Betrachten die PädagogInnen eine bereits existierende virtuelle soziale Welt, nehmen sie diese Elemente erst einmal als vorhanden an. Eingebettet in einen „Horizont der Vertrautheit und des Bekanntseins" werden diese als fraglos gegeben angenommen, können aber jederzeit fragwürdig werden. Mit einem bestimmten Wissensvorrat ausgestattet gehen demnach meine InterviewpartnerInnen an ihren Aufgabenbereich heran. In ihrem Arbeitsprozess greifen sie auf einen ihnen bereits vermittelten Wissensvorrat zurück und suchen nach Wissenselementen, die ihnen vertraut sind. Das bedeutet: In einem ersten Zugang reflektieren sie das ihnen vermittelte Wissen und suchen ähnliche berufliche Handlungsmöglichkeiten, mit denen sie bereits erfolgreich tätig waren. Um die Argumentation noch mit der Stehr (1994) zu stützen: Sie aktivieren ihre Fähigkeit zu handeln, in dem sie versuchen, Dinge in Gang zu bringen. Definieren lässt sich dies im Sinne von Stehr als ein Handlungswissen. Die PädagogInnen entscheiden, welche ihrer erlernten Handlungsstrategien im Entscheidungsprozeß, wie soziale Welten gestaltet werden, aufgrund ihres verfügbaren Wissens zum Tragen kommen. Dies zeigt die enge Verzahnung zur Schlüsselkategorie „Wissen distribuieren". Die Fähigkeit zur Reflexion der verschiedenen zur Verfügung stehenden Handlungs-

und Entscheidungsalternativen ist in diesem Prozess auch ein entscheidendes Kriterium bei Schütz, wenn es um die Sinnhaftigkeit einer Handlung und einer damit einhergehenden Relevanzsetzung bei *Handlungsstrategischen Überlegungen* geht. Wurde im vorangegangen Abschnitt aufgezeigt, woraus die Wissensbasis resultiert, mit der die befragten PädagogInnen agieren, geht es nun darum zu erkennen, wie sie virtuelle soziale Welten adressatenspezifisch gestalten. Hier lässt sich mit der in Kapitel 2.1.2 dargelegten Generalthese der reziproken Perspektive argumentieren, die wiederum Grundlage für die soziale Ausbildung und sprachliche Fixierung von Denkobjekten ist. Diese überformen die Denkobjekte der vorsozialen Welt. Die Generalthese der reziproken Perspektive geht bei Schütz auf zwei grundlegende Idealisierungen zurück, die Differenzen individueller Perspektiven überwinden sollen. Zum einen thematisiert Schütz die Vertauschbarkeit der Standorte, womit ein Perspektivwechsel einhergeht. Der Handelnde kann den subjektiv gemeinten Sinn eines Anderen dadurch rekonstruieren, dass er sich auf dessen Standpunkt platziert und vorstellt, wie dieser handeln würde. Die Dinge und Gegenstände der virtuellen sozialen Welt betrachtet der beruflich Handelnde aus der Perspektive der UserInnen und entscheidet, welche wesentlichen Elemente bei der Gestaltung neuer bzw. anderer virtueller sozialer Räume für die NutzerInnen bedeutsam sein könnten. So entwickeln die PädagogInnen nachfolgend einen Content für die virtuelle soziale Welt sowie deren Design und Layout. Gleichzeitig knüpfen die PädagogInnen daran die Überlegung, wie diese einzelnen Elemente technisch realisierbar sind. Dies sind wesentliche Grundgedanken der Dimension *Handlungsstrategische Überlegungen*. Zum anderen zielt die zweite Idealisierung bei Schütz in diesem Kontext auf die Kongruenz der Relevanzsysteme. Ausgangspunkt ist, dass die Gegenstände der sozialen Welt von den jeweilig Involvierten anders wahrgenommen werden bzw. dass sie mit unterschiedlichen Handlungs- und Relevanzsystemen in diesen Welten agieren. Schütz schlussfolgert dies aus den biographischen Situationen, die zwischen UserInnen und PädagogInnen differieren können. Durch eine Idealisierung der Kongruenz der jeweiligen Relevanzsysteme können die PädagogInnen, solange keine Widersprüche auftreten, davon ausgehen, dass die Verschiedenartigkeit der Perspektiven für den momentanen praktischen Zweck irrelevant ist. Dies lernen sie durch eine wechselseitige Typisierung des Handelns. Auf diese Weise ist dem Handelnden bewusst, dass nicht nur die gemeinsame Welt sozialisiert, sondern auch die noch zu erfahrene sozialisierbar ist. Das bedeutet: Die PädagogInnen nehmen nicht nur wahr, was in einer virtuellen sozialen Welt bereits an kommunikativen Elementen u.a. vorhanden ist, sondern bedenken, was es noch für welche geben könnte. Die PädagogInnen versetzen sich in die Lage der UserInnen und beobachten, wie diese in virtuellen sozialen Welten agieren. Sie schließen aus diesen Erfahrungen auf die von ihnen zu gestaltende soziale

Welt zurück und legen fest, wie sie diese adressatenspezifisch vorbereiten können. Ganz wesentlich, und dies begründet sich auch aus dem beruflichen Handlungsfeld der PädagogInnen, sind hierbei kommunikative Elemente wie Chat, Foren, Gruppenzusammenhänge etc.

Mit den oben explizierten Ausführungen konnte die erste Frage, wie sich Wissen biographisch aufbaut, aus der Zusammenfassung von Kapitel 2 (siehe Abschnitt 2.2.4) aufgrund der empirischen Ergebnisse beantwortet werden. Das Wissen, mit dem PädagogInnen beruflich agieren, sedimentiert sich dementsprechend aus einem verfügbaren Wissensvorrat, den sie durch ihre private Welt vermittelt bekommen haben. Darüber hinaus greifen sie auf Fertigkeiten zurück, die sie in einer eigenen bestimmten biographischen Situation erfahren haben. Obwohl das Interviewsetting (berufs-)biographisch angelegt ist, kann der verfügbare Wissensvorrat nur ansatzweise auf ein vermitteltes Wissen und eigene Welterfahrung der primären sozialen Welt der PädagogInnen zurück geschlossen werden. Wesentlich ausführlicher sind die Thematisierungen der PädagogInnen zu beruflichen Erfahrungen und einem dementsprechend beruflichen Handlungsspielraum für die Gestaltung und Initiierung virtueller sozialer Welten.

Darüber hinaus kann die Frage gestellt werden: Wie handeln die PädagogInnen mit ihrem verfügbaren Wissen und wie gestalten sie mit diesem virtuelle soziale Welten. Die empirischen Ergebnisse zeigen, dass sie ihre vortheoretischen Überlegungen mit einer konkreten praktischen Umsetzung verknüpfen, was die Dimension *Umsetzung und Betreuung* verdeutlicht hat. Innerhalb dieser Dimension konnte aufgezeigt werden, dass die einzelnen kommunikativen Elemente in die virtuellen sozialen Welten integriert und dass der Kontakt zum jeweiligen Klientel aufrecht erhalten werden muss, um bei veränderten Bedürfnislagen der UserInnen entsprechend beruflich agieren zu können und dass die virtuellen sozialen Welten so zu konzipieren sind, dass sie jederzeit adressatenspezifisch modifiziert werden können. Wie in Kapitel 3.2 aufgezeigt werden konnte, beinhalten virtuelle soziale Welten verschiedene Strukturmerkmale, die eine Kernstruktur virtueller Communities repräsentieren. Dazu gehört u.a. eine Kommunikationsstruktur, wobei es sich erst einmal um eine technische Struktur handelt, die Personen und Mitglieder einer virtuellen soziale Welt miteinander in Kontakt bringen soll. Teil einer solchen Kommunikationsstruktur sind öffentliche, halböffentliche oder geschlossene Gruppen, in denen soziale Interaktionen stattfinden. Mit der Fallrekonstruktion des Interviews von Andreas konnte verdeutlicht werden, dass diese Gruppen einen wesentlichen Bestandteil seines beruflichen Handlungsrahmens repräsentieren. Dazu gehört nicht nur die Betreuung bereits vorhandener Gruppen sondern ebenso die Initiierung neuer, möglicherweise thematisch fokussierter, Chats und Foren. Innerhalb der Dimension *Handlungsstrategische Überlegungen* geht es in erster Linie darum, zu erfassen, welche Gruppen bereits in virtuellen sozialen Welten existieren und wie in diesen soziale Interaktionen stattfinden. Gruppen haben für Schütz jeweils einen objektiven und einen subjektiven Sinn. Der subjektive Sinn, den eine Gruppe für ihre Mitglieder hat, besteht für Schütz in ihrem Wissen von einer gemeinsamen Situation und von einem gemeinsamen System von Typisierungen und Relevanzen. Aus dieser verknüpften Umgebung leiten die Gruppenmitglieder einen Komplex von Traditionen, institutionalisierten Gewohnheiten usw. ab, die ihnen helfen, mit den zur Situation gehörenden Gegenständen und Menschen umzugehen. Auf diesem Weg kommt die Gruppe zu einer homogenen Selbsttypisierung, was Schütz auch für freiwillig sich zusammenfindende Gruppen festhält. Eben jene finden sich größtenteils in virtuellen sozialen Welten wieder. In einer solchen Gruppe vereinen sich nach Ansicht von Schütz viele Individuen mit Teilen ihrer Persönlichkeit. Dies konnte ansatzweise mit den Strukturmerkmalen von Marotzki (vgl. Kapitel 3.2) belegt werden.[210] Die UserInnen betreten u.a. virtuelle soziale Welten mit Facetten ihres realen Selbst, schaffen möglicherweise Avatare[211] und begeben sich mit diesen virtuellen Identitäten in soziale Interaktionen. Wollen PädagogInnen virtuelle soziale Welten schaffen und gestalten, müssen sie erfassen, wie virtuelle Gruppen funktionieren. Dies ist ein zentrales empirisches Ergebnis innerhalb dieser Schlüsselkategorie. In seinem Resümee hält Andreas fest, dass er im Studium erlernt hat, wie Gruppen grundsätzlich funktionieren und wie für diese kommunikative Prozesse gesteuert werden. Hierfür bedarf es eines Verstehens des subjektiven Sinns einer Gruppe. Wieso treffen sich Personen in virtuellen Welten und kommunizieren miteinander und wieso kommen sie wieder? Was sich den PädagogInnen erschließt, betitelt Schütz als objektiven Sinn einer Gruppe. Das ist derjenige Sinn, den die Gruppe vom Standpunkt eines Außenseiters her hat. Wie bereits in Kapitel 2.1.3 beschrieben, subsumiert der Außenseiter bzw. der Beobachter durch die Anwendung seines Typisierungs- und Relevanzsetzungssystems die einzelnen Mitglieder einer Gruppe unter eine soziale Kategorie, die nur von seinem Standpunkt aus gesehen homogen ist. Dass die Zuweisungen eines Handlungs- und Relevanzsetzungssystem einer Gruppe von den PädagogInnen von deren Selbstinterpretation differiert, ist hierbei eine Möglichkeit. Solange die PädagogInnen, so die Meinung von Schütz, sich die Gruppe nicht unterwerfen und ihr Handlungs- und Relevanzsetzungssystem der Gruppe nicht auferlegen, bleibt dies ohne Auswirkungen. Die von mir befragten PädagogInnen recherchieren, beobachten, partizipieren. Aber sie versuchen nicht, einer virtuellen sozialen Gruppe ihre Macht aufzu-

---

210 Vgl. hierzu auch Bittkau (2000).

211 Avatare sind virtuell kreierte Identitäten oder Spielfiguren, die sich die UserInnen beim Einloggen in eine virtuelle soziale Welt gestalten können.

zwingen. Was sie tun, ist kontrollieren und reglementieren. Durch die Strukturmerkmale virtueller Communities konnte bereits erläutert werden, dass es bestimmter Reglements, wie beispielsweise einer Netiquette[212] bedarf, damit virtuelle soziale Interaktionen funktionieren können. Eine der Aufgaben der Pädagog-
Innen besteht nun darin, diese umzusetzen, was die Dimension *Umsetzung und
Betreuung* bereits aussagt. Würden die PädagogInnen ihr differentes Handlungs-
und Relevanzsystem den virtuellen Gruppen überstülpen, käme es nach Ansicht
von Schütz zu einer Krisis, was zu einem in Frage stellen einzelner oder aller
Elemente der jeweiligen Gruppe führen könnte. In letzter Konsequenz zieht dies
einen Zusammenbruch der Gruppe nach sich. Die Rolle der PädagogInnen besteht deshalb nicht darin, Gruppen zu manipulieren oder nach einem dominanten
Handlungs- und Relevanzsystem zu gestalten. Sondern sie eruieren, welche gestalterischen und inhaltlichen Elemente für eine virtuelle Gruppe relevant sein
könnten und wie kommunikative Interaktionen in virtuellen sozialen Welten
stattfinden resp. wie sie diese initiieren können. Im Sinne von Schütz agieren sie
aus der Perspektive des Sozialwissenschaftlers, wie in Kapitel 2.1.3 explizit
ausgeführt wurde. Die SozialwissenschaftlerInnen beschäftigen sich in diesem
Kontext mit dem menschlichen Verhalten und einer Deutung von Alltagserfahrungen, was für Schütz eine Analyse des ganzen Systems von Entwürfen und
Motiven, Relevanzen und Konstruktionen impliziert. Die Deutungen und Analysen verweisen auf den subjektiven Standpunkt, auf eine Interpretation des Handelns und des Situationsrahmens, so wie sie vom Handelnden selbst erfasst werden. Die SozialwissenschaftlerInnen, für die vorliegende Arbeit sind es die befragten PädagogInnen, konstruieren ein Modell der sozialen Welt, in dem die
Ereignisse auftreten, die gerade für das zu lösende Problem relevant erscheinen.
Die Rolle der PädagogInnen wäre zunächst, im Sinne von Schütz, die eines „desinteressierten Beobachters", der nicht in die beobachtete Situation einbezogen
ist. Auf diese Art und Weise können sich die PädagogInnen von ihrer eigenen
biographischen Situation lösen, mit dem Ziel, Handlungsstrategien und Interaktionsmuster der UserInnen zu erkennen und sich deren jeweilige Interessen und
kommunikative Fähigkeiten zu erschließen. Pläne und Entwürfe der PädagogInnen, wie virtuelle soziale Welten zu gestalten und initiieren sind, können so erst
einmal aufgebrochen werden, um sie adressatenspezifisch neu zu strukturieren.
Ausgestattet mit einem vorvermittelten Wissen über kommunikative Abläufe in
Gruppen sind sie in der Lage, dieses Wissen neu zu arrangieren und beruflich
handlungstähig zu werden. Der verfügbare Wissensvorrat, mit dem die Pädagog-
Innen hier agieren, bezieht sich nach Ansicht von Schütz auf den *corpus* ihrer

---

212  Netiquette setzt sich zusammen aus net=Netz und etiquette=Etikette und gehört zur Netzkultur. Sie beinhaltet Verhaltensregeln
zur Kommunikation im Netz, hat aber keine rechtliche Relevanz, sondern ist als eine Empfehlung zu betrachten.

Wissenschaft. Dies zeigt die Nähe zur Schlüsselkategorie „Wissen distribuieren" auf, die bereits als eine genuin-pädagogische spezifiziert wurde. Zu diesem *corpus* gehören für Schütz die bisher erfolgreich angewendeten Verfahrensregeln und die Methoden der Wissenschaft, die die PädagogInnen gelernt haben. Die Strukturierung dieses Wissensvorrats ist demnach eine andere als bei dem verfügbaren Wissensvorrat der UserInnen in ihrer sozialen virtuellen Welt. Seine Strukturierung hängt vom Wissen der gelösten Probleme ab, von ihren noch verborgenen Implikationen und offenen Horizonten bezüglich anderer, noch nicht formulierter Probleme. Die Handlungsfähigkeit der PädagogInnen, virtuelle soziale Welten gestalten und initiieren zu können, ist aus dieser Perspektive sehr eng mit der Schlüsselkategorie „Wissen generieren" verknüpft. Die PädagogInnen beginnen, typische Muster eines Handlungsablaufs in virtuellen sozialen Welten zu konstruieren, die den beobachteten Ereignissen entsprechen. Hierauf wird im Sinne von Schütz ein personaler Typ bezogen, was dem Modell eines Handelnden entspricht. Das bedeutet, die PädagogInnen beobachten die UserInnen in anderen virtuellen sozialen Welten und überlegen, wie sie ihre eigene Welt, aufgrund eines darauf rekonstruierten Typs, adressatenspezifisch gestalten können. Dies sind *Handlungsstrategische Überlegungen*. Gleichzeitig definieren die PädagogInnen die Umgebung, in der die UserInnen agieren sollen. Das wiederum steht für die Überlegung, welches Layout, welches didaktische Design soll der virtuellen sozialen Welt implizit sein, damit die UserInnen in dieser kommunizieren und interagieren können. Aus der theoretischen Perspektive von Schütz gesehen, würden die PädagogInnen zu diesem Zweck einen modellartig angenommenen User definieren, der in einer virtuellen sozialen Welt agiert. Schütz nennt ihn *Homunculus*. Seine Perspektive beinhaltet, dass die PädagogInnen in einem solchem Kontext rational handeln. Sie konstruieren demnach Figuren, die mit einem zugeschriebenen verfügbaren Wissensvorrat agieren und somit ein Handeln der UserInnen für die PädagogInnen verständlich macht. Schütz würde argumentieren, dass die PädagogInnen, wollen sie virtuelle soziale Welten für UserInnen gestalten und initiieren, ein Modell eines Handelnden in Beziehung zu Anderen entwerfen, so dass der Handelnde mit anderen *Homunculi* in einer Wirkensbeziehung steht. Gleichzeitig würden die PädagogInnen damit die Anwendung der Generalthese der reziproken Perspektive und die jeweilige Verschränkung und Übereinstimmung der Motive der UserInnen bestimmen. Die Typen des Handlungsablaufs und die personalen Typen sowie die Definition der Relevanzsysteme, Rollen und Motive, die dieser konstruierte User vermeintlich von den anderen UserInnen bildet, haben nicht mehr den Charakter einer reinen Möglichkeit, die in den später eintretenden Ereignissen erfüllt wird oder nicht. Er würde keine andere Rolle als die ihm von den PädagogInnen zugeschriebene einnehmen. Dies ist das Modell von der Sozialwelt, so wie Schütz es sieht. So definieren, nach Ansicht von Schütz, die PädagogInnen die Spannweite der Entwürfe der UserInnen, das bedeutet, sie legen fest, wann ein Handeln für die UserInnen beginnt und wann es endet. Diese Annahmen von Schütz sind für den vorliegenden Kontext zu eng gefasst. Die von mir befragten PädagogInnen handeln nicht in einem solchen Verständnis von „rationalem Handeln". Meiner Ansicht nach ist dieses simplifizierte Modell einer Sozialwelt, um rein rationale Handlungen begründen zu können, zu speziell, um den empirischen Ergebnissen gerecht zu werden. Meines Erachtens, und die empirischen Ergebnisse lassen diesen Schluss zu, konstruieren die PädagogInnen keinen potentiellen User, sondern gestalten virtuelle soziale Welten adressaten- und situationskompatibel. In Kapitel 4.4, in welchem fallübergreifend diese Schlüsselkategorie expliziert wurde, konnte dies mit den Sequenzen aus den Interviews von A.H. und P.K. verdeutlicht werden. Diese beiden InterviewpartnerInnen thematisieren, dass sie virtuelle soziale Welten resp. virtuelle Figuren so gestalten, dass sie modifizierbar sind, ohne auf ein konstruiertes idealtypisches Modell zurückgreifen zu müssen. Rationale Handlungen von Schütz wären in diesem Kontext durchaus denkbar. Allerdings entwerfen die PädagogInnen nicht *einen* User für *eine* virtuelle soziale Welt. Sie haben es, wie bereits beschrieben, mit Gruppen und komplexen sozialen Welten zu tun. Sie handeln mit einem Wissen, wie Gruppenzusammenhänge funktionieren und gestalten dementsprechend ihren virtuellen Handlungsspielraum. Dies lässt sich mit einer Sequenz aus dem Interview mit Andreas festhalten.

„ich kann nur versuchen das Produkt so gut wie möglich zu gestalten das möglichst alle Bundesbürger mal ne eigene Community auf U1. haben das wär natürlich der maximale Erfolg [...] aber der Weg dahin das sie das machen und das sie sich da auch wohl fühlen ist halt sag ma mal mein Job" (Andreas: 580ff.)

Die Argumentation von Andreas liegt hier in dem Versuch, möglichst eine adäquate und an die Bedürfnisse der UserInnen angelehnte virtuelle soziale Welt zu gestalten. Rationales Handeln beinhaltet allerdings nach Ansicht von Schütz, dass das vom Wissenschaftler entworfene System typischer Konstruktionen mit dem höchstmöglichen Grad an Klarheit und Bestimmtheit begründet wird und dass diesem Konstrukt typische Inhalte zugeordnet werden, damit sich die beobachteten Ereignisse als Ergebnis der Tätigkeit des Individuums in einem verständlichen Rahmen erklären lassen.[213] Die von mir befragten PädagogInnen beobachten das Handlungsverhalten der UserInnen. Allerdings haben sie es, wie bereits dargelegt, nicht mit Individuen, sondern mit Gruppen zu tun. Rationales Handeln, so wie Schütz es thematisiert, ist individualistisch gedacht, was eine

---

213 Dies sind die von Schütz so genannten Postulate der logischen Konsistenz und subjektiven Interpretation. Vgl. Kapitel 2.2.3.

Verortung in dem vorliegenden Kontext schwierig werden lässt. Allerdings weist Schütz darauf hin, dass dieses Modell rationalen Handelns dazu genutzt werden kann, abweichendes Verhalten in der Sozialwelt festzustellen und es auf „problemtranszendierende" Daten, somit auf nicht typisierte Elemente, zu beziehen. Daraus folgt, dass durch die Variationen einzelner Elemente der typischen Konstruktionen, beispielsweise einer Gruppe, Modelle rationalen Handelns konstruiert werden können, um ein wissenschaftliches Problem zu lösen und miteinander zu vergleichen. So lässt sich das rationale Handeln, wie Schütz es definiert, für den vorliegenden Forschungskontext erklären. Die befragten PädagogInnen handeln adressaten- und situationsspezifisch. Das heißt, ihre vortheoretischen Überlegungen zielen auf ein Verständnis, wie virtuelle Gruppen funktionieren und welches die Bedürfnislagen der UserInnen sind, wie mit der obigen Sequenz aus dem Interview mit Andreas gezeigt werden konnte. Sie entwickeln aus ihrem vorhandenen Wissen heraus ein Modell von Gruppen und entscheiden, welche Bedürfnisse dieser Gruppe vordergründig sind und wie sie dementsprechend eine soziale Welt initiieren können. Ihr Wissen um Gruppenzusammenhänge ist bereits ein konstruiertes Modell von bestimmten Gruppen, die in bestimmten Situationen agieren. Das bedeutet, die PädagogInnen weisen diesen Gruppen, aufgrund ihrer Beobachtung und ihres verfügbaren Wissens, ein Handlungs- und Relevanzsetzungssystem zu, um selbst entscheidungs- und handlungsfähig zu sein und, aufgrund dessen, virtuelle soziale Welten zu realisieren.

Der Ausgangspunkt innerhalb dieser Schlüsselkategorie ist, dass die PädagogInnen mit ihrem vorhandenen Wissen handlungsfähig sind. Nachfolgend wird nun dargelegt, wie die PädagogInnen agieren, wenn sie nicht auf ein verfügbares Wissen zurückgreifen, um virtuelle soziale Welten zu gestalten.

### 5.3 Wissen generieren zur Erzeugung von Handlungsfähigkeit

Die Schlüsselkategorie „Wissen generieren" wird durch zwei Dimensionen, der *Problem- und Zielgruppenorientierung* und der *Intersubjektiven Konstitution von ExpertInnenwissen*, wie in der Falldarstellung des Interviews mit Axel rekonstruiert und fallübergreifend in Kapitel 4.4 dargelegt, charakterisiert. Es geht nun nicht mehr nur darum, mit einem vorhandenen Wissensvorrat zu agieren, sondern um die Generierung neuen Wissens, somit um Wissenserzeugung. Die PädagogInnen erfahren u.a. die virtuelle soziale Welt der UserInnen bereits vorkonstruiert. Ihre Klientel konstruiert eine ihrer medialen Wirklichkeiten. Die Dimension *Problem- und Zielgruppenorientierung* verdeutlicht, dass die PädagogInnen eben jene vorkonstruierte soziale Welt und die diese Welt konstruierenden Individuen und Gruppen verstehen müssen, um beruflich handlungsfähig zu sein.

Ausgangspunkt dieser Dimension ist, dass sie virtuelle soziale Welten nicht mit ihrem handlungspraktischen Wissen, mit dem sie ausgestattet sind, gestalten und initiieren können. Sie sehen sich vor die Situation gestellt, eine soziale Welt zu generieren, ohne konkret zu wissen, wie sie dies beruflich umsetzen können. Mit Schütz kann argumentiert werden, dass sich die PädagogInnen nun in einer unbestimmten Situation befinden, die sie in eine bestimmte überführen möchten. Im Gegensatz zur vorherigen Schlüsselkategorie „Soziale Welten gestalten und initiieren" ist hier die Ausgangslage, dass zum einen diese virtuelle soziale Welt und zum anderen die AdressatInnen und ein Wissen darüber erst erzeugt werden müssen, um dann handlungspraktisch agieren zu können.

Die Dimension *Intersubjektive Konstitution von ExpertInnenwissen* führt zu einer Dynamisierung von der eben kurz dargelegten Dimension *Problem- und Zielgruppenorientierung*. Mit dem Wissen, welches die PädagogInnen generieren, entwickeln sie sich einerseits zu ExpertInnen für die Gestaltung sozialer Welten. Andererseits impliziert dies wiederum die Reflexion über das eigene individuelle Wissen und das Wissen anderer, die in den Prozess der Gestaltung sozialer Welten involviert sind. Hier zeigt sich ebenfalls eine Verknüpfung zur Schlüsselkategorie „Wissen distribuieren".

Betrachtet man nun diese zwei charakteristischen Merkmale der Schlüsselkategorie „Wissen generieren" und verknüpft diese mit dem theoretischen Rahmen, so kann folgendes resümiert werden: Schütz spricht bei seiner sozialen Strukturierung von Lebenswelt, wozu meines Erachtens die Berufswelt zählt, insbesondere von den zwischenmenschlichen Beziehungen. Greifen die befragten PädagogInnen auf das Wissen Anderer zurück, um beruflich Handeln zu können, so treten sie in eben jene zwischenmenschliche Beziehung ein. Sie setzen im Sinne von Schütz sowohl voraus, dass der Andere das eigene Handeln versteht und sich mitteilt als auch, dass das gemeinsame Verstehen zwar Grenzen hat, aber für viele praktische Zwecke hinreichend ist. Um virtuelle soziale Welten gestalten und initiieren zu können, bedarf es u.a. SoftwareentwicklerInnen, InformatikerInnen, möglicherweise Sponsoren etc. und nicht zuletzt UserInnen. Alle diese Personen haben ein individuelles Wissen und ein ganz spezifisches Interesse, wie und wieso eine virtuelle soziale Welt realisiert werden kann. Die von mir befragten PädagogInnen thematisieren immer wieder, dass sie „dazwischen" sind. Das heißt, sie sind u.a. dazu in der Lage, jede/n einzelne/n MitarbeiterIn mit dem ihr/ihm zur Verfügung stehenden Wissensvorrat zu verstehen und mit ihnen zu kommunizieren. Schütz betrachtet diese Konstellation von Personen unter dem Aspekt des Mitmenschen. Mit ihnen teilt der Handelnde während der Dauer einer solchen Beziehung nicht nur Zeit, sondern auch Raum. Für Schütz ist (vgl. hierzu Kapitel 2.1.3) die vorherrschende Beziehung eine unmittelbar soziale, eine so genannte face-to-face-relation. Diese verweist, da sie einen rein formalen Charakter impliziert, sowohl auf eine besondere Nähe als auch auf ein bloßes Gegenübersein. Für Schütz bedeutet dies, dass solch eine räumlich-zeitliche Unmittelbarkeit Gegenstände des gemeinsamen Interesses sowie gemeinsamer Relevanzen beinhaltet. Gemeinsame Interessen und Relevanzen zielen hier auf die Gestaltung virtueller sozialer Welten. Gleichzeitig, und das beinhaltet die zeitliche Nähe, nimmt jeder am Lebenslauf des anderen teil. Auf diese Weise kann schrittweise der Andere und dessen Gedankengänge verstanden werden. An dieser Stelle erscheint es mir wichtig, die Rollen der Anderen näher zu betrachten. Wie bereits angedeutet, sind die Anderen mit einem ganz spezifischen Wissen und einem individuellen Interesse in diese Beziehung involviert. In diesem Sinne wären sie ExpertInnen, so wie Schütz diesen Begriff fasst (vgl. hierzu auch Kapitel 1.1). Er definiert idealisiert, dass das Wissen der ExpertInnen auf ein bestimmtes Gebiet begrenzt ist, aber innerhalb dessen ist es klar und bestimmt. Diese ExpertInnen handeln konsequent nach ihrem individuellen Handlungs- und Relevanzsetzungssystem, welches sie grundsätzlich nicht in Frage stellen. Die an der Situation Beteiligten sind in eben diesem Sinn zu betrachten. Die SoftwareentwicklerInnen und InformatikerInnen haben einen klar definierten beruflichen Handlungsrahmen, in und mit dem sie agieren. Die Sponsoren bzw. Financiers haben ein ganz spezifisches Interesse, nämlich die virtuellen Communities profitabel zu nutzen. Die UserInnen handeln nach ihrem ganz eigenen Interessensschwerpunkt und mit ihrem spezifischen Handlungsrahmen. Ihr Interesse liegt in der Nutzung kommunikativer und gestalterischer Elemente, u.a zum Kontaktaufbau mit anderen UserInnen und zur Repräsentation einer virtuellen Figur. Es sind die PädagogInnen, die als Schnittstelle zwischen diesen Personen agieren. Sie sind in der Lage, die einzelnen Bedürfnislagen und das spezifische Wissen der Beteiligten zu erkennen als auch einzuschätzen, wer welches Wissen für welche Situation resp. welches Problem zur Verfügung stellen kann. Sie verstehen die Sprache der anderen Beteiligten, und dies macht sie im Besonderen aus. Deutlich gezeigt werden konnte dies mit den Sequenzen aus dem Interview von A.H. Sie beschreibt, dass sie in der Lage ist, sich auf ihre Klientel einzustellen, deren Bedürfnisse zu erkennen und dementsprechend Inhalte zu erstellen. Für sie ist es bedeutsam, die Zielgruppe selbst als ExpertInnen wahrzunehmen. Gleichzeitig hält sie fest, dass es nicht nötig ist, dass PädagogInnen jedes Problem bis ins letzte Detail kennen. Es reicht ihrer Ansicht nach aus, zu entscheiden und zu verstehen, wer wie zur Lösung eines Problems mit welchem Wissen beitragen kann. Schütz argumentiert in diesem Kontext, dass die Tatsache, dass nicht das Wie und Warum der Wirkung verstanden wird, nicht an einer Beschäftigung mit Situationen, Personen und Dingen hindert. Er verdeutlicht dies, und darauf wurde bereits in Kapitel 1.1 hingewiesen, am Beispiel der Technologie, die genutzt wird, ohne genau zu wissen, wie die einzelnen technischen Komponenten funktionieren. Der Handelnde verlässt sich darauf, dass die Anderen so reagieren werden, wie er es antizipiert. Das Verstehen der Anderen zielt bei den PädagogInnen demnach auf ein Nachvollziehen dieser spezifischen Interessen sowie Relevanz- und Handlungssetzungen. Das gilt auch für die UserInnen, was die Dimension *Problem- und Zielgruppenorientierung* beinhaltet. Es ist wesentlich entscheidender, die Zielgruppe selbst zu lokalisieren und die Konzeptionierung einer virtuellen sozialen Welt an einer Zielgruppe zu orientieren als zu überlegen, wie die virtuelle soziale Welt technisch zu realisieren ist. Darüber hinaus sind die PädagogInnen dazu fähig, bei neuen Relevanzstrukturen handeln zu können bzw. sich handlungsfähig zu machen.

Da sie, worauf oben bereits hingewiesen wurde und was die analytische Trennung der Schlüsselkategorien deutlich macht, nun nicht mehr mit ihrem vorhandenen Wissensvorrat agieren können, um virtuelle soziale Welten zu gestalten und zu initiieren, sich somit nicht mehr in einem Sektor von Welt befinden, den sie als fraglos gegeben annehmen, bedarf es eines Prozesses, um neues Wissen zu generieren. Hier kommt für Schütz das Interesse zum Tragen, welches das Denken, Handeln und Entwerfen motiviert und das durch ein Handeln zu erreichende Ziel definiert.

An dieser Stelle lässt sich aus einem Interview mit Anselm Strauss (2004) festhalten: „Handeln und Erfahrung sind kontinuierliche Prozesse und größtenteils Routine. Erst wenn die Routine durch Störungen unterbrochen wird, kommen mentale Prozesse wie Vorstellen, Planen und Entscheiden ins Spiel und führen zu einer Reorganisation des Handlungsflusses. Dabei spielt die Interaktion eine zentrale Rolle, sowohl für den Handlungsablauf wie für das Selbst und die Welt" (Legewie/Schervier-Legewie 2004: 16).

Das Interesse der PädagogInnen zeigt sich fallübergreifend in ihren vielen Äußerungen, dass der eigentliche Motor ihres Handelns das „Spaß haben" ist. Immer wieder wird von ihnen in den unterschiedlichsten Kontexten angesprochen, dass das „Spaß haben" wesentlich ist für ihr berufliches Handeln. Besonders deutlich thematisiert dies Andreas, der sich selbst die Fähigkeit zuschreibt, sich für ein Thema begeistern und dann seine beruflichen Aufgaben dementsprechend umzusetzen zu können. Für ihn ist es das Wichtigste, dass ihm seine Arbeit Spaß macht und in zweiter Linier, dass er damit auch noch erfolgreich beruflich tätig sein kann. Persönlich interessiert ihn der Computer eigentlich nicht, wie er berichtet, er ist fasziniert von seinen beruflichen Möglichkeiten und den Interaktionen mit diesem Medium. Dies hat sein Interesse geweckt, sich zum einen mit dem Medium Internet auseinanderzusetzen und zum anderen virtuelle soziale Welten zu gestalten und zu konzeptionieren. Schütz fasst zusammen, dass es das momentan relevante Interesse ist, welches den vorhandenen Wissensvorrat aufbricht und neue Handlungsräume schafft. Genauso lässt sich wieder an die Fallrekonstruktion des Interviews von Carin anknüpfen, für die mit einem Mal das Medium Computer deswegen interessant und mit ihrem beruflichen Werdegang vereinbar war, weil es das Internet gab, in dem sie berufliche Aspekte aus ihrem Status Pädagogin wieder finden konnte (wie beispielsweise kommunikative Interaktionen mit Anderen). Ihr Interesse, sich nun doch näher mit diesem Medium zu beschäftigen, war geweckt. Carins Werdegang unterscheidet sich von dem für diese Schlüsselkategorie „Wissen generieren" fallrekonstruktiv ausgewählten Interview mit Axel, da es bei ihr keine auferlegten Interessen waren. Bei Axel stand vorerst das Interesse des Arbeitgebers im Vordergrund. Es war nicht sein ureigenes Interesse, sich mit der Gestaltung und Initiierung virtueller sozialer Welten zu befassen. Auch Schütz thematisiert dies, indem er die Relevanzen, die durch ein Interesse entstehen, in zwei verschiedene Typen unterteilt (vgl. auch hierzu Kapitel 1.1). Zum einen kann das Interesse durch eine spontane Entscheidung, ein Problem durch Denken zu lösen oder ein Ziel durch Handlung zu erreichen, geweckt werden. Dies war beispielsweise bei Carin der Fall, aber insbesondere bei Claudia, deren Interview fallanalytisch für die Schlüsselkategorie „Wissen antizipieren" rekonstruiert wurde. Claudia wollte eine Abschlussarbeit schreiben, die langfristigen Bestand hat. Durch ein Praktikum animiert, interessierte sie sich für die Initiierung einer virtuellen Stadt für Kinder, auch weil es bis zu diesem Zeitpunkt noch kein Angebot in dieser Hinsicht für diese Klientel gab. Ein System auferlegter Relevanzen kommt für Schütz dann zum Tragen, wenn Situationen und Ereignisse aufgenommen werden, die nicht dem eigenen Interesse bzw. dem eigenen Handeln entsprechen. Deshalb kann mit auferlegten Relevanzen gehandelt werden, womit diese allerdings auch relativ unklar und unverständlich bleiben. Mit den Überlegungen von Schütz lässt sich festhalten, dass auferlegte Relevanzen durchaus zu wesentlichen und damit eigenen Relevanzen werden können. Dieser Fall tritt bei den von mir befragten PädagogInnen ein. Selbst wenn das berufliche Ziel, virtuelle soziale Welten zu konzeptionieren, nur bedingt dem Interesse der PädagogInnen entspricht, ist es doch das eigene Interesse, was ihren Beruf für sie so spannend werden lässt. Sie erfahren, dass sie handlungsfähig werden, obwohl sie diese Fähigkeit, soziale Welten zu gestalten, bei sich selbst vorher nicht so gesehen haben. Erst einmal ging es ihnen um ein Ausprobieren, was funktionieren kann und was nicht. Dann erfolgt die Strukturierung des Handelns und die Entwicklung neuer Wissensoptionen. Mit der Fallrekonstruktion des Interviews von Axel (siehe Kapitel 4.3.3) konnte konkret herausgearbeitet werden, wie er vorgeht, um zu neuem Wissen und zu neuen Handlungsoptionen zu gelangen. Übergreifend kann somit folgendes festgehalten werden: Wenn sich die befragten PädagogInnen ein Basiswissen über virtuelle soziale Welten angeeignet haben, suchen sie nach einem Weg, diese zu gestalten und inhaltlich aufzubereiten. Dies zeigt sich komprimiert in folgenden Schritten:

- Recherchieren und Informationen sammeln;
- Themen- und Zielgruppenfokussierung;
- Einbindung von ExpertInnen und Teambildung;
- Content erstellen.

Hier wird die Unterscheidung von Schütz zwischen dem Handeln und einer Handlung deutlich. Im seinem Sinn begründet sich das Handeln auf einen im Voraus geplanten und vorgefassten Entwurf. Eine Handlung ist das Ergebnis dieses Handelns, somit abgeschlossenes Handeln, und wird durch verschiedene Teil-Handlungen initiiert. Diese Teil-Handlungen wurden entworfen, um ein bestimmtes Ziel zu erreichen, wie beispielsweise bei Axel, eine virtuelle Community zu initiieren. Die befragten PädagogInnen, insbesondere Axel, verweisen darauf, dass sie erst einmal sehr intuitiv gehandelt haben, um sich ihr berufliches Feld zu erschließen und zu neuem Wissen zu gelangen. In der Reflexion der einzelnen Schritte des Handelns, wie Recherchieren, Themen- und Zielgruppenfokussierungen, ExpertInneneinbindung und daran anschließend die Content-erstellung, professionalisieren sie ihren Zugang zu neuem Wissen. Sie können dann immer wieder auf die einzelnen Schritte zurückgreifen, womit diese zu einer Handlung im Sinne von Schütz werden. Darüber hinaus reflektieren sie die abgelaufene Handlung und weisen ihr einen Sinn zu. Das Handeln erhält damit eine subjektive Sinnzuweisung durch die PädagogInnen.

Mit den theoretischen Überlegungen von Spinner (vgl. hierzu Kapitel 1.2) konnte nachvollzogen werden, wie Wissen erzeugt werden kann. Er bezeichnet dies als Wissenszyklus. Ausgangspunkt sind bei ihm Ideen, woran die Überlegung geknüpft ist, welche Idee für das zu lösende Problem entscheidend sein könnte. Die von mir befragten PädagogInnen haben solch eine Idee, wie beispielsweise Claudia – sie möchte eine virtuelle Stadt für Kinder gestalten. Aufgrund dieser Idee werden von ihr dazu Informationen recherchiert, um zu der Entscheidung zu gelangen, welches Thema resp. welche Zielgruppe angesprochen werden soll. Dieser Prozess führt zu einer Erkenntnis, was Spinner als qualifiziertes Wissen bezeichnet. Dieses Wissen wird erworben durch instruiertes oder selbst instruiertes Lernen, welches bei Schütz meines Erachtens relevante oder auferlegte Relevanzen sein können. Für Spinner kann es daran anschließend zu einer technischen Wissensverwirklichung kommen, was sich in den empirischen Ergebnissen in der Umsetzung der theoretischen Vorüberlegungen und der Erstellung eines Content widerspiegelt. Dieser Prozess ist der Weg vom Wissen über das Können zum Machen. Die technische Realisierung der Ideen und Erkenntnisse zieht eine Wissensverteilung nach sich, wobei Spinner hier wohl eher die Verteilung im Sinne von „Zugänglich machen" meint und demzufolge als Wissensverbreitung resp. „Informationen zur Verfügung stellen" einzuordnen ist. Dabei fungiert für Spinner Wissen als Entscheidungshilfe oder Handlungsunterstützung beim wissensgeleiteten Problemlösen. Ziel für ihn ist das Handeln mit Wissen. Dies findet sich in den empirischen Ergebnissen wieder. Allerdings sind die Überlegungen von Spinner sehr auf das einzelne Subjekt bezogen, wovon in meiner Untersuchung nicht ausgegangen werden kann. Die Einbindung vom Wissen anderer spielt in seinen Überlegungen keine Rolle, was bei Schütz und den vorliegenden empirischen Ergebnissen allerdings von Bedeutung ist.

Diesen Prozess des „Wissen generieren" beschreiben die interviewten PädagogInnen erst einmal als ein intuitives Vorgehen. Daran anknüpfend systematisieren sie die einzelnen Charakteristika dieser Dimension *Problem- und Zielgruppenorientierung* – der Weg ist von „just for fun" arbeiten über „Erfahrungen sammeln" und letztendlich professionell beruflich handlungsfähig sein, wie mit der Fallrekonstruktion des Interviews von Axel dargelegt werden konnte. Schütz würde an dieser Stelle ansetzen und, wie in Kapitel 1.1 näher ausgeführt, darauf fokussieren, dass bei einer Dominanz praktischer Interessen, wie hier das Funktionieren und Initiieren einer virtuellen sozialen Welt, ein Wissen über bestimmte Mittel und Prozeduren, die bestimmte Resultate bringen sollen, genügt. Das würde bedeuten: Ein einmal generiertes Wissen über virtuelle Communities trägt zur Handlungsfähigkeit der PädagogInnen bei und wird, solange dies ausreicht, immer wieder herangezogen und nicht in Frage gestellt. Also wäre die Frage, und darauf habe ich oben hingewiesen, *wie* meine InterviewpartnerInnen in einem ersten Schritt solch einen Wissensraum generieren, auf den sie immer wieder zurückgreifen können. Geht man von den drei Wissenstypen („der Mann von der Strasse", „der gut informierte Bürger" und „der Experte") aus, die Schütz in diesem Kontext expliziert, kommt es auf die soziale Verteilung von Wissen an. Durch die Art und Weise, wie die PädagogInnen ihr Wissen für ihre berufliche Handlungsfähigkeit generieren, wird deutlich, dass sie sich, im Sinne von Schütz, zwischen den idealisierten Wissenstypen von ExpertInnen bis zum „gut informierten Bürger" bewegen. In der Anfangsphase besitzen die interviewten PädagogInnen, wie sie im Kontext dieser Schlüsselkategorie thematisieren, noch kein ExpertInnenwissen für die Konzeptionierung und Gestaltung virtueller sozialer Welten. Sie bedienen sich auch nicht eines reinen Rezeptwissens, wie es nach Schütz der „Mann von der Strasse" anwendet. Wie in Kapitel 1.1 bereits expliziert, bedeutet „gut informiert" zu sein, vernünftig begründete Meinungen auf einem Gebiet zu erlangen, die dem individuellen Wissen entsprechen. In der Fallrekonstruktion von Axel bezieht sich dies auf einen Wissensvorrat, den er sich während seines Studiums angeeignet hat. Ausgestattet mit einem pädagogischen Grundverständnis des Problemlösens ist Axel in der Lage zu überschauen, welche Reihung ein Problem haben kann und welche Schritte zur Lösung notwendig sind. Er wendet kein einfaches Rezeptwissen an, auch wenn er der Meinung ist, *intuitiv* das Richtige zu tun. Dies zielt darüber hinaus auf die Öffnung seiner Problemlösestrategien für neue und/oder andere Handlungsoptionen. Er greift auf Elemente seiner pädagogischen Ausbildung zurück, um darauf aufzubauen und beruflich Handeln zu können. Hier kann demnach von einem Zusammenspiel von Verfügungs- und Orientierungswissen[214] ausgegangen werden, wie es Mittelstrass (2002) definiert (vgl. hierzu auch Kapitel 1.3). Die von mir befragten PädagogInnen verfügen über ein bestimmtes, während des Studiums vermitteltes oder in anderen externen Zusammenhängen angeeignetes, allgemeines Wissen. Dieses Wissen lassen sie nun in berufliche Aufgabenstellungen einfließen und generieren so wiederum Wissen, diesmal signifikanter, mit dem sie handlungsfähig werden und an dem sie sich orientieren können. Der Weg, vom Recherchieren bis zur fertigen Produktpräsentation, wird immer spezifischer, die PädagogInnen in ihrem beruflichen Handlungsverlauf spezialisierter. Sie wären somit auf dem Weg zu einem Experten. Der Prozess, der hier gezeigt werden kann, ist der vom Allgemeinwissen zum ExpertInnenwissen, welches wiederum distribuiert wird. Dies zeigt zum einen die enge Verzahnung sowohl der beiden Dimensionen dieser Schlüsselkategorie als auch der einzelnen Schlüsselkategorien miteinander. Zum anderen verweist es auf die wachsende Bedeutung von Wissen als Handlungskapazität und veränderten Arbeitsinhalten und -anforderungen von PädagogInnen. Soziale Welten zu gestalten, Wissen zu vermitteln und zu reflektieren, waren bereits Kernelemente pädagogischen Handelns und Wissens. Wie neues Wissen für weitere Handlungsoptionen erzeugt wird, stellt in diesem Kontext eine weitere Variable dar, mit der PädagogInnen umgehen müssen, um in einer Wissensgesellschaft handlungsfähig zu sein. Dies ist eine weitere wesentliche Erkenntnis meiner Forschungsarbeit. In diesem Sinne lässt sich innerhalb dieser Schlüsselkategorie auf Stehr (vgl. Kapitel 1.2) zurückgreifen, der davon ausgeht, dass die Berufsgruppe der ExpertInnen und RatgeberInnen noch weiter wachsen wird. Seine Ausführungen richten sich nun im allgemeinen auf die Gruppe von Berufen, die auf Wissen basieren, und nur mit der Fähigkeit, sich in unbestimmten Situationen Handlungsalternativen und neues Wissen zu schaffen, sind die von mir befragten PädagogInnen beruflich handlungsfähig, wie gezeigt werden konnte. Das bedeutet gleichzeitig, dass die PädagogInnen in diesem Kontext im Sinne von Stehr als Intellektuelle anzusehen

---

214 Verfügungswissen ist nach Mittelstrass ein Wissen um Ursachen, Wirkungen und Mittel. Orientierungswissen ist ein Wissen um gerechtfertigte Ziele und Zwecke (vgl. Mittelstrass 2002).

sind. Konnte bei den Ausführungen der Schlüsselkategorien „Soziale Welten gestalten und initiieren" und „Wissen distribuieren" noch darauf verwiesen werden, dass sie aufgrund eines erlernten und ihnen vermittelten Wissens agieren, erfolgt nun die Produktion von neuem Wissen. Stehr unterscheidet die Intellektuellen von den ExpertInnen aufgrund der Art ihres Wissens. Intellektuelle agieren mit einem allgemeinen Wissen, ExpertInnen mit Spezialwissen. Innerhalb der Schlüsselkategorie „Wissen distribuieren" konnte gezeigt werden, dass die PädagogInnen dort auch als ExpertInnen in dem von Stehr gemeinten Sinne anzusehen sind, weil sie sozial handlungsfähig sind. Für ihn sind sie allerdings im Kontext zur Schlüsselkategorie „Wissen generieren" Intellektuelle, evtl. auf dem Weg zu ExpertInnen, was bereits mit Schütz nachvollzogen werden konnte. Bisher konnte somit dargelegt werden, dass eine Generierung von neuem Wissen einem gewissen Reglement unterworfen ist. Das bedeutet, wie Wissen generiert wird, unterliegt verschiedenen Teilhandlungen, beispielsweise dem Recherchieren und Informationen sammeln sowie einer Problem- und Zielgruppenspezifizierung. Darüber hinaus, und hier lässt sich mit Höhne (vgl. Kapitel 1.3) argumentieren, wird Wissen im Diskurs generiert. Dieser findet im vorliegenden Forschungskontext zwischen den einzelnen Mitgliedern des Teams statt. Die PädagogInnen, und darauf verweist die Dimension *Intersubjektive Konstitution von ExpertInnenwissen*, integrieren in ihren Kontext des „Wissen generieren" das Wissen anderer, an diesem Prozess Beteiligter. Diskurswissen im Sinne von Höhne beinhaltet als ein Strukturmerkmal Prozeduralität. Das heißt, thematisch existiert ein und dasselbe Wissen an verschiedenen Orten, ist unterschiedlich verknüpft und kann durch Kommunikation reproduziert werden. Dies bezieht sich auf die weiteren MitarbeiterInnen der PädagogInnen, die mit einem spezifischen Wissen ausgestattet sind. Die Aufgabe der PädagogInnen liegt darin begründet, mit ihrem Wissen:

1. zu entscheiden, wer zur Lösung eines Problems beitragen kann;
2. zu eruieren, wer welches Wissen zum Prozess des „Wissen generieren" hinzufügen kann;
3. zu verstehen, wie sich das Wissen der Anderen in ihrer spezifischen Relevanzsetzung widerspiegelt und im Diskurs thematisiert.

Im Diskurs mit den MitarbeiterInnen wird deren Wissen aktualisiert, mit seiner je eigenen Typik. Bedeutsam ist, dass die PädagogInnen in der Lage sind, und dies zeigt die Nähe zur Schlüsselkategorie „Wissen distribuieren", dieses Wissen in ihren Wissensraum zu integrieren und zu entscheiden, welches Wissen zur Generierung neuen Wissens wichtig ist. Der Unterschied zur Schlüsselkategorie „Wissen distribuieren" liegt darin, dass es den PädagogInnen hier nicht darum geht, Wissen zu vermitteln. Im Mittelpunkt der Bearbeitung eines Problems steht die Lösung desselben, um die Überführung einer unbestimmten in eine bestimmte Situation zu gewährleisten.

In Bezug auf die eben dargelegten Überlegungen lässt sich übergreifend zusammenfassen, dass diese Schlüsselkategorie mit ihren Dimensionen und Charakteristika genau dem Typ eines Wissensarbeiters entspricht, welchen Gerhard Willke definiert. Demzufolge muss dieser Typ eines Arbeiters ExpertInnenwissen zur Verfügung haben, die Fähigkeit besitzen, Informationen zu bewerten und Wissen aus Informationen generieren können (vgl. hierzu auch Kapitel 1.2). Dies alles findet sich in den empirischen Ergebnissen. Was dafür benötigt wird, zeigt Helmut Willke auf. Es bedarf einer integrierten Lern- und Arbeitssituation. Die empirischen Ergebnisse zeigen, dass sich die befragten PädagogInnen solch eine Situation selbst schaffen. Sie müssen u.a. entscheiden, wer zur Lösung eines Problems beitragen kann, wie mit der Dimension *intersubjektive Konstitution von ExpertInnenwissen* festgehalten werden konnte. Sein Begriff einer Wissensarbeit meint allerdings noch etwas anderes. Er bezieht sich auf Tätigkeiten, die dadurch gekennzeichnet sind, dass das erforderliche Wissen nicht einmal durch u.a. Erfahrung und Ausbildung erworben wurde. Wissensarbeit im Sinne von Helmut Willke beinhaltet Wissen, das kontinuierlich revidiert, permanent als verbesserungswürdig angesehen, als Ressource betrachtet wird und mit Nichtwissen gekoppelt ist. Für eine berufliche Handlungsfähigkeit der befragten Pädagoginnen ist charakteristisch, dass sie sich unbestimmten Situationen und neuen beruflichen Anforderungen aussetzen können. Sie entwickeln neue Handlungsstrategien, um zu Wissen zu gelangen und stellen dieses Wissen durch Reflexion immer wieder in Frage. Sie betrachten ihren Handlungsspielraum als Ressource und probieren sich und ihr Wissen aus. Gleichzeitig ist ihnen bewusst, dass es anderer mit einem anderen Wissen bedarf, um handlungsfähig zu werden. Das heißt, sie sind sich ihres Nichtwissens bewusst und dennoch in der Lage, zu agieren. Es lässt sich also resümieren, dass die befragten PädagogInnen innerhalb dieser Schlüsselkategorie als problemorientierte WissensarbeiterInnen zu betrachten sind.

Es konnte gezeigt werden, wie PädagogInnen aus empirischer Sicht Wissen für eine berufliche Handlungsfähigkeit generieren. Theoretisch erklären lässt sich dies mit den Überlegungen von Schütz. Wie Wissen entsteht konnte mit Spinner gezeigt werden. Allerdings sind die Überlegungen von Stehr für diese Schlüsselkategorie nur bedingt fruchtbar. Er verbleibt in der konkreten Ebene des Wissen vermitteln. Um sich aber beruflich orientieren zu können, bedarf es der Fähigkeit, Wissen zu generieren und zu bestimmen. Die Überlegungen von Höhne lassen sich ansatzweise in diesem Kontext wieder finden. Er fasst zusammen, dass Wissen ein zentrales Vermittlungsmedium darstellt, erörtert aber gleichzeitig, dass eine Wissensforschung darauf abzielen sollte, inwiefern eine veränderte Produktion von Wissen zu neuen Formen der Aneignung und Vermittlung von Wissen führen kann. Dass die hier dargelegte Vorgehensweise der Generierung von Wissen eine Möglichkeit der Wissensproduktion der befragten PädagogInnen ist, ist eine wesentliche Erkenntnis meines Forschungsprozesses. Bedeutsamer ist meiner Ansicht nach die grundlegende Feststellung, wie Wissen grundsätzlich generiert werden kann. Dies konnte deutlich gezeigt werden. Und damit, anknüpfend an die Schlüsselkategorie „Wissen distribuieren", lässt sich ebenfalls erklären, wie Wissen in neuen, anderen Arrangements, wie beispielsweise online, von den PädagogInnen wieder verteilt, vermittelt und reflektiert wird.

## 5.4 Wissen antizipieren als Schaffung zukünftiger beruflicher Handlungs- und Gestaltungsspielräume – eine neue Dimension von Wissen

Mit den explizit dargelegten Schlüsselkategorien konnte verdeutlicht werden:

- wie Wissen von den PädagogInnen adressaten-, situations- und problemspezifisch distribuiert wird;
- wie die befragten PädagogInnen mit ihrem Wissen soziale Welten gestalten und initiieren;
- wie die PädagogInnen neues Wissen generieren, um handlungsfähig zu sein.

In diesem Abschnitt folgt, wie die PädagogInnen zukünftige Situationen, Entwicklungen und AdressatInnen einschätzen und darüber hinaus antizipieren, welche zukünftigen Handlungsspielräume sich ihnen erschließen, um für diese wiederum eine Handlungsfähigkeit im Vorhinein bedenken zu können.

Bereits 1979 erstellte der Club of Rome in seinem Bericht für die 1980er Jahre einen Entwurf für einen konzeptionellen Rahmen für innovative Lernprozesse. Insbesondere die Begriffe „Partizipation und Antizipation" symbolisieren für den Club of Rome einen besonderen Stellenwert. Er definiert in diesem Zusammenhang *Antizipation* als:

„die Fähigkeit, sich neuen, möglicherweise nie zuvor dagewesenen Situationen zu stellen; sie ist der Prüfstand für innovative Lernprozesse. Antizipation ist die Fähigkeit, sich mit der Zukunft auseinanderzusetzen, künftige Ereignisse vorauszusehen und die mittel- und langfristigen Konsequenzen gegenwärtiger Entscheidungen und Handlungen auszuwerten. Antizipation erfordert nicht nur, aus Erfahrungen zu lernen, sondern auch mögliche oder tatsächliche Situationen zu ‚erfahren'. Ein besonders wichtiges Merkmal der Antizipation ist die Fähigkeit, unbeabsichtigte Nebenwirkungen, oder auch ‚Überraschungseffekte', wie sie manchmal genannt werden, miteinzubeziehen" (Club of Rome 1979: 52).

Antizipieren bezieht sich demnach auf die Fähigkeit, Auseinandersetzungen mit der Zukunft und gegenwärtigen Entscheidungen und Handlungen zu kontextualisieren. Darüber hinaus schreibt der Club of Rome der Fähigkeit zur Antizipation die Erfahrung zu, insbesondere mögliche oder tatsächliche Situationen zu erkennen.

Die von mir befragten PädagogInnen beziehen ihre Erfahrung auf das neue Medium Internet. Sie erleben es als zeitlos und sich schnell verändernd und entwickelnd. Sie haben gelernt, dass sie sich, wollen sie auch zukünftig handlungsfähig sein, neue Situationen, mögliche AdressatInnen und zukünftige Entwicklungen von Technologien immer wieder vorstellen müssen. Die Schlüsselkategorie „Wissen antizipieren" wird durch zwei charakteristische Merkmale dimensioniert. Zum einen durch die *Antizipation zukünftiger Entwicklungen* und zum anderen durch die *Antizipation zukünftiger AdressatInnen und Situationen*. Erstere verweist auf das Erkennen möglicher neuer Technologien, die in eine virtuelle soziale Welt integriert werden könnten und so möglicherweise zu einem neuen Verständnis, wie virtuelle soziale Welten genutzt werden, beitragen kann. Die zweite Dimension eruiert daran anknüpfend, wie sich das Nutzer- bzw. Kommunikationsverhalten der AdressatInnen ändern kann, demzufolge, welche neuen Situationen daraus resultieren könnten. Übergreifend sollen diese zwei Dimensionen nochmals mit einer Sequenz aus dem Interview mit P.K. verdeutlicht werden. Er spricht genau jene zwei Dimensionen an wenn er erzählt:

> „und das ähm (...) verlangt eine ähm (..) Tätigkeit in 2 Ebenen (..) einerseits ähm (..) permanent dran zu sein an| (..) an der aktuellen Technologie (..) damit (eben) auch (..) ähm (...) im Blick zu haben was (gibt's grad) auf dem Markt was sind dort äh (..) für Bedürfnisse einmal (..) im Rahmen der Wirtschaft also was gibt es dort für neue e-commerce-Strategien wie| (..) wie verändern sich äh (..) ähm (..) die Wirtschafts- (..) ähm -vorgänge also (..) ähm im Supply-Chain-Man| Man|Management wie sieht das| ähm (..) wie sieht das heute aus wie sieht das zukünftig aus welche| (..) welche Dimensionen eröffnen werden können durch das Netz also da irgendwie (..) überhaupt dran zu sein zu gucken was sind neue Strategien neue Wirtschaftsstrategien was geht das ab (..) ähm (..) da in der Technologie irgendwie (...) dran| (..) ja (..) ähm (...) ähm (...) die Technologie doch da dran zu sein" (P.K.: 3765ff.)

Es ist für ihn nicht nur wichtig, die aktuelle Technologie zu verstehen sondern auch einzuschätzen, welche zukünftigen Technologien für sein berufliches Handeln bedeutsam sein könnten. Darüber hinaus eruiert er sich verändernde Bedürfnislagen der UserInnen seines virtuellen Guides und hinterfragt, welche zukünftigen Dimensionen das Internet eröffnen kann. Er resümiert, dass es bedeutsam ist, „mit einer anderen Denke an die Sache heranzugehen". Auch hier, ähnlich wie bei der Schlüsselkategorie „Wissen generieren", ist es eine Voraussetzung, bereits vorhandene Handlungsstrategien immer wieder in Frage zu stellen und zu reflektieren, welche es noch geben könnte.

Antizipation beinhaltet darüber hinaus weitere Facetten. Der Club of Rome definiert ferner:

> „Antizipation bedeutet, die Zukunft so weit wie möglich zu gestalten und Pläne und Aktionen zu ihrer Verwirklichung auszuwählen" (Club of Rome 1979: 56).

Es reicht also nicht aus, nur zukünftig zu Denken, sondern es bedarf der Gestaltung und Entwicklung von Plänen und Entwürfen, um dann auswählen zu können, welche zur Verwirklichung von Situationen nötig sein könnten. Für Alfred Schütz besteht jedes Entwerfen, wie in Kapitel 2.2.1 näher dargelegt, im phantasierenden und vorstellenden Erwarten zukünftigen Verhaltens, wobei dieser Prozess für ihn mit der als abgeschlossen phantasierten Handlung beginnt. Die Situation, in der sich ein Handelnder befindet, muss für ihn erst deutlich sein, bevor einzelne Schritte geplant werden können, um ein Ziel zu erreichen. Die empirischen Ergebnisse verweisen darauf, dass ein konkretes Handeln für zukünftige Situationen, Entwicklungen und AdressatInnen eng verwoben ist mit den jeweilig anderen drei Schlüsselkategorien. Es geht nicht darum, bereits zukünftiges Handeln zu erdenken, sondern sich mögliche Handlungsstrategien offen zu halten. Schütz führen seine Überlegungen zu zwei Schlussfolgerungen: Erstens sind alle Entwürfe kommender Handlungen auf ein zur Zeit des Entwerfens verfügbares Wissen gegründet. Das bedeutet, die PädagogInnen wissen, wie virtuelle soziale Welten funktionieren. Selbst wenn sie nicht grundsätzlich wissen, wie diese initiiert und gestaltet werden können, sind sie in der Lage, durch die Generierung neuen Wissens handlungsfähig zu werden. Die befragten PädagogInnen greifen darüber hinaus auf Erfahrungen zurück, die sie während ihres Berufslebens oder im Studium erlebt und in ihrem Wissensvorrat verankert haben. Diese Erfahrungen sind beispielsweise, dass das Internet ständigen Veränderungen und Modifikationen unterworfen ist und sich permanent weiterentwickelt. Das beinhaltet die zweite Folgerung von Schütz, wenn er nach dem Motiv für ein Entwerfen zukünftiger Handlungen fragt. Hier handeln die PädagogInnen nach dem „Um-zu-Motiv". Dieses verweist vom Standpunkt des Handelnden aus in die Zukunft. Erst im Nachhinein, wenn der Handlungsprozess bereits abgelaufen ist, können die PädagogInnen festhalten, wieso sie auf eine bestimmte Art und Weise gehandelt haben. Dann greift das „Weil-Motiv", wie Schütz es benannt hat. Das lässt die Schlussfolgerung zu, dass zum Zeitpunkt der Überlegungen meiner InterviewpartnerInnen sie zwar zukünftiges mögliches Handeln entwerfen, es im Sinne von Schütz aber noch keine Handlung nach sich zieht. Die Handlung verweist auf die gegenwärtige Situation, wenn ein Handeln bereits beendet ist, beispielsweise wenn neue Technologien in die virtuelle soziale Welt integriert werden bzw. neue Features für diese angedacht sind. Die PädagogInnen handeln demnach resultierend aus ihrer Erfahrung und orientiert an AdressatInnen, Situationen und Entwicklungen. Mit einem Wissen handeln beinhaltet demnach, auf Erfahrungen zurückzugreifen, die nicht explizit vermittelt wurden, sondern aus der beruflichen Situation oder einem Eigeninteresse resultieren. Hervorgehoben werden konnte dieser Aspekt mit der Generierung dieser Schlüsselkategorie aus dem Interview mit Claudia. Ihre Erfahrung hat ihr gezeigt, dass es zum damaligen Zeitpunkt kaum ein virtuelles Angebot für Kinder und Jugendliche im Internet gab. Sie begann, sich dafür zu interessieren und zu überlegen, wie ein solches für diese Klientel aussehen könnte, mit dem Anspruch, dass es pädagogisch sinnvoll sein sollte. Die Etablierung einer virtuellen Stadt für Kinder in diesem Medium ist dann die abgeschlossene Handlung, die einzelnen Schritte, die dazu führten, sind das vorüberlegte Handeln. Sie musste sich nicht nur dafür entscheiden, für welche Klientel, Kinder oder Jugendliche, sie diese virtuelle Stadt konzipieren möchte, sondern auch, welches Layout, welches Design und welche Inhalte präsentiert werden sollte. Einen Plan hat sie dementsprechend zur Verwirklichung ausgewählt, um auf die Definition von Antizipation des Club of Rome zurück zu kommen.

Das bedeutet, dem in Kapitel 1.4 entwickelten Modell von Dimensionen des Wissens kommt eine weitere hinzu: Die Dimension der Wissensantizipation.

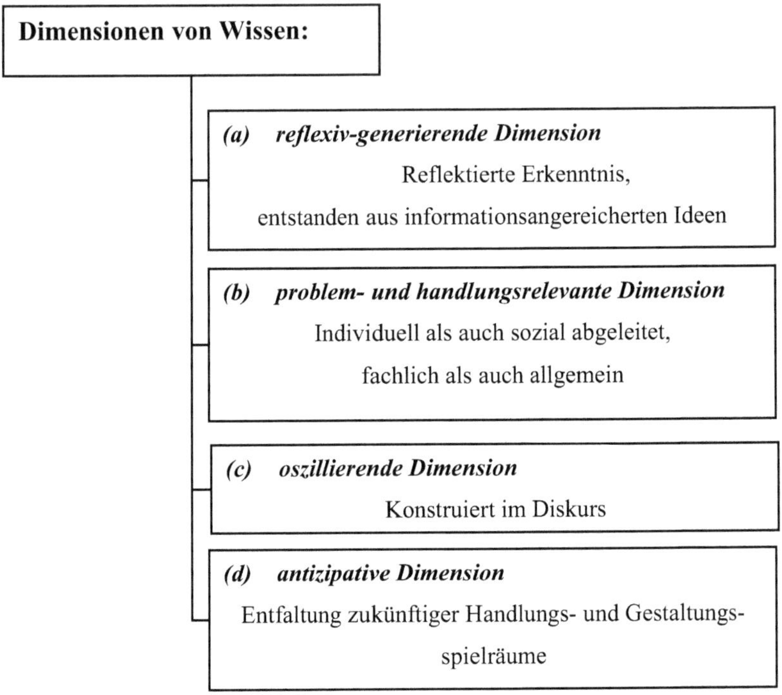

| Dimensionen von Wissen: |
| --- |

**(a) reflexiv-generierende Dimension**

Reflektierte Erkenntnis,

entstanden aus informationsangereicherten Ideen

**(b) problem- und handlungsrelevante Dimension**

Individuell als auch sozial abgeleitet,

fachlich als auch allgemein

**(c) oszillierende Dimension**

Konstruiert im Diskurs

**(d) antizipative Dimension**

Entfaltung zukünftiger Handlungs- und Gestaltungs-

spielräume

*Abbildung 18:* Wissensdimensionen

Die erste Dimension (a) zielt auf die Entstehung und Generierung von Wissen. Für den vorliegenden Forschungskontext bezieht sich dies auf die Schaffung von Handlungsfähigkeit und einer Transformation von Situationen. Das beinhaltet die Beantwortung der Frage: Wie handeln die PädagogInnen, wenn eine unbestimmte in eine bestimmte Situation überführt werden soll. Aus diesem Grund spiegelt sich diese Dimension in der Schlüsselkategorie „Wissen generieren" wider. Aufgezeigt werden konnten die Überlegungen dazu mit den vorangegangenen Ausführungen in Kapitel 5.3. Die Dimension (b) der Problem- und Handlungsrelevanz verweist auf ein Wissen, welches zur Lösung eines Problems aktiviert wird. Hier greifen die befragten PädagogInnen auf ein ihnen bereits zur Verfügung stehendes Wissen zurück. Dies zielt auf die Schlüsselkategorien „Wissen distribuieren" und „Soziale Welten gestalten und initiieren". Die oszillierende Dimension (c) greift im Diskurs auf die Wissensbestände zurück, die

Andere, an der jeweiligen Situation Beteiligte, zur Lösung eines Problems beitragen können. Ausgangspunkt ist, dass die PädagogInnen abwägen, wer mit welchem Wissen wie handelt bzw. handeln kann. Ihr eigenes handeln wird in diesem Kontext immer spezifischer, sie sind somit in der Lage, neu generiertes Wissen wiederholend handlungspraktisch zu reflektieren. Hier zeigt sich eine Verschmelzung verschiedener Schlüsselkategorien, betrifft dies doch sowohl die Schlüsselkategorie „Wissen generieren" als auch die Schlüsselkategorie „Wissen distribuieren", wie dargelegt werden konnte. Die neue (d) antizipative Dimension von Wissen zielt nicht auf ein konkretes Handeln, sondern auf die Fähigkeit, zukünftige AdressatInnen, Situationen und Entwicklungen zu sehen, zu antizipieren und zu erdenken. Dieses Wissen resultiert aus dem Erfahrungsraum der PädagogInnen mit dem neuen Medium Internet, welches einen zentralen Handlungs- und Gestaltungsspielraum für die befragten PädagogInnen symbolisiert. Zu wissen, dass es zukünftig Veränderungen geben könnte bzw. mitzudenken, dass es Entwicklungen technologischer und adressatenspezifischer Art geben wird, ist für die befragten PädagogInnen ein wesentliches Moment, um sich beruflich orientieren zu können. Wissen wird nun nicht mehr nur dadurch charakterisiert, dass es im immer gleichen routinierten Gebrauch zu immer gleichen Tätigkeiten und Reaktionen führt, und sich somit ausschließlich reproduziert und modifiziert. Mit dieser Einschätzung argumentieren de Haan und Poltermann (2002) gegen die gängige Auffassung: Wissen ist, zu wissen, wo etwas steht. Sie betonen: Eine Wissensgesellschaft ist eine Gesellschaft von Individuen, die auf der Basis ihrer verfügbaren Kenntnisse und Urteile bewusst und sinnhaft Handeln können. Wissensgesellschaft ist eine verständnisintensive Gesellschaft. So signalisieren die Autoren, dass Wissen mehr impliziert als die Fähigkeit zur Kommunikation. Bewusst und sinnhaft Handeln kann man nur auf der Basis reflektierter Auseinandersetzung mit Werten, Zielen, *Visionen*, die dem Handeln Orientierung bieten. Insofern ist dieses Wissenskonzept der Autoren auch eng mit Bildung verbunden. Bildung weist über Wissen insofern hinaus, als sich mit ihr Selbstreflexivität verbindet. Dass Wissen eine biographische Bedeutung besitzt, ließ sich bereits mit den Überlegungen von Schütz zeigen (vgl. hierzu Kapitel 2.1.2). Den von mir befragten Pädagoginnen und Pädagogen dient ihr Wissen als biographische Orientierung, sowohl in einem beruflichen als auch einem individuellen Entwicklungskontext. Dies konnte insbesondere mit der Fallrekonstruktion des Interviews mit Carin aufgezeigt werden (vgl. hierzu Kapitel 4.3.1.2). Ihr Erfahrungsraum erweiterte sich mit der Zeit beständig, so dass sie aufgrund dessen in der Lage war, sich beruflich zu orientieren. Hier spiegelt sich auch die Einschätzung Marotzkis (2004a) wider, dass die individuelle Orientierungsleistung steigt (vgl. hierzu Kapitel 1.3). Es geht im vorliegenden Kontext vor allem um die Auseinandersetzung mit Zielen und Visionen, was ein wesentliches Ergebnis meiner Forschungsarbeit ist. Diese Schlüsselkategorie „Wissen antizipieren" charakterisiert sich durch eine erhöhte Selbstreflexion und eine permanente Reflexion des beruflichen Handlungs- und Gestaltungsspielraums. Die PädagogInnen thematisieren dies, wie in Kapitel 4.4 festgehalten werden konnte, anhand einer Offenheit gegenüber technischen Innovationen und damit einhergehend, mit einer Verknüpfung zukünftiger Gestaltungsmöglichkeit sozialer Welten. Die Selbstreflexivität beinhaltet hierbei ein Überlegen, was das eigene berufliche Handeln eigentlich ausmacht und wie zukünftige Handlungsoptionen eröffnet werden können, durch Weiterqualifizierung, Weiterentwicklung oder einfach der Frage: Welches Wissen könnte zukünftig wichtig sein? Damit ist Wissen subjektorientiert angesiedelt und lässt zu, Wissen als die Möglichkeit sozialen Handelns zu begreifen.[215] Dass dies im Denken der von mir befragten PädagogInnen fest verortet ist, konnte fallübergreifend in Kapitel 4.4 dargelegt werden. Sie thematisieren beständig, dass sie sich, wollen sie beruflich handlungsfähig bleiben, weiterbilden müssen und bedenken dabei jene Gebiete, die vielleicht zukünftig das Wissen für ihr berufliches Handeln bereitstellen können. Carin argumentiert, dass es für sie wichtig ist, „wirklich mal was ganz anderes zu wissen". Sie verschließt sich auch nicht der Informatik, wie sie erzählt, sondern reflektiert, dass sie die Vielfältigkeit ihres Wissens schätzt.

Aber nicht nur die oben genannte Perspektive ist ausschlaggebend für diese Schlüsselkategorie. Mit der Fallrekonstruktion des Interviews von Claudia konnte analytisch dargelegt werden, wie sie sich einen zukünftigen sozialen Handlungs- und Gestaltungsspielraum von PädagogInnen vorstellt. Das heißt, sie hat nicht nur zukunftsorientiert gedacht, sondern selbst einen Trend gesetzt, nämlich eine virtuelle soziale Welt zu initiieren, mit einem pädagogischen Anspruch. Damit hat sie einen Maßstab für zukünftige Entwicklungen bei der Konzeptionierung sozialer Welten mit einem integrierten pädagogischen Anspruch gesetzt und einen Beitrag dazu geleistet, wie virtuelle soziale Welten auch als Bildungswelten verstanden werden können. Aus diesem Grund ist mein Resümee: Der Begriff Wissen steht nicht in einem Konkurrenzverhältnis zu den Begriffen Lernen und Bildung. Wissen, ein reflektierter Umgang damit, seine biographische Verortung als Orientierung, dessen Vermittlung und Distribution und die Generierung von Wissen sind wesentliche Elemente für einen zukünftigen Bildungsraum und einer beruflichen Etablierung von PädagogInnen in neuen beruflichen Handlungs- und Gestaltungsspielräumen. Damit ist Wissen nicht nur als Handlungswissen bzw. Verfügungswissen zu verstehen, sondern als Orientierungswissen, auch für zukünftiges Wissen, zu begreifen.

---

215    Vgl. hierzu de Hann/Poltermann (2002): 10.

# 6  Fazit und Ausblick

Mit der vorliegenden Forschungsarbeit, den empirischen Ergebnissen der berufs-biographischen Studie und der theoretischen Verknüpfung, konnte explizit auf-gezeigt werden, wie PädagogInnen in nicht-genuin pädagogischen Handlungs-feldern agieren. Dass ein Wissen, die Generierung von neuem Wissen und ein antizipatives Denken und Handeln für zukünftige Handlungs- und Gestaltungs-spielräume einen zentralen Stellenwert im beruflichen Handeln der befragten PädagogInnen einnehmen, ist ein erstes wichtiges Ergebnis meiner Forschungs-arbeit. Aufgezeigt werden konnte, wie die empirischen Ergebnisse theoretisch verortet werden und wo die Grenzen theoretischer Anknüpfungen liegen. Zu-sammenfassend lassen sich die Ergebnisse folgendermaßen festhalten:

PädagogInnen:

- handeln in bestimmten beruflichen Situationen mit ihrem erlerntem Wissen;
- initiieren und konzipieren soziale Welten;
- generieren bei unbestimmten Situationen Wissen für eine Handlungsfähig-keit;
- agieren antizipierend für zukünftige Entwicklungen, Situationen und Adres-satInnen.

Der Einleitung meiner Arbeit habe ich Zitate vorangestellt, die sich auf Wissen und dessen Handlungsrelevanzen beziehen. Albert Einstein wurde beispielsweise damit zitiert, dass Phantasie wichtiger sei als Wissen, da Wissen begrenze. Phan-tasie kann aber Wissen erweitern, neue Handlungsräume schaffen. Handeln kann man nur mit Wissen, aber Phantasie ist ein Motor für Handeln. Erfahrung, die für Konfuzius nur das beleuchtet, was bereits hinter uns liegt, zeigt auf, dass aus Erfahrung Wissen werden kann, welches zur Handlungsfähigkeit beiträgt. Aber Erfahrung weist auch auf das Zurückliegende, Ideen und die Entwicklung von Wissen sind das entscheidende Merkmal komplexer Gesellschaften. Auerbach wurde damit zitiert, dass eine Idee Wirklichkeit werden muss, sonst sei sie nur eine „eitle Seifenblase". Die PädagogInnen entwickeln Ideen aufgrund ihrer Erfahrung und ihres Wissens und setzen diese auch um. Allerdings bedarf es vieler Ideen und Visionen und letztendlich kommt es auf die Entscheidung an, welche Idee für welche Klientel in welcher Situation besonders fruchtbar ist.

Rückblickend auf die Frage von Grunert und Krüger (vgl. Kapitel 3.1), ob die gegenwärtig im Erziehungssystem vorkommenden Tätigkeiten noch mit den drei klassischen Grundbegriffen der Pädagogik – Erziehung, Bildung und Unterricht – hinreichend gefasst werden können und ob angesichts der Entgrenzung des Pädagogischen nicht weitere Begriffe wie etwa Beratung oder Management in das kategoriale Gefüge der Erziehungswissenschaft aufgenommen werden sollen, kann ich somit festhalten: Inhaltliche Elemente der Grundbegriffe Unterricht und Bildung (sowie Lernen), als auch Informieren, sind durchaus Handlungsstrukturen der von mir befragten InterviewpartnerInnen, an denen sie sich bei der Gestaltung und Initiierung neuer kultureller Räume orientieren. Aber darüber hinaus erfordert es ein Wissen über beratende Optionen und Managementelemente (alle von mir befragten PädagogInnen sind entweder in großen wirtschaftlich orientierten Unternehmen tätig oder haben sich selbständig gemacht, was auch wirtschaftliches Denken und Handeln erfordert). Gleichzeitig bedarf es weiterer besonderer Fähigkeiten – Wissen aus Ideen zu generieren und Tendenzen, Trends etc. zu sehen und vielleicht zu setzen.

Der Einsatz pädagogischen Wissens ist dabei, wie es Kade und Seitter (vgl. Kapitel 3.1) ausführen, nicht zu trennen von den derzeitigen Handlungs- und Gestaltungsspielräumen der von mir befragten PädagogInnen. Allerdings, wie bereits angedacht: Nur dann sehen meine PädagogInnen ihren Tätigkeitsbereich auch in Ansätzen als genuin pädagogisch, wenn sie sich selbst als Pädagogin oder Pädagoge in diesem Rahmen begreifen und auch von anderen innerhalb eines solchen Bildes wahrgenommen werden. Die befragten PädagogInnen sehen sich als pädagogisch handlungsfähig, wenn sie a) Wissen distribuieren und b) Soziale Welten gestalten und initiieren. Dies ist ein wesentliches Ergebnis meiner qualitativen Studie, denn sie agieren meines Erachtens in diesem Sinne pädagogisch professionell, demnach mit einem disziplinorientierten Wissen, in einem nicht-genuin-pädagogischen Handlungsfeld.

Mit der berufsbiographischen Studie konnte darüber hinaus aufgezeigt werden, wie Pädagoginnen und Pädagogen in neuen kulturellen Räumen beruflich handeln, ohne dieses Handeln als ein pädagogisches zu spezifizieren. Mit Blick auf die eingangs dargelegten Begrifflichkeiten, wie Wissen definitorisch dimensioniert werden kann (vgl. hierzu Kapitel 1.4), gehört die Fähigkeit zum sozialen Handeln grundsätzlich dazu. Soziales Handeln ist in dem vorliegenden Kontext sowohl die Kompetenz, soziale Welten gestalten und initiieren zu können, als auch Wissen zu generieren und zu distribuieren. Die Schlüsselkategorie „Wissen antizipieren" steht in meinem Sample für eine „Zukunftskategorie" und ist im Denken und Handeln der von mir befragten PädagogInnen eine zentrale Größe. Hier geht es sowohl um die Erzeugung einer zukünftigen Handlungsfähigkeit als auch um die Generierung von Ideen und Visionen für zukünftige Handlungs- und Gestaltungsspielräume.

Die theoretische Verknüpfung der einzelnen Schlüsselkategorien pädagogischen Handelns konnte mit den Überlegungen von Alfred Schütz nachvollzogen werden. Dies zeigt deutlich die Grenzen pädagogisch theoretischer sowie empirischer Ansätze auf, beziehen sich jene doch ausschließlich auf eine pädagogische Handlungsfähigkeit im Sinne von Wissensvermittlung und Wissensreflexion. Mit Nico Stehrs Überlegungen zu einem sozialen Handeln gelingt die Verknüpfung nur bei den konkret pädagogischen Handlungsoptionen. Das zeigt, dass die Debatte, was ist spezifisch pädagogisches Handeln, hier nicht greifen kann. Es ist grundsätzlich bei neuen pädagogischen Handlungsfeldern die Frage zu klären, wie eine Handlungsfähigkeit von den beruflich Tätigen erzeugt wird. Nicht nur für konkret-fassbares Handeln, sondern auch für zukünftiges Wissen und die Generierung von neuem Wissen. Das eröffnet die Perspektive, wie PädagogInnen ausgebildet werden können, um handlungsfähig beruflich tätig zu sein bzw. im Berufsfeld zu werden.

Bezugnehmend auf die in der Einleitung dargelegte Debatte, was pädagogisch professionelles Handeln bedeutet, soll nun darauf eingegangen werden, was dies für eine weiterführende Forschung heißen kann. Resümierend kann vorläufig festgehalten werden, dass die von mir befragten PädagogInnen professionell handeln, wenn von nachfolgenden Überlegungen ausgegangen wird:

Professionalität, so definiert es Marotzki (2004), ist eine gekonnte Beruflichkeit. Dabei ist berufliche Kompetenz eine Facette von Professionalität, die erfolgreiche Anwendung in konkreten Situationen eine weitere. Marotzki nennt dies Performance. „Performance erzeugt Erfahrungswissen, das für professionelles Handeln neben dem disziplinorientiertem Wissen zentral ist" (ebd.: 408). Eine berufliche Kompetenz der von mir befragten PädagogInnen bezieht sich auf die Fähigkeiten, Wissen zu distribuieren, Soziale Welten zu gestalten und zu initiieren sowie Wissen zu generieren. Insbesondere bei letzterem Aspekt ist bedeutsam, dass ein Wissen generiert werden kann, auch wenn dies nicht als berufliche Kompetenz wahrgenommen, sondern als intuitives Handeln thematisiert wird. Die Erfahrung und die Fähigkeit, selbst motiviert zu Lernen, sind hier der Motor des Handelns. Professionswissen ist hierbei, so Marotzki weiter, als ein Konglomerat verschiedener Wissensbestände anzusehen, welches nur zum Teil aus wissenschaftlichem Wissen besteht. Die Erfahrung bzw. die Fähigkeit, Wissen aus Ideen zu generieren, sind darüber hinaus wesentliche Merkmale professionellen Handelns, wie auch mit der empirischen Studie expliziert und mit den Überlegungen von Schütz theoretisiert werden konnte – ein weiteres bedeutsames Ergebnis der Forschungsarbeit.

Peter Vogel (2002) legt konkret dar, was er unter pädagogischem Professionswissen und erziehungswissenschaftlichem Wissen versteht. Für ihn beschreibt ein pädagogisches Professionswissen das Wissen, welches notwendig und hinreichend ist, um in einem pädagogischen Beruf kompetent zu arbeiten und es hat die Aufgabe, Handlungssicherheit auch in schwierigen beruflichen Problemlagen zu ermöglichen. Es enthält darüber hinaus Bestände von:

- Einzelwissen, demnach abgesicherte Informationen über das Handlungsfeld und ein Wissen über Zusammenhänge im Handlungsfeld;
- Regelwissen, welches sich auf ein Wissen über die angemessenen und üblichen Strategien zur Bewältigung von Problemen im beruflichen Handlungsfeld bezieht;
- Urteilsfähigkeit, die die Fähigkeit impliziert, Probleme aufgrund professioneller Relevanzkriterien richtig einzuschätzen.

In diesem Kontext enthält pädagogisches Professionswissen sowohl normative als auch empirische Anteile, „die durch ihre Lösungskapazität für berufliche Problemsituationen miteinander verbunden und entsprechend ‚sortiert' sind" (ebd.: 286). Dieses pädagogische Professionswissen wird nach Ansicht des Autors durch eine wissenschaftliche Ausbildung erworben und durch das Erlernen der berufsüblichen Routinen, Deutungsmuster und Handlungsschemata durch die Arbeit im Beruf konstituiert. Diesem Wissen liegt ein typisches Begründungsmuster zugrunde, welches auf wissenschaftliche und erfahrungsgesättigte professionelle Standards verweist. Seine Grenzen sieht Vogel (2002) in der Zuständigkeit zu anderen Professionen und deren Wissensbeständen. Das bedeutet, der professionelle Pädagoge weiß, wann die Grenzen seiner beruflichen Kompetenz erreicht sind.

Erziehungswissenschaftliches Wissen beruht seines Erachtens auf einer Beschäftigung mit wissenschaftlichen Theorien oder Beobachtungsverfahren und nicht auf praktischer Erfahrung. Es wird durch ein wissenschaftliches Studium erworben und ist auf eine interne Konsistenz im Bereich einer Wissenschaftsdisziplin angewiesen. Darüber hinaus folgt es den wissenschaftsinternen Kriterien von „Wahrheit", ungeachtet praktischer Verwendungsmöglichkeiten und beinhaltet als typisches Begründungsmuster die Berufung auf methodisch abgesicherte wissenschaftliche Strategien der Wissensproduktion. Es birgt eine Unsicherheit in sich, weil es als wissenschaftliches Wissen seiner Ansicht nach grundsätzlich unsicheres Wissen ist, das durch den Erkenntnisfortschritt mithilfe von wissenschaftlichen Verfahren jederzeit revidiert werden kann.

Die von mir befragten PädagogInnen agieren einerseits mit einem Wissen, welches sie in ihrem Studium erlernt haben. Dies wäre in diesem Kontext erziehungswissenschaftliches Wissen und bezieht sich auf Wissensvermittlung, Wissensreflexion und die Gestaltung Sozialer Welten. Generieren sie Wissen, um beruflich handlungsfähig zu werden, verweist es, folgt man der Argumentation von Vogel, auf pädagogisches Professionswissen. Für ihn wäre dieses Wissen getragen von Einzelwissen, Routinewissen und Urteilsfähigkeit. Das spezifische Problem, welches ich hier sehe, ist die Zuschreibung, dass ein Generieren von neuem Wissen pädagogisches Wissen ist, wenn die empirischen Ergebnisse auf ein intuitives Handeln verweisen. Es geht nicht darum, ob die befragten PädagogInnen pädagogisch Handeln, es geht um die Frage, wie sie ihre Handlungsfähigkeit herstellen. Und dies tun sie nicht durch Routine, sondern mit Kreativität und Ideen. Solange diese Fähigkeit nicht als eine pädagogische angesehen wird, kann meines Erachtens nicht von pädagogischem Wissen gesprochen werden. Das bedeutet, den Studierenden der Pädagogik oder der Erziehungswissenschaft muss vermittelt werden, dass sie kreativ Denken und Handeln sollen und können und dass sie sich unbestimmten Situationen stellen müssen und können, um Handlungsfähigkeit zu erlernen. Darüber hinaus bedarf es, und dies konnte mit der Schlüsselkategorie „Wissen antizipieren" aufgezeigt werden, einer Offenheit gegenüber Neuem, Innovativem und Visionärem.

Professionelles Handeln von PädagogInnen ist dann, so mein Resümee, eben nicht nur in den klassischen Kategorien – Unterrichten, Bilden, Erziehen, Informieren – zu verorten, sondern spiegelt sich auch in den Facetten – Erfahrung, Performance und Visionen – wider.

Die abschließende Frage wäre dann, wie es Lehrenden an Universitäten und Fachhochschulen gelingen kann, zukünftigen PädagogInnen und ErziehungswissenschaftlerInnen zu zeigen, was pädagogisch tätig sein im Kern bedeutet, nämlich wie Wissen sozial verteilt ist und wie Wissen vermittelt und reflektiert werden kann, und darüber hinaus, welchen Stellenwert zukünftiges Wissen in einem beruflichen Handeln einnimmt. Gleichzeitig bedarf es einer Fokussierung, was PädagogInnen alles zu leisten vermögen. So besteht die Möglichkeit, dass sich PädagogInnen, in welchem beruflichen Handlungskontext auch immer, als pädagogisch tätig wahrnehmen und sich dementsprechend als PädagogInnen identifizieren und präsentieren. Prädestiniert hierfür wäre meines Erachtens für eine weiterführende Forschung ein interaktionistisch-methodologischer Ansatz, der sich auf vorfindbare Entwicklungen im pädagogischen Handeln bezieht. Diese Entwicklungen konnten mit der berufsbiographischen Studie aufgezeigt werden. Nun gilt es, diese Perspektiven pädagogischen Handels auch professionstheoretisch zu reflektieren.

Aus bildungstheoretischer Perspektive lassen sich die Ergebnisse meiner Forschungsarbeit ebenfalls reflektieren. Bisher wurde ein Bildungsraum für das Internet aus einer UserInnenperspektive betrachtet. Das Internet ist darüber hinaus ein Bildungsraum für beruflich Tätige. Es ist eine Lernumgebung, in der es um eine Gestaltung und Darstellung einer virtuellen sozialen Welt geht, zu der die UserInnen ein freies Verhältnis herausbilden können. Die PädagogInnen lernen mit und für diese virtuelle soziale Welt, wie mit den empirischen Ergebnissen aufgezeigt wurde. Sie lernen und erkennen, wie die UserInnen interagieren und können dementsprechend virtuelle soziale Welten mit einem pädagogischen Anspruch gestalten.

Das Internet und virtuelle soziale Welten als einen Raum zu erfassen, der jenseits von initiierten Lernumgebungen, wie beispielsweise im Bereich des E-Learning verortet ist, ist dabei ein Anspruch, der weiter forciert werden muss, ist doch das vorliegende Buch als ein Anfang zu sehen. Nun gilt es, die pädagogische Perspektive noch weiter zu öffnen und PädagogInnen als das was sie sind, nämlich handlungsfähig in übergreifenden beruflichen Handlungsfeldern, zu begreifen.

Die Wissensgesellschaft, und in diesen Kontext ist mein Forschungsfokus übergreifend verortet, lebt von einer Dynamik des Wissens, seiner Innovationen und von neuen Prozeduren seines Erwerbs. Darauf verweisen de Haan und Poltermann (2002). Für eine zukünftige Bildungsplanung ist es notwendig, zu wissen, welches Wissen in Zukunft entscheidend ist. Nur so kann die Frage geklärt werden, welches Wissen handlungsleitend sein kann. Ausgangspunkt wäre dann, um auf die Anregungen des Club of Rome zurückzukommen, die Schaffung kohärenter Begrifflichkeiten und die Entwicklung einer Fähigkeit zur Antizipation. Wissen und Handeln mit Wissen sind die Begriffe der Gegenwart, die mit meiner Forschungsarbeit konkret gefasst wurden. Antizipatives Denken und Handeln sind die ausschlaggebenden Momente für eine zukünftige Handlungsfähigkeit. Dies zieht die Frage nach sich, wie eine Professionalisierung von PädagogInnen und ErziehungswissenschaftlerInnen im Kontext der Wissensgesellschaft, die ja auch eine Lerngesellschaft ist, wie Marotzki (2004) resümiert, erreicht werden kann. Unter Professionalisierung wird u.a. eine Neuorientierung bzw. grundlegende Umorientierung des Berufs verstanden, was zu wesentlichen Veränderungen der universitären Ausbildung führt. Dass dieser Prozess strukturell bereits eingesetzt hat, zeigen die Einführungen von BA/MA-Konzepten in geistes- und sozialwissenschaftlichen Studiengängen. Ines Kadler (2007) resümiert in diesem Kontext, dass dies für die Erziehungswissenschaft bedeutet, perspektivisch den Weg in eine multioptionale Vielfalt beruflicher Handlungsmöglichkeiten zu öffnen.

# Anlage:   Transkriptionsregeln

| Transkriptionsregeln: | |
|---|---|
| Orthographie | Konventionell |
| Interpunktion | Konventionell |
| Pausen | (..) kurze Pause; (...) mittlere Pause; (4) ab 4 Sekunden, Länge in Klammern |
| Unverständliches | (n Wörter?) |
| unsichere Transkription | (abc) |
| Heben der Stimme | (°) |
| Senken der Stimme | (.) |
| betont | Unterstrichen: abc |
| Wortabbrüche | abc\| |
| Satzabbrüche | Abc\| |
| paralinguistische Äußerungen | [Kommentar] |
| Abkürzungen | Konventionell, z.B.: DDR, SPD |
| Anonymisierung | Personen und Firmenname |

# Literaturverzeichnis

Aufenanger, S. (2003): MedienpädagogInnen im Beruf – Ergebnisse einer empirischen Studie. In: Neuß, N. (Hrsg.): Beruf Medienpädagoge. Selbstverständnis – Ausbildung – Arbeitsfelder. München. S. 55-66.

Aufenanger, S. (2003a): Lernen mit neuen Medien – mehr Wissen bessere Bildung? In: Keil-Slawik R./Kerres M. (Hrsg.): Wirkung und Wirksamkeit neuer Medien in der Bildung. Münster. S. 161-171.

Aufenanger, S. (2004): Medienpädagogik. In: Krüger, H.-H./Grunert, C. (Hrsg.): Wörterbuch Erziehungswissenschaften. Wiesbaden. S. 302-307.

Baumann, Z. (1987): Legislators and Interpreters. On Modernity, Post-modernity and Intellectuals. Ithaca, New York.

Baumgartner, P. (2000): Handeln und Wissen bei Schütz – Versuch einer Rekonstruktion. In: Neuweg, G. H. (Hrsg.): Wissen – Können – Reflexion. Ausgewählte Verhältnisbestimmungen. Innsbruck-Wien. S. 9-26.

Becker, B. (2000): „Hello, I am new here" Soziale und technische Voraussetzungen spezifischer Kommunikationskulturen in virtuellen Netzwerken. In: Thiedeke, U. (Hrsg.): Virtuelle Gruppen. Wiesbaden. S. 113-133.

Berger, P. L./Luckmann, T. (2003): Die gesellschaftliche Konstruktion der Wirklichkeit. Frankfurt a.M. 19. Auflage (Erstauflage 1969).

Bittkau, S. (2000): Bildungsrelevante Strukturen der Internetnutzung. In: Schäfer, E. (Hrsg.): Internet.Film.Fernsehen. Zur Nutzung aktueller Medien als Folie für Selbst- und Weltbilder. München. S. 21-34.

Bittkau-Schmidt, S. (2001): Kommunitarismus und Demokratie im Cyberspace. URL: www.cycosmos.com [aktualisiert 17.03.2007]

Böhme, J./Kramer, R.-T. (2001) (Hrsg.): Partizipation in der Schule. Theoretische Perspektiven und empirische Analysen. Opladen.

Bohnsack, R. (1991): Rekonstruktive Sozialforschung. Einführung in Methodologie und Praxis qualitativer Forschung. Opladen.

Bohnsack, R. /Marotzki, W. (Hrsg.)(1998): Biographieforschung und Kulturanalyse. Transdisziplinäre Zugänge qualitativer Forschung. Opladen.

Bollmann, S. (1998): Einführung in den Cyberspace. In: Bollmann, S. (Hrsg.): Kursbuch Neue Medien. Reinbek. S. 163-166.

Bourdieu, P. (1993): Soziologische Fragen. Frankfurt a.M.

Brill, A. (2000): Paradoxe Kommunikation im Netz. In: Thiedeke, U. (Hrsg.): Virtuelle Gruppen. Wiesbaden. S. 94-112.

Bruckmann, A. (1993): Gender swapping on the Internet. URL: ftp://ftp.cc.gatech.edu/fac/Amy.Bruckmann/papers/#IW. [aktualisiert 22.09.2006].

Brüdigam, U. (2002): Bildung in medialen Fan-Gemeinschaften. Eine biographieanalytische Untersuchung von Strukturen in modernen Bildungsprozessen. In: Kraul, M./Marotzki, W.: Biographische Arbeit. Opladen. S. 185-210.

Bühl, Achim (1997): Die virtuelle Gesellschaft. Opladen/Wiesbaden.

Clausen, L./u.a. (Hrsg.)(1998): Gesamtausgabe TG. Berlin/New York.

Club of Rome (1979): Zukunftschance Lernen. Bericht für die achtziger Jahre. Wien-Zürich-Innsbruck.

Combe, A./Helsper, W. (Hrsg.)(1999): Pädagogische Professionalität. Untersuchungen zum Typus pädagogischen Handelns. Frankfurt a.M.

Dambeck, H. (02.08.2006): Der Siegeszug der Web-Communities. Quelle: http://www.spiegel.de/netzwelt/netzkultur/0,1518,429099,00.html [aktualisiert: 27.09.2006].

Döring, N. (1999): Sozialpsychologie des Internet. Die Bedeutung des Internet für Kommunikationsprozesse, Identitäten, soziale Beziehungen und Gruppen. Göttingen.

Dörner, A. (2005): Alfred Schütz. Voraussetzungen für alltägliche Verständigungsprozesse. URL: http://www.staff.uni-marburg.de/~doerner/uploads/-media /Folien_zu_Sch_tz_01. pdf.

Eckert, R./Vogelgesang, W./Wetzstein T. A./Winter, R. (1991): Auf digitalen Pfaden. Die Kulturen von Hackern, Programmierern, Crackern und Spielern. Opladen.

Endreß, M. (2000): Alfred Schütz: Der sinnhafte Aufbau der sozialen Welt. In: Kaesler, D./Vogt, L. (Hrsg.): Hauptwerke der Soziologie. Stuttgart. S. 372-378.

Etzioni, A. (1975): Die aktive Gesellschaft. Eine Theorie gesellschaftlicher und politischer Prozese. Oplade.

Etzioni, A. (1997): Die Verantwortungsgesellschaft. Individualismus und Moral in der heutigen Demokratie. Frankfurt a.M./New York.

Fink, C./ Gräf, L. (2000): Determinanten der Gemeinschaftsbildung in Computernetzwerken. URL: http://www.psychologie.unizh.ch/sowi/reips/books/-tband99/pdfs/a_h/fink.pdf [aktualisicrt: 24.09.2006].

Foucault, M. (1977): Der Wille zum Wissen. Frankfurt a.M.

Foucault, M. (1978): Dispositive der Macht. Frankfurt a.M.

Freilich, M. (1963): Toward an Operational Definition of Community. Rural Sociology 29, 118, June.

Friebertshäuser, B./Prengel, A. (Hrsg.)(1997): Handbuch Qualitative Forschungsmethoden in der Erziehungswissenschaft. Weinheim und München.

Giddens, A. (1997): Die Konstitution der Gesellschaft: Grundzüge einer Theorie der Strukturierung. 3. Auflage. Frankfurt a.m./New York.

Glaser, B. G./Strauss, A. L. (1974, 2002): Interaktion mit Sterbenden. Beobachtungen von Ärzten, Schwestern, Seelsorgern und Angehörige. Göttingen.

Glaser, B. G./Strauss, A. L. (1998): Grounded Theory Strategien qualitativer Sozialforschung. Bern.

Goffman, E. (1971): Interaktionsrituale. Frankfurt a.m.

Goffman, E. (1977): Rahmen-Analyse. Frankfurt a.m.

Grotlüschen, A. (2003): Widerständiges Lernen im Web – virtuell selbstbestimmt? Eine qualitative Studie über E-Learning in der beruflichen Erwachsenenbildung. Münster/ New York/ München/ Berlin.

Grunert, C./Krüger, H.-H. (2004): Entgrenzung pädagogischer Berufsarbeit – Mythos oder Realität. Ergebnisse einer bundesweiten Diplom- und Magister-Pädagogen-Befragung. In: Zeitschrift für Pädagogik. Jg. 50, Heft 3, S. 309-325.

Haan, G. de /Poltermann, A. (2002): Funktionen und Aufgaben von Bildung und Erziehung in der Wissensgesellschaft. Berlin (Verein zur Förderung der Ökologie im Bildungsbereich). URL: http://www.wissensgesellschaft.org/-themen/bildung/bildungswissen.pdf [aktualisiert 20.08.2006].

Habermas, J. (1981): Modernity versus postmodernity. In: New German Critique 22. S. 3-14.

Hahn, A./ Jerusalem, M. (2001): Internetsucht: Jugendliche gefangen im Netz. In: Raithel, J. (Hrsg.): Risikoverhaltensweisen Jugendlicher. Erklärungen, Formen und Prävention. Opladen. S. 279-294.

Hamman, R. (2000): Computernetze als verbindendes Element von Gemeinschaftsnetzen. In: Thiedeke, U. (Hrsg.): Virtuelle Gruppen. Wiesbaden. S. 221-243.

Hansen, G. (2000): Memory-Effekte: Neue Medien und pädagogische Schnittstellen. In: Marotzki, W./ Meister, D. M./Sander, U. (Hrsg.): Zum Bildungswert des Internet. Opladen. S. 59-81.

Harney, K. (1998): Handlungslogik betrieblicher Weiterbildung. Stuttgart.

Harney, K./Rahn, S. (2002): Wissen zwischen Biografie und Organisation. Zur Brauchbarkeit des Biografiebegriffs für die synchrone Analyse von Praktiken des Managements und der Organisationsentwicklung. In: Kraul, M./Marotzki, W./Schweppe, C. (Hrsg.): Biographie und Profession. Bad Heilbrunn/Obb. S. 304-319.

Helsper, W./Böhme, J. (2004)(Hrsg.): Handbuch der Schulforschung. Wiesbaden.

Helsper, W./Krüger, H.-H./Rabe-Kleberg, U. (2000): Professionstheorie, Professions- und Biographieforschung – Einführung in den Themenschwerpunkt. In: Zeitschrift für qualitative Bildungs-, Beratungs- und Sozialforschung. 1/2000. S. 5-19.

Hennig, M. (2001): Struktur des Handelns. URL: http://www2.rz.hu-berlin.de/mikrosoz/inhalte/FStruHa/Idealtypen%20und%20Lebenswelt.pdf [aktualisiert 04.09.2006].

Hohenstein, A./Wilbers, K. (Hrsg.)(2006): Handbuch E-Learning. München.

Höhne, T. (2003): Pädagogik der Wissensgesellschaft. Bielefeld.

Höhne, T. (2005): Über das Wissen in Schulbüchern – Umrisse einer wissenschaftstheoretischen Perspektive auf Schulbücher. Gießen. URL: http://www.i-wb.de/publikationen/hoehne-vortrag-schulbuecher.pdf [aktualisiert 13.07.2006].

Hug, T. (1997): Postmoderne und Erziehungswissenschaft. In: Hierdeis, H./Hug, T. (Hrsg.): Taschenbuch der Pädagogik. Baltmannsweiler. S. 439-456.

Husserl, E. (1929): Formale und transzendale Logik. Halle.

Husserl, E. (1985): Die phänomenologische Methode. In: Ausgewählte Texte I. Nr. 8084. Stuttgart.

Joas, H. (1993): Gemeinschaft und Demokratie in den USA. Die vergessene Vorgeschichte der Kommunitarismus-Diskussion. In: Brumlik, M./Brunkhorst, H. (Hrsg.): Gemeinschaft und Gerechtigkeit. Frankfurt a.M. S. 49-62.

Kade, J./Seitter, W. (2004): Selbstbeobachtung: Professionalität lebenslangen Lernens. In: Zeitschrift für Pädagogik. Jg. 50, Heft 3, S. 326-341.

Kadler, I. (2007): Einführung von BA/MA-Konzepten im Rahmen der Umstrukturierung des geisteswissenschaftlichen Magisterstudiums. In: Bittkau-Schmidt, S./Drygalle, J./Schuegraf, M. (Hrsg.): Biographische Risiken und neue professionelle Herausforderungen. Identitätskonstitutionen – Wandlungsprozesse – Handlungsstrategien. Opladen. S. 99-118.

Kelle, U./ Kluge S. (1999): Vom Einzelfall zum Typus. Opladen.

Kerres, M. (2007): Mediendidaktik. In: Gross von, F./Hugger, K.-U./Sander, U. (Hrsg.): Handbuch Medienpädagogik. Wiesbaden. URL: http://mediendidaktik.uni-duisburg-essen.de/files/mediendidaktik-hb-mp.pdf [aktualisiert 02.04. 2007]

Kerres, M./Witt, C. de/Schweer, M. (2003): Die Rolle von MedienpädagogInnen bei der Gestaltung der Medien- und Wissensgesellschaft. In: Neuß, N. (Hrsg.): Beruf Medienpädagoge. Selbstverständnis – Ausbildung – Arbeitsfelder. München. S. 87-97.

Kim, A. J. (2000): Community Building On The Web. Berkeley.

Knorr-Cetina, K. (1989): Spielarten des Konstruktivismus. In: Soziale Welt, 40, S. 86-96.

Kockelmans, J. J. (1979): Deskriptive oder interpretierende Phänomenologie in Schütz` Konzeption der Sozialwissenschaft. In: Sprondel, W. M./Grathoff, R. (Hrsg.): Alfred Schütz und die Idee des Alltags in den Sozialwissenschaften. Stuttgart. S. 26-42.

Konrad, W./Schumm, W. (Hrsg.)(1999): Wissen und Arbeit. Neue Konturen von Wissensarbeit. Münster.

Kübler, H.-D. (2005): Mythos Wissensgesellschaft. Gesellschaftlicher Wandel zwischen Information, Medien und Wissen. Eine Einführung. Wiesbaden.

Kuckartz, U. (1997): Qualitative Daten computergestützt auswerten: Methoden, Techniken, Software. In: Friebertshäuser, B./Prengel, A. (Hrsg.): Handbuch Qualitative Forschungsmethoden in der Erziehungswissenschaft. Weinheim und München. S. 584-595.

Kraul, M./Marotzki, W./Schweppe, C. (2002): Biographie und Profession. Eine Einleitung. In: dies. (Hrsg.): Biographie und Profession. Bad Heilbrunn/Obb. S. 7-16.

Krüger, H.-H.-/Grunert, C. (Hrsg.)(2002): Handbuch Kindheits- und Jugendforschung. Opladen.

Krüger, H.-H./Marotzki, W. (Hrsg.)(1996): Erziehungswissenschaftliche Biographieforschung. Opladen.

Krüger, H.-H./Marotzki, W. (Hrsg.)(1999): Handbuch erziehungswissenschaftliche Biographieforschung. Opladen.

Legewie, H. (1996): Vorwort zur deutschen Ausgabe. In: Strauss, A./Corbin, J.: Grounded Theory: Grundlagen qualitativer Sozialforschung. Weinheim. S. VII-VIII.

Legewie, H./Schervier-Legewie, B. (2004, September): „Forschung ist harte Arbeit, es ist immer ein Stück Leiden damit verbunden. Deshalb muss es auf der anderen Seite Spaß machen". Anselm Strauss im Interview mit Heiner Legewie und Barbara Schervier-Legewie [90 Absätze]. Forum qualitative Sozialforschung/Forum: Qualitative Social Research [On-line Journal], 5(3), Art. 22. Verfügbar über: http://www.qualitative-research.net/fqs-texte/3-04/04-3-22-d.htm [aktualisiert 07.03.2007].

List, E. (Hrsg.)(2004): Alfred Schütz. Relevanz und Handeln 1. Zur Phänomenologie des Alltagswissens. Werkausgabe. Band VI.1. Konstanz.

Luckmann, T. (1982): Einleitung. In: Schütz, A.: Das Problem der Relevanz. Frankfurt a.M. S. 7-23.

Luckmann T. (2003): Vorwort. In: Schütz, A./Luckmann, T.: Strukturen der Lebenswelt. Konstanz. S. 13-26.

Luhmann, N. (1981): Gesellschaftsstrukturelle Bedingungen und Folgerungen des naturwissenschaftlich-technischen Fortschritts. In: Löw, R./u.a. (Hrsg.): Fortschritt ohne Maß? München. S. 113-134.

Luhmann, N. (1997): Die Gesellschaft der Gesellschaft. Frankfurt a.M.

Lyotard, J.-F. (1993): Das postmoderne Wissen. Wien.

Machlup, F. (1962): The Production and Distribution of Knowledge in the United States. Princeton.

Mannheim, K. (1924/1925): Das Problem einer Soziologie des Wissens. In: Archiv für Sozialwissenschaften und Sozialpolitik.

Mannheim, K. (1929): Ideologie und Utopie. Bonn.

Mannheim, K. (1982): Ideologische und soziologische Interpretation der geistigen Gebilde. In: Meja, V./Stehr, N. (Hrsg.): Die Entwicklung der deutschen Wissenssoziologie. Frankfurt a.m. S. 213-231.

Marotzki, W. (1988): Bildung als Herstellung von Bestimmtheit und Ermöglichung von Unbestimmtheit. Psychoanalytisch-lerntheoretisch geleitete Untersuchungen zum Bildungsbegriff im Kontext hochkomplexer Gesellschaften. In: Hansmann, O./Marotzki, W. (Hrsg.): Diskurs Bildungstheorie I. Systematische Markierungen. Weinheim. S. 311-333.

Marotzki, W. (1995): Der Bürger als Weltenwanderer. In: Koch, L./Marotzki, W./Peukert, H. (Hrsg.): Erziehung und Demokratie. Weinheim. S. 95-116.

Marotzki, W. (1996): Forschungsmethoden der erziehungswissenschaftlichen Biographieforschung. In: Krüger, H.-H./Marotzki, W. (Hrsg.): Erziehungswissenschaftliche Biographieforschung. 2. Auflage. Opladen. S. 55-89.

Marotzki, W. (1997): Digitalisierte Biographien? In: Lenzen, D./Luhmann, N. (Hrsg.): Bildung und Weiterbildung im Erziehungssystem. Frankfurt a.M. S. 175-198.

Marotzki, W. (1999): Ethnographische Verfaren in der Erziehungswissenschaftlichen Biographieforschung. In: Jüttemann, G./Thomae, H. (Hrsg.): Biographische Methoden in den Humanwissenschaften. Weinheim und Basel. S. 44-59.

Marotzki, W. (1999a): Forschungsmethoden und -methodologie der Erziehungswissenschaftlichen Biographieforschung. In: Krüger, H.-H./Marotzki, W. (Hrsg.): Handbuch erziehungswissenschaftliche Biographieforschung. Opladen. S. 109-134.

Marotzki, W. (2000): Neue kulturelle Vergewisserungen: Bildungstheoretische Perspektiven des Internet. In: Sandbothe, M. / Marotzki, W. (Hrsg.): Subjektivität und Öffentlichkeit. Kulturwissenschaftliche Grundlagenprobleme virtueller Welten. Köln. S. 236-258.

Marotzki, W. (2000a): Zukunftsdimensionen von Bildung im neuen öffentlichen Raum. In: Marotzki, W./Meister, D. M./Sander, U. (Hrsg.): Zum Bildungswert des Internet. Opladen. S. 233-256.

Marotzki, W. (2003): Online-Ethnographie – Wege und Ergebnisse zur Forschung im Kulturraum Internet. In: Bachmair, B./Diepold, B./Witt, C. de (Hrsg.): Jahrbuch Medienpädagogik 3. Opladen. S. 149-166.

Marotzki, W. (2004): Allgemeine Erziehungswissenschaft: Wissenslagerung und professionstheoretische Bezüge. In: Bildung und Erziehung. 57. Jg. Heft 4. S. 403-414.

Marotzki, W. (2004a): „Virtual Communities“: Zum Verhältnis von Wissen, Bildung und Vergemeinschaftung. In: Otto, H.-U./Coelen, T. (Hrsg.): Grundbegriffe der Ganztagsbildung. Beiträge zu einem neuen Bildungsverständnis in der Wissensgesellschaft. Wiesbaden. S. 99-110.

Marotzki, W./Meister, D. M./Sander, U. (Hrsg.)(2000): Zum Bildungswert des Internet. Opladen.

Marotzki, W./Nohl, A.-M. (2004): Bildungstheoretische Dimensionen des Cyberspace. In: Thiedeke, U. (Hrsg.): Soziologie des Cyberspace. Wiesbaden. S. 335-354.

Marotzki, W./Nohl, A.-M. /Ortlepp, W. (2005): Einführung in die Erziehungswissenschaft. Wiesbaden.

Metz-Göckel, S./Auferkorte, N./Honvehlmann, B./Prochnow-Karl, K. (2001): Diplom-Pädagoginnen unterwegs. Riskante Wege in den Arbeitsmarkt. Dortmund.

Meuser, M./Nagel, U. (1997): Das ExpertInneninterview – Wissenssoziologische Voraussetzungen und methodische Durchführung. In: Friebertshäuser, B./ Prengel, A. (Hrsg.): Handbuch Qualitative Forschungsmethoden in der Erziehungswissenschaft. Weinheim und München. S. 481-491.

Mittelstrass, J. (2002): Bildung und ethische Masse. In: Killius, N./Kluge, J./ Reisch, L. (Hrsg.): Die Zukunft der Bildung. Frankfurt a. M. S. 151-170.

Neuß, N. (Hrsg.)(2003): Beruf Medienpädagoge. Selbstverständnis – Ausbildung – Arbeitsfelder. München.

Nittel, D. (2000): Von der Mission zur Profession? Stand und Perspektiven der Verberuflichung in der Erwachsenenbildung. Bielefeld.

Nittel, D. (2002): Professionalität ohne Profession? In: Kraul, M./Marotzki, W./Schweppe, C. (Hrsg.): Biographie und Profession. Bad Heilbrunn/Obb. S. 253-286.

Nittel, D./Marotzki, W. (Hrsg.)(1997): Berufslaufbahn und biographische Lernstrategien. Baltmannsweiler.

Oevermann, U. (1996): Theoretische Skizze einer revidierten Theorie professionalisierten Handelns. In: Combe, A./Helsper, W. (Hrsg.): Pädagogische Professionalität. Frankfurt a.M. S. 70-182.

Oevermann, U. (2002): Professionalisierungsbedürftigkeit und Professionalisiertheit pädagogischen Handelns. In: Kraul, M./Marotzki, W./Schweppe, C. (Hrsg.): Biographie und Profession. Bad Heilbrunn/Obb. S. 19-63.

Parson, T. (1951): The Social System. Glencoe.

Parson, T./Shils, E. A. (1951): Toward a General Theory of Action. Cambridge.

Rawls, J. (1975): Eine Theorie der Gerechtigkeit. Frankfurt a.M.

Rawls, J. (1993): Gerechtigkeit als Fairneß. In: Honneth, A. (Hrsg.): Kommunitarismus. Frankfurt a.M. S. 36-68.

Reese-Schäfer, W. (1994): Was ist Kommunitarismus? Frankfurt a.M.

Reese-Schäfer, W. (2001): Amitai Etzioni zur Einführung. Hamburg.

Reid, E. (1994): Identity and the Cyborg Body. In: Cultural Formations in Text-Based Virtual Realities (Thesis of Cultural Studies Program). Melbourne. S. 75-95.

Rheingold, H. (1994): Der Alltag in meiner virtuellen Gemeinschaft. In: Faßler, M./Halbach, W. R. (Hrsg.): Cyberspace Gemeinschaften Virtuelle Kolonien Öffentlichkeiten. München. S. 95-121.

Rheingold, H. (2006): Wie viel Mensch soll in die Maschine. In: Die Presse [17.02.2006]. URL: http://www.diepresse.com/Artikel.aspx?channel=p&ressort=rs%id=540285 [aktualisiert 24.09.2006].

Riemann, G. (2000): Die Arbeit in der sozialpädagogischen Familienberatung. Interaktionsprozesse in einem Handlungsfeld der sozialen Arbeit. Weinheim und München.

Scheler, M. (Hrsg.)(1924): Versuche zu einer Soziologie des Wissens. München.

Scheler, M. (1926): Die Wissensformen und die Gesellschaft. Leipzig.

Scheler, M. (1982): Wissenschaft und soziale Struktur. In: Meja, V./Stehr, N. (Hrsg.): Die Entwicklung der deutschen Wissenssoziologie. Frankfurt a. M. S. 68-157.

Schorn, A. (2000, Juni): Das „themenzentrierte Interview". Ein Verfahren zur Entschlüsselung manifester und latenter Aspekte subjektiver Wirklichkeit [20 Absätze]. Forum Qualitative Sozialforschung / Forum: Qualitative Social Research [Online Journal], 1(2). Abrufbar über: http://qualitative-research.net/fqs/fqs-d/2-00inhalt-d.htm.

Schuegraf, M. (2008): Medienkonvergenz und Subjektbildung. Mediale Interaktionen am Beispiel von Musikfernsehen und Internet. Wiesbaden.

Schütz, A. (1971): Das Problem der sozialen Wirklichkeit. In: Gesammelte Aufsätze Bd. 1. Nijhoff (Den Haag). S. 3-54.

Schütz, A. (1972): Der gut informierte Bürger. Ein Versuch über die soziale Verteilung des Wissens. In: Gesammelte Aufsätze Band II. S. 85-101.

Schütz, A. (1972a): Die Gleichheit und die Sinnstruktur der sozialen Welt. In: Gesammelte Aufsätze Band II. S. 203-255.

Schütz, A. (1972b): Der Fremde. Ein sozialpsychologischer Versuch. In: Gesammelte Aufsätze Band II. S. 53-69.

Schütz, A. (1982): Das Problem der Relevanz. Frankfurt a.M.

Schütz, A. (2004): Relevanz und Handeln 1. Zur Phänomenologie des Alltagswissens. Hrsg. von List, E., Konstanz.

Schütz, A./Luckmann, T. (2003): Strukturen der Lebenswelt. Konstanz.

Schütz, A./Parson, T. (1977): Zur Theorie sozialen Handelns. Hrsg. Sprondel, W. M. von, Frankfurt a.M.

Schütze, F. (1981): Prozeßstrukturen des Lebenslaufs. In: Matthes, J./Pfeifenberger, A./Stosberg, M. (Hrsg.): Biographie in handlungswissenschaftlicher Perspektive. Nürnberg, S. 67-157.

Schütze, F. (1983): Biographieforschung und narratives Interview. In: Neue Praxis, 3, S. 283-293.

Schütze, F. (1992): Sozialarbeit als bescheidene Profession. In: Dewe, B./Ferchoff, W./Radtke, F.-O. (Hrsg.): Erziehen als Profession. Opladen. S. 131-171.

Schütze, F. (1994): Ethnographie und sozialwissenschaftliche Methoden der Feldforschung. In: Groddeck, N./Schumann, M. (Hrsg.): Modernisierung sozialer Arbeit durch Methodenentwicklung und -reflexion. Freiburg. S. 189-297.

Schütze F. (1996): Organisationszwänge und hoheitsstaatliche Rahmenbedingungen im Sozialwesen. Ihre Auswirkungen auf die Paradoxien des professionellen Handelns. In: Combe, A./Helsper, W. (Hrsg.): Pädagogische Professionalität. Frankfurt a.M. S. 183-275.

Schütze, F. (2002): Das Konzept der sozialen Welt im symbolischen Interaktionismus und die Wissensorganisation in modernen Komplexgesellschaften. In: Keim, I./Schütte, W. (Hrsg.): Soziale Welten und kommunikative Stile. Tübingen. S. 57-83.

Schütze, F. (2002a): Supervision als ethischer Diskurs. In Kraul, M./Marotzki, W./Schweppe, C. (Hrsg.): Biographie und Profession. Bad Heilbrunn/Obb. S. 135-164.

Schwingel, M. (2003): Pierre Bourdieu zur Einführung. Hamburg.

Sesink, W./Moser, H./Kerres, M. (Hrsg.)(2007): Jahrbuch Medienpädagogik 6. Medienpädagogik – Standortbestimmung einer erziehungswissenschaftlichen Disziplin. Wiesbaden.

Simmel, G. (1890): Über soziale Differenzierung. Soziologische und psychologische Untersuchungen. Leipzig. S. 45-69.

Spinner, H. (1994): Die Wissensordnung. Ein Leitkonzept für die dritte Grundordnung des Informationszcitalters. Opladen.

Spinner, H. (1998): Die Architektur der Informationsgesellschaft. Bodenheim.

Spinner, H. (2002): Das modulare Wissenskonzept des Karlsruher Ansatzes der integrierten Wissensforschung – Zur Grundlegung der allgemeinen Wissenstheorie für Wissen aller Arten, in jeder Menge und Güte. In: Weber, K./ Nagenborg, M./Spinner, H. (Hrsg.): Wissensarten, Wissensordnungen, Wissensregime. Opladen. S. 13-46.

Sprondel, W. M. (1979): „Experte" und „Laie": Zur Entwicklung von Typenbegriffen in der Wissenssoziologie. Sprondel, W. M./Grathoff, R. (Hrsg.): Alfred Schütz und die Idee des Alltags in den Sozialwissenschaften. Stuttgart. S. 140-154.

Sprondel, W. M./Grathoff, Richard (Hrsg.)(1979): Alfred Schütz und die Idee des Alltags in den Sozialwissenschaften. Stuttgart.

Srubar, I. (1979): Die Theorie der Typenbildung bei Alfred Schütz. Ihre Bedeutung und Grenzen. In: Sprondel, W. M./Grathoff, R. (Hrsg.): Alfred Schütz und die Idee des Alltags in den Sozialwissenschaften. Stuttgart. S. 43-64.

Stegbauer, C. (2001): Von den Online-Communities zu den computervermittelten Netzwerken. Eine Reinterpretation klassischer Studien. In: Zeitschrift für qualitative Bildungs-, Beratungs- und Sozialforschung. Opladen. Band 2/2001. S. 151-174.

Stegemann, T. (2004): Abhängig vom Internet. URL: http://www.heise.de/-tp/r4/artikel/17/ 17251/1.html [aktualisiert 21.09.2006].

Stehr, N. (1994): Arbeit, Eigentum und Wissen. Zur Theorie von Wissensgesellschaften. Frankfurt a.M.

Stehr, N. (1999): „Wissensgesellschaften" oder die Zerbrechlichkeit moderner Gesellschaften. In: Konrad, W./Schumm, W. (Hrsg.): Wissen und Arbeit. Neue Konturen von Wissensarbeit. Münster. S. 13-23.

Stichweh, R. (1994): Wissenschaft, Universität, Professionen: Soziologische Analysen. Frankfurt a.M.

Stichweh, R. (1994): Professionen und Disziplinen: Formen der Differenzierung zweier Systeme beruflichen Handelns in modernen Gesellschaften. In: ders.: Wissenschaft, Universität, Professionen. Frankfurt. S. 278-336.

Stichweh, R. (1996): Professionen in einer funktional differenzierten Gesellschaft. In: Combe, A./Helsper, W. (Hrsg.): Pädagogische Professionalität. Frankfurt a.M. S. 49-69.

Stone, A. R. (1995): The Ware of Desire and Technology at the Close of the Mechanical Age. Cambridge.

Strauss, A. (1982): Social Worlds ans legitimation processes. In: Strauss, A.: Studies in Symbolic Interaction 4. S. 171-190.

Strauss, A. (1994): Grundlagen qualitativer Sozialforschung. München.

Strauss, A./Corbin, J. (1996): Grounded Theory: Grundlagen qualitativer Sozialforschung. Weinheim.

Strauss, A. (1998): Grundlagen qualitativer Sozialforschung. 2. Auflage. München.

Taylor, C. (1993): Multikulturalismus und die Politik der Anerkennung. Frankfurt a.m.

Thiedeke, U. (Hrsg.)(2000): Virtuelle Gruppen. Wiesbaden.

Thiedeke, U. (2000): Virtuelle Gruppen. Begriff und Charakteristika. In: Thiedeke, U. (Hrsg.): Virtuelle Gruppen. Wiesbaden. S. 23-73.

Thiedeke, U. (Hrsg.)(2004): Soziologie des Cyberspace. Wiesbaden.

Tiefel, S. (2004): Beratung und Reflexion. Eine qualitative Studie zum professionellen Handeln unter Modernisierungsbedingungen. Wiesbaden.

Tönnies, F. (1991): Gemeinschaft und Gesellschaft. 8. unveränderte Aufl. Darmstadt (Verfasst 1880/1887).

Tönnies, F. (1998): Gemeinwirtschaft und Gemeinschaft. In: Clausen, L./u.a. (Hrsg.): Gesamtausgabe TG. Berlin/New York. S. 404-415.

Turkle, S. (1998): Leben im Netz. Reinbek.

Vogel, P. (2002): Themen, Disziplinarität und Professionsbezug. In: Zeitschrift für Pädagogik. Heft 3. S. 280-292.

Waldenfels, B. (1979): Verstehen und Verständigung. Zur Sozialphilosophie von A. Schütz. In: Sprondel, W. M./Grathoff, R. (Hrsg.): Alfred Schütz und die Idee des Alltags in den Sozialwissenschaften. Stuttgart. S. 1-12.

Wetzstein, T./u.a. (1998): Datenreisende. Die Kultur der Computernetze. Opladen.

Willke, G. (1999): Die Zukunft unserer Arbeit. Frankfurt a. M.

Willke, H. (1998): Organisierte Wissensarbeit. In: Zeitschrift für Soziologie, Jg. 27. H. 3. Stuttgart. S. 161-177.

Witzel, A. (2000, Januar): Das problemzentrierte Interview [26 Absätze]. Forum Qualitative Sozialforschung /Forum: Qualitative Social Research [Online Journal], 1(1). Abrufbar über: http://qualitative-research.net/fqs [Zugriff: 21.11.2001].

# Grundlagen Erziehungswissenschaft

Helmut Fend

**Entwicklungspsychologie des Jugendalters**
Ein Lehrbuch für pädagogische und psychologische Berufe
3., durchges. Aufl. 2003. 520 S.
Br. EUR 24,90
ISBN 978-3-8100-3904-0

Detlef Garz

**Sozialpsychologische Entwicklungstheorien**
Von Mead, Piaget und Kohlberg bis zur Gegenwart
3., erw. Aufl. 2006. 189 S. Br. EUR 22,90
ISBN 978-3-531-23158-7

Heinz Moser

**Einführung in die Medienpädagogik**
Aufwachsen im Medienzeitalter
4., überarb. und akt. Aufl. 2006.
313 S. Br. EUR 22,90
ISBN 978-3-531-32724-2

Jürgen Raithel / Bernd Dollinger / Georg Hörmann

**Einführung Pädagogik**
Begriffe – Strömungen – Klassiker – Fachrichtungen
2., durchges. und erw. Aufl. 2005.
330 S. Br. EUR 16,90
ISBN 978-3-531-34702-8

Christiane Schiersmann

**Berufliche Weiterbildung**
2007. 272 S. Br. EUR 19,90
ISBN 978-3-8100-3891-3

Bernhard Schlag

**Lern- und Leistungsmotivation**
2., überarb. Aufl. 2006. 191 S.
Br. EUR 16,90
ISBN 978-3-8100-3608-7

Agi Schründer-Lenzen

**Schriftspracherwerb und Unterricht**
Bausteine professionellen Handlungswissens
2., erw. Aufl. 2007. 252 S. Br. EUR 19,90
ISBN 978-3-531-15368-1

Peter Zimmermann

**Grundwissen Sozialisation**
Einführung zur Sozialisation im Kindes- und Jugendalter
3., überarb. und erw. Aufl. 2006.
232 S. Br. EUR 18,90
ISBN 978-3-531-15151-9

Erhältlich im Buchhandel oder beim Verlag.
Änderungen vorbehalten. Stand: Juli 2008.

**www.vs-verlag.de**

**VS VERLAG** FÜR SOZIALWISSENSCHAFTEN

Abraham-Lincoln-Straße 46
65189 Wiesbaden
Tel. 0611.7878 - 722
Fax 0611.7878 - 400

If you have any concerns about our products,
you can contact us on
**ProductSafety@springernature.com**

In case Publisher is established outside the EU,
the EU authorized representative is:
**Springer Nature Customer Service Center GmbH
Europaplatz 3, 69115 Heidelberg, Germany**

Printed by Libri Plureos GmbH
in Hamburg, Germany